추사 김정희 연구

실시학사 실학연구총서 16

추사 김정희 연구

秋史 金正喜 硏究

조병한 · 박철상 · 정혜린 · 이철희 · 유정 저
재단법인 실시학사 편

학자원

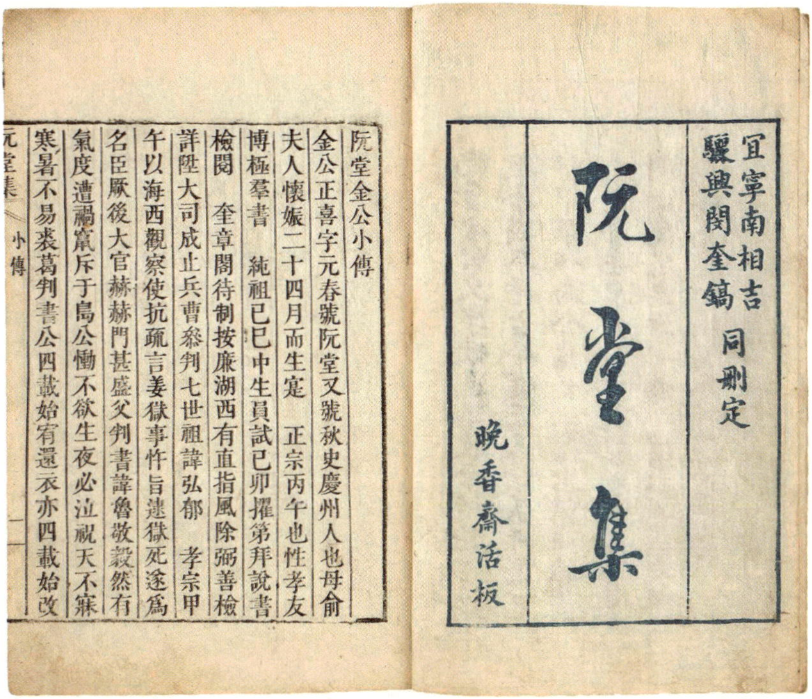

『완당집(阮堂集)』

『담연재시고(覃揅齋詩藁)』와 『완당척독(阮堂尺牘)』을 간행한 남상길(南相吉, 남병길(南秉吉)의 개명)은 민규호(閔奎鎬)가 추가로 수집한 고문과 잡저 몇 편을 추가한 다음, 이미 간행한 척독(尺牘)과 시문(詩文)을 개정(改定)하고 존발(存拔)하여 『완당집』을 편찬하였다. 1868년에 남상길과 민규호가 함께 산정(刪定)하여 만향재(晩香齋)에서 전사자(全史字)로 간행하였다. 개인 소장.

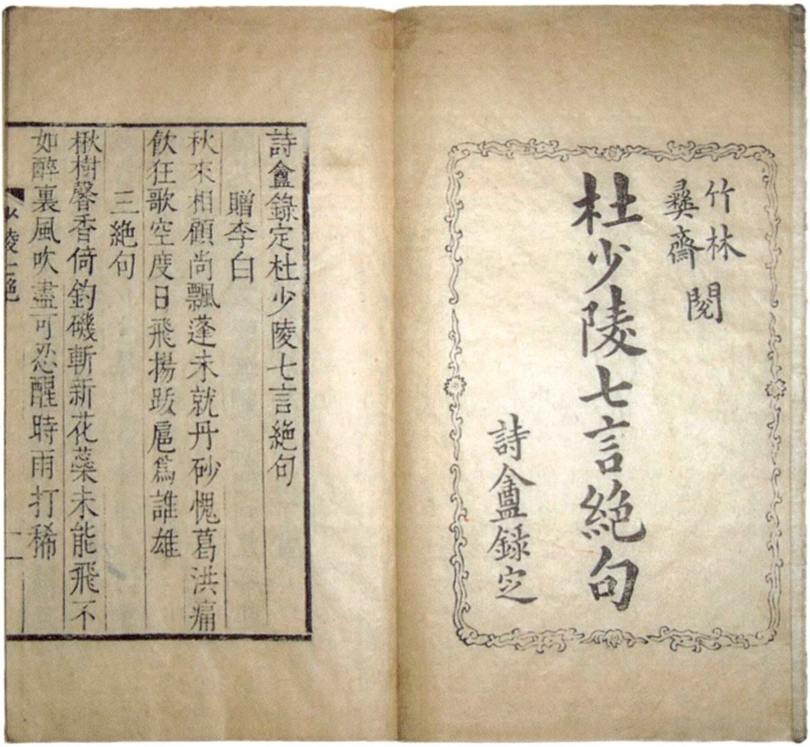

竹林
彛齋 閱
杜少陵七言絶句
詩盦錄定

詩盦錄定杜少陵七言絶句
贈李白
秋來相顧尚飄蓬未就丹砂愧葛洪痛
飲狂歌空度日飛揚跋扈爲誰雄
三絶句
楸樹馨香倚釣磯斬新花蘂未能飛不
如醉裏風吹盡可忍醒時雨打稀

『시암록정두소릉칠언절구(詩盦錄定杜少陵七言絶句)』

김정희가 두보(杜甫)의 시(詩) 중에서 7언 절구만 뽑아 편찬한 책이다. 표제면에 죽림(竹林, 김유근(金逌根))과 이재(彛齋, 권돈인(權敦仁))가 열람했다는 문구와 함께 시암(詩盦, 김정희)이 녹정(錄定)했다는 기록이 있다. 김정희가 교서관인체서체(校書館印體書體) 활자로 직접 간행하였다. 고려대학교도서관 소장.

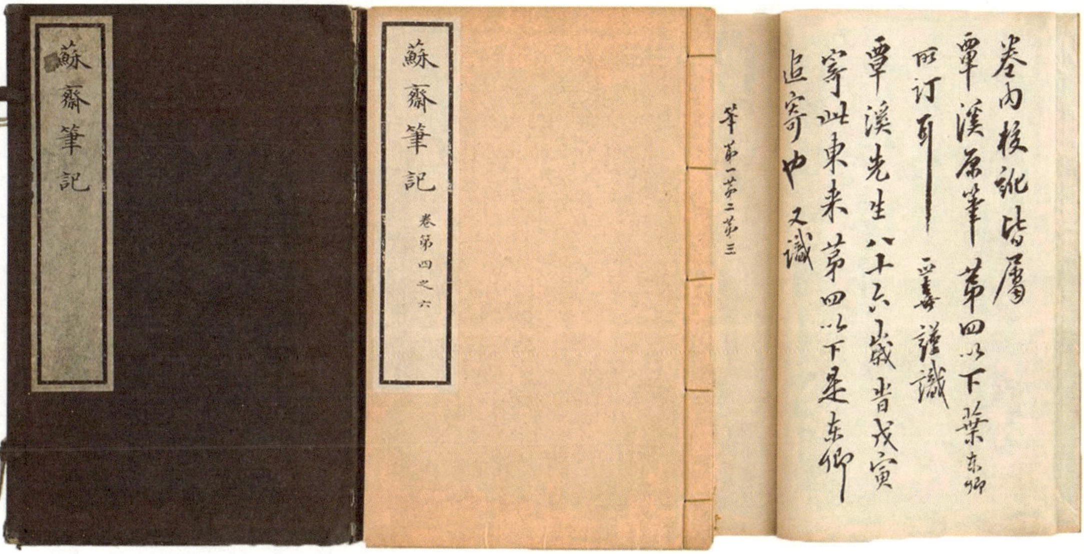

『소재필기(蘇齋筆記)』

경사(經史), 시문(詩文)에서부터 금석(金石)과 서법(書法)에 이르기까지 옹방강(翁方綱)이 평생 연구한 학문의 핵심이 담긴 필기류 저작이다. 16권 5책의 필사본인데, 옹방강은 1818년에 1책(권1~권3)만 김정희에게 사본을 직접 보내주었고, 나머지는 옹방강 사후 섭지선(葉志詵)이 보냈다. 김정희는 이 사실을 첫 권 여백지에 기록하였다. 1933년에 고전간행회(古典刊行會)에서 영인 간행하였고, 원본은 소장처를 알 수 없다. 개인 소장.

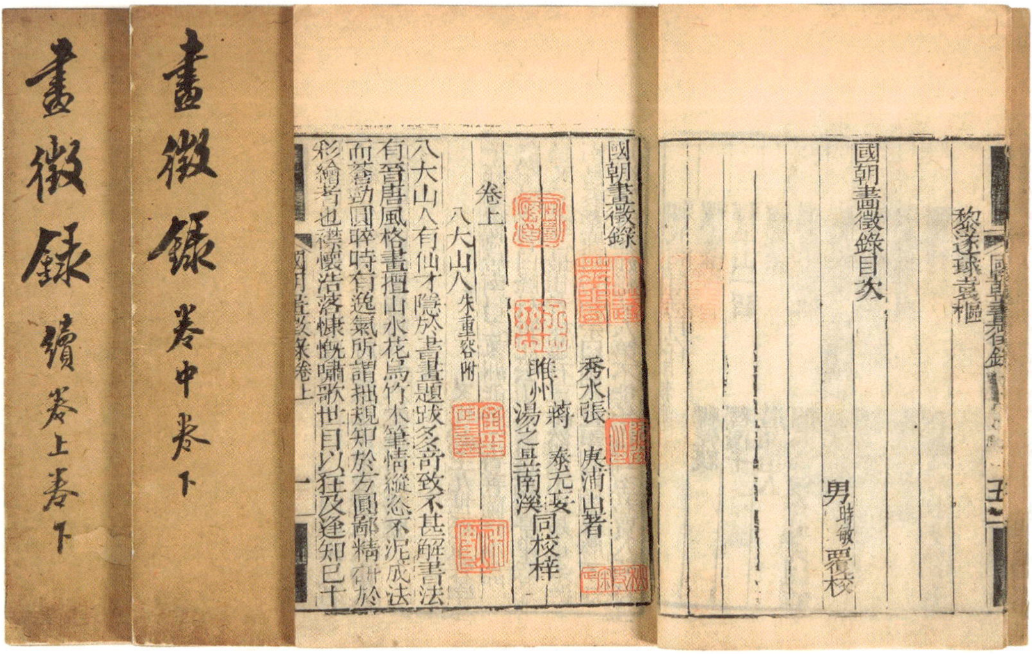

『국조화징록(國朝畵徵錄)』

장경(張庚, 1685~1760)이 청(淸)나라 초기부터 건륭 초기에 이르기까지 466명의 화가들 전기를 기록한 책이다. 김정희가 표지 제첨을 친필로 썼고, 【金正憙印】【秋史】【阮堂印】【秋史審正】【小蓬萊閣】 등 20여 방의 김정희 장서인과 함께 왕희손(汪喜孫), 유최관(柳最寬)의 장서인이 남아 있다. 개인 소장.

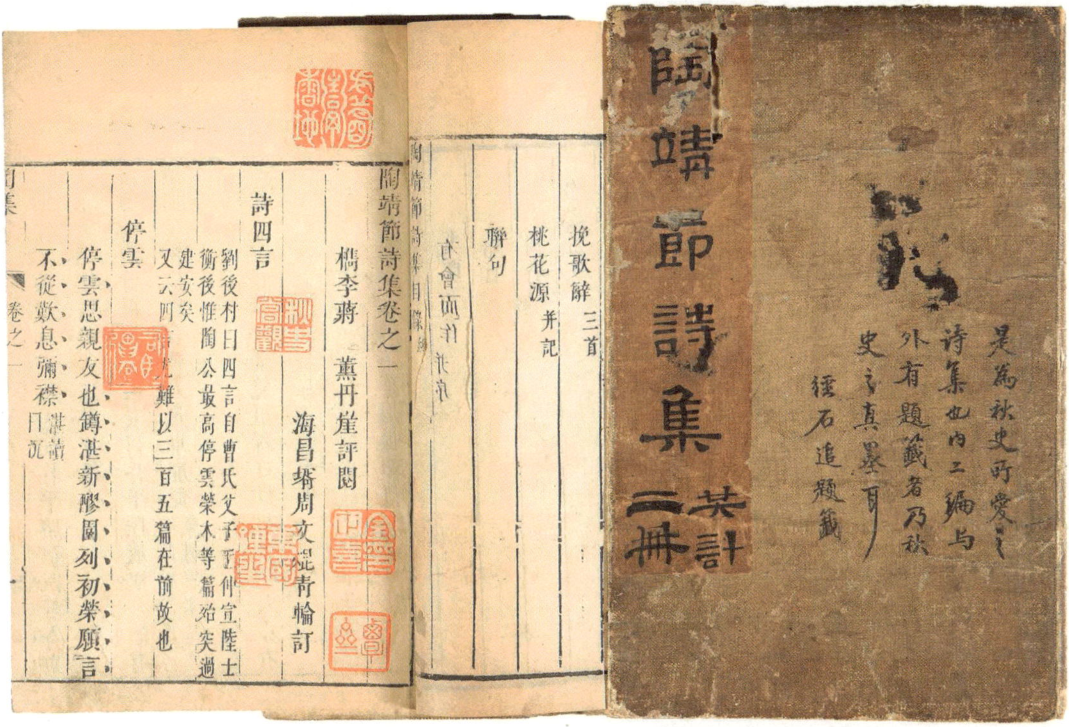

『도정절시집(陶靖節詩集)』

청(淸)대에 간행된 도연명(陶淵明)의 시집으로 김정희 수택본(手澤本)이다. 김정희 친필 제첨(題簽)과 함께 【金正喜印】【覃齋】【秋史賞觀】【東國儒生】【虛明炷香地】 등의 김정희 장서인이 남아 있다. 개인 소장.

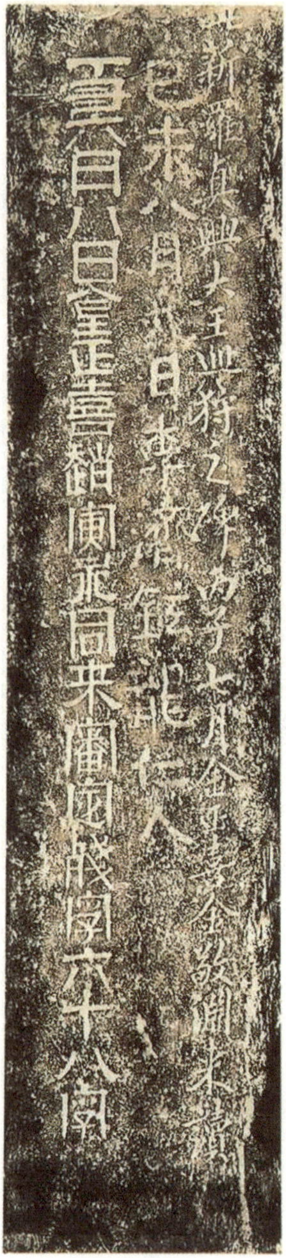

〈북한산 진흥왕순수비(眞興王巡狩碑) 측면 각자(刻字)〉 탁본

김정희는 북한산 비봉에 도선비(道詵碑)로 전해오던 비석이 진흥왕 순수비임을 밝혀냈다. 김정희는 1816년 7월에 김경연(金敬淵)과 함께 올라 처음 판독을 시도했고, 1817년 6월 8일에 조인영(趙寅永)과 함께 올라 남아있던 글자 68자를 판독하고 이 사실을 비석의 측면에 새겼다. 국립중앙박물관 소장.

實學硏究叢書를 펴내며

실학(實學)이 우리나라 학계에 연구주제로 떠올라, 정식의 학술논문으로 학술지에 등재(登載)되기 시작한 것은 1952년 이후의 일이다. 천관우(千寬宇)의 「반계 류형원(磻溪 柳馨遠) 연구」가 『역사학보(歷史學報)』 2·3집에 발표된 것이 그 시발점이다. 지난 계몽기(啓蒙期)의 몇몇 선학(先學)들이 실학에 대한 관심을 표명해 왔으나 일반 신문 잡지에 논설조(論說調)로 내놓은 것이 고작이었던 것에 비하면, 천관우의 글은 당시 비록 한편에서 저널리스트식 필치로 써내려온 것이란 비판이 있었지만 일단 수미정연(首尾整然)한 체제를 갖춘 논문으로 주목할 만하였다. 그러나 당시 연구자의 수가 많지 않고 학계의 관심도 분산되어 있어서 개별 실학자에 대한 연구가 간헐적으로 있는 정도였고 그리 활발한 편은 아니었다. 그중에서 1961년에 한우근(韓㳓劤)의 성호(星湖) 이익(李瀷)에 관한 연구가 『이조후기(李朝後期)의 사회(社會)와 사상(思想)』이란 책으로 나와, 그의 실증사학(實證史學)으로서의 견고한 학풍을 보여주었다.

그러다가 1970년에 이우성(李佑成)의 「실학연구서설(實學硏究序說)」이

나와, 그동안 유동적이었던 실학의 명칭문제가 일단 타결된 듯이 보이고, 나아가 실학의 내용을 경세치용(經世致用)·이용후생(利用厚生)·실사구시(實事求是)의 세 파로 나누어 설명함으로써 그 학문의 성격을 용이하게 파악할 수 있게 하였다. 또한 경세치용파를 근기지방(近畿地方)의 농촌토착적 환경에서, 그리고 이용후생파를 서울의 도시적 상황 속에 형성된 것으로 이해하면서 「18세기 서울의 도시적 양상」을 묘사하여 이용후생파의 성립 배경을 밝히려고 하였다. 다시 나아가 다산(茶山) 정약용(丁若鏞)에 이르러 위의 양파(兩派)가 회합(匯合)되는 동시에 호한(浩汗)한 경전해석(經典解釋)으로 실사구시파(實事求是派)를 추동(推動)시킨 느낌이 있어, 다산학이 실학의 대성을 의미하는 것이라고 언급하였다. 이후 계속해서 실학의 후속 학자로 최한기(崔漢綺)와 최성환(崔瑆煥)을 연구하여 최한기가 『기학(氣學)』과 『인정(人政)』을 저술하는 한편 서양과학지식을 대폭 수용하고, 최성환은 중인(中人) 출신으로 국왕(國王)의 자문에 응한다는 취지에서 『고문비략(顧問備略)』을 저술하여 전반적 제도 개혁을 주장한 것을 높게 평가하였다. 특히 최성환의 바로 뒤에 중인층의 후배들이 개화운동의 배후 공작자로 활약하게 된 것을 말함으로써 실학사상(實學思想)과 개화사상(開化思想)의 연결 관계를 미루어 알게 하였다.

한편 '실학국제회의(實學國際會議)'를 구성하여 한·중·일 삼국의 학자들이 각자 자국의 실학을 중심으로, 2년마다 돌아가면서 국제회의를 개최하도록 함으로써 동아시아세계로 실학의 지평을 넓혔다. 그리고 '한국실학학회(韓國實學學會)'를 조직하여 국내 학자들을 수시로 발표시키고 1년에 두 차례 학보를 발행하여 우리나라 실학연구를 다소 진작되게 하기도 하였다.

실시학사(實是學舍)가 서울에서 근기(近畿) 쪽으로 옮긴 뒤에도 나는 젊은 학도들과 강독 및 연토(硏討)를 지속해오고 있지만 연로신쇠(年老身衰)한 처지에서 불원 철수 은퇴할 것을 생각하고 있었다. 뜻밖에 나의 친구 모하(慕何) 이헌조(李憲祖) 형이 거액의 사재를 출연하여 실시학사를 재단법인으로 만들고 그 기금으로 실학연구에 박차를 가해 줄 것을 권유해 왔다. 나는 사회와 학문에 대한 그의 열정에 감동하여 사양치 않고 그의 뜻에 따랐다. 즉시 연구계획을 세우고 국내학자들을 널리 동원하여 1차 연도에 성호 · 다산을, 2차 연도에 담헌(湛軒) · 연암(燕巖)과 실학파 문학을, 그리고 3차 연도에 반계와 초정(楚亭)을 다루기로 하였다. 각 팀에 5명을 한 단위로 하여 1년 동안의 공동연구 끝에 각자 논문을 제출하여 한 권의 책을 내기로 하였다.

이제 2년의 세월이 흘렀다. 각기 1년씩의 기간이 끝나 논문들이 함께 나와, 무려 5책을 한꺼번에 출판하게 되었다. 집필자들은 모두 해당 분야의 진문 연구자로서 가장 정예(精銳)로운 분들이라고 생각한다. 독자 여러분의 보살핌을 바란다. 앞으로 3차에 이어, 4차, 5차로 계속 진행될 것이다. 국내외 학계 여러분의 성원과 협조를 기대하여 마지않는다.

이 글을 마치려 함에 있어, 거듭 모하(慕何) 형에게 고마움을 표하면서 앞으로 그 뜻을 살려 더욱 성과를 내게 될 것을 다짐한다.

2012년 임진 4월 3일

李佑成

| 이 책을 내면서 |

재단법인 실시학사는 2012년 『성호 이익 연구』를 시작으로 15종의 《실시학사 실학연구총서》를 간행하여 왔던바, 실학파 인물로는 열세 번째로 추사(秋史) 김정희(金正喜)를 다루게 되었다. 19세기 실학자로 최한기(崔漢基), 박규수(朴珪壽), 최성환(崔瑆煥)을 이미 다루었다는 점에서, 추사가 뒤늦게 선정되었다 할 수 있다. 청(淸)대 고증학(考證學)을 비롯하여 학술과 예술론 전반을 아우르는 공동연구를 진행해야 하며, 또 한편 추사에 의해 한(韓)·중(中) 학술교류가 절정에 이르렀다는 점에서 한·중 양국의 공동연구가 기대되기도 하였다. 그러나 중국에서 추사를 전적으로 연구할 만한 연구자를 찾기 어려웠고, 한·중 공동연구를 진행하는 것도 현실적 제약이 만만치 않았다. 그러나 조선 후기 실학사의 재조명을 위해서는 일단 추사에 대한 기존 연구를 총 정리할 필요가 있었다. 이에 고증학(考證學), 금석학(金石學), 시론(詩論), 서화론(書畫論), 한·중 교류 등 5개 분야로 나누고, 각 분야에서 한·중 교류를 연구해온 연구자로 연구진을 구성하여 공동연구를 진행하게 되었다.

그동안 추사에게는 극찬과 비판이 함께 따랐다. 동양 서예사상 최고의 작가이자 조선 후기 금석고증학의 비조(鼻祖)로 칭해지기도 하며, 실증·실용의 실사구시(實事求是) 정신을 창도하여 주자학(朱子學)의 중세적 세계주의로부터 자아각성의 주체의식을 이끈 선각자로 평해지기도 하였으며, 심지어 불교의 선(禪) 지식으로 칭송을 받기도 하였다. 따라서 추사는 청(淸)나라를 오랑캐로 폄하하며 소중화(小中華)의 허상에 사로잡혀 있던 조선 지식인의 오만과 아집을 깨뜨리고, 낙후한 조선학예에 대한 통렬한 자기비판을 가했으며, 그의 실학정신이 이후 개화사상(開化思想)으로 연결되었다는 평가를 받기도 하였다.

그러나 또 한편으로는 중국의 학술과 문예론을 수입·전파시키며 추구한 철저한 이념미(理念美)와 귀족적 취향은 조선의 현실과는 괴리된 것이며, 이로 인해 18세기 소위 진경산수(眞景山水)로 대표되는 민족 고유문화의 흐름을 꺾어버리는 결과를 초래하였다는 책임론이 뒤따르기도 하였다. 비록 당시 서구열강과 일본의 침탈로 인한 국가의 몰락과 그에 따른 사회문화적 퇴락의 원인을 추사에게 돌릴 수는 없겠지만, 추사의 위상에는 사대주의자 또는 모화주의자(慕華主義者)라는 혐의가 각인되어 내려오고 있다.

과연 추사의 어떤 모습이 진실일까? 이제 추사에 다가서기 위해서는 그 무엇보다 이 양면적 위상을 어떻게 이해하느냐가 하나의 관건(關鍵)이 되어있다고 볼 수 있다. 추사가 생존하였던 그 시대 속 추사의 존재도 중요하지만, 그 후 역사상 오늘에 이르기까지 추사가 어떤 방식으로 우리에게 존재했던가도 그만큼 중요하기 때문이다. 추사가 과거의 연구가 아니라 바로 현재의 연구가 되는 까닭이다. 그러므로 어느 것이 진실인가를 따지는 것보다 왜 이러한 평가가 이루어졌는가를 파악하고, 그 맥락을 이해하는 것이 선행되어야 한다. 시대 현실과 사상의 변화, 그리고 그에 따른 연구의 시각에 따라 추사에 대한 이해의 방식과 평가는 달라져왔다. 따라서 여기에 실린 다섯 편의 논문은 현재 우리가 추사를 어떤 시각에서 이해하고 있는가를 보여주는 추사 연구사의 이정표가 될 것이다.

본 연구진은 2017년 10월에 구성을 완료하고 공동연구를 시작하였다. 추사의 학술과 문예가 조선이라는 울타리를 벗어나 한·중·일 삼국의 교류사 속에서 형성되었다는 점에서 연구진은 각자의 전공분야에서 한·중 교류의 문제에 전념해온 연구자를 중심으로 구성하였다. 각 연구진이 담당한 연구 내용과 주제를 설정한 뒤, 2018년 10월부터는 격월로 5차례의 중간 연구발표회를 진행하며, 고증학, 금석학, 시학, 서화론, 한·중 교류 등 각자 추진하고 있는 연구내용을 발표하고, 각 분야의 기존연구에 대한 문제의식과 최근 연구동향에 대한 정보를 공유하였다. 그 결과를 2019년 6월 25일 성균관대학교 600주년 기념관에서 개최한 '제9회 실학연구 공동발표회'를 통해 보고하였고, 최종 연구결과의 보고는 2019년 12월에 완료하였다.

먼저 고증학 분야를 다룬 소병한은 추사의 고증학이 당대 북학(北學) 사상사와 조선 후기 경학사(經學史)에서 어떤 역사적 맥락을 지니는지를 조명하였다. 소위 학문을 위한 학문으로 알려진 추사의 고증학이 청대 실학사조(實學思潮)와의 관계에서 결코 경세의식(經世意識)과 단절된 것이 아님을 논증하여, 그간 쟁점이 되어왔던 추사의 실학적 성격을 명확히 하고자 하였다.

금석문 분야에서 박철상은 추사의 금석문 연구의 대표작 『예당금석과안록(禮堂金石過眼錄)』을 전면적으로 다루어, 추사의 금석고증학에 대한 기존논의를 종합적으로 검토하고, 당시 한·중 학술교류의 과정에서 형성된 추사 금석학의 성격과 위상을 조명하였다. 이를 통해 옹방강(翁方綱)·옹수곤(翁樹崐) 부자와의 금석학 교류와 〈북한산진흥왕순수비(北漢山眞興王巡狩碑)〉에 대한 역사 고증의 실체적 과정을 상세히 밝혔다.

추사의 서화론을 담당한 정혜린은 추사가 서예 이론에서는 완원(阮元)의 비학(碑學)과 옹방강(翁方綱)의 첩학(帖學)을 절충했으며 작품 창작의 측면에서는 비학과 첩학의 전통 위에 유용(劉墉)의 신운(神韻)과 정섭(鄭燮)의 괴(怪)를 적극 수용했다고 논증했다. 그리고 화론에서는 추사가 명말이래 남종문인화론(南宗文人畵論)을 보다 관념화시켰다는 것을 이론적으로 논증하고 아울러 창작 주체와 관련해 전통적인 남성 한족 문인으로부터 민족, 성별, 사회 계층이 확대되는 경향을 적극적으로 지지하고 있음을 주목하였다.

한 · 중 교류 분야를 다룬 유정(劉婧)은 중국학자로서 이번 연구에 참여하여, 한 · 중 공동연구의 가능성을 엿볼 수 있게 해주었다는 점에서 의의를 지닌다. 추사와 청대 문인과 교유관계를 시기별로 나누어, 교유 인물, 왕래한 서찰과 수증(受贈) 문헌자료와 예물 목록을 정리하여 공개하였다. 특히 그동안 다소 소홀하게 다룬 제주 유배 이후 시기에 대해서도 관련 자료를 수집 정리함으로써 추사가 일생동안 지속한 한 · 중 교류의 실증적 정보가 종합적으로 정리되었다.

시론(詩論)분야를 다룬 필자는 명(明) · 청대 4대 시론으로 칭해지는 성령(性靈), 격조(格調), 신운(神韻), 기리설(肌理說)이 경쟁적 유파를 형성하며 부각된 대치적 국면과 쟁점에 대해 추사가 제기한 단안(斷案)을 고찰하며 실사구시라는 학문의 이념과 방법론이 시론에서 구현되는 실체를 규명하고자 하였다.

이상 수록된 다섯 편의 논문이 그간 진행되어 온 추사의 학술과 문예에 대한 논의를 빠짐없이 다룬 것은 아니지만 고증학, 금석학, 시론,

서화론, 한·중 교류 등 핵심 분야 전반을 다루고 있다는 점에서 지금까지 우리가 추사를 바라보았던 시각과 평가의 맥락을 이해할 수 있는 기회를 제공할 것이다. 이번 공동 연구과정에서 공유한 문제의식은 다음 세 가지라 할 수 있다.

첫째, 추사의 학술과 문예는 한·중 교류사 또는 동아시학의 관점에서 조명되어야 한다는 점이다. 18세기부터 본격화된 양국 지식인의 교류가 19세기 초에 이르러 최고의 절정에 이르렀으며, 양국 학계의 활발한 소통은 추사의 학술과 문예를 형성하는 새로운 국면으로 작용하였다. 청대 고증학의 발흥(發興)으로 각 학파의 치열한 경쟁 속에서 폭발적으로 증가한 학술성과가 대거 조선 문인사회로 유입되었고, 또 한편 고증학으로 중국 이외 지역으로 탐구가 확대되며 조선에 대한 지적(知的) 요구가 대폭 증가하고 있었다. 쏟아져 들어오는 청대 학술과 조선에 대한 청대 학자들의 지적 요구에 대한 대응이 바로 추사 시대에 새롭게 대두한 과제라고 할 수 있다. 이 현실 속에서 추사는 어떠한 역할을 하였고, 그 성과는 무엇인가를 살펴보아야 하는 것이다.

사실상 이 문제는 추사 시대의 과제만이 아니고, 그 이후 근대화 과정이나 현재의 세계화 과정에서 우리가 겪는 주요한 문제이기도 하다. 수용 여부는 선택사항이 될 수 없었고, 오직 그 대응의 방식만을 선택할 수 있었던 것은 어찌 보면 추사의 시대부터 이미 시작되었다고 할 수 있다. 추사에 대해 모화주의나 사대주의를 거론할 때는 이러한 시대적 흐름을 함께 고려해야 할 것이다. 또한 오늘날 세계화의 파고(波高) 속에서 우리가 느끼는 문제의식이 추사를 통해 보다 깊은 성찰에 이르게 되리라 생각된다.

둘째, 추사에 대한 연구방법론에 대한 문제의식이다. 이미 알려졌다시피 추사 스스로가 자신의 원고를 불태우는 등의 이유로 인해 온전한 자료가 남아 있지 않고, 남긴 작품 역시 진위문제로 심각한 혼동을 초래하는 경우가 많다. 현재 연구자들이 주로 이용하는 『완당전집(阮堂全集)』에도 추사의 것으로 오인되어 찬입(竄入)된 글이 적지 않다. 이 점이 추사 연구에 가장 큰 장애 요소로 작용하기도 하지만, 오히려 연구 방법론의 진전을 촉발한다는 점에서 부정적으로만 볼 것이 아니다.

추사 자료의 불완전성을 극복하기 위해서는 무엇보다 『완당전집』에 대한 정본화(定本化) 작업이 선행되어야 한다. 기존 문집의 오류를 수정하고, 또 국내 산재해 있는 척독(尺牘)자료 등을 수집하여 보완하여야 한다. 애초 『완당전집』이 편찬될 때는 척독에서 주요 내용을 빼내어 단독의 논지를 쓴 글로 바꾸어 놓았고, 그렇게 해서 모인 것이 잡지(雜識)의 글이다. 당시 문집을 편찬할 때 소위 척독으로 일컬어지는 글의 가치가 제대로 인식되지 못하였기 때문이다. 추사에 대한 당대 세간의 평을 많이 기록한 『임하필기(林下筆記)』에는 "추사의 글씨와 그림이 다 척독의 기이함에 미치지 못한다고 말한다.[世謂筆與畵, 皆不及尺牘之奇也.]"는 기록이 남아있다. "추사의 언어는 편편마다 단련한 것이요, 글을 쓸수록 더욱 새로웠다.[金秋史語, 片片揀金, 愈出愈新.]"라고 하여 척독의 서체보다 그 문학성이 세간에 주목을 받았음을 밝히고 있다.

추사의 학술과 문예론으로 인용된 글은 대부분 이처럼 문학적 글쓰기의 범주에 속하는 것이었다. 물론 척독에도 학술적 내용이 포함되어 학술토론이 이루어지기도 하지만 편지라는 형식 안에서 이루어진 사적인 소통을 전제한 글로서 학술적 글쓰기와는 다른 성격의 것이었다. 타인의 글임을 밝히지 않고 인용하여 쓰거나, 문장을 그대로 옮기지 않고 바꾸어 옮기는 것 역시 혹자는 표절이라 의심하기도 하지만, 원래가 척독의 글이었기 때문에 빚어진 오해라 할 수 있다. 척독의 글쓰기에서는 상대방에게 전달하려는 논지와 그 표현 자체가 중요한 것이지, 그것이 원래 누구의 말이고, 그의 말 그대로인가는 부차적인 것이라 할 수 있다. 추사의 원전(原典)이 제자리를 찾게 되면 추사 글에 대한 여러 가지 오해가 풀리고, 그 학술적 의미 또한 보다 세밀하게 논의될 것이다. 따라서 추사 연구는 자료의 불완전성을 극복하기 위한 연구방법론이 새롭게 모색되고, 그 실증적 성과를 확인할 수 있는 대상이라 할 수 있다.

셋째, 추사가 주장한 학예일치(學藝一致)는 전근대의 학술이나 시서화(詩書畵)를 연구하는 관점만이 아니라 현재의 관점에서 재조명되어야 한다는 점이다. 실사구시의 정신은 경학을 넘어 시서화 연구에도 관철되었던바, 이것은 단순한 방법론의 문제에 머무는 것이 아니라 문예의 위상을 학술의 수준으로 끌어올린 것이었다.

사실상 사대부에게 문예는 여가의 취미라기보다 자신의 정체성을 드러내는 도구이자 상호소통의 매개체로서 실생활 속에서 매우 현실적인 것이었다. 특히 18세기 중반 이후 조선의 문인사회는 중국과의 소통 과정에서 자신들의 문화적 역량을 되돌아보게 되었고, 그 후진성을 자각한 추사는 소위 국제적 수준에서 고착된 오류와 편견을 바로잡고자 했던 것이다. 따라서 추사의 실사구시는 이러한 현실을 반영하여 정치 · 사회 · 경제를 넘어 문화의 영역으로 실학을 확장시킨 것이라 할 수 있다.

21세기 우리나라의 문화가 세계적으로 확산되는 한류(韓流)의 현상을 겪으며 문화와 국력의 관계를 새삼 실감하게 되었지만, 추사는 이미 당대에 조선의 문화적 역량을 인식하고, 스스로 그 길을 개척했던 것이다. 당시 추사체의 인기는 중국뿐만 아니라 일본에서도 요구가 있었으니, 한류의 전사(前史)가 추사에게 있다 할 수 있다.

이런 관점에서 추사가 오늘날 우리에게 던져주는 의미는 각별하다. 추사는 중국뿐만 아니라 일본을 포함하여 한·중·일 삼국의 학술문화를 소통시킨 주체였다. 추사는 중국에서는 사라진 판본과 금석 탁본(拓本)을 일본에서 찾아 청나라로 전해주기도 하였고, 회인시(懷人詩)라는 시문 형식의 글이지만 일본학계에 대한 관심을 표명하며 소통을 희망하기도 하였다.

〈세한도(歲寒圖)〉를 통해 피어난 한·중·일 삼국의 우호와 화해의 소통은 삼국 교류의 역사상 반드시 기억되어야 할 장면을 이루고 있다. 제주 유배시절 추사는 자신의 영고성쇠(榮枯盛衰)에도 변함없이 의리를 지켜 중국으로부터 귀한 서책을 구해준 역관(譯官) 이상적(李尙迪)에게 그 뜻을 기리고자 〈세한도〉를 선사하였고, 감격한 이상적은 다시 중국 땅으로 가지고 가 청나라 문인 16명으로부터 감상과 찬사의 글을 받아 장대한 시화축(詩畵軸)을 이루어 한·중 교류의 우호적 소통을 보여주었다.

이 〈세한도〉는 일제강점기, 추사를 전후한 한·중 교류 연구에 몰두하던 후지쓰카 지카시(藤塚鄰)의 소장품이 되어 일본으로 건너갔고, 〈세한도〉를 지키기 위해 일본까지 찾아가 끊임없이 설득하였던 손재형(孫在馨)에게 반환되어 고국으로 돌아올 수 있었던 것은 또 한편 한일간 문화를 통한 화해의 가능성을 보여준 것이라 할 수 있다. 또한 후지쓰카 사후 그 유언에 따라 아들인 후지쓰카 아키나오(藤塚明直)가 추사 친필 글씨 등이 포함된 부친의 소장품 1만여 점을 과천시에 기증하기에 이르렀다. 이처럼 추사의 학술과 문예가 한·중·일 삼국 교류사에서 상호 소통과 우호의 가능성을 보여주었다는 점에서 향후 삼국의 연구자들의 함께 추사를 이야기하며, 과거 실재하였던 동아시아라는 한 공동의 경험을 다시 성찰할 수 있기를 기대해본다.

2020년 5월 25일

이철희 씀

| 차 례 |

秋史 추사 김정희의 서화론 : 청대 서화론의 절충과 실천에 관하여

| 정혜린 |

秋史 추사 김정희 시학과 실사구시

| 이철희 |

추사 김정희와 청대 문인의 교류 및 영향에 대한 고찰

| 유정(劉婧) |

부록

| 秋 史 |

김정희의 고증경학과 실학

조병한 | 서강대 사학과 명예교수

1. 머리말 : 김정희(金正喜) 학술 연구상의 문제

한국 서화(書畵) 예술과 금석학(金石學)에서 탁월한 지위를 갖는 추사(秋史) 김정희(金正喜, 1786~1856)는 19세기 초반 중국의 청조(淸朝) 후기 고증학계(考證學界)의 영향을 받아 조선 경학(經學)에서도 고증학을 직접 도입한 유학자로 저명하다. 추사는 또한 실학(實學)의 한 갈래인 북학파(北學派)를 계승한 마지막 세대였다. 연행(燕行) 사절 수행을 계기로 청의 문물 도입을 선도한 북학론의 선구자들 가운데 누구도 추사처럼 중국 학계의 정점에 있던 대학자들과의 학문적 교류를 통해 당대 중국 학계의 학문적 성과를 연구, 토론하며, 청조 중국 학문의 주류이던 고증학에 기초해 중국 경학의 역사적 계보와 최신 사조(思潮)를 전문적 수준에서 이해한 인물은 없었다. 그럼에도 본 논문의 주제로 다루어지는 그의 경학과 고증학, 그리고 그것의 실학과의 관련에 대한 연구는 여전히 해결하지 않으면 안 될 학계의 아쉬운 과제로 남아 있다.

이 논문에서 검토하려는 중점적인 과제는 추사 경학의 내용과 역사적 지위를 검토하면서 그가 청조 고증학 방법과 그 문화 사조를 연구한 범위와 깊이, 그러한 학문과 사상의 도입이 당시의 조선 학계에서 갖는 역사적 의미를 명확히 하는 것이다. 우선 추사의 북학 내용인 고증경학(考證經學)이 북학론의 선구자들이 내걸었던 '이용후생(利用厚生)'의 실학[1]과 어떤 내용상의 연속성과 차별성이 있는지 검토할

---

1 '이용후생(利用厚生)'의 기술적 측면은 이우성(李佑成) 교수에 의해 제기되었다. 이우성(1973) 참조. 그런데 '이용후생'이란 것은 경학 · 사학 연구의 정치적, 제도적 측면과 아울러 '경세치용(經世致用)'의 실학을 구성하는 한 갈래로 분류하는 것이 타당하며,

필요가 있다. 또한 조선 후기 주자학적(朱子學的) '조선중화주의(朝鮮中華主義)'에 따른 반청(反淸) 정통론을 배경으로 할 때, 19세기 전반기 추사가 전개한 청조 학술계에서의 문화 활동은 18세기 후반 이래 북학론의 문화적 보편주의와 개방적 추세 속에서 추사가 차지하는 지위를 확인하는 것도 의미 있는 일이다. 그리고 추사의 유교적 실학이 갖는 개혁성과 문화적 개방성이 19세기 후반 근대화 선택이 강요된 위기 국면에서 어떤 역사적 작용을 할 것인지 전망하는 것도 관심을 끄는 문제이다. 어쨌든 본 논문의 핵심적 전제가 되는 개념은 문헌학적 지식 탐구의 전문적 방법으로 발달한 고증학이 실용적 경세학(經世學)과 더불어 실학 사조(思潮)를 구성하는 양대 요소라는 것이다. 언어학(言語學) · 금석학 등이 청대에 문헌 고증의 전문적 보조 학문으로 크게 발달할 정도로 고증학의 방법과 실증적 학문관은 지식 탐구의 면에서 유학의 역사에 특이한 지위를 지닐 뿐 아니라 전문 경세학(經世學)의 성립을 위한 학문 방법으로서도 중요하다는 것이다.

김정희의 학문 · 예술 전반에 대한 기본 자료는 『완당척독(阮堂尺牘)』(1867), 『담연재시고(覃揅齋詩藁)』(1867), 『완당집(阮堂集)』(5권 5책, 1868), 이를 기초로 편찬된 『완당선생전집(阮堂先生全集)』(10권 5책, 1934)이라 할 수 있다.[2] 그러나 『전집』은 그의 결벽으로 일부는 폐기되고, 또 유작 중 상당 부분이 유실되었을 뿐 아니라 편집 내용도 많은 문제가 있는 것으로 지적되고 있다. 따라서 자료의 비판과 발굴, 교정 노력이 추사 연구의 출발점이 될 것이다. 추사의 문화 교류와

'경세치용'의 경세학은 전문적 지식 탐구의 방법으로서 '실사구시(實事求是)'의 고증학과 함께 실학을 구성하는 양대 요소가 된다. 이는 조병한(2008), 482~530쪽 참조.

2 金正喜, 『阮堂先生全集』, 서울, 新誠文化社, 1972.[이하 『全集』이라 줄임]

학문에 관한 전면적 연구는 일제하 경성제국대학(京城帝國大學) 교수를 지낸 일본인 후지쓰카 지카시(藤塚鄰)의 박사학위논문(東京帝大), 『조선조에서의 청조(淸朝) 문화의 이입(移入)과 김완당(金阮堂)』(1936)에서 시작되었으며, 이 논문은 그 후 『청조 문화의 동전(東傳) 연구-가경(嘉慶)·도광(道光) 학단과 이조(李朝)의 김완당』이란 저서로 간행되었다.[3] 김정희 연구사에서 기념비적 고전이 된 이 연구는 단지 학술사적 연구에 그치지 않고, 추사와 옹방강(翁方綱, 1733~1818)·완원(阮元, 1764~1849) 등 청조 학자·문인들 사이의 우의에 기초한 문화교류를 통해 그들 간에 교환된 서신, 금석문·서화 등 많은 자료를 발굴, 수집함으로써 『전집』에 뒤지지 않는 사료집으로서의 가치도 지니고 있다. 특히 김정희가 막역한 우인(友人) 권돈인(權敦仁)의 이름으로 왕희손(汪喜孫, 1786~1848)에게 보낸 서신(1837)의 내용 등은 학술사료의 발굴 사례로 대표적인 것이다. 또한 부록으로 『완당선생전집』 안에 청대 고증학자들의 문장의 전부 혹은 일부 초록이 그대로 혼입된 것에 대해 일본인 학자 이나바 이와키치(稻葉岩吉)가 밝힌 2편을 포함해 모두 10편을 검출하고, 추사의 장서목록을 적시한 것도 후학에 매우 유익한 업적이었다.[4]

---

3 藤塚鄰(1975), 번역본은 藤塚鄰, 朴熙永 역(1994). 참조.

4 『全集』에 혼입된 청조 학자들의 문장 10종의 내용을 열거했으며, 전해진 다수의 자료 가운데 이장욱(李璋煜)과 왕희손(汪喜孫, 후에 희순(喜荀)이라 개명함)이 추사 형제에게 보낸 서신 2건이 후지쓰카의 저서에 수록되어 있다. 또 후지쓰카는, 왕희손이 자기에게 보낸 추사의 서신을 『해외묵연(海外墨緣)』(1838)이란 이름으로 만든 책자의 초본을 교정하고, 『해외묵연』 본서와의 어구 이동(異同)도 지적했다. 이는 藤塚鄰(1975), 421~429쪽 참조. 그의 말에 따르면 추사가 청조 명류 학인에게 보낸 서신은 아마 수백 통에 이를 것인데 『전집』에 실린 것은 겨우 이장욱에게 보낸 「與李月汀書」 한 편뿐이라 하고 있다.

한국 학계에서 김정희 학술에 대한 선구적 연구는 고(故) 전해종(全海宗) 교수의 논문, 「청대(清代) 학술과 완당」, 『대동문화연구』 1집(1963. 8)을 들 수 있다. 그는 김정희가 대진(戴震, 1724~1777) · 완원 · 능정감(凌廷堪, 1757~1809) 등 청의 고증학설을 수용하고 보수적 옹방강의 영향으로 한(漢) · 송(宋)학 절충의 입장을 채택한 사실, 아편전쟁 직후 위원(魏源, 1794~1856)의 『해국도지(海國圖志)』에 언급한 점에 주목했다. 또 완원의 영향을 받은 것이 분명한 김정희의 '실사구시(實事求是)'설에 특히 유의하는 한편, 청 고증학자 논문의 초록이 『전집』에 전재된 사실 등에 근거해 추사가 청대 고증학설을 자신의 학문 체계 속에 충분히 융화시켜 독자적 학설로 완성시키지 못한 한계를 지적했다.[5] 한편 그가 1950년대 이래 한국 학계의 실학 논쟁에서 실학의 구성 요소로 '경세치용(經世致用)'과 아울러 실증적 '실사구시론'을 실학 개념으로 포함시킨 것[6]은 추사의 고증 경학을 실학 범주에 포함시킬 수 있는 유력한 논거가 되기도 한다.

추사의 경학을 비롯한 학문 · 예술에 대한 전반적 연구는 2000년대에 들어선 이후 나타났는데, 정혜린의 두 저술, 『추사 김정희의 예술론』, 『추사 김정희와 한중일 학술 교류』가 대표적이다. 이 연구는 청 학계와의 교류를 통한 추사의 경학 발전 과정에서 획기적 영향을 미친 두 가지 계기로, 1810년 연행에서 스승 옹방강과 완원과의 만남, 그 다음으로 동년배 학인관료 이장욱(李璋煜, 1784~1857)과 왕희손의 학술 교류를 거론했다. 예학(禮學) · 음운학(音韻學) · 주역학(周易學) ·

5 전해종(1970), 190~239쪽. 『전집』에 혼입된 청 학자의 논설로 「예당설(禮堂說)」과 「사폐변(私蔽辨)」 등 두 편을 더 거론했다.

6 전해종(1959), 167~176쪽.

상서학(尙書學)·천문산학(天文算學)·주자학(朱子學)·교감학(校勘學)·춘추학(春秋學) 등 여러 부문에 걸쳐 김정희 학문과 청조 학계와의 관계를 정리하고, 『전집』 안에 찬입(竄入)된 청대 고증학계 학술자료 26편의 총목록을 작성했다.[7]

또 청대 고증학계에서 성행한 한·송학 절충론과 영·정조대 조선 학계와의 관계 및 김정희의 청 양주(揚州)·상주(常州)학파의 수용에 대해 논하기도 했다.[8] 그 밖에 김정희의 경학에 대한 연구로 소수의 논문들이 있으나 고증학 사조의 수용과 『주역』 중심의 단편적 주제에 집중되어 있다. 이상의 연구사적 실적에 대비해, 본 논문의 중점은 유교 경학사에서 청조 고증학이 갖는 고유한 학문적 성격과 조선 후기 실학의 흐름을 충분히 이해한 토대 위에서, 추사의 경학이 갖는 고증학적 사유(思惟) 구조와 실학적 원리를 이해함으로써 그의 학문과 사상 전반을 체계화하는 데에 있다.

2. 고증 경학의 방법론과 한·송학 절충 사조

1) 청조 고증학의 수용과 '고학(古學)'적 실사구시론(實事求是論)

북학 사조는 북학의 선구자인 홍대용(洪大容)의 1765년 연행을 필두로 1780년 북학파의 중핵(中核) 박지원(朴趾源)의 연행이 있기까지 박제가(朴齊家)·이덕무(李德懋)·유득공(柳得恭) 등의 잇단 연행 체험

7 정혜린(2008), 39~127쪽.

8 정혜린(2019), 113쪽.

을 계기로 크게 발전했다.

북학론 발전의 국제적 배경으로는 당시 청조 전성기 건륭제(乾隆帝)의 국가적 문화정책으로 이루어진 『사고전서(四庫全書)』 편찬사업(1772~1787)과 그 사업에 집중된 고증학계를 비롯한 중국 전통문화의 융성을 들 수 있다. 북경 유리창(琉璃廠) 서적가를 방문한 조선 학자들의 눈에 비친 중국 서적 시장의 전국적 서적 수집과 유통은 조선의 연행사절에 주목할 만한 문화 현상으로 각인되고도 남는 것이었다.[9]

1770년대 이후 조선 북학론의 형성은 물론 정조(正祖)시대 조선의 국가 문화정책과도 밀접한 관련이 있다. 정조 자신이 경전의 고문(古文)을 의심하고 한대(漢代) 유학을 검토했으며, 1776년부터 청조의 『사고전서』를 구입하려는 노력은 성사되지 않았으나 『고금도서집성(古今圖書集成)』을 구입했던 것이다.[10] 추사 김정희의 연행은 이 고증학이 절정기를 지나 보수화된 고증 학풍이 정착되는 19세기 초 가경제(嘉慶帝) 시대의 후기 고증학 단계에 이루어진 것이었다.

김정희가 생원(生員) 고시에 합격한 해인 1809년(순조(純祖) 9년) 10월 말부터 이듬 해 3월 중순 귀국까지의 이 연행은 동지부사(冬至副使)인 부친 김노경(金魯敬)을 따라 자제군관(子弟軍官) 자격으로 동행한 것이었다. 왕복 노정을 빼고 북경 체류 기간은 불과 두 달에 그쳤

---

9 藤塚鄰(1975), 24~26쪽. 『사고전서』 편찬에 관해서는 郭伯恭(1936) 이하 여러 참고문헌이 있다. 제국의 문화 역량을 총동원한 이 대규모 총서의 편찬은 궁중과 전국의 민간 장서의 수집을 거쳐 중국 역대의 방대한 문헌을 총결집하고 이를 분류, 校勘, 필사, 또는 그 일부 서적은 인쇄하는 편찬 작업을 진행하는 한편 禁書를 색출하고 총서의 목록을 저술하는 등 역대 최대의 국가적 문화 사업이었다.

10 김문식(1998), 287쪽. 정조는 청 초기 고염무(顧炎武)·이광지(李光地) 같은 주자학에 관심이 있는 학자의 학설만 인정하며, 주자학을 비난하고 명물(名物) 훈고(訓詁)의 천착만 하는 청대 학문에는 비판적이었다.

지만 당시 청조의 주류 학문이었던 고증학계에 접근해 깊은 학연을 맺기에 이르렀다. 1819년(34세) 문과 급제 이후 김정희의 관직은 병조(兵曹), 형조참판(刑曹參判)에까지 이르렀고, 벽파(辟派) 척족으로 경주(慶州) 김씨 출신인 추사 가문은 당시의 소수 척족문벌의 세도정치 아래 유력한 풍양(豊壤) 조씨(趙氏)와 제휴했으나, 안동(安東) 김문(金門)이 중심이 된 문벌 당쟁에 희생되어 김정희는 1840년(55세)부터 1848년까지 제주도로 유배되었다.[11] 1851년부터 다음해까지 1년여 함경도 북청(北靑) 유배와 그 후 사거하기까지 수년간 은거 생활을 겪으며, 그는 일생 정치활동이 봉쇄되고 염원하던 연행의 기회도 다시는 오지 않았다.

정조 사후 부패한 세도정치하에서 서교(西敎, 천주교) 박해와 국가의 정치, 문화적 위축, 국제관계의 폐쇄적 환경에도 불구하고 소수의 김정희 그룹과 청조 문사들과의 교류는 꾸준히 지속되었다. 이를테면 추사를 매개로 그의 지우(知友)인 신위(申緯), 권돈인(權敦仁), 조인영(趙寅永), 아우 김명희(金命喜) 등을 비롯해 중인(中人) 신분인 역관(譯官) 출신의 제자, 이상적(李尙迪), 오경석(吳慶錫) 등이 간단없이 청조 학자·문인들과 교류를 지속한 것은 실낱같이 이어진 조선 실학의 유일한 적극적 대외창구였다.[12]

---

11 崔完秀(1980), 유봉학(2000), 42~43쪽, 155~158쪽.

12 유봉학(2000), 155~160쪽. 권돈인·김정희와 풍양 조씨 세도가인 조인영(趙寅永, 1782~1850) 사이의 절친한 우의에 대해서는 유홍준(2018), 97~99쪽, 182~194쪽, 233~234쪽 참조. 그들은 북한산·황초령의 진흥왕순수비 연구에 협력했으며, 금석학을 매개로 한 청 학자들과의 교유에서 조인영이 보낸 금석 탁본이 청 유희해(劉喜海)의 『해동금석원(海東金石苑)』 저술의 자료가 된 사실은 유명하다. 또 추사가 제자 이상적에게 보낸 「세한도(歲寒圖)」는, 청의 학술서들을 유배 중인 추사에게 멀리 전송한 제자의 충직한 노고에 보답한 것으로 저명한데, 그가 보낸 서적 중에는 『황청경해(皇淸經解)』

초기 북학파는 고증학에 대한 관심은 갖기 시작했으나 아직 청조 고증학 사조에 대한 초보적 정보를 수용하는 단계에 지나지 않았다.[13] 후술하듯 『사고전서』 편찬 이후 고증학의 성행과 함께 청조 학계의 지배적 사조가 된 한·송학 절충 사조가 조선에 전파되고, 조선 학계에서 명물(名物)의 고증을 중시하는 학설이 제기되었음에도 주자 의리학이 경학의 근본임을 고집하는 이념은 여전히 조선 유학의 대세를 이루었다.[14]

추사 이전의 북학론자들이 주장한 청조 문물의 수용도 고증학적 경학이 아니라 '이용후생'을 통한 경세치용(經世致用)의 실학을 지향한 것으로 서학(西學)을 포함한 중국 문물의 기술·경제적 측면에 치중된 것이었다.[15] 북학파 선구자들의 연행 때와 달리 건가(乾嘉)[건륭(乾隆)·가경제(嘉慶帝)] 고증학이라는 난숙한 중국 경학 자체에 깊이 있는 접근을 시도한 추사 김정희의 독특한 문화교류 체험은 북학 선

[완원 편]·『황조경세문편(皇朝經世文編)』[하장령(賀長齡) 편]·『대운산방문집(大雲山房文集)』[운경(惲敬) 저] 등이 있다. 이는 藤塚鄰(1975), 451~471쪽 참조.

13 유봉학(2000), 119쪽에 의하면, 이서구(李書九)가 지은 이덕무(李德懋)의 묘지명에서 박제가가 명물(名物), 훈고(訓詁)의 한학풍에 상당한 이해를 갖고, 이덕무가 소학(小學)·명물, 『이아(爾雅)』·『설문해자(說文解字)』의 학문에 장점이 있다는 간략한 평가가 전할 뿐이다. 또 같은 책, 166~167쪽, 196~199쪽에는 박지원의 북학파 계열로 이서구는 '이용후생'의 경세학풍과 함께 가학(家學)인 전문지학(專門之學)을 바탕으로 고증학풍을 수용하고 있고, 서유구의 경우는 연암의 북학과 가학인 천문·산학 위주의 명물도수(名物度數)학에서 출발해 고증학을 수용하는 한편 경학보다는 농업에 치중한 '이용후생'의 경세학에 매진했다는 것이다.

14 김문식(1998), 286~294쪽. 신작(申綽)과 같은 한(漢)·당(唐) 훈고에 치중한 예외적 고증학 지지자도 있으나 한·송학 절충론에서도 주자학에 우위를 두는 경향이 절대 우세해서 성해응(成海應)·정약용(丁若鏞) 같은 조선 경학의 집대성자도 그러한 추세를 벗어나지 못했다.

15 기술적 측면에서 경제 문제에 접근한 이용후생적 경세학의 대표자로 박제가의 북학론에 대해서는 이헌창(2013), 114~150쪽, 169~181쪽 참조.

배들과 자신을 구별하는 추사의 자의식을 통해서도 표현되었다.[16]

청조 고증학 시대의 학술과 문예에 깊이 참여한 추사는 18세기 이후 청조 문화의 대세를 이루었던 복고적 고학(古學)으로서의 고증경학과 고문사(古文辭) 문학에 접근할 수 있었다.[17] 추사의 학술활동은 당시 중국 문화의 정점에 있던 고증학적 학문 연구에 직접 참여함으로써, 그에 앞서 중국의 선진 문물을 도입하려 노력했던 북학파의 열망을 초기의 기술경제 도입으로부터 정신문화 차원으로 전진시키려는 문화적 탐색이었다.

경세치용의 개혁사상으로 출발한 조선 실학의 학문적 기반은 성리학 이전의 고대 경전 연구로 복귀한다는 의미에서 '고학(古學)'으로서의 '경학' 연구를 통해 고대 유교문화의 원형을 회복하려는 것이었다.[18] 실학 사조의 복고적 경학 연구는 주자학의 배타적 이데올로기 독점에 따른 학문의 공소(空疎)함과 비실용성을 타파하려는 학풍으로, 명(明) 말기 이래 진행된 중국 유학의 개혁적 학풍, 즉 경세학 및 고증학과도 공통된 시대적 문화변동 추세였다.

'리기(理氣)' · '심성(心性)'이란 공허한 관념에 몰입한 주자학의 도덕적 의리학(義理學)의 현실적 한계가 인식되면서, 북학론의 선구자 홍

---

16 추사의 견해로는, 조선 연행(燕行) 사인의 교류에서 홍대용과 엄성(嚴誠) · 육비(陸飛) 등의 교제가 칭송되지만 그것은 한묵(翰墨)의 작은 일에 그치고 몹시 소략해서 보다 큰 일을 어찌 논의했겠는가 반문하고, 박제가의 착오도 안타깝다고 했다. 이는 『全集』 권3, 書牘, 15뒤, 「與權彝齋(敦仁)(15)」 참조.

17 추사의 고문사(古文辭) 지지와 양명학 좌파[왕기(王畿) 등] 및 성정(性情)파 문예에 대한 비판은 『全集』 권3, 書牘, 37뒤, 42앞, 「與權彝齋(敦仁)(33, 34)」 참조. 추사의 고문사 선호는 명말 이래 중국의 성정파 문예에 비판적이었던 정조(正祖)의 보수적 문체반정(文體反正)과 합치하는 측면이 있었다.[문체반정은 정옥자(1997), 60~101쪽 참조.]

18 한영우(2007), 48~52쪽.

대용이 유학의 고유한 핵심 내용을 '실심(實心)'과 '실사(實事)'로 집약해 제시했다. 이는 공허한 '기(氣)'의 관념으로부터 실재적 '물(物)'의 개념이 분화되기 시작하는 이론적 단서로 파악되며, 결국 실학 사조의 핵심 내용은 '리'·'기' 중심의 형이상학 체계 안에서 인간의 '마음'과 현실의 '사물'이란 관념이 그 구체성을 강화하는 것이다.[19] 그러나 조선과 청조의 경세학 및 고증학의 실학 사조도 여전히 주자 성리학의 형이상학적 이념체계를 벗어나지 못한 전근대적 사유의 범위 안에서 해석될 필요가 있다.

청조 고증학은 본래 주자 사서학(四書學)에서 고대 6경의 경학으로 복고하려는 청 초기 고염무(顧炎武)·황종희(黃宗羲) 등의 '경세치용'의 실학풍 속에서 경학 연구의 실증적 방법으로 발전한 것으로,[20] 청 초기의 발생 단계에서는 고증학이 유교 경세학의 일부로 내포된 상태에 있었다.

17세기의 '실학' 사조로 경세학이란 학문 범주가 성립되었다는 사실은 단편적 정책론으로 제기된 과거의 경세론과는 달리 경세의 원리와 방법에 관한 학문적 탐색이란 의미에서 '학문적 경세'의 탄생이었

---

19 문석윤(2014), 25~29쪽, 35~38쪽, 65~80쪽. 조선 성리학에서 심학(心學), 물학(物學)으로의 전개는 호락(湖洛) 논쟁(17세기 말~18세기 초)에서 낙론(洛論) 성리학에 나타나 있다고 주장하며, 이를 중국 명대 후기(16세기)의 양명학과 대비하고 있다. 홍대용의 '물학' 관념의 기원에 대해서는 낙론 성리학과 서학(西學) 중 어느 쪽 영향이었는지 논란이 있다. 이는 許南進(2001), 68~91쪽 참조. 그런데 '물학' 개념의 성립은 전통적 유학에서 '명물도수'나 '이용후생', '격물치지(格物致知)' 등 개념의 학문적 체계화와 관련시켜 검토할 필요가 있다.

20 경(經)·사(史) 문헌의 고증적 연구를 통해 경세학의 방법적 전형을 수립한 것으로 저명한 고염무의 기치는 '경학이 바로 리학(理學)'이라 하고 고금에 걸친 '문헌의 박학[博學于文]'을 강조한 것이었다. 이는 顧炎武, 『顧亭林詩文集』(1976판), 62쪽, 「與施愚山書」; 같은 책, 44쪽, 「與友人論學書」 참조.

다. 명말 청초의 천하대란에서 노출된 주자학의 실패를 계기로 그 대안으로서 등장한 경세실학은 이제 유교적 통치 기반으로서, '천리(天理)'에 의지한 성리학적 도덕 이념 대신에 한대 이전 고대 성왕(聖王)이 제작한 제도·문물을 중시해 학문의 대상으로 삼은 것이다.[21]

18세기에 들어 경세학에서 분리된 고증학이 독립된 학파로 발전하기 시작한 배경은 강희제(康熙帝)의 대통일과 청조의 융성, 문자옥(文字獄)이라는 정치적 사상통제로 인해 민간 경세학이 퇴조하게 된 현상과 관련이 있다. 그러나 고증학이 발전시킨 그 정밀한 실증적 방법론도 배경으로 유의할 필요가 있으며, 이 방법에 근거한 지식의 '전문화'와 학자의 고유한 독창성을 강조하는 학풍이야말로 18세기에 고증학이 독립적 학문 분과로서 청조 유학의 주류 학문의 지위를 차지하게 된 저력이었다.[22]

18세기 중엽 건륭대에 이르러 강남(江南)의 양대 학파가 성립되었는데, 소주(蘇州, 강소성(江蘇省)) 출신 혜동(惠棟)의 오파(吳派)와 휘주(徽州, 안휘성(安徽省)) 출신 강영(江永)에 이은 대진(戴震) 중심의 환파(皖派)였다.

오파는 송대 주자학의 독단적 경학에 반대하고 5경의 고학(古學)으로 돌아가 후한(後漢) 정현(鄭玄) 등 한대(漢代) 훈고학(訓詁學)의 주소(注疏)를 존중했다. 이에 한학(漢學)은 고증학의 별칭으로 주자학을

21 Ball, Peter(1992), pp. 76~147. 그는 당(唐) 말기 사대부의 문(文)과 도(道)[교(敎)] 관념의 분리를 통해, 당 이전 유교의 도를 고대 성인의 제도문화에서 찾던 것이 송 이후에는 선천적 도덕 세계에서 찾게 된 변화를 지적했다. 이로부터 유추하면 명말 청초의 경세 실학은 주자학의 도덕 의리로부터 벗어나 다시 고대의 정치적 제도문화를 강조하는 방향으로 전환하는 계기가 되었다.

22 Elman, Benjamin A.(1984), pp. 221~229.

지칭하는 송학(宋學)과 대립하는 국면을 형성한 것이다.

환파는 한대 주소학(注疏學)의 답습보다는 소학(小學, 음운(音韻)·문자학) 등 보조학을 통해 청대 독자의 경학 발전의 길을 열었다. 양대 학파는 대진의 학문을 정점으로 점차 통합되어갔는데, 『사고전서』 이후 가경·도광(道光) 연간의 후기 고증학은 대진을 계승한 완원 등 강남의 양주(揚州) 학계를 중심으로 전개되었다.[23]

19세기 전반기 후기 고증학계의 영향을 받은 김정희의 경학은 중국 고대 경학사 전반의 흐름에 대한 전면적 이해를 바탕으로 자신의 고증학적 경학관을 구축했는데, 특히 휘주(徽州)의 능정감, 양주(揚州)의 완원 등 후기 고증학자들의 학술사 관점에 공감을 표하고 있다.[24] 그들의 견해를 통해 추사가 이해한 중국의 경학사는 한대 유교의 국교화(國教化) 이후 3차의 변화를 겪으며 4단계를 거쳐 왔다는 것이다. ① 한대의 관학인 금문경학과 전한 말 이후 금·고문경 논쟁, ② 위(魏)·진(晉) 이래 유교 경전의 노장(老莊)화와 오호(五胡) 침입에 따른 경전의 탕진, ③ 당의 공영달 소(疏)[『오경정의(五經正義)』]에 의존한

---

23 錢穆(1972), 312~326쪽. 오파에는 강성(江聲)·여소객(余蕭客) 등이 있고, 환파에는 단옥재(段玉裁)·왕염손(王念孫)·인지(引之) 부자 등이 대표적 학자였다. 청조 고증학의 학파 인맥은 支偉成(1986). 참조. 양주학계의 후기 고증학파에 대해서는 張舜徽(1962). 참조. 청조 고증학의 전통에 대한 계보학적 평가는 건륭대 양주 고증학자인 왕중(汪中)의 술회에 집약되었는데, 그는 청조 고증학이 고염무를 비조로 염약거(閻若璩)·매문정(梅文鼎)·호위(胡渭)·혜동을 거쳐 대진에 이르러 집대성된 것으로 이해하는 한편 고염무의 경세실학에 대한 계승의식과 제자백가의 부분적 가치를 인정하는 절충적 학풍을 열었다. 이는 曺秉漢(1994a), 72쪽 참조. 추사와 학문적 교신으로 절친한 관계에 있던 왕희손은 왕중의 아들로서 완원 학단의 구성원이었다.

24 『全集』 권1, 辨, 35뒤~37앞, 「學術辨」은 淩廷堪, 『校禮堂文集』(1998판), 권23, 書二, 203~206쪽, 「與胡敬仲書」(1793)의 초록이며, 『전집』 권7, 頌, 3뒤~6앞, 「漢十四經師頌」은 능정감의 같은 책, 권10, 頌을 초록한 것이다.(藤塚鄰(1975), 494~502쪽 참조.)

송 · 원 · 명 주자학 일존의 시대, ④ 청대 경학의 반(反)주자학 사조에 이르렀다. 그래도 당대(唐代)까지는 한대 훈고 학풍이 소진되지 않았으나 송대에 주자를 포함한 의고(疑古) 학풍이 일어나고 "4서(四書)가 6경(六經)을 능가하면서" 한대 유학의 학설이 폐기되었다. "차라리 공성(孔聖)의 오류를 말할지언정 정주(程朱)가 틀린 것을 말하기 꺼린다."는 주자학풍의 폐단을 지적하고, 또한 이를 바로잡으려는 청대의 주자학 비판도 지나쳐 무단의 폐가 많고 고훈(古訓)에 다 합치하는 것이 아님을 경계하고 있다.[25]

한학에 대한 추사의 인식은 그가 초록해둔 완원 학단의 한 논문을 통해 그 요체를 파악할 수 있으니, 고증학의 학문 전통은 일단 '한유(漢儒) 가법(家法)'이란 핵심 개념으로 집약되었다.[26] 송학에 대비되는 한학의 가법은 다음 세 가지로 압축된다. 첫째는 각 학파가 스승의 학설을 지킨다는 것이다. 한대 5경의 전수 과정에서 형성된 각 경전의 학파별 '사승(師承)'[스승 학설의 전수 계보]을 설명했다. 둘째는 소학(小學)을 이해하는 것이다. 학동 시절 먼저 대전(大篆, 주(周)의 문자인 주문(籒文))을, 다음에는 『이아(爾雅)』를 익혀 문자의 의미 · 형성(形聲)과 훈고, 전차(轉借, 전주(轉注) · 가차(假借))를 연구한 다음 3년 간 1경을, 35세까지 5경을 익힌다. 한학은 "문자에서 입문하며, 문자 연구는 소리와 형태로부터 착수해 각기 '사승'이 다를지라도 과정은 같

25 『全集』 권1, 辨, 35뒤~37앞, 위의 글 참조. 한대의 경학에 대해서는 같은 책, 권7, 書牘, 「漢十四經師頌」, 3뒤~5앞.

26 위의 책, 권1, 說, 21뒤~23앞, 「漢儒家法說」은 완원 주편, 『皇淸經解』 권1, 390, 嚴杰 補編, 「經義叢鈔」, 「詁經精舍文集」 중 호진(胡縉)의 「漢經師家法攷」를 초록한 것임. (정혜린(2019), 126쪽 참조.)

으니 이것이 소학이다. 셋째는 천(天)·인(人) 관계의 리(理)를 밝히는 것이다. 또한 경전 해석의 요체는 첫째가 경으로 경을 해석하거나 경에 근거해 '리(理)'를 분석하는 것이며, 혹은 경을 서로 참조해 문장을 이해하거나 경을 변별해 오류를 교정한다. 둘째는 문자로써 경을 해석하거나 그 소리를 비정하고, 혹은 읽기를 바로잡거나 오류를 고친다. 셋째는 스승의 학설로써 경을 해석한다. "가법으로 그 은밀한 뜻을 밝히니", "가법이 정밀하면 경학이 밝혀지고, 가법이 파기되면 경학이 황폐해진다."는 것이다.[27] 한대 주소학의 가법과 소학의 응용이라는 두 요소가 추사가 이해한 고증경학의 기본 내용이었다.

추사 경학에서 "실학이란 '박고'(博古), 즉 고문헌의 사실에 대한 '박학'을 해야 한다"는 뜻이며, '고'에 얽매이는 '니고'(泥古)에는 비판적이었다. '고'에 얽매여 늘 고문을 찾아 이를 필사만 하는 태도는 '신중히 생각하고 의문점은 남겨둔다.'는 공자의 가르침에 부합하는 것이 아니었다.[28] 추사는 경학 연구 초년부터 옹방강의 서신 지도에 영향을 받고 한대 정현 주 등 주소들의 수집, 연구에 노력하는 동시에 후한의 민간 학계를 지배했던 고문경학의 대가 정현의 주석에도 오류가 있을 수 있다는 입장을 유지하고 있었다.[29] 바꿔 말해 한대 경학의 '가법'과 '사승'을 중시하면서도 진실에의 독자적 접근도 필요함을 인정한 것이다. 과연 추사는 청조 고증학계에서의 소학 등 보조학문의

27 『全集』 권1, 說, 21뒤~23앞, 앞의 글.

28 위의 책, 권4, 書牘, 36뒤~37앞, 與金東籬(敬淵)(2,3). 또 같은 책, 권5, 書牘, 26앞, 「與人」. 실제로 5경 전체의 주석을 한 후한대 고문경학의 집대성자 정현은 3례 연구에서 고문·금문을 종합하고 있다. 이는 王鍔(2007), 305~306쪽 참조.

29 藤塚鄰(1975), 196~198쪽.

발전과 그에 기초한 경학의 새로운 발전 수준에도 깊은 이해를 하고 있었다는 점에서 청조 고증학계의 두 학파가 통합된 후기 고증학계의 주류 학풍에 접근해 있었던 것이다. 특히 고증학의 정점에 있던 대진계의 고증학자 왕념손의 경학을 존중해, 그의 "고학이 가장 홍박(鴻博)해서 내가 추복함이 담계(覃溪, 옹방강) · 운대(芸臺, 완원)와 대등한데" 그 『석구전서(石臞全書)』를 전부 구독하지 못한 것이 유감이라고 술회하며, 그 아들 왕인지의 『경의술문(經義述聞)』은 이미 읽었다고 했다.[30] 육서(六書)의 원리와 관련해 문자 형태와 음운 · 음성 사이의 불가분의 관계를 논한 추사의 글도 고증 방법으로서 소학의 중요성을 설파한 것이었다.[31]

그는 청 고증학자 왕희손과의 서신에서, 청대 소학의 핵심이었던 음운학의 발전 과정에 관해 논하면서, 고염무의 10부, 강영의 13부, 대진의 15부, 단옥재의 17부 및 21부, 왕염손 · 인지 부자 및 강유고

30 『全集』 권5, 書牘, 2뒤~3앞, 「與李月汀(璋煜)」. 이 서신에서 추사는 자신의 고서 수집을 위해 여소객(余蕭客)의 『고경해구침(古經解鉤沈)』, 공광삼(孔廣森)의 『정씨전서(鄭氏全書)』를 참고했으며, 옹방강의 권고를 받아 『노례체협지(魯禮禘祫志)』 · 『의례금고문고(儀禮今古文考)』를 찬집 중에 있다고 진술했다. 또한 왕념손 · 인지 부자의 소학 · 경학 저술에 관심을 표시하며 한대 주소학과 아울러 청대의 발전된 소학에 기초한 경학을 모두 섭렵하려는 추사의 노력에서, 그가 오파와 환파 고증학이 통합된 청조의 후기 고증학계의 정점에 접근하고 있음을 알 수 있다. 藤塚鄰(1975), 197, 211~213쪽에 의하면, 추사에게 보낸 옹방강의 서신에서 추사는 한대 정현 주의 수집에 노력하더라도 정현 주에도 오류가 있다는 주의를 받고 있으며, 왕인지의 『경의술문』은 옹방강과 추사가 모두 그 음운학적 해석에 찬탄했다고 한다.

31 『全集』 권1, 辨, 34앞~35앞, 「聲韻辨」. 추사는 자의(字意)의 훈고를 위한 소학이란 학문 분과는 『한서(漢書)』 「예문지(藝文志)」의 소학가(小學家)에 어원이 있다고 하고, 유소년 도덕교육[양몽(養蒙)]을 위한 소학이란 범주와의 변별을 논하면서 양자가 혼합된 남송 여조겸(呂祖謙)의 『소의외편(少儀外編)』의 모호한 입장을 논하고 있다. 이는 같은 책, 권7, 雜著, 13뒤~14앞, 「論小學書」.

(江有誥)의 21부설을 섭렵했음을 밝히고 있다.[32]

추사가 청의 학자 이장욱(李璋煜)에게 보낸 서신에 의하면, 그는 예학(禮學)을 논하면서 경학이 실학으로 가능한 근거가 고학(古學)의 방법에 있음을 제시했다. 옛 진리를 보존하는 '존고(存古)'가 지금의 제일 급무라는 학문관을 표방하며, 이를 위해 후한의 훈고 주석 뿐 아니라 청대의 고증학 저술들을 널리 참고할 것을 다음과 같이 제언하고 있다.

> 마융(馬融)·정현은 다만 그 대개에 관련된 것이고, 만약 이 두 대가에 그칠 뿐이면 어찌 널리 종합함이 되겠는가. 비록 청의 혜동의 『역한학(易漢學)』·장혜언(張惠言)의 『역우씨의(易虞氏義)』 같은 저서도 논의할 만 점이 하나 둘 없을 수는 없으니, 그들이 존중하는 것도 '고(古, 옛것)'를 보존함에 있다. 근래에 명유(明儒)가 배출되어 '고학(古學)'이 밝고 번창하니, 2천 년 이래 땅에 떨어진 단서들이 다시 정리되었다. 그러나 학파[家]마다 한 학설이 있고 사람마다 한 의미[義]가 있어 문호(門戶)들의 시비가 요즘보다 더 심한 때는 없다.[33]

고대와 청대를 관통하는 진리를 보존하기 위해 청조 고증학에서 제시한 학문의 방법은 잘 알려진 '실사구시(實事求是)'라는 술어로 집약되었다. 고대 『한서(漢書)』 「하간헌왕전(河間獻王傳)」에서 인용된 이

---

32 藤塚鄰(1975), 419~426쪽. 왕희손에게 보낸 서신, 『해외묵연(海外墨緣)』 참조.

33 『全集』 권5, 書牘, 1앞~뒤, 「與李月汀(璋煜)」. 옛것에 구애를 받는 강남 고증학자 단옥재(段玉裁)·유태공(劉台拱)과, 이를 비판하는 주자학 옹호자 옹방강을 대비하면서도, 추사는 양측이 모두 옛것을 보존[존고(存古)]하려는 학문임을 지적하고, 양자가 모두 논의의 여지가 있으니 그 사이의 진실을 위해 후학들이 절충(折衷)할 점이 있다고 주장했다.

어휘의 의미는 문자 그대로 실제 사실에 근거해 진실을 추구한다는 실학의 방법론에 다름 아니었다. 본래 현실의 사실을 내포하는 '실사(實事)'의 함의는 문헌고증이 지식계를 풍미한 고증학 시대에는 자연과 사회적 현실의 사실보다는 문헌상의 사실로 축소되어, 고증학의 지식 범위가 문헌고증 안에 폐쇄되는 결과를 가져왔다. 유교 경전을 통해 고대 중국의 '문화 원형'으로 회귀하려는 이 복고적 지식주의가 갖는 한계로 인해 고증학 방법의 적용 범위가 언어학·문헌학 방법을 통해 주로 경학·사학 등에 한정된 것이다. 진리 추구의 대상인 '실사' 자체가 인간성과 자연·사회의 현실로 범위를 확장하는 근대 과학과는 다른 것이며, 그 연구 방법론이나 우주관은 과학과 더욱 거리가 멀었다. 그럼에도 증거 없는 장구(章句)의 천착이나 묵수(墨守)에 반대하는 '실사구시'란 학문 방법이 종래의 주관적 관념이나 인습적 경전 주소의 속박을 돌파해 경(經) 자체를 재료로 음운·문자 등 새 방법을 통해 경을 해석하고, 박학(博學) 뿐 아니라 '전정(專精)', 즉 전문적 정밀성에 근거해서 여러 문헌·학설들을 모아 관통하는 '회통(會通)'을 중시하는 것이었다.[34]

그런데 유의할 것은 '실사구시'란 어휘 자체는 17세기 고증경세학을 개척한 고염무(顧炎武)가 아니라 18세기 중엽 고증학 융성기 이후 강회(江淮) 간의 고증학계에서 널리 사용되기 시작했다는 사실이다.[35]

---

34 漆永祥(1998), 98~110쪽. 한대의 훈고 주소학은 상고 성인의 시대와 시대적 근접성이 있어 존중되었다. 필자의 견해로는 방법론적으로 청대 고증학이 한의 주소마저 돌파해 '실사구시'를 추구한 점에 단순한 한학(漢學)이 아닌 청학(淸學)으로서 독자적 가치가 있는 것이다.

35 汪中, 『述學』, 권6, 別錄, 17앞~뒤, 「與巡撫畢侍郎書」, 『述學·容甫遺詩』(1972판) 수록 ; 阮元, 『揅經室集』 1集(1982판), 권2, 47~48쪽, 「大學格致說」.

왕중·전대흔(錢大昕)·능정감(凌廷堪)·완원 등 여러 학자들이 공유한 사조이지만 그 가운데 완원의 설명이 가장 구체적인 것으로 추사의 스승으로서 그에게 직접적 영향을 주었다는 각별한 의미도 있다. 추사는 완원이 편찬을 주도한 청조 고증학총서 『황청경해(皇淸經解)』를 받아본 뒤에는 그 서문에 사용된 '평실정상(平實精詳)'이란 어휘를 실사구시의 또 다른 설명으로 이용하기도 했다. "'평(平)'이란 높고 먼 것에 힘쓰지 않고 절실하고 가까운 것을 묻고 생각하는 것이며, '실(實)'은 공허한 데 빠지지 않고 '고(古)'를 좋아해 옳은 것을 구하는 것인데, 밝게 변별하지 못하면 정밀할 수 없고, 박학하지 않으면 상세할 수 없다."는 것이다.[36] 실사구시의 부연설명이었다고 할 수 있다.

"'실사구시'는 학문의 가장 중요한 길"이라고 언명한 추사는 "만약 사실이 아니라 공소(空疎)한 술수로 편법을 쓰며, 진실을 구하지 않고 '선입견의 말'이 위주가 되면 성현의 도에 배치될 수밖에 없다."고 했다. 한대 유학자는 경전 훈고에 모두 스승의 전승이 있어 극히 정밀하고 실제적이었으니, 성(性)·도(道)·인(仁)·의(義) 같은 의리는 고대에는 사람마다 다 알고 있을 정도로 자명해서 깊이 논할 필요가 없었고, 우연히 주석이 나오면 '실사구시'를 하지 않음이 없었다는 것이다. 그런데 진(晉) 이후 노장·선종(禪宗)으로 인해 '실사구시'와는 상반된 길로 갔으나 송대 유학자는 "성리(性理)에 정밀해서 옛사람이 발견하지 못한 것을 밝혔는데", 그 뒤 육상산(陸象山)·양명학으로 인해 다시 유교가 공허한 불교로 끌려들어갔다고 비판했다. 학문의 도(道)는 공허한 이론이 아니라 '실사구시'로 한대 경학의 훈고의 정밀함에

36 『全集』 권8, 雜識, 4뒤.

학문의 기초를 두고 나아가 주자학의 도통(道統) 의리를 목적으로 삼기를 제언했다.[37] 한학에 기초한 한·송학 절충의 논리였다.

고증학 방법 및 주자학 이념의 관계에서 가장 첨예한 쟁점은 『고문상서』의 진위(眞僞) 문제를 둘러싼 금문(今文)·고문경(古文經) 논쟁에서 제기되었다. 청조에서 고증학의 실학적 진가를 각인시킨 이 논쟁의 역사적 의미는 유교 경전 중 『상서』와 『주역』의 일부가 후대의 위작임을 밝혀내는 문헌학적 실증의 성과에 있었다. 더욱이 경전 위작의 변별은 국가 교학체계인 송대 주자학의 이념적 해석을 넘어 한과 선진(先秦)으로 소급함으로써 삼대(三代) 이래 '성인의 도(道)'가 담긴 경전의 참모습을 되찾는 과제와 관련된 문제였다. 통행본 『고문상서』에 대한 청조 고증학계의 위작설은 '천하의 공설(公說)'이라 지지하면서도, 추사는 한대로 소급하면 금문·고문경 자체에 상호 혼입이 있다는 독자적 견해에 근거해, 금·고문 논쟁은 그 본원적 해결에는 한계가 있음을 지적했다.[38]

---

37 위의 책, 권1, 說, 26앞, 「實事求是說」. 가학(家學)과 '사승(師承)'에 근거한 한대 경학이 존중된 근거는 그것이 송대의 주자학에 비해 시간적으로 상고(上古) 성인의 경전에 더 근접해 있다는 것이었다. 이는 청조 고증학의 오파 혜동이 한학 존중을 표방한 논거였는데, 惠棟, 「易漢學自序」, 『松崖文鈔』 권1, 6뒤~7앞, 「古文尙書考自序」; 같은 책, 7뒤~9앞. 「上制軍尹元長先生書」, 같은 책, 17앞 참조.

38 『全集』 권5, 書牘, 27뒤, 「與人」. 藤塚鄰, 앞의 책, 425~426쪽의 『해외묵연(海外墨緣)』 참조. 위작으로 확인된 『고문상서』는 한대 고문본이 아니라 후세의 동진(東晉) 때 공안국전(孔安國傳)임을 사칭하며 조정에 헌정된 매색(梅賾)본을 지칭한다. 한대의 고문 진본들은 당대(唐代)까지도 존속했는데, 위작 고문본이 당의 공영달(孔穎達)의 『오경정의(五經正義)』에서 채택된 이후 고문 진본이 사라지고, 위작 고문본이 주자학의 경전이 되어 전승되었다고 한다. 원대(元代) 이래 청대 고증학까지의 『상서』 금고문에 대한 연구사는 劉起釪(1989), 324~376쪽 참조. 추사의 입장에 의하면, 금고문 논쟁의 시발점인 전한 말 유흠(劉歆)의 고문경의 신빙성 판명에서부터 논의가 시작되어야 하는데, 그것이 극히 난제여서 한대를 능가하는 혜동·강영·단옥재·손성연(孫星衍)

앞서 언급한 대로 한·송학 절충론의 영향 아래 조선의 유학계는 『고문상서』의 진위 고증 자체에 부정적이었으며, 그 근거는 그 책에 담겨 있는 주자학적 이념의 중요성 때문이었다. 염약거 이래 『고문상서』 위작설이 고증학의 성과로 거의 확정되었던 청조에서도 이 같은 이념적 필요성에서 『고문상서』가 경전으로 국가적 공인을 받는 정책은 유지되었다.[39]

고학 연구에서 후세 주석인 소(疏)로 인해 발생한 정현 주석의 혼란과 관련해 추사가 다산 정약용에게 보낸 현존하는 유일한 서신이 남아 있다. 상복례(喪服禮)나 고대 성읍(城邑)국가의 6향(鄕)의 위치 같은 고대의 제도를 고증하는 문제를 두고, 추사는 정현의 주에도 의문점이 있으나 그것이 당시의 가법, 사설(師說)이었으니, 후세 개인의 주관적 견문으로 이설을 세우는 것은 경의 본뜻을 잃기 쉽다고 경계했다. "근거 없이 추측해 마치 몸소 고대의 그곳에 있어 그 일을 목도한 것처럼 단언할 것인가? 고대인과 은연중 합치[暗合]하는 점이 있더라도 자기 견해를 세워 학설을 창작하는 것은 경전의 해설에는 감히 할 일은 아니다"는 것이다.[40] 옹방강과 마찬가지로 옛 주석에 얽매이

등 청대 고증학에서도 논란이 그치지 않고, 특히 "손성연은 고금의 학설을 병존시키는" 실정임을 토로했다. 또 유흠이 부친 유향(劉向)의 가학과 일치하지 않고 위작의 혐의도 받는 터에 유흠설을 이었다는 반고(班固)도 경학에 소루한 점이 있음을 지적하기도 했다. 이는 『全集』 권5, 書牘, 28앞~뒤, 「與人」 참조.

39 청의 경우는 劉起釪, 앞의 책, 362~370쪽 참조.

40 『全集』 권4, 1앞~2앞, 書牘, 與丁茶山(若鏞). 제도개혁을 위한 다산(茶山)의 이념적 고제(古制) 연구에 관해서는, 그가 19세기 전반기 조선에서 도시·농촌 분화의 현실에 기초해 『주례(周禮)』의 이념을 재해석해 정전(井田)론[토지국유]과 구직(九職)론[전문직업 분화]을 제도 개혁에 적용하면서 향수(鄕遂)제 등 중국의 고대 제도에 관한 논증을 시도한 것이 대표적 사례이다. 이는 조성을(2013), 403~404쪽.

지 말 것을 주장했던 추사가 다산의 경전 해석에 반론을 제기한 것은 '실사구시'의 실증이 없는 주관적 고대 해석에는 신중할 것을 요구하는 입장을 보인 것이다. 양자의 경학 접근법의 차이를 보이는 이 반론에서, 정치적 현실개혁의 이념적 지향이 강한 다산의 경세학과 실증적 학문의 정밀성을 추구한 추사의 고증학이 갖는 이념과 방법의 낙차를 확인할 수 있다.

2) 한 · 송학 절충론과 완원 · 옹방강

건륭제 초기의 고증학 발전기에 처음 한학의 기치를 올리며 반주자학풍의 형성에 나선 것은 소주 혜동학파였다. 본래 주자 의리와 한학의 제수(制數), 문장 세 부문의 절충을 주장했던 휘주의 대진도 후에 혜동에 합류함으로써 주자학과의 대립이 고증학의 대세가 되었다.[41] 『사고전서』 편찬 과정에서 총찬관(總纂官) 기윤(紀昀)을 중심으로 강남 고증학계의 학풍을 수용하는 동시에 건륭제 조정의 국책에 따라 한 · 송학 절충의 학풍이 형성되기 시작했다. 고증학의 방법에 기초한 경학 연구로 주자학 이념 체계를 보완한다는 고증학 우위의 한 · 송학 절충의 입장이 채택된 것이다. 따라서 주자학 · 고증학, 또는 고문사의 병행을 주장하는 옹방강 · 요내(姚鼐) 같은 절충론자도

---

41 戴震, 『戴震文集』(1980판), 권9, 143~144쪽, 「與方希原書」; 錢穆, 앞의 책, 308~325쪽. 대진의 다른 글에 나오는 6서(書) · 9수(數), 명물(名物) · 제도(制度)란 표현이 제수(制數)의 상세한 내용이라 할 수 있다.(戴震, 같은 책, 권11, 177쪽, 「鄭學齋記」.) 일반적으로 고증학과 관련되어 있는 '명물도수(名物度數)'란 어휘도 같은 범주에 속하는 용어로 볼 수 있다. 대진은 이 같은 고증의 내용 중 고대 문자 · 음운, 즉 소학과 훈고가 경전 해석의 기초임을 언명하고 있다.(같은 책, 권11, 168쪽, 「題惠定宇先生授經圖」.)

주자학 이념의 절대적 우위를 옹호하는 소수파가 되어 편찬 과정에서 고립, 배제를 면치 못했다.[42] 완원은 절강순무(浙江巡撫)·양광총독(兩廣總督) 등 최고위직 관료의 역량으로 지방에서 대규모 고증학 관련 편찬사업을 이끈 학계의 실력자였으며, 주자학의 이념적 한계를 비판한 대진의 학문적 계보에 속했으나 고증학 중심의 한·송학 절충 학풍을 주도했다.[43] 추사가 수용한 고증학은 한·송학 절충 사조가 주도하는 완원계(阮元系) 후기 고증학이었음은 물론이다.

추사의 또 한 스승인 옹방강의 경학은 주자 의리학 체계의 절대적 지위를 옹호하는 한편 고증학의 방법적 유용성은 인정한다는 측면에서 완원과는 차별성은 있지만 큰 범주에서는 한·송학 절충의 입장을 배제한 것은 아니었다. 북방(직례성(直隷省) 대흥(大興)) 출신인 옹방강은 북경 중앙의 문한관(文翰官) 출신으로 앞서 언급한 대로 『사고전서』 편찬 과정에서 고증학풍의 압도적 우위에 저항한 소수파였다.

고증학에 대한 옹방강의 입장은 1775년(건륭 40년) 대진의 학문에 대한 그의 비판에서 알 수 있다. 그는 일단 고증학 연구가 전제(典制)

42 Guy, Kent R.(1987), pp.50~52, 135~143. 경학을 실용적 경세실학으로 규정한 기윤은 그가 주관한 『사고전서총목(四庫全書總目)』에서, 유학을 한학·송학 두 학파로 구분하고 양자의 결함을 모두 비판하면서도, 경학의 의리는 문자 훈고에 의한 명물·제도의 지식을 통해 가능한 것이라는 고증학의 입장에 서 있었다. 이는 周積明(1994), 104~106쪽, 252~291쪽.

43 성(省) 규모 지방 대관료의 문화 사업으로 건륭대 『사고전서』 편찬사업에 뒤이어 진행한 완원의 편찬물로는 『경적찬고(經籍纂詁)』나 『십삼경주소(十三經注疏), 그리고 방대한 『황청경해(皇淸經解)』의 편찬 등을 들 수 있다. 『황청경해』는 저자 73인의 183종 서적을 선정, 1,400권으로 간행한 것으로 청조 고증학계의 학문적 업적을 총서 형식으로 집결한 것이었다. 완원의 편찬사업에 대해서는 林久貴(2015), 45~108쪽 참조. 한·송학 절충론의 확산에 미친 영향이 큰 『사고전서총목』은 물론 『戴氏遺書』[대진] 등 고증학 저술들이 추사의 장서목록에도 포함되어 있다. 이는 藤塚鄰(1975), 514~515쪽, 부록, 「金阮堂舊藏書目錄」 참조.

[문헌제도] · 명물의 훈고에 근면함을 인정하고, 주자학자들이 『이아』 · 『설문해자』의 소학을 경시하면서 후세에 세간의 통속적 의미를 적용하는 과오가 있음을 지적했다. 그러나 더욱 중요한 것은 전제 · 명물의 훈고만으로는 유교 경전의 의리, 성인의 도를 발견할 수 없다는 것이었다. 그러므로 "깊이 고정(考訂)하는 데 힘쓰더라도 고정이 의리를 위주로 해야 하는" 것이라고 동지들에게 권고했다.[44]

조선 유학계에서 김정희는 가장 체계적이고 선명한 논설로 '실사구시'의 한학을 토대로 송학의 의리를 천명하기를 제창한 한 · 송학 절충론자였다. 그에 견해에 따르면 '실사구시'로 한학의 정밀한 훈고를 통해 요(堯) · 순(舜) 이래 주공(周公) · 공자의 도통(道統)을 추구한다면 성현의 도가 저택의 주인이고 훈고는 그 출입구에 비유할 수 있으니, "훈고의 정밀한 추구는 저택의 실내에 들어가는 것을 그르치지 않기 위함이며, 훈고 자체가 일의 종결은 아니었다. 그러므로 학문의 방법은 한학 · 송학의 경계를 굳이 나눌 필요가 없고, 정현 · 왕숙(王肅)과 정자(程子) · 주자의 장단을 비교하거나 주자 · 육상산(陸象山), 설선(薛瑄) · 왕양명(王陽明)의 문호(門戶)를 다툴 필요가 없다. 다만 평정된 심기(心氣)로 박학 · 독행(篤行)을 하며 오로지 '실사구시' 한 마디를 위주로 행하면 된다."고 주장했다.[45] 한학과 송학을 병행하면서 고증학의 학문 방법을 주자학적 체제 이념에 수렴하려는 것이 한 · 송학 절충설의 기본 입장이지만 리학(理學) 내의 주자학과 양명학의 대립도 해소되어야 한다는 것이다. 바꿔 말해 추사의 경학적 입장은 주

---

44 陳祖武 · 朱彤窗 編(2005), 254~255쪽.

45 『全集』 권1, 說, 26앞~뒤, 「實事求是說」.

자학적 체제이념을 수용하면서도 유교적 학문의 기초로서 학문 방법으로서 고증학의 학문적 주도권을 포기하지는 않는 것이다. 또한 절충의 범위가 양명학에까지 확장될 수 있다는 언급은 주자 성리학이 배타적 독점 지위를 견지하고 있는 조선 유학계에서는 청에 비해 더욱 긍정적 반향을 얻기 어려운 상황에 있었다.

중국 역대 학술 사조의 시대에 따른 변천을 조감함에 따라 학문의 교조적 이념화를 상대화하는 관점은 절충적 경학관으로 수렴되는데, 이는 추사가 일부 초록한 것으로 보이는 휘주 고증학자 능정감의 논문에 이렇게 설명되고 있다. "천하의 학술은 수백 년을 거치면 반드시 변하며, 그것이 장차 변하려면 반드시 한두 사람이 나와 그 단서를 열고, 천백 사람이 시끄럽게 공격한다. 그것이 이미 변화한 다음에는 또 한두 사람이 이를 집대성하며 천백 사람이 쏠리듯 추종한다."는 것이다. 그러나 학파의 차이에 따른 시끄러운 공격 다음에 쏠리듯 추종하는 단계에서 학술의 폐단이 발생하기 시작하니, 반드시 한두 사람이 그 폐해를 교정해 의연히 지탱하는 것이 중요하다고 했다. 그리하여 위 · 진, 당대, 송대 이후에 각기 3차에 걸친 학술 사조의 대변화가 일어남에 따라 한과 당의 유학이 차례로 탕진되어 버리고, 송대 이후에는 "차라리 공자 성인의 오류를 말할지언정 정주의 틀린 것은 말하기 꺼리게 되는" 지경에 이르렀다고 비판했다.[46] 학문에서 무단적 비판이나 맹목적 시류 추종을 모두 경계하는 이 논리에 한 · 송학 절충론의 핵심적 논거가 있는 것이다.

양주학계의 절충적 사조는 완원과 그 동료 역학 전문가 초순(焦循)

---

46 위의 책, 권1, 辨, 35앞~37앞, 「學術辨」.

에서 절정에 이르러 유교의 신흥 금문경학과 제자백가, 서학의 과학 · 기술에 대한 관용으로 확장되었다.[47] 절충(折衷)이란 무원칙한 중도 타협이라는 통속적 의미가 아니라 '절중(折中)'과 동의어로서, 유교 학문에서 공맹의 진리에 접근하는 학문적 방법의 의미로 쓰였다. 그 개념은 공맹의 선진 유교를 이념적 기준으로 설정하고 일체 학설 · 문헌의 극단은 잘라내고 유교적 진리와 관통되는 부분을 지지, 보강하는 방법론이었다. 그것은 일종의 '학문적 중용(中庸)'의 입장에서 학술계의 개방성을 확장하는 의미가 있었다. '집합해 관통한다'는 의미의 '회통(會通)'이란 개념과 유사하나 '사유 과정'의 함의가 내포된 좀 더 정밀한 개념이었다고 할 수 있다. 이 같은 절충의 방법을 통해 모든 학설, 문헌을 집합, 관통함으로써 편협한 주자 의리학의 대의명분론보다 더욱 광대한 체제통합의 효과가 가능한 것이었다. 『사고전서』 편찬 이후의 한 · 송학 절충은 그 후 더욱 확대된 절충 사조의 기초였다. 주자학 체제이념을 내핵으로 삼고 역대 수천 년간의 학파와 학설을 통합하는 대청(大淸)제국의 문화정책이 민간 고증학계를 중심으로 한 광범한 절충적 사조의 형성으로 실현된 것이다.

한편 고증학 방법을 응용했으나 주자학의 이념을 숭봉했던 옹방강은 경학의 고증 작업에도 종사한 학계의 중진이지만, 그의 학문적 성취는 고증학 자체보다는 고증학의 영향 아래 있던 금석학이나 서예 부문에서 더 명성을 얻은 학자였다. 추사는 옹방강 부자와 인간적 교

47 조병한(2011), 220~232쪽. 양주학계의 후기 고증학에서 한 · 송학 절충을 뛰어넘어 제자백가를 포괄하는 광범한 절충 사조를 형성한 것은 曺秉漢(1994b). 참조. 청대 학문의 '전문(專門)'과 절충에 관한 이론적 체계화 작업은 고증학에 저항한 절동(浙東)학파의 역사이론가 장학성(章學誠)이었다. 이는 曺秉漢(1984), 955~983쪽.

제가 깊었고 또 금석·서예 부문에 큰 영향을 받았다. 그러나 경학에서는 친필 서신으로 옹방강의 곡진한 지도를 받은 청년기의 경력도 있지만 그보다는 완원이 대표하는 강남의 대진계(戴震系) 주류 고증학에 더욱 기울어진 것으로 확인된다.[48]

추사에게 제시된 옹방강의 절충론에 따르면, 의리학과 고증학이 "한 가지 길로 나아가니 천만 세대에 걸쳐 반드시 공맹의 심전(心傳)을 추앙해 정주(程朱)를 경건히 지킴으로써 이를 확정된 지남(指南) 노정으로 삼고", "정주학 대유(大儒)의 논의를 익힌 다음에야 여러 서적을 널리 섭렵해야 하는데", "마침내 송대 유학자를 공박(攻駁)하는 자가 있고 심지어 정주를 배반하는 자까지 나와 사림(士林)의 폐해가 된다."는 것이다.

다른 한편으로는 경학의 수단으로 고증의 필요성에 대한 논급을 하기도 했다. "송유의 의리가 더욱 정밀해지자 그들의 리(理)를 보는 밝음을 자신해서 간혹 고대의 훈고를 멸시하는데, 『이아』·『설문해자』 같은 것이 실로 경의 해석에 반드시 의거해야 하는 것이니 어찌 소홀히 빠뜨릴 수 있겠는가"라는 것이다.[49] 옹방강은 고증 경학에서 경을 버리고 전(傳)에 빠지는 경향이 있음을 경계해 당대 강남 고증학계의 『의례』나 『주역』 연구를 비판하면서, 장혜언(張惠言)의 「의례도(儀禮圖)」가 경을 경시한 자의적 저술이고, 자신의 문하생이기도 했던

---

48 완원의 경우는 첫 대면에서 자신이 편찬한 『十三經經注疏校勘記』(245권)를 선물로 기증한 이래 추사의 경학 연구에서는 옹방강에 비할 수 없는 영향을 미쳤다. 藤塚鄰(1975), 104~115쪽. 80대의 노령인 옹방강이 1815~1817년에 걸쳐 3봉의 친필 서신을 통해 추사에게 경학을 지도한 상세한 내용은 같은 책, 25~103, 196~221쪽.

49 위의 책, 202쪽.

능정감의 『의례석례(儀禮釋例)』는 우활하며, 단옥재의 『설문해자주(說文解字注)』도 정현 주에 구애된 것을 비판했다.[50]

그러나 옹방강의 학설에 동의하지 않는 점이 있었던 추사는 『상서』의 금·고문 위작 문제에 그와 이견이 있고, 그가 비판한 능정감의 예학 및 혜동·대진의 저서를 즐겨 읽고 가볍게 비평하지 않는다고 진술했다.[51] 그럼에도 스승 옹방강의 경학 업적이 중국 고증학계에서 백안시(白眼視)되는 사정에 대해서는 변호하는 입장을 취했는데, 고대 경전의 보존을 위해 박학을 중시하는 입장에서 당대 학계의 과도한 문호 시비를 자제할 필요가 있다는 것이다.[52] 고증 위주의 경학에 치중하면서 주자학 이념도 배제하지 않는 완원의 한학 중심 한·송 절충론에 기초하면서도 추사는 고증학 주류에 저항하는 옹방강의 경학도 그 독자적 일면을 심정적으로 포용한 점에서 개인적 친분과 조선 주자학계의 분위기가 함께 영향을 준 것으로 생각된다.

---

50 위의 책, 197~201, 204쪽.

51 『全集』, 권5, 2앞~뒤, 앞의 「與李月汀(璋煜)」.

52 청의 지우 이장욱(李璋煜)이 추사에게 보낸 서신에서는 대진의 『맹자자의소증(孟子字義疏證)』·『원선(原善)』 등을 비롯해 고염무·염약거·왕염손·단옥재·유태공의 저서가 옹방강보다 학식이 우위에 있다고 평가하고 있다. 이는 藤塚鄰(1975), 330쪽 참조. 또 같은 책, 203~204쪽, 219쪽에 의하면, 추사는 옹방강이 비난한 능정감의 『의례(儀禮)』 연구, 장혜언의 한대 우번(虞翻) 『역』 연구 등 예학·주역학 저서를 탐독했다. 한편 추사는 답신에서 강남 고증학자 단옥재(段玉裁)·유태공(劉台拱[단림(端臨)])의 경학이 옹방강보다 우월하다는 이장욱의 평가에 반론을 펴서 양자 간의 절충을 주장하며 과도한 문호 시비의 자제를 요청하고, 옹의 저서 『제경부기(諸經附記)』가 공정 근신하며 '구시(求是)'의 진실함이 있다고 변명했다. 이는 『全集』 권5, 書牘, 1뒤~2앞, 「與李月汀」 참조. 추사는 완원이 주도한 청대 고증학 연구의 총서 『황청경해(皇淸經解)』(1828)를 3, 4년 뒤 완의 아들 완상생(阮常生)으로부터 전송받자 옹방강의 경학 저술이 일체 배제된 사실을 알고, 왕희손에게 보낸 서신에서 깊은 유감을 표하고 있다. 이는 藤塚鄰(1975), 395~397쪽 참조.

3. 김정희의 역학과 경세 사상

1) 추사의 역학과 한·송 역학의 절충

김정희의 경학 연구는 『예(禮)』·『상서(尙書)』·『역(易)』·『논어(論語)』 및 소학에 관한 단편적인 논설들이 『전집』에 산재한 상태이지만, 경학의 중심은 역학(易學)과 예학에 집중되어 있다. 추사는 경학의 구조를 『예』·『역』·『춘추(春秋)』의 관련에서 설명하여, "성인이 『춘추』를 제작한 뜻은 동·서·남·북·중앙의 적절한 규제로 만물을 재단하는 것이며, 그 근본은 『역』을 배움에 있다. 『역』의 근본은 인륜에 근신하고 언행을 신중히 하는 데 있으니 이는 『예』로 귀일된다. 『예』로 귀일되면 본성(本性)이 회복되고 인(仁)이 완전해지니" 이를 올바로 실행하면 변화가 일어나고 천지를 올바로 다스려 성인이 소원한 대로 천하 만세가 하나로 통합되는 일이 이루어지리라는 것이다.[53] 전통적 천인합일(天人合一) 관념에서 『춘추』의 인사(人事)는 『역』의 천도(天道)를 본받은 것이며, 『역』과 『춘추』의 목적은 인륜적 제도인 『예』의 구현에 있다는 것으로 해석된다.

논어학도 '예'를 중심으로 '인(仁)'·'리(理)'와의 관계를 논한 것이었다. 당시 중국 고증학계에서는 휘주·양주의 대진계 후기 고증학에서 능정감·완원을 중심으로 주자학의 관념적 '리(理)'를 실천적 '예(禮)'로 대체하려는 경학 사조가 일어났는데,[54] 그 학설의 영향을 받은 추

53 『全集』 권7, 雜著, 24뒤, 「書贈劉正」.

54 張壽安(1994). 참조. 완원·능정감 등 고증학자들의 예학 연구는 휘주 대진의 기(氣)일원론적 신의리학에 영향을 받고 있어 문헌 고증에만 몰입하는 주류 고증학계와는 다른 학풍을 형성하고 있다. 『全集』 권1, 說, 23앞~24뒤, 「禮堂說」은 능정감의 논문 일부를

사의 논설에도 추상적 '리'보다는 인과 예의 실천적 관계를 논한 인상적인 글들이 전해 온다.[55]

추사 경학의 이 같은 예학 중심 구도는 실천적 경세학으로서 실학의 지향을 반영하는 것인데, 지면의 한정으로 인해 추사 경학 전체를 다루지 못하고 추사의 실학 관념이 특히 구체적으로 반영된 역학 부문에 집중해 고증 경학과의 관련 속에서 추사 역학을 논의하고자 한다.

역학에 대한 추사의 견해는 『역』의 의리(義理)를 중시하는 입장에서, 『논어』에 언명된 대로 성인이 제작한 『역』이 "단지 복서(卜筮)의 책일 뿐만은 아니고 허물을 적게 하는 책"이었다는 것이다.[56] 추사에 의하면 『역』의 도(道)는 언(言)[사(辭)] · 동(動)[변(變)] · 제기(制器) · 복서 네 가지이며, 천(天) · 인(人)의 도가 합일하는 음식 · 남녀의 민용(民用)을 위한 가르침이었다. '제기'와 '복서'는 후세에 단절되었고, 송대 정이의 『역』은 '언사'의 『역』, 한대의 『역』은 변동의 『역』이라 한다. 『춘추좌전』(春秋左傳)에 보이는 여러 복서 사례는 『역』을 제작한 성인의 뜻과 다르며 후세 방술(方術) · 기예(技藝)로 흘렀다. 『역』의 도가 집약된 송학의 '언역(言易)'과 한학의 '동역(動易)'에 대해 추사는 다음과 같이 설명했다.

> 오늘의 『역』이 한 가닥 끊어지지 않은 것은 다행히 정자(程子)의 '언역'이 존재한 것이며, 이는 네 가지 도 가운데 하나이니. 천지와 일월이

추사가 초록한 것으로 강남 고증학계의 신학설에 대한 추사의 관심을 반영한다.

55 위의 책, 권5, 書牘, 22앞~뒤, 「與人」. 같은 책, 권8, 雜識, 4앞~뒤.

56 위의 책, 권1, 辨, 29뒤, 「易筮辨上」.

> 존속하는 한 영구히 폐기해서는 안 된다. 한대 유학자의 『역』은 겨우 전해져 잔결(殘缺)된 고서를 소중히 보존했으니 순상(荀爽)·우번(虞翻) 2가(家)가 있어 대의를 조금은 소급해 찾을 수 있다. …… 우·순의 방통(旁通)·소식(消息)은 대체로 동일하게 '건원(乾元)'으로 돌아가며 '용구(用九)'로 천하가 다스려지니 모두가 '동역'이다. 곧 움직임에서 그 변화의 의미를 숭상하는 것이다. 이로써 정이의 『역』과 병행해 어긋나지 않으니, 복희(伏羲)·문왕(文王)의 남긴 뜻은 곧 이 말과 움직임의 두 『역』에서 보아야 하고, 이 밖에 『역』을 해설한 것은 그 말과 움직임을 알지 못한다. 말도, 움직임도 아니고 제멋대로 현묘함에 의탁해서는 망연히 두서가 없을 뿐이다. 지금 혹자가 한대 유학자를 단지 상수(象數)로만 돌리는 것은 무슨 말인가? '동역'은 한대 유학자로부터 상당히 천명되었고, '언역'은 정자에게서 처음으로 발현된 것이다.[57]

이로써 추사의 역학이 송대 성리학의 합리적 도덕 의리를 추구하는 정이(程頤) 『역전(易傳)』 중심의 의리역(義理易) 전통을 계승하면서 한편으로 괘효(卦爻)의 '방통(旁通)'을 통해 천·인의 변동 의미를 찾는 한대 상수(象數)역학에도 접근했음을 알 수 있다. 이는 청의 고증학에서 혜동·장혜언을 중심으로 송대 역학을 벗어나 한대 우번(虞翻)·순상(荀爽) 역학을 복원하려 한 고증 역학의 영향과 관련이 있다.[58]

---

57 이상 위의 책, 권3, 書牘, 1앞~2뒤, 「與權彝齋(敦仁)(1)」 참조. 추사의 설명에 따르면, 『주역』에서 「상전(象傳)」의 분화 이전에는 「단전(彖傳)」에 6효(爻)가 모두 속했고, '변역'이 아니면 원(元)·형(亨)·리(利)·정(貞)이라는 『역』의 첫째 의미를 볼 수 없으니, 이것이 방통(旁通)의 근거라고 했다. 그래서 "건도(乾道)의 변화로 각기 성명(性命)을 바로잡는다."는 「단전」의 말이 즉 원·형·리·정의 '방통' 대의라는 것이다.

58 송대 성리학에서 주희(朱熹)는 정이의 『역전(易傳)』의 의리역을 계승하면서 소옹(邵雍)의 상수역학도 종합했으나 역시 도덕적 의리역이 중심이었다. 이는 廖名春·康學偉·梁韋弦(1991), 298~301쪽, 380~388쪽 참조. 청대의 상수역학 부흥은 맹희(孟喜)·우번 중심의 한대 역학에 대한 연구와 관련된 것인데, 오파 혜동은 『周易述』 등의

『주역』의 원리로서 '불역(不易)'이나 '이간(易簡)'보다 음양의 변화를 주장하는 '변역(變易)' 관념이 고대 『주역』의 주지였으며,[59] 한대 역학의 주류였던 상수역은 천(天) · 인(人) 상응의 변화에 대응하는 주술적 정치의식이 참위설(讖緯說)과 결합하는 성향을 나타냈다.[60] 추사는 한대의 우번 상수역에 집중된 청조 고증학계의 동향에 시종일관 깊은 관심을 갖고 참고자료로 혜동 · 왕인지 논문을 섭렵하고 있다.[61]

정이의 의리역에 기초하면서 한의 상수역과의 절충을 시도한 추사 역학은 순환적 음양 변화 중의 당면 난제에 대응해 '방통 · 승강(升降)' 법을 운용했으나 "음양이 바로잡혀 '기제(旣濟)'괘의 안정되기[一定]"만을 추구하는 한대 역학에 머물지 않고 이념적 목적 지향을 나타냈다.

저술을 통해 한의 우번 역학을 위주로 순상 · 정현의 학설을 참고했으며, 맹희의 괘기(卦氣)설을 이은 이들 학자들의 승강(升降) · 효진(爻辰) · 납갑(納甲) 등 학설을 복원시키려 했다. 또한 상주(常州) 장혜언은 『주역우씨의(周易虞氏義)』 등 저술을 통해 우번 역학에만 고증을 집중시켜 복원 작업을 더욱 심화시켰다.

59 朱伯崑, 김학권 역(2011), 96~100쪽. 고대의 『주역』은 음양 변역이 중심이며, 도(道)에도 음양의 순환 변화가 강조되었으니 천 · 인 합일의 변화 속에서 인간사에 일어나는 길(吉) · 흉(凶) · 회(悔) · 인(吝)의 대응이 강조되었다.

60 廖名春 외(1991), 79~115쪽. 음양(陰陽)의 변역(變易)은 서로 대립하는 동시에 상호 의존, 보충하는 중용(中庸)과 같은 관계로서 끝없는 변화는 무한한 발전이 아니라 끝없는 순환 작용으로 귀결된다. 이는 카나야 오사무(金谷治), 김상래 역(2010), 173~177쪽, 191~193쪽, 199~203쪽. '불변'은 후세 주자학의 형이상학에서 태극(太極)[일리(一理)]이란 최고의 개념으로 정립되었지만 합리적 의리를 추구하는 정이의 『역전』에서도 시세의 변역과 변혁을 중시했다. 이는 廖名春 외(1991). 271~273쪽.

61 『全集』, 권1, 攷, 1앞~2뒤, 「周易虞義攷」 및 같은 책, 2뒤~3앞, 「其子攷」. 전자는 왕인지(王引之), 『經義述聞』 권2, 第28則 「虞氏以旁通說彖象顯與經緯」를, 후자는 惠棟, 『周易述』 권5의 글을 초록한 것이다.[정혜린(2019), 126쪽 참조]. 전자는 『주역』의 단(彖) · 상(象)의 전을 '방통'의 개념으로 해석하는 방법이며, 후자는 『주역』 괘효사(卦爻辭)의 하나인 「기자명이(箕子明夷)」에 대한 고증학적 해석이다. 추사가 안이(顔李)학파 정정조(程廷祚)의 역설을 구독하지 못한 아쉬움을 표한 것은 『全集』 권4, 書牘, 34뒤, 「與李藕船(尚迪)(7)」 참조.

세계는 "생멸(生滅)도, 증감(增減)도 없어 더 이상 위[上]도, 가[餘]도 없는" 정적(靜的) 불교의 경지와 달리 "생생(生生)이 그치지 않는 미묘함이 있고 사생(死生) · 시종(始終)이 끝없이 순환하는 것이니, 『역』이란 과실을 고치는 책[개과지서(改過之書)]"으로서 역경에서도 변통(變通)의 도가 있다는 유교적 향상과 개변의 의지를 언명했다.[62] 이 개과 · 변통의 원리는 수신과 경세에 임하는 실학적 정신의 표현이며, 다른 글에서 겸손과 근심의 정신으로 표현되기도 했다.

추사는 『역』의 64괘가 허상(虛像)이 아닌 실상(實象)이라면서 노자(老子)의 학문에 부화뇌동해서 "몸을 보전하고 해를 멀리하는" 계책을 삼는 것은 위대한 『역』의 실상이 아니라고 했다. 그가 건(乾)괘 구삼(九三)의 '겸(謙)'의 뜻을 취해 근심한다는 의미의 '척암(惕庵)'이란 편액을 거처에 내건 것은 세상이 실질에 힘쓰지 않고 안으로 교만하면서 밖으로 겸손한 것을 경계하는 것이라는 해석을 했다.[63] 또 과오의 뉘우침[悔]으로 점차 길(吉)을 회복한다는 『주역』의 가르침이 군주의 통치에는 유효한 것이 아님을 논하며, 군주의 하루는 "만기(萬機)를 장악해 생민(生民)의 휴척(休戚)과 방국(邦國)의 안위(安危)가 판가름 나는 터이니 한 가지 일의 뉘우침으로 '민국(民國)'이 이미 병폐를 입는다."는 것이다. 그러므로 한 무제(武帝) 윤대(輪臺)의 후회를 논한 남송 성리학자 장식(張栻)을 인용하며, 군주의 문치(文治)에는 평소 사욕을 예방하는 학문과 '자치(自治, 수신)'가 긴요함을 논했다.[64] 여기서 영 · 정조 시대의 정치의식과 관련해 논란이 된 '민국'의 의미가 인민

62 위의 책, 권1, 書牘, 2뒤~3앞, 「與權彝齋(敦仁)(1)」.

63 위의 책, 권6, 記, 2뒤~3앞, 「謙謙室記」.

64 위의 책, 권7, 雜著, 2뒤~13앞, 「秋風悔心萌論」.

의 나라 또는 공화국이란 뜻이 아니라 맹자 이래 유교의 오랜 민본(民本)주의 전통에 따른 '민'과 '국'의 합성어, 즉 민생(民生)과 국정(國政)이란 의미임을 알 수 있다.

또 역학의 고증 문제와 관련해서는, 주공이 효사(爻辭)를 지었다는 공영달 설 이래의 논쟁 현안에 대해 추사는 "반드시 믿을 만한 경적(經籍)으로 증명한 다음에야 옳은" 것이라 단정하고, 경의 해설은 '징신(徵信, 실증)'을 위주로 해야 함을 강조했다. 그 문제에 예단을 회피하는 신중론의 입장에서 그는 특히 주관적 의견으로 '추측 부연'해 정설로 전하는 것을 경계하고, 자신은 여러 학자의 설을 가볍게 반박할 수는 없고 "실제 증거가 없으면 차라리 비워두어야 한다."는 주장을 했다. "사실마다 각기 의리를 세워 추측함"으로써 경학자들이 서로 답습해 정사(定辭)로 삼는다면 경의 의리에 폐해가 크리라는 것이다. 그럼에도 그가 현실적으로 주공의 효사 제작에 대한 "믿음이 설혹 오류라 하더라도 리(理)에는 지장이 없다"고 한 것은 주자학 이념에 동조하는 한·송학 절충의 자세를 보인 것이다.[65]

한편 주자학의 역학과 대조를 이루는 청 고증학자의 태극(太極) 개념의 새 해석에 대해 추사가 보인 관심이 눈길을 끈다. 주자학의 형이상학에서 우주론의 최고 범주는 태극(太極) 즉 일리(一理)인데, 이 태극설에 대한 새로운 해석으로 태극이 즉 북극(北極)이라는 견해가 제시된 것이다. 한대 경학을 통해 『주역』의 재해석을 시도한 이 고증학설은 『이아』나 『주역』「계사전(繫辭傳)」 우번 주, 특히 정현의 『주역건착도(周易乾鑿度)』 주석을 인용함으로써 태극 개념에 대해 물적

---

65 위의 책, 권1, 辨, 29뒤~30앞, 「易筮辨下」.

범주에 근접한 정의를 했다. "태극은 태일(太一)이고, 태일은 북신(北辰)이며, 북신은 곧 북극이라." 하면서도 '천지의 불역(不易)의 리(理)'라 하여 주자 학설과의 절충을 시도했다. 그리고 태극이 양의(兩儀)를, 양의가 사상(四象)을, 사상이 팔괘(八卦)를 낳는다는 「계사전」에 의거해, "팔괘는 사시(四時)에 근본하고, 사시는 천지에 근본하며, 천지는 태극(즉 북극)에 근본한다"는 해석을 제시하기도 했다.[66]

우주질서를 본받은 인간질서의 수립이라는 성인(제왕)의 사명을 논하며, 『역전(易傳)』에서는 성인은 끝없는 천・인의 변화 속에 장래의 길흉에 미리 대비한다는 우환(憂患)의식에서 출발해 "몸을 편안히 하고 사명을 이룩한다[안신입명(安身立命)]"는 것을 궁극 목적으로 하며, "도덕을 향상시키고 사업을 수행하며[진덕수업(進德修業)]", "물질을 개발해 업무를 성취하는[개물성무(開物成務)]" 책임을 다할 것을 권면하고 있다.[67] 더욱이 쇠란의 시대에 대비한 성인의 우환의식은 변혁을 통해 항구적 안정을 회복하려는 경세의식으로 나타났으며, 그 경세적 사명은 혁괘(革卦)의 해석으로 제시되었다. "소인의 도(道)가 자라고 군자의 도가 사라지는" 부괘(否卦)의 불통(不通) 시대에 대응해 천・인에 순응하는 변혁의 경세 관념이 제기되고, 이는 "변하면 통하고, 통하면 오래 간다[變則通 通則久]"는 유명한 역학의 명제에 집약되었다.[68]

인격의 변역(變易)과 관련해 추사는 '혁(革)'괘에 대한 정이 역학의

66 위의 책, 권1, 辨, 30앞, 「太極卽北極辨」. 이 논설은 阮元, 앞의 책, 권2, 33~34쪽, 「太極乾坤說」을 부분 초록한 것이다.[정혜린(2019), 126쪽].

67 楊慶中(2005), 265~269쪽.

68 위의 책, 288~289쪽.

해설을 인용하고 있다. "천하의 일은 처음에는 바꾸기 어려운 것이 걱정이지만 이미 바뀌고나면 지킬 수 없는 것이 근심이다. 그러므로 변혁이 끝나가면 지키는 데 머무르는 것으로 경계하면 길하다."는 것이다. 또 사람의 본성[性]은 모두 선한데, 그 재질[才]로 보면 『논어』의 말대로 하위의 어리석은 자는 바뀌지 않아 자포와 자기의 행위를 한다. 사람이 선(善)으로 스스로 다스리고 더 이상 변하지 않으면 어리석은 자도 점차 연마해 전진할 수 있다는 것이다.[69] 쇠란의 시대에 경세 의지를 피력한 추사 역학의 사명의식은 지우 권돈인에게 보낸 다음 서신에 잘 드러나 있다.

> 이른바 천지의 마음을 다시 본다 함은 '박(剝)'괘와 '복(復)'괘에서 자라고 사라지는[消息] 이치는 틀림이 없으니, 궁(窮)하면 통(通)할 수 있고, 죽었다가 살아날 수 있고, 어지러웠다가 다스림이 올 수 있고, 끊어졌다가 이어질 수 있다는 것이다. 그러므로 『역』은 쇠세(衰世)를 위해 제작한 것이다. 성공하면 세상을 다스리는 데 본위를 두고, 시운(時運)이 할 수 있는 일이 없다고 탓을 떠넘겨서는 안 된다. 궁하면 자신을 다스리는 데 본위를 두고 기질(氣質)이 바뀔 수 없다고 물러서서는 안 된다. 이는 변통을 통해 시세(時勢)를 지향하는 것이니, '원(元)·형(亨)·리(利)·정(貞)'의 원리로 시대가 진행되며, 분수와 등급을 넘을 근심 없이 '방통'의 미묘함을 발휘한다.[70]

이어서 추사 역학은 오늘날 "성인의 말씀이 모멸을 받고", "이에 따라 천·인 상관의 지극한 이치가 숨어 나타나지 않는" 세도(世道) 붕

69 『全集』 권1, 說, 21앞~뒤, 「革卦說」.
70 위의 책, 권3, 書牘, 7앞~뒤, 「與權彝齋(敦仁)(7)」.

괴의 위기 국면에서 “건곤(乾坤, 천지)이 무너져 『역』을 볼 수 없으면 반드시 변통의 대인(大人)이 나와 올바른 데로 돌아갈 수 있을” 것이라 기대했다. 친구의 비호에 의지해 가까스로 목숨을 건지고 바다 건너 제주 대정(大靜)에 유배된 직후에 지은 것으로 보이는[71] 이 글 속에는 위기가 도처에 잠복해 있는 시대의 쇠퇴상을 절감하며 조정의 개혁이란 한 가닥 희망에 미래의 운명을 거는 추사의 잠재된 경세의식의 표출을 확인할 수 있다.

추사는 고금의 통치 원리를 각기 관(寬)·밀(密), 즉 ‘관용’과 ‘엄밀’로 대비하면서, “고대의 관대한 정치는 언행의 지나친 이상에 얽매이지 않고 인정(人情)에 가까웠는데, 후세 사람들은 인정의 편안함을 돌아보지 않고 의리(義理)로 속박하고, 의절(儀節)을 엄격히 하며, 제재를 무겁게 하니” 이는 옳기는 하지만 “사람이 오래 따를 수 없으니 인정에서 멀어진 때문이다.” 정이 역학의 ‘간(艮)’괘에 따르면, “천리(天理)에 순응하고 ‘민명(民命)’을 제어함은 [사물이] 그 장소를 얻게 하는 것에 지나지 않으니, 관용·엄밀 사이에 인정의 가깝고 먼 것을 살필 수 있으면 그 위치를 얻고 얻지 못함이 판명된다.”는 것이다.[72] 추사의 역학에서 만민 각자가 그 위치를 얻는 치세(治世)의 도는 바로

---

71 위의 책, 4뒤~5앞, 같은 글(4). “천만 인이 죽이려 드는데 한 사람이 홀로 연민하는 지극한 뜻”에 감사하며, “위로 겹겹의 구름이 뒤덮여 ‘박(剝)·소(消)’와 같은 처지에 있는데 양강(陽剛)의 군자가 상구(上九)의 지위에 있어” 추사 자신이 오늘까지 지탱할 수 있었음을 감사했다. 병을 앓고 난 다음 서신에서는 “궁하면 변하고 변하면 통하는 것은 ‘소식(消息)’의 리(理)인데, 궁해도 궁하지 않음이 있고 변해도 변하지 않음이 있으니 혹은 다시 ‘소식’의 ‘리’가 지금 또 ‘기수(氣數)’에 징험됨이 없는” 것인지 탄식하기도 했다.(같은 책, 8앞, 같은 글(8).)

72 위의 책, 4앞~뒤, 같은 글(3). 현세의 주도자들을 보면 화사(畵師)가 그린 지옥변상도(地獄變相圖)와 같다고 조소했다.

'평균(平均)'의 이념으로 압축되었다.

> 대개 '부(否)'의 때는 오래가지 않고 태(泰)의 때도 오래가지 않으니 '부'를 돌이켜 '태'로 돌아가고 과실을 고쳐 인(吝), 즉 아쉬움이 없게 한다. 우환을 생각해 예방하고 평안한 가운데 위태함을 잊지 않아 '평균(平均)으로 고르게 조절함[調劑]'을 이루니, 『대학』의 치평(治平), 『중용(中庸)』의 중화(中和)가 모두 서로 표리 관계에 있다. 『시(詩)』에 이르기를 …… "저기서 퍼다가 여기에 붓는다."는 것은 『역』의 도를 아는 것인가! …… 평균이란 것은 다만 각기 그 위치를 얻는 것[각득기소(各得其所)]이다. 그 위치를 얻지 못하면 평균하지 않은 까닭이다. 군자가 세상을 다스림은 평균, 그것에 힘써, 사물마다 각기 그 위치를 얻게 하는 것이니, 『역』의 대의는 바로 이를 벗어나지 않는다.[73]

경세의 구체적 정책을 펼치지 않았지만 토지경제에 긴박된 중세 사회에서는 '평균'이란 개념은 흔히 신분질서 속에서 사민(四民)이 고른 생업의 안정을 확보하는 경제적 개혁을 의미하며, 원론적 이념의 수준에서 추사의 유교적 경세 이념이 제시된 것이다.[74]

---

73 위의 책, 권3, 書牘, 2뒤~3앞, 「與權彝齋(敦仁)(1)」. 이 글에서는 『역』의 음양 변화의 '기제(旣濟) 일정(一定)'은 불교의 최고 경지인 "불생(不生)·불멸(不滅), 부증(不增)·불감(不感)"과 대비하고 있다. 그리고 다른 서신에서 정이 역학의 우월성을 논하여, 송(宋)·원(元) 이래 역학은 상수·의리와 도서(圖書)[신비적 도교 계통의 하도(河圖) 낙서(洛書)] 등 복잡하지만 정자(程子) 『역전』만은 주자의 "『주역본의』조차 미치지 못한다."며 모든 『역』을 폐기할 수 있어도 정자 『역』은 폐할 수 없다고 했다. 한편으로 "『역』의 상(象)을 설명하는 데는 한의 가법·사설(師說)을 이은 순상·우번만 한 것은 없으니 그 승강·방통·소식에 밝지 못하면 끝내 『역』을 읽지 못한다."고 했다. 이는 같은 책, 23앞~뒤, 「與權彝齋(22)」 참조. 또한 추사는 의리역과 상수역을 종합한 주희의 역학에서 소옹(邵雍)의 상수역을 채택한 것에 대해 그 선천(先天) 괘위(卦位)는 부회(附會)·천착(穿鑿)이라고 비판적이었다.(같은 글(31), 24앞.)

74 19세기 전반기의 왕조 쇠퇴기에 조선의 정약용이나 청조의 공자진(龔自珍)이 주(周)

19세기 전반기 국내외의 쇠퇴와 위기 국면에서 추사 역학에 상당한 영향을 준 것은 청조의 상주(常州)학파 장혜언(張惠言)의 역학이었다. 가경제(嘉慶帝) 즉위 초 홍량길(洪亮吉)·장혜언 등 상주 출신 관료는 건륭제 만년의 부패한 총신 화신(和珅)이 숙청된 뒤 강력한 행정개혁을 주장한 경세학자들이었다.[75] 추사의 평론에 의하면 "고대 경학의 보존에 공적이 있는" 청대의 대표적 역학 저서로 혜동의 『역한학(易漢學)』, 장혜언의 『역우씨의(易虞氏義)』를 거론했다.[76] 장혜언은 도(道)를 중시하는 동성파(桐城派) 고문을 배우고, 강남 고증학계 출신이면서도 고증학 주류의 현상에 대해 "『역』·『예』 등 경학에 공은 있으나 장구(章句)·문자의 말단에만 힘쓰고 대의(大義)에 힘쓰지 않는다."고 비판했다.[77] 그의 역학은 한대 『우씨역(虞氏易)』을 통해 음양(陰陽) 소식(消息)의 변화를, 또 정현의 예학을 통해 고대 성왕의 예악제도를 탐구함으로써 경세적 미언대의(微言大義)를 탐색하여[78] 신의리학을 모색한 것이다.

의 정전제(井田制) 이념에 기원을 갖는 토지 개혁을 구상한 것은 추사에 비해 더욱 적극적인 '평균' 이념의 표현이었다. 丁若鏞, 『經世遺表』(1970판), 권7, 地官修制, 田制 9, 「井田議」 1, 2 등. ; 龔自珍, 『定盦文集』(1975판), 卷上, 4~5쪽, 「平均篇」. 같은 책, 32~36쪽, 「農宗」.

75 추사는 왕희손을 통해 완원이 간행한 장혜언의 유저 『주역우씨의(周易虞氏義)』·『명가문집(茗柯文集)』 등 14책을 기증받았다. 왕희손의 서신에 따르면 추사는 위원(魏源)의 『해국도지(海國圖志)』와 유봉록(劉逢祿)의 『유예부집(劉禮部集)』의 구득도 의뢰하고 있다. 이는 藤塚鄰(1975), 416~418쪽 참조. 장혜언은 완원과 과거 향시(鄕試) 동년생으로 다 같이 대학사(大學士) 주규(朱珪)의 문생 출신이었으며, 사후 그의 역학 저술은 완원이 간행했다. 이는 徐世昌, 『淸儒學案』(1979판), 권117, 「茗柯學案」, 27앞 참조. 금문경학 이외 상주 경세사조의 부흥에 대해서는 曺秉漢(1993), 79~134쪽 참조.

76 『全集』 권5, 書牘, 1앞~뒤, 「與李月汀(璋煜)」.

77 張惠言, 『茗柯文三編』, 24뒤~26앞, 「送左仲甫序」.(『茗柯文』(1985판) 수록.)

78 위의 책, 21앞~22앞, 「文稿自序」.

이 같은 역학의 새 경향은 당시 상주 지역에서 성장하고 있던 금문경학의 부흥과 병행했던 새로운 경세사조의 대두로 해석된다. 김정희가 금문경학 · 역학 · 고문사에 걸친 상주학계의 문화 전반을 지지한 것은 그의 실학 관념과 상주학계의 경세적 사조와의 관련이란 시각에서 볼 때 주목해야 할 문화교류 현상으로 평가할 수 있다. 그는 상주 장혜언의 『우씨역』 중심의 연구를 유봉록(劉逢祿)의 상주 금문경학과 필적할 업적으로 평가했으며, 이조락(李兆洛)의 『주역』 해석의 요지도 지지했다.[79]

상주학계에 대한 추사의 관심은 상주 지역의 양호(陽湖)문파에 연장되어, 동성고문파[안휘성]의 분파인 양호파 운경(惲敬)의 고문이 정도를 발휘해 동성문파의 방포(方苞) · 유대괴(劉大櫆) · 요내와 비할 만한 수준임을 논하기도 했다.[80] 그가 상주 금문경학을 수용한 데에는 앞서 말한 대로 완원 학단의 영향도 있겠으나 시대적 요구에 따라 그의 내면에서 변화를 지향하는 실학 의식이 표출된 것으로 생각된다.

2) 추사의 경세사상과 19세기 실학의 위기

추사의 사상에는 물론 민생과 기술의 측면을 강조하는 북학파의 면모도 남아 있기는 하다. 그는 농사에서 구전(區田) 방식을 실험하려는 집념을 보였으며, 아울러 인보(隣保)제도로 인갑(隣甲)의 적용을 주

---

79 『全集』, 권4, 書牘, 33뒤~34앞, 「與李藕船(尙迪)」. 18세기 말[건륭 말 가경 초] 이래 청의 쇠란이 시작되자 부흥하는 고증학 · 고문사(古文辭) · 금문경학에서의 경세사조에 대해서는 조병한(1997). 참조.

80 『全集』 권3, 書牘, 37뒤, 「與權彝齋(敦仁)(33)」.

장했다. 구전제는 중국 강절(江浙) 지역인 소주 · 항주(杭州) 부근 5, 6백리 지역에서 반공대(潘功大)가 시험한 지 20년간 홍수와 가뭄의 걱정이 없는 효과를 올렸다는 것이다. 또 관개(灌漑)를 위한 당갑(塘閘), 용미차(龍尾車)를 사용하고, 도자기 산업에서 와요(臥窯) 대신 입요(立窯)를 도입해야 한다는 제안도 했다.[81] 그러나 추사의 실학적 경향은 구체적 개혁안보다는 학문으로서의 경세학의 원론으로 제시된 이념에서 뚜렷이 발견된다.

주자학에서 유교적 경세의 의리를 밝힌 전형적 경전으로 존중받은 『대학』은 추사의 경세론에서 더욱 정치적 실천성을 갖는 해석으로 발전하고 있다는 점에서 조선 후기 실학의 계보를 계승하고 있다. 『대학』에서 " '치지(致知)'는 '격물(格物)'에 있고 격물 다음에 앎에 이른다."는 두 구절은 신(身) · 심(心) · 의(意) · 지(知)에 관한 구절을 잇고 있지만, 실은 그 앞의 천하(天下) · 국(國) · 가(家)와 직결되는 것으로 해석하는 것이다. "천하 · 국 · 가는 정치를 세우고 일을 실행하는 것을 위주로 하며", 『대학』이 신 · 심 · 의 · 지만을 말하면 "학자가 결국 심학(心學)을 추구해 학문에서 실제 행사(行事)의 징험을 하지 않는" 것이다. '치지 · 격물'의 '물'이 '사(事)'이고 격(格)은 지(至)라는 주자학의 해석에서 진일보해 "일은 가 · 국 · 천하의 일이니, 오륜(五倫)의 지선(至善), 명덕(明德) · 신민(新民)이 모두 일이다. '격'은 지(至)의 뜻이 있으니 곧 지(止)를 뜻한다. 발로 걸어[履] 다다른 그 지점에서 그치는 것, 이것이 성현의 실천의 도이다.", "무릇 가 · 국 · 천하의 오륜(五倫)의 일은 몸소 그곳에 이르러 실천으로 지선(至善)에서 머물러

---

81 위의 책, 권4, 書牘, 9앞, 與沈桐庵(熙淳). 같은 책, 권3, 書牘, 33앞~뒤, 「與權彝齋(敦仁)(32)」.

야 하는 것이며, 이 모든 일이 한 뜻으로 일관해", "성현의 도는 실천 아님이 없으며 모두가 '실사구시'의 의미가 있다"는 것이다.[82]

당 후기 한유(韓愈)의 학문에 대해서는 고문사(古文辭)파 문인이고 경학은 알지 못했다는 비판을 하면서도[83] 그의 논설, 「원도(原道)」가 갖는 학문적 의의가 격치(格致)의 정신에 있음을 높이 평가했다. 그 평론에서 추사는 한에서 당 초기까지 유학이 넓기만 하고 근본을 추구하지 않아서 인의 · 도덕 개념이 모호해 실질을 잃는 일이 많았다고 하고, 또 사승(師承)이 혼잡하고 논의가 단편적이어서 경전의 설명이 '격치(格致)'에 미치지 못했음을 지적했다. 추사의 해석으로는 " '격물치지'의 물[物]은 다름 아닌 명덕(明德)과 신민(新民)이니, 인의 · 도덕이 모두 '명덕'의 일이고, 예악(禮樂) · 형정(刑政)이 모두 '신민'의 일이다." 따라서 "인의 · 도덕, 예악 · 형정의 뜻으로부터 궁실 · 의복 · 속미(粟米) · 마사(麻絲)가 모두 '격치'의 용도라 할 수 있으니, '격치'란 몸으로 체득하고 일에서 징험을 할 따름이라"는 것이다.[84]

『대학』의 '격물치지'에 대한 해석에서 사물과 실천을 강조하는 사상적 흐름은 국가의 정치적 위기 국면에서 급기야 도덕으로부터 정치적 실천을 지향하는 경세실학의 논리로 전환하기 마련이었다. 그럼에도 도덕적 '인치(人治)는 제도의 개혁을 중시하는 유교적 경세론에서도 보편적 의의를 갖는 요인이다. 인재의 양성에 관해 추사도 선비가 과거고시를 위한 전주(傳注) · 첩괄(帖括) 공부에만 파묻히고 "과거 고시장에 발을 헛디뎌 출몰함이 오래되면 기색이 쇠락하는" 폐해를 지

82 위의 책, 권1, 辨, 39앞~뒤, 「格物辨」.
83 위의 책, 권8, 雜識, 4뒤.
84 위의 책, 권7, 雜著, 24뒤~25앞, 「書韓文公原道後」.

적했다.[85]

아편전쟁(1840~1842)을 전후한 시기에 나타난 추사 경학의 경세적 지향은 청조의 상주학파 금문경학에 대한 관심의 증폭에서도 확인된다. 18세기 말 이래 한학 계통에서 분화된 지파인 상주의 금문경학파는 주자학의 도덕 의리를 대체하는 정치적 신의리학으로서, 한대 경학에의 복고를 표방하면서도 그 방법이 고증학의 실증적 문헌 고증과는 딴판으로 정치적 '미언대의(微言大義)'를 탐색하는 데 중점을 두었다. 이는 『공양춘추(公羊春秋)』를 중심으로 한 전한대 금문경학의 텍스트를 통해 고증학의 한학을 후한의 금·고문 훈고에서 전한 금문경학으로 소급한 것이다.

한제국 붕괴 이후 점차 소멸되었다가 청 후기 상주 출신의 장씨(莊氏)·유씨(劉氏) 가학으로 부활한 금문경학은 장존여(莊存與)로부터 시작해 그 외손인 유봉록(劉逢祿)에 의해 체계화되었다. 금문경학에 대해서는 한·송학 절충의 사조를 주도하던 완원도 한학의 새로운 시도로 여겨 관용의 입장을 표명했다.[86] 아편전쟁 시기까지 정치개혁을 제창해 근대 초기 경세론의 부흥에 큰 역할을 했던 공자진(龔自珍)과 위원(魏源)은 이 학파의 계승자였다.

금문경학에 대한 추사의 정확한 인식은 그가 왕희손에게 보낸 서신, 『해외묵연(海外墨緣)』에도 표현되어 있다. 청조 학계와의 넓은 교류를 반영하는 이 서신에서 추사는 최근 중국학의 범위와 동향에 대한 풍부한 지식을 과시하며, 소학·상서학·춘추학·천문학·교수학

---

85 위의 책, 권1, 說, 28앞~뒤, 「人才說」.

86 曺秉漢(1997), 156~166쪽.

에 걸친 고증학은 물론 금문경학·주자학을 논하고, 『황청경해』 편집, 고서체[전(篆)·예(隸)]와 서법, 고문과 변려문(騈儷文) 등에도 일가견을 개진했다.[87]

상주 금문경학에 대한 추사의 평가를 보면, 유봉록의 『공양춘추』 학설이 묵수하는 것은 성인[공자]의 춘추대의(春秋大義)였다고 언명하고, "이 학설이 아니면 공자 사후 70제자의 은밀한 말, 즉 '미언'에 남겨진 의리를 밝혀 추락하지 않게 하지 못했을 것이다. 이는 장혜언의 우씨 『역』과 필적하거나 더 능가하는 점이 있으며, 서경(西京, 전한(前漢)) 금문경의 가법(家法)이 비로소 세상에 크게 밝혀졌다"고 칭찬했다. 또 그 체례(禘禮)의 설이 고증학자 혜동·손성연의 책보다 정확한 점이 있다는 지적도 했다.[88]

추사는 장혜언의 우씨 『역』과 유봉록의 『공양춘추』가 "근래 전문(專門)의 학설로서 후세에 천고의 절학(絶學)을 개척한 것이며", 한대 경학자의 가법이란 면에서, 풍부한 자료 수집으로 알려진 혜동의 『주역』 연구서에도 뒤지지 않는다고 했다. 이에 비해 다른 금문경학자 공광삼(孔廣森)의 『공양통의(公羊通義)』는 전문학이기는 하나 후한 하휴(何休)의 유법이 아니어서 유봉록에 미치지 못하는 것으로 간주했다. 위원의 금문경학에 대해서는 그의 저서 『시고미(詩古微)』를 논평하면서, 그 학문이 "근래의 한학 문호에 속하는데 진일보해 전한의 금문 유법으로 70자의 말과 뜻에 바로 접근하니 또한 고학(古學)을 좋아해 '실사구시'를 한 것"이라고 평가했다. 그러나 이들 공양학자들로

87 藤塚鄰(1975), 421~428쪽.

88 『全集』 권4, 書牘, 33앞, 與李藕船(尙迪)(6).

인해 겨우 한 가닥 전해지는 정현의 학문마저 장차 없어질지도 모른다며 경학의 입언(立言)에 더욱 근신할 것을 제의하기도 했다.[89] 특히 위원의 금문경설에서, 찾아내기 어려운 문제 전체를 관통해 대략의 취지를 발견하려는 연구 방식에 대해서는 우려를 표시했다. 본인은 경학에 깊더라도 혹시 그 후학이 결락되고 남겨진 경전·사서를 회통(會通)해 통일된 독단의 학설로 몰아가면 "의문점은 남겨두고 말을 신중히 한다는 의미가 결여될" 염려가 있다는 것이다.[90] 고대 전한의 금문경을 복원하려는 '고학'의 노력을 긍정하면서도 위원의 이념화된 금문경학이 '실사구시'의 문헌 실증을 넘어선 주관적 독단으로 흘러 유교 경전을 왜곡시킬 가능성을 경계한 것이다.

추사가 제주도로 유배되던 1840년 초부터 영국 의회의 결정에 따른 동양함대 파견으로 전년의 광동 앞바다 국지전이 전면전으로 발전하고 있었다. 같은 해 12월에는 영국선 2척이 제주도 대정현 가파도(加波島)에 나타나 발포하더니, 1845년 추사가 가서(家書)에 전한 대로 프랑스 해군 사마랑호가 제주도 정의현(旌義縣) 우도(牛島)에 정박한 사건이 일어나는 등 아편전쟁 후의 조선 해상에도 영(英)·불(佛)이 주도하는 서양 열강의 위협이 빈번해지기 시작했다. 이 같은 해상 도발에 대한 조선 조정의 대응은 천주교 금지와 해방(海防, 연해 방어)을 위한 군사적 방어가 논의에 올랐으나, 국내 안정을 위한 소극적 대응

---

89 藤塚鄰(1975), 426쪽.

90 『全集』 권4, 書牘, 33앞~뒤, 앞의 글. 역학에서 상이한 견해 사이의 적절한 절충(折衷)을 주장한 추사는 상주학파 이조락(李兆洛)의 다음과 같은 비판적 경학관에 공감을 표시했다. "한쪽 단서만 고집하는 무리한 회통(會通)을 강행하거나 대체(大體)의 병행으로 분열상을 고식적으로 방치하는 것은 각기 막힘을 더하거나 통합을 구하지 않는 것"이라는 것이다.

에 그치고 청 황제에의 외교적 의존 태도를 보였다.[91]

당시 프랑스 함대 측의 위협 서한에 통분을 표한 서신에서 추사는 명 가정(嘉靖)·만력(萬曆) 이래 중국 광동 등지에 내항, 교역하는 서양 선척의 규모가 근래 중선 10척 내외로 감소해 겨우 8천 병력으로 먼 바다를 건너 침공할 수 없을 것이라 하고, 이에 호응하는 천주교도에 분노를 드러냈다. 눈에 띄는 것은 『해지(海志)』(아마 『해국도지』)를 보면서도 불랑(佛朗)[프랑스]이란 국명의 혼란이 심해 영국과 다른 점만 확인될 뿐임을 지적하고 있다.[92]

아편전쟁 직후 저술된 위원(魏源)의 『해국도지(海國圖志)』를 입수하게 되자,[93] 추사는 그 「주해편(籌海篇)」의 '해방'론에 관심을 나타내고 그 학습, 응용의 필요성을 다음과 같이 피력했다.

> 이는 필수 서적으로 타인 집의 몇 보물이 내게 있는 것과 같다. 서양 오랑캐의 선박[紅舶]이 혹시 경계를 넘을 때 겹문에서 딱따기를 쳐 경계하는 의의가 있다. 나라를 엿보고 형세를 살피는 자가 어찌 적을 것이며, 그것을 모방해 행하는 자가 있을 터인데, 우리는 마음이 거칠어서 매번 세밀히 볼 수가 없으니 몹시 개탄할 만하다. 비록 그 선박 제조법을 다 얻을 수는 없어도 돛을 사용하는 기술 같은 것은 충분히 본떠 시행할 수 있을 텐데 관심 있는 사람이 하나도 없구나! 대개 위원

91 노대환(2005), 155~165쪽. 『全集』 권2, 書牘, 14앞~뒤, 「與舍仲命喜(5)」. 서양 선박의 조선 출몰을 통제하기 위한 대책으로 청조 황제의 도움을 기대했으나 청측의 칙서가 없다는 내용은 같은 책, 권3, 書牘, 12앞~뒤, 「與權彝齋(敦仁)(12)」 참조.

92 같은 책, 20앞~21앞, 「與舍季相喜(7),(8)」.

93 『해국도지』의 조선 전래와 영향에 대해서는 李光麟(1982), 4~17쪽 참조. 이 책의 전래는 출간 다음 해인 1845년 연행사 권대긍(權大肯)이 처음이며, 그 뒤 곧 서계여(徐繼畬)의 세계지리, 『영환지략(瀛環志略)』도 들어왔다고 하는데, 추사의 『해국도지』 입수도 이 기간 중이었을 것이다.

> (魏源)[묵심(默深)]의 학문은 근래 한학 가운데서 별개의 문호를 열어 훈고(訓詁)의 빈말[空言]을 지키지 않고, 오로지 '실사구시(實事求是)'를 위주로 하니, 그 경전 해설이 혜동·대진 등 여러 사람과 크게 다르다. 또 군사의 담론을 즐겨 이전에 그의 「성수편(城守篇)」(성곽 수비론) 등의 글을 본 적이 있는데, 지금 『해국도지』 속의 「주해(籌海)」(해양 대비책)의 논의는 「성수편」과 표리를 이루어 우리 충무공(忠武公-이순신(李舜臣))이 왜적을 몰살했던 법과 같다.[94]

이처럼 위원의 '해방' 논의를 지지함과 함께 한학의 분파로 출현한 그의 금문경학이 문헌고증에만 빠지지 않는 '실사구시'의 학문임을 인정했으니, 금문경학이 정치적 경세 이념으로 전환함에 따라 문헌고증에 그치던 '실사(實事)'의 함의에 현실을 중시하는 의미 변용이 일어나고 있음을 알 수 있다.

이어서 추사는 위원의 동지였던 경세론자 "공자진(龔自珍)에 주목해 그의 학문 조예가 위원과 서로 대등하고 또 가까우며, 저서가 사람의 키 높이로 쌓였다고 하니 그 책들을 두루 읽지 못하는 것이 한스럽다. 장강(長江) 남북에 이 같은 사람이 매우 많은데, 우리 동쪽 사람들은 모두 알지 못할 따름"이라고 탄식했다.[95] 아편전쟁을 거치며 『해국도지』를 통해 서양 해상세력의 군사적 위협에 대한 인식이 새롭게 증대된 것으로 보인다.

그러나 당시 추사의 세계지리 인식은 당(唐) 이전의 중국 한대 역사서의 '서역(西域)' 지식과 원(元)·명 이후의 지식, 그리고 최근의 『해국도지』 등의 정보가 혼합된 것이었다. 중앙아시아와 인도에 관해 당

---

94 『全集』 권3, 書牘, 34앞~뒤, 「與權彝齋(敦仁)(32)」.

95 위의 책, 34뒤, 같은 글.

이전과 원·명 이후의 지리 지식이 서로 연결되지 않는다는 고충을 지적한 논설에서 보듯이, 전통적 서양 인식은 파미르 고원[총령(葱嶺)] 이서의 전통적 서역에 대한 지식의 연장선에 있었다. 남해, 즉 동남아시아 이서 인도양을 경유한 서양 인식은 최근 아편전쟁 이후에야 비로소 추사의 시야에 들어온 새 정보였던 것이다.[96] 『해국도지』는 서역과 남해라는 분리된 두 방향의 세계인식이 연결, 통합될 수 있는 최초의 열쇠이기는 했으나 내륙아시아는 물론 유럽에 대한 지식에서도 내용이 매우 미흡한 수준의 세계지리서였다.[97]

그는 그 책에 수록된 「중서기년통표(中西紀年通表)」를 보고 중국과 서양의 기년이 갖는 성격이 달라 서로 통할 수 없음을 지적하고, 또 사교인 천주교가 우민을 속여 유혹한 해독은, 명 말기 서광계(徐光啓)·이지조(李之藻)가 의미가 전혀 다른 중국의 '천(天)' 자를 '천주'의 번역어로 적용한 데서 그 단초가 열린 것으로 비난했다.[98]

---

96 원·명 이후의 서방에 대한 지식은 전통적 서역인 중아아시아·인도[5천축(天竺)]에 관해 『원사(元史)』「태조[칭기스칸]본기(太祖本紀)」 및 「야율초재전(耶律楚材傳)」, 『장춘진인서유기(長春眞人西遊記)』[구처기(邱處機)], 청대의 세계지도 및 지리서, 『곤여전도(坤輿全圖)』·『직방외기(職方外記)』·『해국견문록(海國見聞錄)』·『장씨지구도(莊氏地球圖)』가 거론되었다. 이는 『全集』 권8, 雜識, 23앞~24앞 참조. 서양의 새 접근로로서 남해(南海)를 경유한 새로운 서양 인식은 정화(鄭和) 원정 및 16세기 이후 조공·교역에 관한 추사의 드문 언급이 있지만, 아편전쟁 및 『해국도지』의 입수 이후에야 주목하게 된 만년의 관심사였다고 생각된다. 전통적 서역에 대한 추사의 관심이 불교 전래와 관련해 법현(法顯)·현장(玄奘)의 여행기, 『명사(明史)』의 정화 원정이 인용되고 있음은 같은 책, 권1, 攷, 18앞~21앞, 「天竺攷」 참조.

97 유럽에 대한 중국의 지리 인식이 부정확해서, 추사가 언급한 대로 명조 때 '불랑(佛朗)'이라 해서 불랑기(佛朗機)란 대포의 명칭도 나오더니 그 후 서번(西蕃)[서양 오랑캐]을 불랑(佛郞)·홍모(紅毛)·하(荷蘭)·아난(阿難), 『곤여도』 중에서도 불랑찰(佛朗察)·불랑제(佛朗濟) 등으로 불렀다고 했다. 이는 위의 책, 권2, 書牘, 21앞, 「與舍季相喜(8)」 참조.

98 위의 책, 권4, 34앞~뒤, 「與李藕船(尙迪)(6)」.

중국의 동남부 연해(沿海)에서 벌어진 아편전쟁의 결과에 대해 추사가 어떤 관점으로 접근했는지에 대해서는, 중국에 집결한 서양의 무역 선박의 출몰과 서양인이 작성한 지도의 정밀함에 관심을 표한 다음의 글 이상의 정보는 없다. "이적의 선박이 장강 남북에 출몰하는 것은 아마 깊이 우려할 정도는 아닐 것이다. 한 해 중 중국의 해구(海口)를 나서는 1만 척 가까운 이 무리들의 선척이 천하를 떠도는데, 중국은 모두 냉정한 태도로 보고 있다. 이를테면 근래 영국 오랑캐 사건은 특별한 사건의 단서가 있어서 그리 된 것이고, 우리에게 즉각 폐해가 미치지는 않을 것이다. 또 그 십여 척이 영국 오랑캐(英夷)인지 프랑스(불란(佛蘭))인지, 에스파냐(是班呀), 포르투갈(葡萄亞) 등 …… 어디 선박인지 분별되지 않으며, 결코 한 나라 선박은 아닐 것이다."

서양 선박들의 이처럼 어지러운 출몰은 그 실정을 일일이 알 수가 없고 근심할 것까지는 없지만, 근래 서양인이 남긴 지도를 보고서 그들의 이 같은 왕래가 가능한 이유를 깨닫고 놀랐다며, 그 지도의 상세함과 영국·프랑스·에스파냐·미국 등 각국 선척의 순회와 측량에 대한 깊은 경각심을 나타내고 있다. "우리나라의 경우만 보면 중국·일본과의 경계 지역이 이처럼 정밀해서" 남회인(南懷仁, 17세기 예수회 선교사 Ferdinand Verbiest)의 『곤여전도(坤輿全圖)』, 중국의 『황여전도(皇輿全圖)』보다 우월하다며, "서너 차례 국경 남북, 동서를 두루 순회하지 않고서는 무슨 수로 세밀하기가 이와 같이 되었겠는가! 이처럼 순회한 때가 어느 해, 어느 때인지 알지 못하니, 우리나라는 어떻게 온통 깜깜하게 듣지도 알지도 못했는가!"라는 경고로 '해방(海防)'의 위기감을 표출했다.[99]

중국에 집중된 서양 선척의 출몰과 근래 제작된 서양 지도의 정밀함을 보고 일말의 불안감을 느끼면서도 당장은 조선에 도발을 하지 않을 것으로 판단되는 서양 선박보다는 오히려 중국 국내 인민의 과민한 소동과 주현(州縣)의 부관・서리(胥吏)의 동요를 더 걱정하고 있다.[100] "영국 오랑캐가 중국의 우환이 된" 사태에 대해 추사는 "옛적 명왕조의 가정(嘉靖) 연간에 있었던 왜구(倭寇)의 연해(沿海) 침략"에 비유하면서, 왜구가 내지인 강절(江浙) 지역에도 미쳐 명의 대병력이 여러 해에 걸쳐 주둔했으며, 척계광(戚繼光)의 『기효신서(紀效新書)』나 당순지(唐順之)[형천(荊川)]・모원의(茅元儀) 등 명사들의 『무비지(武備志)』 등 왜구에 대비하는 전문 저서들이 나왔음을 지적했다. 조선은 중국 사정을 모르고 있다가 임진왜란 이후에야 척계광의 책이나 새 화포의 제조법을 알게 되었는데, 오늘날 중국의 곤경이 명 말기 왜구 때와 비교해 그 심각성의 정도가 어떠한지 분명하지 않다는 것이다. 얼마 전 건륭 말기 가경 초에 걸쳐 중국 동남 연해의 절강(浙江)・복건(福建) 해적이 안남(安南, 베트남)과 대만(臺灣)에까지 연결되어 황제의 큰 우환이었는데도 조선은 알지 못했다면서, 중국 국내의 혼란 징조가 아편전쟁보다는 조선의 불안정에 더 큰 요인이 될 것이라고 정세를 진단했다. "실로 지금으로서는 황하(黃河)의 제방이 터진 사건이 영국에 의한 재난보다 심하며, 속국(屬國, 조선)이 경계를 엄숙히 해야 함은 명약관화하다."는 것이다.[101] 서양 선박이나 해적의 도

---

99 위의 책, 권3, 서독, 34뒤~35앞, 「與權彝齋(敦仁)(32).

100 위의 책, 권3, 35앞~뒤, 같은 글.

101 위의 책, 35뒤~36앞. 같은 글. 사실은 아편전쟁의 당사자였던 청의 임칙서(林則徐)도 영국 선포의 위력은 인지했으나 전쟁 초기에는 먼 대양 밖의 영국이 대함대를 동원하는 전면전은 예상 못하고 왜구 사태의 재현과 유사할 것으로 생각한 혐의가 있다. 이는 조병한(1997b), 145~175쪽.

전에 관해 추사는 아직은 그것이 중국과 동아시아에 치명적 위협으로 인식하지 않았던 것이다. 오히려 전통적 역사인식에 따라 동아시아의 중심세력인 중국이란 제국의 붕괴는 국내의 민란에서 시작될 것이며, 따라서 조선의 진정한 위기는 중국을 차지한 청조의 붕괴일 것으로 판단했다.

17세기 이래 '조선중화주의' 의식의 심화는 쇄국적 세계관의 내면화를 초래하는 한편, 당시 청이 전쟁 중이던 몽골족에 밀려 언젠가 본거지인 만주 영고탑(寧古塔)으로 돌아가는 경로에서 조선에 침입할 가능성을 우려하는 논의가 널리 공유된 적도 있었다.[102] 18세기 후반 청조의 치적을 인정한 북학론자들이 중국에 비해 낙후된 조선의 현실을 극복하려는 '자강론'의 입장에서 청조 문물의 도입을 제안함에 따라 화이(華夷)차별의 반청의식이 완화된 것은 사실이지만 청 국가에 대한 경계 의식이 일거에 사라진 것은 아니었다. 조선 · 청의 내정이 불안해지고 서양 문명의 위협이 시작된 19세기에 들어와서야 청 중심의 동아시아 중화질서의 현실 속에서 청의 쇠퇴 국면이 오히려 조선의 안보에 미칠 위협적 파장을 염려하며 조선과 청의 일체감을 표현하는 상황이 출현하기에 이른 것이다.[103]

아편전쟁 후 불안정해지기 시작한 청의 정세 변화에 대한 추사의 민감한 관찰과 국제적 전망은 여전히 이 같은 전통적 역사 경험에 더욱 기울어 있었다.

아편전쟁이 일어난 해 제주도 대정 마을에서 유배 생활이 시작된

---

102 허태용(2009), 153~154쪽. 19세기 청의 상황에 대한 위기의식에 관해서는 배우성(1998), 64~93쪽 ; 노대환(1994).

103 김영식(2018), 226~236쪽, 258~275쪽.

뒤 김정희는 해도(海島)의 고립된 상황에서도, 고증학 총서 『황청경해』를 넘어 새 경세학으로 대두한 금문경학파 위원의 『황조경세문편(皇朝經世文編)』과 『해국도지』 같은 개혁적 저술들을 입수해 섭렵하고 있었다.

추사의 유배 기간 중 청조 학인과의 국제 교류에서 추사의 문도 가운데 이상적·오경석 등 중인(中人) 역관의 역할이 주목할 만한데, 그들은 서화의 전수 및 중국 학계와의 교류를 통해 추사와 인연을 맺은 인물들이다. 중국 관료·학계와 광범한 교류를 했던 이상적의 교제 범위에는 기준조(祁寯藻) 등 고관을 비롯해, 양차 아편전쟁 기간 청의 개혁적 인물이었던 허내제(許乃濟)·반증위(潘曾瑋)·풍계분(馮桂芬)·장목(張穆) 등 저명한 관료·학자들이 망라되어 있었다.[104]

특히 『몽고유목기(蒙古遊牧記)』 등 서북사지학(西北史地學)의 저술가로 알려지는 장목은 하소기(何紹基)·주기(朱琦) 등 14명과 함께 아편전쟁 직후(1844) 북경 자인사(慈人寺) 경내에 명말 청초 고증 경세학의 창시자인 고염무를 기념하는 사당을 세웠는데, 이 거사를 매개로 결합한 진보적 학자관료들의 인맥이 청·조선의 학술 교류의 촉매 역할도 했던 사실이 주목된다.[105] 고염무 사당의 인맥은 제자백가를 수용한 고증학 학풍이나 아편전쟁 전후 부흥하는 경세학풍을 체현한 인물들이었으며, 19세기 전반기 새로운 고증학적 경세학으로 출현한 것이 서북역사지리학이었던 것이다.[106]

---

104 藤塚鄰(1975), 451~453쪽, 456~457쪽.

105 위의 책, 471~473쪽. 장목은 자신의 역작 중 『고정림연보(顧亭林年譜)』와 『시서고훈(詩書古訓)』을 추사에게 보냈는데, 후자는 『[춘추]좌전(左傳)』·『국어(國語)』·『묵자』·『순자』 등 선진과 진·한 고서를 바탕으로 『시』·『서』의 고훈을 선집한 것이었다.

106 위의 책, 82~84쪽. 서북사지학의 선구적 인물로 꼽히는 서송(徐松)은 김정희의 첫

임박한 근대의 신문명의 도전을 앞두고 추사의 북학론에는 경세실학의 부활이 요구되고 있었지만 그것은 미래의 선택 방향을 예견하기 어려운 난제로 남겨진 상태에 있었다.

4. 맺음말

반청 북벌에 반대한 북학론에서 화이(華夷) 차별 의식이 완화되고 청의 선진 문물 도입을 주장한 것은 사실이지만 박지원(朴趾源)의 『열하일기(熱河日記)』에 드러나 있듯이 청에 대한 국가적 경계의식마저 일거에 사라진 것은 아니었다. 그 문물 도입론은 청 통치의 실적과 중국문화의 선진성을 인정해 조선의 낙후성을 극복하려는 자강(自强) 의식이 수반된 것인 만큼 현실주의 세계관에 근거를 둔 화이론의 변용으로서 참신성이 있었다.[107] 조선중화를 계승하면서도 이적 국가인 청을 중화 문명에 포함시키는 '동아시아 중화세계'라는 세계관이 북학론에서 점차 형성되어, 19세기 추사의 단계에서는 중화 문명과 청조 국가를 분리하는 화이론의 이중적 구조가 극복된 것으로 보인

연행 시기 그와 옹방강의 첫 대면을 주선한 인연이 있는데, 『신강식략(新疆識略)』 등 다수의 서북사지학 저술을 남겼다. 이는 郭麗萍(2007), 104~117쪽, 150~162쪽 참조. 『공양춘추』와 서북사지학에 근거해 경세학을 부흥시킨 위원은 아편전쟁 후 『해국도지』를 통해 서북 역사지리를 특히 서유럽[대서양]과 동남아[동남양] 중심으로 인도양권[서남양(인도 · 서아시아), 소서양(아프리카)], 아메리카[외대서양]에 걸친 지구적 세계사지학으로 전환, 확장시켰다. 이는 魏源, 『海國圖志』(1998판[1852년판 저본]) 참조.

107 閔斗基(1980), 78~83쪽. 114쪽 ; 허태용(2009), 191~193쪽. 자강론적 화이론 변용의 전형인 박지원의 사례는 朴趾源 저, 崔南善 편수(1911刊), 『熱河日記』 참조.

다. 조선 실학에서 추사의 고증 경학이 갖는 지위는 유교문명의 국제적 보편성이라는 북학론의 개방적 문화주의 사조를 확장해 초기 북학론의 기술경제[이용후생] 도입을 학문·문예의 도입으로 심화시킨 점에 있다.

한편 19세기 전반기 부패한 세도정치 아래 북학을 포함한 실학의 상대적 퇴조 현상이 보이기도 하지만 유교의 한 학파로서 고증학에 침전되어 있던 잠재적 경세 관념이 점증하는 대내외 국가적 위기 국면에서 부활하는 새로운 전환이 나타나고 있었다. 추사가 종사한 고증학은 직접적 정치 대안 대신 문헌 고증에 치중하는 측면도 있으나, 한편으로 '학문적 경세'의 원론을 제시했다는 사실에 유의할 필요가 있다. 원래 17세기 이래 출현한 '경세치용'의 정치적 개혁 사조를 배경으로 발생한 실학이란 학풍은 그 실증적 학문 방법인 고증학을 통해 비로소 유교 통치자에 요구되는 일반적 수신과 통치술을 뛰어넘는 전문적 '학문경세'로 출현할 수 있었다. 그 경세적 실학을 위한 방법으로서의 고증학은 경학·사학 등 유교적 학문을 중심으로 '실사구시'의 학풍을 발전시킴으로써 본래 실학 사조의 고유한 구성 요소였던 것이다.

추사의 역학과 예학이나 『대학』의 격치(格致) 해석에 나타나듯이 그의 경학 연구에는 정치적, 제도적 실천을 강조하는 실학의 경세적 원리가 관철되어 있었다. 주자학의 관념적 '리(理)'를 제도화된 '예(禮)'로 대체함으로써 성인의 '인(仁)'의 실천성을 모색하는 추사의 사상은 청조 고증학의 주류인 18세기 말 이래의 후기 고증학의 영향을 받은 것이었다.

금석학·서예에서 옹방강의 영향을 크게 받은 추사는 경학에서만은 그보다는 완원 · 능정감 등 대진의 학문을 계승한 강남 양주(揚州)의 고증학계 주류 사조에 더욱 공감하는 입장에 서 있었다. 주자학적 도덕주의의 완화를 전제로 한 고증학풍의 성행은 지식의 전문성 지향과 학문적 관용의 절충 경향을 강화하는 사상적 배경이 되기도 했다. 완원을 비롯한 후기 고증학계의 영향 아래 추사는 한학의 가법(家法)과 '실사구시'의 방법을 수용하고 한 · 송학 절충의 학풍을 수용했다. 비록 주자 성리학의 독점적 지위에 흔들림이 없는 당시 조선 후기 유학에서도 주자학의 '사서(四書)'를 넘어 한대와 그 이전의 고대 '육경(六經)'으로 소급하는 실학풍이 형성되어 있었기 때문에 추사 고증학의 한 · 송학 절충론은 주자학 이념을 보완하는 기능을 인정받을 수 있었다.

추사의 경학은 비록 전문 저술은 남기지 않았으나 예학과 역학을 중심으로 한 고증학적 연구에서 18세기 이래 역대 중국 학술을 총정리한 청조 학문의 성과를 광범하게 섭렵함으로써 중국 학술 전반을 조감할 수 있는 지적 역량에 도달했다.

경학과 사학 위주의 청조 고증학에서 발전한 보조학문으로서 소학[언어학] · 교감 · 판본 · 천문 · 역사지리, 특히 금석학에 대한 추사의 광범한 섭렵과 비평적 안목은 청 학계와의 왕복 토론을 통해 널리 그 높은 경지를 인정받았다. 또한 역학을 중심으로 쇠퇴하는 시기에 성인의 우환(憂患)의식과 변혁의 미언대의(微言大義)를 드러냄으로써 강렬한 경세학의 논리를 제시하려는 경향을 보이며, 청대 유학의 최신 경향인 상주(常州)학파의 역학 및 고문, 특히 금문경학에 대한 깊은 이해를 나타냈다. 한학의 지파로 출발한 금문경학은 주자학을 대체하는 정치적 경세 이념의 부흥을 주도한 신사조로서, 추사는 19세기 전반기의 중국 개혁론자 공자진, 특히 위원의 금문경학에 큰 관심을 나타냈다.

또한 이 논문의 주제 밖의 영역이지만 조선 후기 거사(居士)불교의 대표적 인물 중 하나로서 추사의 유교 중심의 유·불 절충적 입장도 어느 정도 그의 사상적 개방성이 반영된 것으로 보이며, 그의 강력한 천주교 반대와는 대비가 된다.

19세기 전반기 조선의 북학론자를 비롯한 실학에서 주목되는 현상은 동아시아 문화권 내의 개방적 세계관의 출현이었다. 추사의 세계관은 청조 중국을 중심으로 조선·일본을 포함한 동아시아 삼국이 유교적 보편문화에 동참함으로써 동아시아 중화문화권의 확대가 이루어질 것으로 기대했던 듯하다. 종래 미개국으로 간주되었던 일본의 괄목할 문화 발전을 재인식한 결과, 고대에 백제(百濟)에서 문자를 배웠던 일본이 아시카가[足利] 이래 중국 고서(古書)의 보존과 도쿠가와[德川] 시대 유학의 발달, 나가사키[長崎] 항을 통한 일본·중국 간 경제·문화 교류에 대해 감개를 표시한 시·문을 남기고 있다.[108] 아편전쟁 이후에는 서유럽 문명의 외압 아래 심화되는 국내외 위기국면에서 군사적 '해방(海防)'을 위한 공동의 관심으로 조선·청 양국 간의 문화, 정치적 연대의식이 강화되는 추세가 진행되었다.[109]

---

108 『全集』 권8, 雜識, 5앞~뒤에서 경학에서 이토 진사이(伊藤仁齋)·오규 소라이(荻生徂徠)의 저술을 높이 평가하고, "아! 나가사키의 선박, 일본과 중국의 호흡이 서로 이어져 생사(生絲)와 구리 무역은 오히려 둘째이고, 천하의 서적이 바다와 산을 통해 운수(運輸)되지 않음이 없다."며 해양을 통한 대규모 문화 교류에서 받은 깊은 인상을 표현했다. 같은 책, 권9, 詩, 10뒤~11앞에서도 「仿懷人詩體, 歷敘舊聞, 轉寄和舶, 大板浪華間諸名勝, 當有知之者」 10首에는 일본의 경학과 문장, 서화를 논하고 있다. 일본 고학(古學)계에 대한 추사의 인식 및 고학 자료의 동아시아 삼국 간 유통에 대해서는 정혜린(2019), 134~167쪽 참조.

청조 최고 수준의 고증학 총서인 『황청경해』를 섭렵한 추사 김정희는 아편전쟁 시기를 전후해 금문경학파 위원이 저술한 경세학 저술 『황조경세문편』, 세계지리서 『해국도지』의 입수를 통해 제주도 유배 중에도 중국을 창구로 해서 세계정세의 변동을 관찰하고 있었다. 서양의 도전 앞에 약화된 청조 중국의 위기와 그것이 조선에 초래할 파장에 대해 대책의 필요함을 촉구하는 가운데 실학의 계승자로서 추사의 경세의식이 표현된 것이다.

추사 김정희가 사거한 1856년 10월(음) 청조 중국에서는 남방 개항장 광주(廣州)에서 영국과의 사이에 제2차 아편전쟁의 막이 오르고 있었다. 동아시아 중화세계에서 중화문명의 보편적 표준을 따라잡으려는 추사의 평생 노력은 청의 황제가 열하(熱河)로 도망하고 북경이 영·불군에 함락된 이 전쟁을 계기로 그 역사적 책임에 종말을 고하고 있었다. 그 해는 서유럽 근대문명이 중화문명을 타도하고 전지구적 세계의 보편문명의 지위를 동아시아에 확립하려는 세계사적 전환이 시작된 해였기 때문이다.

청으로부터 기술문화를 도입하려던 북학파의 경세적 실학은 북학의 마지막 세대인 김정희의 고증 경학을 통해 정신문화 교류로 격상하려는 노력이 있었지만, 1860년 이후 북학을 통해 '중국화한 서학(西學)'과의 간접적 접촉 단계를 뛰어넘어 서양과의 직접 대면을 통해 '유교적 실학'과는 전혀 다른 근대화 변혁의 과제가 주어졌다. 이 문

109 민두기(2001), 121~139쪽. 서양 이양선(異樣船), 특히 사교[천주교] 포교의 압력에 대한 우려가 증폭되었다. 제1, 2차 아편전쟁에서 청이 서양과의 전쟁에 패함으로써 동아시아 조공권에서 청의 영향력이 쇠퇴하고 이 상황이 순치(脣齒) 관계에 있는 조선의 군사적 안보의 약화를 초래하는 것을 염려하는 현상도 나타났다. 노대환(2005), 153~155쪽에도 양차 아편전쟁 후의 조선·청 관계의 이 같은 변화를 지적하고 있다.

명사적 선택의 위기는 북학론이나 다산학의 한계를 훨씬 초월하는 근대문명의 압력이었다는 점에서 '실학 자체의 위기'였다. 청을 중심으로 조선 · 일본 · 베트남 등이 공유한 동아시아의 유교문명은 임박한 근대 문명의 도전을 앞두고 보편문명으로서 적지 않은 전근대적 결함을 내포하고 있다는 것이 문제였다. 가부장제 종족(宗族) 사회와 이에 기초한 전제적 국가, 중국 중심의 화이(華夷) 차별적 중화질서는 보편문명으로서는 큰 결함이었다. 서양 근대라는 국제 요인이 압도적 우위를 갖게 된 19세기 후반 근대 개화기에는 근대화를 둘러싼 국가 간 경쟁의 격화로 동아시아 내부의 국제관계도 분열과 침략의 격류에 휩쓸릴 것이었다.

參考文獻

金正喜, 『阮堂先生全集』, 서울, 新誠文化社, 1972.

丁若鏞, 『經世遺表』, 新朝鮮社, 1970판.

朴趾源 저, 崔南善 편수, 1911刊, 『熱河日記』, 朝鮮光文會.

顧炎武, 『顧亭林詩文集』, 香港, 中華書局, 1976판.

龔自珍, 『定盦文集』, 臺北, 新文豊出版社, 1975판.

凌廷堪, 『校禮堂文集』, 北京, 中華書局, 1998판.

戴 震, 『戴震文集』, 北京, 中華書局, 1980판.

徐世昌, 『清儒學案』, 臺北, 世界書局, 1979판.

阮 元, 『揅經室集』, 臺北, 世界書局, 1982판.

汪 中, 『述學 · 容甫遺詩』, 臺北, 世界書局, 1972판.

魏 源, 『海國圖志』, 長沙, 岳麓書社, 1998판[1852년판 저본].

張惠言, 『茗柯文』, 臺北, 世界書局, 1985판.

惠 棟, 『松崖文鈔』, 臺北, 藝文印書館 영인본.

김영식(2018), 『중국과 조선, 그리고 중화-조선 후기 중국인식의 전개와 중화사상의 굴절』, 아카넷.

노대환(2005), 『동도서기론(東道西器論) 형성 과정 연구』, 일지사.

민두기(2001), 『시간과의 경쟁-동아시아 근현대사 논집』, 연세대출판부.

배우성(1998), 『조선 후기 국토관과 천하관의 변화』, 일지사.

유봉학(2000(2쇄)), 『연암일파 북학사상 연구』, 일지사.

유홍준(2018), 『추사 김정희』, 창비.

이광린(1982 중판), 『한국 開化史 연구』, 일조각.

전해종(1970), 「清代 학술과 阮堂」, 『韓中關係史 硏究』, 일조각.

정옥자(1997), 『조선 후기 문화운동사』, 일조각.

정혜린(2008), 『추사 김정희의 예술론』, 신구문화사.

_____(2019), 『추사 김정희와 한중일 학술 교류』, 신구문화사.

한영우(2007), 『다시 실학이란 무엇인가』, 푸른역사.

허태용(2009), 『조선 후기 중화론과 역사인식』, 아카넷.

카나야 오사무(金谷治), 김상래 역(2010(초판 3쇄)), 『주역의 세계』, 한울.

郭麗萍(2007), 『絶域與絶學-清代中葉西北史地學研究』, 北京, 三聯書店.

郭伯恭(1936), 『四庫全書纂修考)』, 北平, 國立北平研究院史學研究會 출판[商務印書館 발행].

藤塚鄰(1975), 『清朝文化東傳の研究 : 嘉慶·道光學團と李朝の金阮堂)』, 東京, 圖書刊行會.[번역본은 藤塚鄰, 朴熙永 역, 1994, 『추사 김정희 또 다른 얼굴』, 아카데미하우스].

楊慶中(2005), 『周易易傳研究』, 北京, 商務印書館.

廖名春·康學偉·梁韋弦(1991), 『周易研究史』, 長沙, 湖南出版社.

劉起釪(1989), 『尙書學史』, 北京, 中華書局.

林久貴(2015), 『阮元經學研究』, 北京集惠印刷有限公司.

張壽安(1994), 『以禮代理-淩廷堪與淸中葉儒學思想之轉變』, 臺北, 中央研究院近代史研究所.

張舜徽(1962), 『清代揚州學記』, 上海人民出版社.

錢穆(1972(5판)), 『中國近三百年學術史』, 臺北, 臺灣商務印書館.

朱伯崑, 김학권 역(2011(초판 9쇄)), 『주역산책』, 예문서원.

周積明(1994), 『紀昀評傳』, 南京大學出版社.

支偉成(1986), 『清代朴學大師列傳』, 長沙, 岳麓書社.

陳祖武·朱彤窗 編(2005), 『乾嘉學術編年』, 石家莊, 河北人民出版社.

漆永祥(1998), 『乾嘉考據學研究』, 北京, 中國社會科學出版社.

Ball, Peter(1992), "This Culture of Ours" : Intellectual Transitions in T'ang and Sung China, Stanford University Press.

Elman, Benjamin A.(1984), From Philosophy to Philology : Intellectual and Social Aspects of Change in Late Impelial China, Harvard University Press.

Guy, Kent R.(1987), The Emperor's Four Treasuries : Scholars and the State in the Late Ch'ien-lung Eara, Harvard University Press.

김문식(1998), 「조선 후기 京畿學人의 漢宋折衷論」, 성균관대 대동문화연구원 편, 『조선 후기 經學의 전개와 그 성격』, 성균관대출판부.

노대환(1994), 「19세기 전반 지식인의 대청 위기의식과 북학론」, 『한국학보』 76집, 일지사.

문석윤(2014), 「湛軒의 철학사상」, 『담헌 홍대용 연구』, 사람의무늬.

민두기(1980판), 「熱河日記에 비친 清朝통치의 제양상」, 『중국근대사 연구』, 일조각.

이우성(1973), 「실학연구서설」, 역사학회편, 『실학연구입문』, 일조각.

이헌창(2013), 「楚亭의 利用厚生 사상과 富國論」, 『초정 박제가 연구』, 사람의무늬.

전해종(1959), 「釋實學」, 『진단학보』 20호, 「실학의 의의에 대하여」, 『한중관계사 연구』 수록.

조병한(1984), 「章學誠 經世史學의 折衷的 이론기초-역사주의적 新義理學과 절충논리」, 『高柄翊선생回甲기념史學論叢』.

_____(1993), 「청대 후기 常州 考證학계에서의 經世사조 부흥」, 『東義史學』(동의대) 7, 8 합집.

_____(1994a), 「18세기 고증학계의 古學연구와 經世實學 관념-汪中의 경우」, 『九谷黃鍾東교수정년기념 사학논총』.

_____(1994b), 「乾嘉고증학파의 체제통합 이념과 漢宋折衷 사조-阮元 · 焦循 · 凌廷堪의 古學과 實學」, 『明清史硏究』 3집.

_____(1997a), 「청 乾嘉朝 이래의 經世사조 부흥-考證學 융성기의 桐城 古文派와 常州 公羊學」, 『明清史硏究』 6집.

_____(1997b), 「아편전쟁 시기 '저항파' 林則徐의 개혁사상과 淸議」, 『동아시아역사연구』 2.

_____(2008), 「중국 근세 실학풍의 개념과 전개 양상-한국 실학 논의와 관련해」, 『한중관계 2000년-동행과 공유의 역사』, 소나무.

조성을(2013(2쇄)), 「유배 이후 茶山의 利用厚生學-『經世遺表』와 『牧民心書』를 중심으로」, 실시학사편, 『다산 정약용 연구』, 사람의무늬.

최완수(1980), 「秋史書派考」, 『澗松文華』 19.

허남진(2001), 「洪大容의 철학사상」, 진단학회편, 『湛軒書』, 일조각.

| 秋 史 |

김정희의 〈진흥왕순수비〉 고증과 『예당금석과안록』 편찬

박철상 | 한국문헌문화연구소장

1. 시작하는 말

2. 김정희의 금식학 학습

3. 김정희의 북한산 비봉 비석의 정체 확인

4. 김정희의 진흥왕순수비 고증

5. 『예당금석과안록(禮堂金石過眼錄)』의 정체

6. 맺음말

1. 시작하는 말

금석문(金石文) 연구는 일찍부터 중국에서 시작되었다. 송(宋)나라 때 구양수(歐陽修, 1007~1072)는 자신이 수집한 금석문에 간략한 해제와 고증을 붙인 『집고록발미(集古錄跋尾)』를 저술하고, 그의 아들 구양비(歐陽棐, 1047~1113)에게 그 목록을 정리한 『집고록목(集古錄目)』을 편찬케 했는데, 이들은 후대 금석문 연구의 한 전범이 되었다. 또 조명성(趙明誠, 1081~1129)이 『금석록(金石錄)』 30권을 저술하여 금석학 연구의 한 획을 그었다. 이 밖에도 여대림(呂大臨, 1040~1092)의 『고고도(考古圖)』 10권, 설상공(薛尙功)의 『역대종정이기관지법첩(歷代鐘鼎彝器款識法帖)』 20권, 홍괄(洪适, 1117~1184)의 『예석(隸釋)』 등이 출현하여 후대 금석학 연구에 지대한 영향을 끼쳤다. 이후에도 금석학 저술들은 지속적으로 간행되었고, 청대(淸代)에 이르러 그 꽃을 피우며 고증학을 대표하는 학문이 되었다.

우리나라 금석학의 출발은 그 시점이 비교적 늦다. 조선 초부터 서법의 전범으로서 많은 금석문 탁본이 제작 및 유통되었으나 학문으로 정립되지는 못했다. 별도의 저작이 이루진 바도 없었다. 임란 이후에도 상황이 크게 변하지는 않았다. 다만, 금석문의 목록집이 만들어지고 금석문 탁본의 제작 방법에 있어서 변화가 있을 뿐이었다. 금석문을 '서법감상(書法鑑賞)'이라는 측면에서 이해했던 것이다. 이후 영재(泠齋) 유득공(柳得恭)에 이르러 초보적인 금석문 연구가 이루어졌다. 연암(燕巖) 박지원(朴趾源)이 엮은 『삼한총서(三韓叢書)』의 하나로 편입된 편자 미상의 『금석록(金石錄)』은 김정희 이전 조선 금석학 저작으로서 의미가 있는 책이다.[1] 이후 추사(秋史) 김정희(金正喜, 1786~

1856)에 이르러 조선에서도 금석학이 하나의 학문으로 정립되기에 이른다. 김정희는 금석문을 '감상(鑑賞)'의 대상에서 '고증(考證)'의 대상으로 전환시켰다. 그것은 황초령(黃草嶺)과 북한산(北漢山) 비봉(碑峰)에 있던 비석을 '진흥왕순수비(眞興王巡狩碑)'로 규명한 내용을 담은 『예당금석과안록(禮堂金石過眼錄)』의 저술을 통해서였다.

김정희에 대한 연구는 일인(日人) 학자들에 의해 먼저 시작되었고, 김정희의 금석학에 관한 연구 역시 그들에 의해 시작되었다. 이는 당시 우리 고대사에 관심을 가지고 있던 일인 학자들이 진흥왕순수비를 주목했기 때문에 나타난 현상이라 할 것이다. 당시 김정희의 금석학 연구를 언급한 주요 글들을 살펴보면 다음과 같다.

內藤虎次郎(나이토 토라지로), 「新羅眞興王巡境碑考」, 『藝文』 제2권 제4호, 1911.

今西龍(이마니시 류), 「新羅眞興王巡狩管境碑考」上, 『考古學雜誌』 제12권 제1호, 1921.

______, 「新羅眞興王巡狩管境碑考」中, 『考古學雜誌』 제12권 제3호, 1921.

______, 「新羅眞興王巡狩管境碑考」下, 『考古學雜誌』 제12권 제11호, 1922.

______, 「新羅文武王陵碑に就きて」, 『藝文』 12-7, 1921.

前間恭作(마에마 교사쿠), 「眞興碑につきて」, 『東洋學報』 19-2, 1931.

稻葉岩吉(이나바 이와키치), 「黃草嶺新羅眞興王斷碑出現」, 『青丘學叢』 9호, 1932.

---

1 이 책은 김정희의 구장본이기도 했다. 필자는 이 책의 편자가 유득공일 가능성을 제기한 바 있다.

池內宏(이케우치 히로시), 『古蹟調査特別報告書』 第六冊, 朝鮮總督府, 1929.
崔南善, 「新羅眞興王の在來三碑と新出現の磨雲嶺碑」, 『青丘學叢』 2호, 1930.
葛城末治(가쓰라기 스에하루), 『朝鮮金石攷』, 大阪屋號書店, 1935.

최남선을 제외하곤 모두가 일인들의 연구 성과다. 이들의 글에 등장하는 김정희의 금석학 관련 내용은 크게 두 가지로 나눌 수 있다. 하나는 『예당금석과안록』의 발견과 이에 관련된 내용이고, 다른 하나는 여기에 실려 있는 김정희의 글을 인용하여 진흥왕순수비를 논의한 글들이다. 김정희의 금석학을 전체적으로 조망한 글은 없었다. 모두 김정희의 진흥왕순수비에 관한 두 가지 논문, 즉 북한산과 황초령에 있던 진흥왕순수비에 관한 김정희의 글을 인용한 내용들이다. 이를 통해 김정희를 조선의 금석학자로 평가했던 것이다.

김정희는 생전에도 금석학 대가로 명성이 자자했지만, 1867년에 간행된 『완당척독(阮堂尺牘)』과 1868년에 간행된 『완당집(阮堂集)』에는 『예당금석과안록』이 실려 있지 않다. 당시 문집의 편자들은 『예당금석과안록』의 존재 사실조차 몰랐다. 김정희의 금석학 저작이 『예당금석과안록』이라는 이름으로 처음 나타난 것은 김정희 사후 50년이 지난 20세기 초의 일이다. 그것도 우리나라 사람이 아닌 일본인에 의해 발견되었다. 이후 『예당금석과안록』이 모든 조선 금석문 연구자들의 기본서로 자리 잡았지만 이를 전문적으로 분석한 글은 없었다. 진흥왕순수비가 언급되는 경우에만 일부 인용될 뿐이었다. 고유섭(高裕燮, 1905~1944)이 우리나라 금석문에 관심을 가지고 책으로 저술을 했지만, 여기서도 이 책에 관한 언급은 없다.[2] 1972년이 되어서야 최완수가 당시까지의 김정희에 관한 연구 성과를 종합하고 『예당금석과안록』을 분석하여 「김추사(金秋史)의 금석학(金石學)」을 발표함으로써 금석학자로서 추사 김정희의 위상이 처음으로 드러나게 되었다.[3] 최완수는 김정희의 금석학을 '서도금석학(書道金石學)'과 '경사금석학(經史金石學)' 두 방면으로 연구하였다. 이를 통해 추사체(秋史體)가 금석학 연구에 힘입은 바 크다는 점을 밝혔고 『예당금석과안록』을 분석하여 그 가치를 드러냈다. 사실 이 논문으로 인해 금석학자로서 김정희의 위상이 확고해졌다고 할 수 있다. 최완수의 연구는 김정희의 금석학에 대한 최초의 전문적인 글이라는 데서 그 의미를 찾을 수 있다.

이후 김남두는 「예당금석과안록(禮堂金石過眼錄)의 분석적연구(分析的硏究)」라는 논문을 통해 금석학적인 측면에서 『예당금석과안록』에 대한 좀 더 체계적이고 종합적인 분석을 시도하였다.[4] 새로운 사실을 제시했다기보다는 당시까지의 연구 성과를 '역사학'의 입장에서 체계적으로 정리한 논문이다. 김남두의 논문은 『예당금석과안록』의 내용을 세밀하게 분석했지만 김정희 금석학의 전모를 밝히는 데 초점을 두지는 않았다. 이후 김정희의 금석학에 관한 연구는 답보 상태에 머물렀다. 이들의 뒤를 이을만한 전문적인 연구 성과는 나오지 않았다. 이는 『예당금석과안록』이 진흥왕순수비에 관한 연구 논문이고, 김정

2 고유섭의 금석학 연구 저술은 미정리 상태로 있다가 『조선금석학 초고(우현 고유섭 전집 10)』라는 이름으로 2013년에 열화당에서 간행하였다.

3 최완수(1972), 40~55쪽 참조; 최완수(1976), 69~109쪽 참조.

4 김남두(1990), 25~81쪽 참조.

희의 금석학 저작이 더 이상 발굴되지 않았던 것이 가장 큰 요인이라 할 수 있다.

이런 상황에서 필자가 김정희의 금석학 저술인 『해동비고(海東碑攷)』를 발굴하여 발표함으로써 김정희의 금석학 연구는 새로운 전기를 맞게 되었다.[5] 필자는 먼저 「조선 금석학사(金石學史)에서 유득공(柳得恭)의 위상」을 발표하여 김정희의 금석학이 유득공의 영향 속에서 이루어졌다는 견해를 제시했다.[6] 금석문의 연구에는 고대사(古代史)에 대한 지식과 인식이 필요했고, 유득공의 저작들은 그런 김정희의 갈증을 풀어주기에 충분했을 것이기 때문이다. 필자는 이어 석사학위논문 「추사(秋史) 김정희(金正喜)의 금석학(金石學) 연구(硏究)-역사고증적(歷史考證的) 측면(側面)을 중심으로」에서 김정희 금석학의 성립 과정을 추적하고, 『예당금석과안록』의 성격 및 『해동비고』의 내용을 검토했다.[7]

김정희 금석학은 두 가지 방면에서 연구가 필요하다. 하나는 '서법고증'의 측면이고 또 다른 하나는 '역사고증'의 측면이다. '서법고증(書法考證)'은 금석학 연구를 통해 서법의 원류를 탐색하기 위한 것이고, '역사고증(歷史考證)'은 금석학을 역사 연구의 보조 수단으로 인식하고 이의 활용을 위한 것이다. 이후 필자는 박사학위논문에서 김정희의 '서법고증 금석학'을 하나의 장으로 설정해 그 일단을 다룬 바 있다.[8]

금석학은 본래 역사학 분야의 전유물이었다. 그러나 필자는 김정희

---

5 박철상(2007a).

6 박철상(2007b).

7 박철상(2010).

8 박철상(2014).

의 금석학을 김정희란 인물의 학술활동에 초점을 두고 연구해왔다. 그러다보니 개별 금석문에 대해서는 깊이 있게 다루지 않았다. 대신 김정희의 금석학이 어떻게 형성되었는지, 그 과정에서 청나라 문사들과 어떤 영향 관계가 있었는지, 김정희의 금석학이 이전의 성과를 어떻게 수용했는지, 추사체는 금석학과 어떤 관련이 있는지 등에 대해 고찰하였다. 이는 역사학 분야에서는 전혀 관심을 두지 않았던 주제들이다.

본 논문에서는 이상의 성과를 기반으로 김정희의 금석학 학습 과정을 단계별로 살펴보고, 북한산 비봉의 '도선비(道詵碑)'를 '진흥왕순수비'로 고증하는 과정을 검토할 것이다. 이 과정에서 김정희가 '진흥왕순수비'의 정체를 밝혀내기 이전과 이후의 문헌자료 검토를 통해 당시 지식인들의 인식의 변화를 살펴볼 것이다. 또한 『예당금석과안록』의 내용을 검토하고, 『예당금석과안록』의 성립과 발견을 둘러싼 몇 가지 문제점을 검토할 것이다. 『예당금석과안록』을 중심으로 김정희의 역사고증 금석학의 의미를 살펴보려는 것이다.

2. 김정희의 금석학 학습

김정희는 24세 되던 1809년, 생원시(生員試)에 합격했다. 합격 소식을 듣자마자 그는 동지부사(冬至副使)의 임무를 띠고 연행길에 오른 부친 김노경(金魯敬, 1766~1837)을 따라나섰다. 사실 김정희는 합격자 발표가 있기도 전에 이미 연행길에 오르고 있었다. 그만큼 그의 염원은 강렬하였다. 박제가(朴齊家)를 비롯한 선배들로부터 수없이 들었던 그들을 실제로 만나고 싶었던 것이다. 김정희는 조선에 있을 때부터 10년 동안이나 옹방강(翁方綱)의 글씨를 수집하여 집안에 모아두고는 그 서재를 '보담재(寶覃齋)'라 명명하기도 하였다. 옹방강의 호가 담계(覃溪)인데, 담계를 존경한다는 의미로 서재를 '보담(寶覃)'이라 했던 것이다. 따라서 옹방강을 만나는 일은 그에겐 아주 중요한 일이었다. 하지만 옹방강과의 만남은 쉽지 않았다. 귀국할 날짜는 다가오고 있었지만 여전히 옹방강을 만날 길이 없었다. 우여곡절 끝에 김정희는 옹방강을 만났고, 그의 서재인 소재(蘇齋)를 방문하게 되었다. 하지만, 당시만 해도 김정희의 가장 큰 관심은 경학(經學)에 있었다. 손성연의 제자와 만나 나눈 필담(筆談)에 그런 사정이 잘 나타나 있다.

> 저는 독서를 아주 좋아하는데, 경설(經說)에 더욱 고심하고 있습니다. 이번 여행에서 완운대(阮雲臺) 선생과 옹담계(翁覃溪) 선생을 만나뵈어 어리석음을 깨우치고 어둠이 걷히게 되었습니다. 그러나 돌아갈 일정이 촉박하여 그 깊은 곳을 모두 알 수 없으니 몹시 안타깝습니다.
>
> 담계(覃溪) 노인은 시문(詩文)에 힘을 쏟고, 완운대(阮雲臺)는 저술이 꽤 많습니다. 담계 노인의 경술(經術)은 한학(漢學)에다 송유(宋儒)를 참작하였는데 공평하다는 여론이 있습니다. 완운대는 한학(漢學)만을 추구하는데 정확명통(精確明通)합니다.
>
> 두 선생님의 담론(談論)과 사고(思考)하는 능력을 들으니 속이 후련해집니다.[9]

---

9 『秋史筆談書帖』, 복사본, 개인소장. "僕頗喜讀書, 於經說尤有苦心. 今行逢阮雲臺先生, 及翁覃溪先生, 略有所發蒙開晦者, 而行期甚迫, 未能盡其蘊, 甚可歎也. 覃溪老用力於

이렇게 김정희는 연행을 통해 뜻한 바를 이룰 수 있었다. 연경에서 여러 명의 문사들과 교유를 시작하게 된 김정희는 귀국 후 본격적으로 북학을 연구하기 시작했다. 무엇보다도 당대 최고의 두 학자인 완원(阮元)과 옹방강을 만날 수 있었던 것은 그에게 커다란 성과였다. 귀국한 김정희는 이제 편지를 통해 궁금증을 풀어나갈 수 있게 되었다. 특히 경학에 관해서는 옹방강의 방대한 저술을 얻어 볼 수 있게 되었다. 하지만 이때까지만 하여도 김정희는 금석학에 대해 깊이 있는 식견을 가지고 있지 않았다. 본격적으로 김정희가 금석학을 학문으로 인식하기 시작한 것은 귀국 후 옹방강 부자와 편지를 통한 교유를 시작하면서부터라고 할 수 있다. 특히 조선 금석문 수집에 관심이 있던 옹수곤(翁樹崐)은 김정희 금석학 연구에 큰 길잡이가 되었다.

1) 옹수곤(翁樹崐)의 금석문 탁본 제작법 및 고증법 전수

옹방강은 두 명의 부인에게서 7남 6녀의 자녀를 얻었다. 하지만 다들 일찍 죽었고 김정희가 옹방강을 만났을 때 아들은 둘 밖에 남아있지 않았다. 4남 옹수배(翁樹培, 1764~1811)와 6남 옹수곤(翁樹崐, 1786~1815)이 그들이었다. 옹수배는 자(字)가 의천(宜泉)이었는데 고대 화폐를 깊이 연구하여 『천폐휘고(泉幣彙考)』 16권을 저술할 정도였다. 그러나 옹수배는 김정희가 귀국한 뒤 얼마 있지 않아 사망하고 말았다. 이 때문에 김정희와는 깊이 교유하지는 못했다. 김정희와 깊은

詩文, 芸臺則於著述頗富. 覃老經術以漢學參之宋儒, 頗持公平之論云. 芸臺專尙漢學, 精確明通, 聞兩先生談論心竅, 有鍼孔明耳."

교분을 나눈 것은 6남 옹수곤이었다. 김정희는 연행 당시에도 옹수곤을 만나 교분을 쌓았고, 귀국 후에는 편지를 주고받으며 더욱 가까운 사이가 되었다. 옹수곤은 자가 성원(星原), 호는 홍두산인(紅豆山人)이라 하였는데, 1786년에 태어나 추사와 동갑이었기 때문에 더욱 가깝게 지냈다. 또한 그의 생일은 12월 18일로 옹방강이 그토록 숭배했던 소동파(蘇東坡)의 생일인 12월 19일과는 하루차이 밖에 나지 않았다. 이 때문에 옹방강은 옹수곤을 더욱 아끼고 사랑스러워했다. 이후 김정희는 자신과 친분이 있는 인물들이 연행을 갈 때면 옹방강 부자에게 편지를 써서 소개를 시켰고, 옹방강 부자는 김정희를 통해 신분을 확인한 인사들을 중심으로 조선의 문사들과 교유를 하게 된다. 조용진(曺龍振, 1786~1826), 자하(紫霞) 신위(申緯, 1769~1847), 두실(斗室) 심상규(沈象奎, 1766~1838), 영명위(永明尉) 홍현주(洪顯周, 1793~1865), 소화(小華) 이광문(李光文, 1778~1838) 등이 대표적이다. 홍현주는 연경에 간적이 없지만 편지를 통해 옹수곤과 교유를 하였다. 당시 옹수곤은 조선 금석문 수집과 연구에 심취해 있었다. 만나는 사람마다, 교유하는 사람마다 조선 금석문을 보내달라는 부탁을 하였다. 홍현주에게 보낸 편지에서 그런 상황을 잘 알 수 있다.

> 동국(東國)의 비각 중에서 보고 들은 것을 열거해보면 이렇습니다.
>
> 〈당문황반절비(唐文皇半折碑)〉는 당나라 태종의 글씨를 집자(集字)하고 고려 태조왕이 글을 지은 것인데, 이것이 〈홍법사비(興法寺碑)〉인가요?
>
> 〈신라석남산비(新羅石南山碑)〉는 김생의 글씨로 비석은 백제의 옛 도읍에 있는데, 바로 〈백월비〉인가요?
>
> 〈신라진감선사비(新羅眞鑑禪師碑)〉는 최치원이 글씨를 썼다.

〈평백제탑(平百濟塔)〉에는 홍양호(洪良浩)[10]의 발문이 있다.

〈유인원비(劉仁願碑)〉는 하수량(賀遂良)이 글을 짓고 권회소(權懷素)가 글씨를 썼다.

> 무릇 비문은 시기나 크기를 막론하고 모두 글을 지은 사람의 이름이 제일 중요합니다. 비석마다 모두 몇 줄이고 한 줄에 몇 자인지 기록해야 합니다. 사람들은 비석에 글자가 없어지거나 돌이 깨진 곳이 있으면 종이와 먹을 아끼느라 전체를 탁본 뜨지 않으려 합니다. 빗돌에 잔결(殘缺)이 있는 곳이 바로 글자의 고정과 관련이 있는 곳이라는 것을 어찌 알겠습니까? 비석의 제작은 언제 이루어진 것이고, 무슨 일에서 비롯된 것인지 전말을 자세히 기록해주면 더욱 좋겠습니다.[11]

이미 조선 금석문에 대한 상당한 정보를 가지고 있음을 확인할 수 있다. 옹수곤은 여기서 금석문 연구를 위한 중요한 지식을 전해준다. 먼저 탁본을 뜨는 것과 관련해서는 비석의 깨진 부분이나 글자가 없는 부분에 신경 써서 탁본을 떠야 한다는 것이다. 아울러 글을 지은 사람, 비석이 몇 행 몇 자로 이루어져 있는지, 건비연대(建碑年代), 건비사유 등을 알아야 한다는 것이다. 이는 바로 비석 연구에 있어서 고증해야 하는 내용이기도 한 것이다. 옹수곤은 이런 내용을 홍현주만이 아니라 자신과 교유하던 모든 문인들에게 전달했다.

---

10 원문에는 '澔'로 되어 있으나 '浩'로 바로잡는다.

11 『후지쓰카의 추사연구자료』(후지쓰카 기증 추사자료전III), 과천문화원, 2008.11.2. 149~150쪽 인용. "東國碑刻, 擧所見聞者, 如唐文皇半折碑, 集唐太宗書, 高麗太祖王製文, 此卽是興法寺碑否? 新羅石南山碑, 金生書, 碑在百濟故都, 卽是白月碑否? 新羅眞鑑禪師碑崔致遠書. 平百濟塔有洪良浩跋. 劉仁願碑賀遂良撰, 權懷素書. 凡碑無論新舊大小, 摠以撰書人名爲第一要義. 每一碑, 共幾行, 每行幾字. 世人每於碑有字泐石缺處, 輒惜紙墨不肯全搨. 豈知石有缺殘處, 正字有關考訂處? 其製自何年, 昉於何事, 能詳錄顚末, 則更爲眞切矣."

그런데 옹수곤은 조선의 금석문에 관한 정보를 어디서 얻었을까? 옹수곤이 조선 금석문 연구를 시작하기 이전에도 조선 금석문의 일부가 알려져 그들의 저술에 실리기도 했다. 선행 연구가 있었던 것이다. 손성연과 형주(邢澍, 1759~?)가 엮은 『환우방비록(寰宇訪碑錄)』 12권(1802년 간행)과 왕창(王昶, 1725~1806)이 엮은 『금석췌편(金石萃編)』 160권(1805년 간행)이 대표적이다. 『환우방비록』에는 '평백제비(平百濟碑)' 하나만 싣고 간단한 해설을 붙인 데 불과하지만, 『금석췌편』에는 '평백제국비(平百濟國碑)'와 '낭공대사탑명(朗空大師塔銘)'이 실려 있다. 특히 '평백제국비'는 비에 관한 기본 정보만이 아니라 비문 전문을 판독하여 실었다. 더구나 홍양호(洪良浩)의 발문을 실어놓았고, 비문의 내용에 대해서도 상당히 자세하게 연구해놓았다. 이 때문에 『금석췌편』의 〈평백제국비〉는 후대까지도 많은 영향을 주었다. 유희해(劉喜海)의 『해동금석원(海東金石苑)』, 오경석(吳慶錫)의 『삼한금석록(三韓金石錄)』뿐만이 아니라, 김정희의 『해동비고(海東碑攷)』에도 영향을 주었다. 또 〈낭공대사탑명〉의 경우에도 전문을 판독하여 싣고 언조표(言朝標, 1789년 진사)의 발문을 인용했다. 발문에 따르면 일찍이 조수삼(趙秀三, 1762~1849)이 연행에 가지고 갔다가 선물한 것이라고 한다. 비록 두 편의 금석문밖에 실려 있지 않지만, 그 형태나 내용면에서는 매우 충실하다고 할 수 있다. 이 때문에 후대까지도 영향을 주었던 것이다.

이런 상황을 감안해볼 때 옹수곤 역시 조선 사행을 통해 유입된 금석문을 모으기 시작했음을 추정할 수 있다. 그리고 김정희를 만나면서 본격적인 조선 금석문 수집에 나서게 된다. 연경에서 막 불기 시작한 조선 금석문 수집, 연구 열풍을 옹수곤이 주도했던 것이다. 이어지는 편지에서 옹수곤은 홍현주에게 탁본 뜰 때의 유의 사항을 전달하고 있다.

> 이 밖에 고정(攷訂)에 도움이 되는 비각(碑刻), 책, 금석문자, 정이전주(鼎彝篆籀, 고대 청동기에 새겨진 글자)가 있으면 널리 수집하고 솜씨 좋은 사람을 찾아 탁본을 잘 떠 주십시오. 먼저 깨끗한 물로 빗돌 위의 모래와 진흙을 제거한 다음, 아주 얇은 종이를 깔아 연한 먹으로 탁본을 뜨십시오.
>
> 아울러 선본을 많이 떠서 잘 포장한 다음 보내주어 동호인들이 함께 공유할 수 있기를 바랍니다. 동방의 후학들은 점차 금석문 고증, 교감(校勘)과 훈고(訓詁)를 알게 되었는데, 처음에 우리 두 사람이 시작하지 않은 게 없습니다. 오형(吾兄, 홍현주)께서 풍아(風雅)에 마음을 다하고 있다는 것은 잘 알지만, 이 일은 반드시 혼자서 책임지고 잘해주십시오. 지체하지 않았으면 좋겠습니다. 이 일은 자하(紫霞)나 추사(秋史)처럼 마음이 맞고 옛것을 좋아하는 좋은 벗들이 모두 함께 상의해주십시오.[12]

옹수곤이 본격적으로 조선 금석문 수집을 시작했음을 시사하는 자료다. 이를 위해 옹수곤은 탁본 뜰 때의 유의 사항을 자세히 적어 보냈던 것이다. 그리고 김정희, 신위와 함께 상의하여 처리해줄 것을 부탁하고 있다. 그 다음 해에도 이들의 편지는 계속되었다. 사신 편에 홍현주는 〈백월비(白月碑)〉, 〈인각사비(麟角寺碑)〉 등의 탁본을 보냈다.

---

12 『후지쓰카의 추사연구자료』(후지쓰카 기증 추사자료전Ⅲ, 과천문화원, 2008.11.2.), 150~151쪽 인용. "此外有何碑刻書卷及金石文字鼎彝篆籀有裨於攷定者, 乞廣爲搜羅, 覓好手精搨. 先以淨水拭去石上砂土淤泥, 再鋪極薄之紙, 以淺墨拓之. 并求多搨善本, 密封惠寄, 以公同好. 東方後起者, 漸知攷覈金石, 校勘訓詁, 未始非我二人倡之也. 夙知吾兄殫心風雅, 此事必當獨任爲善, 必勇幸勿緩滯耳. 此事如紫霞秋史與心契嗜古之良友, 皆可同商."

옹수곤이 조선의 금석문에 지대한 관심이 있다는 사실을 알고 있었기 때문에 자신에게 보낸 그 많은 선물에 대한 보답으로 탁본을 보내준 것이다. 편지와 선물을 받은 옹수곤은 1814년 1월 19일에 답장을 썼는데, 금석문에 관한 이야기가 가득했다.

> 〈백월비〉 탁본은 정묘(精妙)하고 뛰어난데, 안타깝게도 장황이 예스럽지 못합니다. 행간에 빈 곳이 많아 원래 비문의 순서대로 정리할 수 없습니다. 저는 일찍이 이 비석의 비도(碑圖)를 그렸는데 자세한 것은 『비목(碑目)』 안에 들어 있습니다. 그 대략을 보면 저의 고심을 알 수 있을 겁니다. 〈인각사비〉는 〈백월비〉보다 더욱 고아(古雅)합니다. 여러 해 동안 생각만 했지 한 번도 보지 못했는데 이제 이렇게 선물을 받게 되니 어찌 재물과 비교하겠습니까? 탁본이 정리되지 않고 장황이 되지 않아 심정(審定)할 길이 없었지만 열흘이나 고생한 끝에 비로소 차례를 분별했습니다. 다만 앞에 결락된 12줄은 보철(補綴)할 길이 없습니다. 너무 안타깝습니다. 이 비문은 광탁(廣拓)을 다시 구해 보내주시기를 간절히 바랍니다.[13]

홍현주는 〈백월비〉, 〈인각사비〉의 탁본을 옹수곤에게 보내주었지만 여기에는 문제가 약간 있었다. 〈백월비〉의 경우 옹수곤은 이미 가지고 있었고, 이 비석에 대한 비도(碑圖)까지도 그려둔 상태였다. 또 〈인각사비〉의 경우 이야기만 듣고 구하지 못해 안타까워하던 차에 홍현주를 통해 받아 보기는 했지만 완전한 상태가 아니었다. 이 때문에 옹수곤은 제대로 된 탁본을 다시 구해달라고 했던 것이다. 이때만 해도 조선의 지식인들은 여전히 탁본을 완상용으로만 인식하고 있었다.

---

13 藤塚鄰 著, 박희영 역(1994), 188쪽 인용.

따라서 비문 전체를 탁본으로 뜬 것은 별로 없었다. 비문 전체의 길이와 폭, 1행의 글자 수 등이 필요했던 옹수곤의 입장에서는 난감했던 것이다.

조선과 청나라 지식인들의 교유가 활발해지면서 연행은 두 나라 지식인들의 선물 교환 수단이 되었다. 청나라 지식인 중에는 조선 금석문을 수집하여 책으로 만들려는 사람들이 여럿 있었다. 당연히 그들 사이에 경쟁이 일어났다. 옹수곤은 그런 상황에서 조선에서 오는 금석문 탁본을 독점하고 싶었다. 때문에 다른 사람에게는 보낼 필요 없고 자신에게만 보내달라는 부탁을 하기도 했다. 이를 위해 옹수곤은 홍현주에게 보낸 편지에 아주 특별한 자료를 보냈다. 바로 『비목(碑目)』이라는 책자였다. 자신이 구하고 싶은 비문(碑文)의 목록을 작성한 것인데, 옹수곤은 홍현주뿐만이 아니라 심상규, 김정희 등에게도 같은 내용의 자료를 보냈다. 『비목』 앞부분의 내용을 보자.

> 비문마다 전액(篆額) 부분까지 연결되도록 탁본을 떠서 보내주십시오. 비문의 사방은 여백을 남겨서 원비(原碑)의 길이를 고정(考定)하기 편하게 해주십시오. 보내달라고 부탁드리는 것들은 중요한 건들이므로 이 종이를 형의 자리 한쪽에 붙여두시고 가끔 생각하면서 제가 곁에 있는 듯이 여겨주십시오.[14]

옹수곤은 이미 조선의 금석문에 관해 상당한 정보를 가지고 있었다. 물론 김정희를 비롯한 조선의 학자들이 제공한 것을 토대로 작성한 것이기는 했지만, 사이사이 자신의 생각을 적어 넣은 곳도 있다.

14 藤塚鄰 著, 박희영 역(1994), 192쪽 인용.

〈신라북순비(新羅北巡碑)〉조에서는 '한예(漢隷) 중에서 가장 오래되었다'고 설명하였으며, 〈신라인각사비(新羅麟角寺碑)〉조에서는 다음 설명이 추가되어 있다.

> 이 탁본은 지난해 형께서 보내주신 것입니다. 앞쪽 18행이 없어서 너무 안타깝습니다. 전탁(全拓)을 구할 수 있도록 힘써 주시기 바랍니다. 원정(元貞) 원년(元年)에 사문(沙門) 죽허(竹虛)가 왕희지의 글씨를 집자(集字)한 것입니다. 비문 전체와 전액(篆額)을 구해주십시오.[15]

옹수곤은 이렇게 34종의 비명을 열거하고 하나하나 간단한 설명을 붙였다. 끝에 다시 한 번 부탁하는 말을 남겼다.

> 이상의 비석들은 모두 탁본을 보내주십시오. 많을수록 좋습니다. 성원(星原)은 간절히 바랍니다.[16]

옹수곤의 금석문 수집에 대한 열정은 대단했다. 그리고 옹수곤이 조선 지식인들과 긴밀하게 연락을 취하며 금석문 연구에 몰두할 수 있었던 것은 누구보다도 김정희 덕분이었다. 신위, 심상규, 이광문, 홍현주 등도 김정희의 소개가 있었기에 교유가 가능했던 것이다. 그만큼 김정희와 옹수곤의 관계는 긴밀했다. 이렇게 조선 문사들과 교유가 깊어지면서 옹수곤의 서재에는 김정희를 비롯한 조선의 문인들이 보내준 금석문 탁본으로 가득했다. 그러나 금석문에 대한 학문적 연구 상대는 추사 김정희 한 사람이었다. 사실 귀국 당시만 해도 김

---

15 藤塚鄰 著, 박희영 역(1994), 193쪽 인용.

16 藤塚鄰 著, 박희영 역(1994), 194쪽 인용.

정희는 금석학보다는 경학에 관심이 더 많았다. 그의 관심은 온통 경학을 비롯한 옹방강의 저술을 구하는 데 있었다. 이미 간행된 것들은 별 문제가 없었지만, 문제는 간행되지 않고 필사본의 형태로 남아 있는 자료에 있었다. 하지만 일은 뜻대로 진행되지 않았다. 이에 김정희는 옹수곤에게 편지를 보내 도움을 요청하곤 했다. 그런 상황에서 옹수곤은 조선의 금석문에 온통 마음을 빼기고 있었다. 김정희는 옹수곤에게 금석문의 탁본을 보내는 것은 물론이고 금석문을 해독하는 데 필요한 정보를 제공했다. 반대로 김정희는 금석문 탁본의 제작법과 금석문 고증법을 배웠던 것이다. 이상의 옹수곤 편지를 근거로 탁본 제작법을 정리하면 다음과 같다.

- □ 깨끗한 물로 빗돌 위의 모래와 진흙을 제거한 다음, 아주 얇은 종이를 깔아 연한 먹으로 탁본을 떠라.
- □ 전액(篆額) 부분까지 연결되도록 탁본을 떠라.
- □ 글자의 잔결(殘缺)이 있는 곳에 유의해서 탁본을 떠야 한다.
- □ 비문의 사방은 여백을 두어 원비의 길이를 고정하기 편하게 해줘라.

기존의 조선 탁본은 일부만 탁본을 하거나, 전체를 탁본해도 잘라서 책의 형태로 만들었다. 따라서 이런 탁본을 받은 옹수곤은 고증에 있어 애를 먹고 있었다. 특히 깨진 비석이나 글자가 잘 보이지 않는 비석의 경우엔 오히려 그 부분을 제외하고 탁본을 뜨기도 했다. 이는 금석문을 서법의 감상이라는 측면에서 이해했기 때문이었다. 옹수곤은 또 고증에 필요한 사항들을 적어서 보내달라고 했다. 조선의 역사에 대한 깊은 지식이 없었고, 조선의 역사서도 가지고 있지 않았기 때문에 비문을 고증하기가 어려웠던 것이다. 그래서 고증에 필요한 몇 가지 사항을 주문했다.

- □ 글을 지은 사람이 중요하다.
- □ 비석마다 모두 몇 줄이고, 한 줄에 몇 자인지 기록해야 한다.
- □ 건비(建碑)연대 및 건비 사유 고증이 중요하다.

이 점은 금석문 고증에 있어서 기초적인 문제이면서 핵심이기도 했다. 모든 금석문 연구 결과에 빠지지 않는 내용이기도 하였다. 김정희는 이처럼 옹수곤과의 교유를 통해 금석문 연구의 기초를 다졌던 것이다.

2) 건초척(建初尺) 증정

옹수곤은 부친인 옹방강의 저서 『동척고(銅尺考)』와 방한건초동척(仿漢建初銅尺)이라는 자 하나를 홍현주에게 선물했다. 홍현주에게 자를 선물한 것은 금석문의 길이를 잴 때 방한건초동척을 사용하여 측정하라는 의미였다. 이 자는 한나라 건초(建初, 76~84) 연간에 구리로 만든 자를 그대로 본떠서 옹방강이 자단(紫檀)으로 만든 것이었다. 후한(後漢) 장제(章帝) 때의 동척(銅尺)으로 고대 건축물이나 기물을 측정할 때 표준이 되는 물건이었다. 곡부(曲阜)의 공상임(孔尚任)이 강희 26년(1687)에 강도(江都) 민의행(閔義行)의 집에서 입수한 것으로 옹방강은 건륭 37년(1772)에 그 탁본을 얻게 되었다. 이후 옹방강은 곡부의 공씨 집을 찾아가 동척을 빌려 자단목으로 똑같이 만들었던 것이다. 그때가 1792년이었다. 이후 1812년에는 옹방강의 제자 섭지선(葉志詵, 1779~1863)이 구리로 세 개를 만들어 완원과 옹방강에게 하나씩 선물하고 자신도 하나를 가졌다.[17] 이 자의 탁본은 김정희에게도 전해졌는데, 옹수곤은 이를 홍현주에게도 선물했던 것이다.

> 이 목척(木尺)은 모방하여 만든 지 여러 해가 되었습니다. 늘 사용하다 보면 쉽게 마모될까 염려하여 원래의 자에 비해 반 푼 정도 작게 제작된 것 같습니다. 추사에게 지난번에 보낸 진짜 자의 탁본이 있으므로 빌려다 비교해보면 길이에 차이가 없을 것입니다.[18]

이처럼 조선 금석문 수집을 위한 옹수곤의 집념은 대단했다. 두 번째 편지를 받은 뒤 1813년에 홍현주는 옹수곤에게 〈문수원중수비(文殊院重修碑)〉, 〈척주동해비(陟州東海碑)〉, 〈청허사비명(淸虛寺碑銘)〉 등의 탁본을 보내주었다. 김정희를 비롯하여 금석문에 관심을 가진 조선 문인들은 대부분 이 자를 가지고 있었고, 이를 금석문 연구에 사용하였다. 길이를 재는 자가 통일되지 않으면 학문적 교류가 이루어질 수 없었기 때문에 이는 금석문 연구에 있어서 아주 중요한 문제이기도 하였다.

3) 김정희의 금석고증 실습

옹수곤과의 교유를 통해 김정희는 이미 금석학 연구에 필요한 많은 지식을 축적하게 되었다. 옹수곤 또한 그런 김정희에게 무한한 신뢰를 보냈다. 따라서 탁본의 석문(釋文)을 만들고, 비도(碑圖)를 그린 다음 김정희에게 보내 교정을 부탁하였고, 추가적인 정보를 얻기도

---

17 藤塚鄰 著, 박희영 역(1994), 221쪽 참조.

18 藤塚鄰 著, 박희영 역(1994), 188쪽 인용.

한 것이다. 1815년 1월 19일에 옹수곤은 김정희에게 〈인각사보각국존정조탑비탁본(麟角寺普覺國尊靜照塔碑拓本)〉을 필사한 책을 보내왔다. 이 비의 앞면은 민지(閔漬, 1248~1326)가 글을 지었고, 뒷면은 승(僧) 입산(立山)이 글을 지었으며 사문(沙門) 죽허(竹虛)가 왕희지의 글씨를 집자하여 1295년에 청분(淸玢)이 세웠다. 옹수곤은 이전에 홍현주에게서 받았던 이 비석의 탁본을 근거로 해석을 시도하여 다른 사람에게 정사(淨寫)를 시켰다. 그리고 본문의 앞뒤에는 자필로 궁금한 사항을 질문해놓았다. 또한 빠진 글자를 보충하여 기록해달라는 부탁과 함께 김정희가 소장하고 있는 정탁본(精拓本)이 있으면 보내달라고 요청했다. 이 책의 앞면에는 다음 글이 실려 있다.

> 을해(1815) 봄에 추사 경형(庚兄)께 보내드립니다. 살펴보시고 바로잡아 주십시오. 이 절의 내력이 조선의 역사책에는 기록되어 있지 않습니다. 자세하게 상고하고 전문(全文)을 기록하여 서울 사행(使行) 편에 보내주시기만을 기다리겠습니다.
>
> 인각사비[성원의 석문]
>
> 이 비문의 전면은 민지가 지은 것 같습니다. 전에 보내드린 『비목』 중에서 '앞에 12줄이 빠졌다'고 한 것은 바로 약헌(約軒, 홍현주)이 보내준 구장본(舊裝本)입니다. 제가 그 차례에 따라 상고하여 1책으로 기록하여 보내드립니다. 형께서 보시고 그 앞에 빠진 부분을 대신 보충하여 써주십시오. 혹은 약헌과 함께 원비(原碑)를 찾아 바로잡아 주십시오.[19]

옹수곤은 『비목』을 홍현주, 심상규, 이광문뿐만이 아니라 김정희에

---

19 藤塚鄰 著, 박희영 역(1994), 181쪽 인용.

게도 보냈던 것이다. 이를 통해 옹수곤은 조선에서 친구들이 보내준 탁본들로 석문을 만들고 고증하여 조선 금석문에 관한 연구서를 편찬할 계획이 있었던 것이다. 또 이 책의 뒷부분에는 다음 기록이 있다.

> 형에게 양면이 온전한 구탁본이 있으면 한 부 보내주십시오. 혹은 큰 종이를 이어 붙여 앞뒷면의 탁본을 뜨면 고경(攷鏡, 참고하여 거울로 삼음)에 자료가 될 것입니다. 글 안에 '보령팔십사(寶齡八十四)'라 했으므로 실제로는 개희(開禧) 2년 병인(1206)에 태어나 원나라 지원(至元) 26년 기축(1289) 7월 8일 을유(乙酉)에 입적했습니다. 이 비는 원나라 성종(成宗) 원정(元貞) 원년(元年) 을미(1295)에 세워졌으므로 대사가 입적한 후 7년만의 일입니다.(바빠서 자세하게 살피지 못하고 우선 이대로 두어 연구를 기다립니다.)
>
> 가경(嘉慶) 을해(1815) 1월 19일 대흥(大興) 옹수곤(翁樹崐) 씀.[星原審定][20]

이때 옹수곤은 김정희에게 〈인각사보각국존정조탑비〉의 필사본만 보내온 게 아니었다. 옹수곤은 〈평백제탑비〉의 비문 역시 동일한 방법으로 제책(製冊)하여 김정희에게 보내주었다. 이 책의 앞부분에는 다음 글이 실려 있다.

> 비액(碑額) 2행을 제외한 가로 길이는 목장척(木匠尺)으로 가로 4장(丈) 6척(尺) 2촌(寸), 높이는 5척 2촌 5푼, 모두 118행입니다. 앞부분[碑文]은 70행인데 매행마다 16자이고, 뒷부분[碑銘]은 47행인데 매행마다 20자입니다. 이 책은 비도(碑圖)에 따라 석문을 만든 것입니다. 기효람(紀曉嵐) 선생께서 주신 탁본과 홍양호의 발문이 있는 탁본, 그리고 형

20 藤塚鄰 著, 박희영 역(1994), 181쪽 인용.

께서 보내주신 구탁본을 합한 다음, 행을 따라 글자마다 고심하며 정밀하게 교정하여 30일 만에 완성했는데, 모두 1,631자입니다. 동국에는 틀림없이 구탁(舊拓)의 완정한 선본이 있을 것입니다. 형께서 힘을 써서 저를 위해 알아봐주시고 전문을 모두 기록하여 보내주신다면 더욱 고맙겠습니다. 이 책에 틀린 곳이 있으면 지적해주십시오. 꼭 별록(別錄) 1책을 구하여 겨울 사신 편에 보내오기를 기다리겠습니다.

을해 1월 19일 수곤(樹崐)

유혜풍(柳惠風, 유득공)이 이 비에 대해 쓴 시에서 '당인(唐人)들이 모두 글씨를 잘 쓴다는 것을 비로소 믿게 되었지만, 권회소(權懷素)라는 이름이 사전(史傳)에 보이지 않는다.'고 한 것은 어찌된 일입니까? '유인원비'의 필법은 이 사람이 쓴 것이 아닌 것 같습니다.[21]

이어서 〈평백제탑비〉의 석문이 정서(淨書)되어 있다. 그리고 끝에는 옹수곤이 쓴 다음 문구가 필사되어 있다.

이 비문에는 가군(家君, 옹방강)의 제발(題跋)이 있습니다. 별지에 모사하여 보내드리오니 자세히 살펴보시면 모두 알 수 있습니다. 가군의 편지 안에 첨부했습니다.[22]

옹수곤은 이미 조선의 역사에 관한 상당한 정보를 가지고 있었다. 그렇기 때문에 단기간에 깊이 있는 연구를 진행할 수 있었던 것이다. 이 〈평백제탑비〉에 관해서는 일찍부터 여러 사람이 석문(釋文)을 만들어 전해졌다. 그중에서도 대표적인 게 박지원의 『삼한총서』[23]에 등

---

21 翁樹崐, 『平百濟塔碑』(고려대학교 화산문고 소장, 필사본).

22 翁樹崐, 『平百濟塔碑』(고려대학교 화산문고 소장, 필사본). "此碑家君有題跋, 另紙摹寄, 詳覽可悉. 附入家君札內."

23 이에 대해서는 김영진(2004). 참조.

장하는 석문이다. 『삼한총서』 「금석록(金石錄)」에는 〈동명왕경(東明王鏡)〉을 비롯한 7편의 금석문이 실려 있다. 대부분 석문과 함께 간략한 해제를 싣고 있는 정도이지만 우리나라 금석문을 석문과 함께 연구한 최초의 저작이라는 점에서 가치가 있다. 흥미로운 점은 이 책의 맨 마지막에 김정희의 인장이 찍혀 있다는 것이다. '평제탑'의 석문이 끝나는 곳에 '정희금석문자(正喜金石文字)'라는 주문방인(朱文方印)의 김정희의 인장이 찍혀 있고, 〈평백제탑비〉 석문 곳곳에는 빠진 글자를 보충하고 잘못 쓴 글자를 바로 잡은 주필(朱筆)의 흔적이 아주 많이 남아 있다. 석문을 거의 새롭게 판독했다고 할 수 있을 정도로 수정한 것이다. 그런데 주필로 수정한 석문이 『해동비고』에 실린 〈평백제탑비〉의 석문과 일치하고 있음을 볼 때 김정희가 직접 주필을 사용해 수정했다고 추정할 수 있다. 즉, 김정희는 기존에 전해오던 석문을 기초로 여러 탁본을 검토하여 〈평백제탑비〉의 석문을 완성했다고 볼 수 있다. 유득공도 일찍이 〈평백제탑비〉의 석문을 시도한 적이 있는데,[24] 김정희는 이들의 선행 연구를 기초로 새로운 석문을 시도했던 것으로 보인다. 『해동비고』에서 이 석문 다음에 나오는 〈평백제비〉의 개요를 살펴보자.

위의 〈대당평백제비(大唐平百濟碑)〉는 현재 충청도 부여현 남쪽 2리

---

24 유득공의 『四郡志』에 '蘇定方碑'란 이름으로 釋文이 실려 있는데, 아사미 문고에 소장된 유득공의 『古芸堂筆記』에도 '大唐平百濟國碑銘'란 이름으로 석문이 수록되어 있다는 사실을 김윤조 교수를 통해 알게 되었고, 또 자료까지 보내주셨다. 지면을 빌려 감사드린다. 두 석문의 차이가 큰데, '蘇定方碑'의 석문이 더 충실한 것으로 보아 뒤에 작성된 것으로 보인다. 아사미 문고의 『고운당필기』에 대해서는 김윤조(2007)에 자세하다.

(里)에 있다. 부여현은 바로 백제의 고도(古都)이다. 비석은 사면(四面)이 정방형인데 돌을 쌓아 만들었다. 각 면은 4편(片)으로 되어 있으므로 모두 16편의 돌로 이루어져 있다. 위에는 중첨(重簷)이 덮고 있고 아래는 비부(碑趺)로 이어져 있어 형식이 마치 승가(僧家)의 탑과 같아 다른 비석과는 전혀 다르다. 비문은 전액(篆額)이 여덟 자이고 나머지는 모두 큰 해서(楷書)로 사면에 빙 둘러 새겨져 있다. 높이는 5척(尺) 2촌(寸)이고 1면의 넓이는 1장(丈) 1척(尺) 6촌(寸)이다.[25]

이 기록을 보면 김정희가 직접 현지답사를 통해 비석을 실측하여 작성했던 것으로 보인다. 묘사가 정밀하고 치밀하다. 비석에 대한 개략적인 설명을 마친 다음에는 16편에 새겨져 있는 글자의 시작과 끝, 새겨진 글자의 수, 뭉개져 판독할 수 없는 글자[刓]의 수 등을 기록한 다음 마지막에 다음과 같이 총괄하고 있다.

비석 4면은 16편이며 126행이다. 총 1,927자인데 뭉개져 판독할 수 없는 글자[刓]가 38자이고 남아 있는 글자가 1,889자이다.[26]

여기까지 비석과 비문에 대한 개략적인 설명을 마친 다음 본격적인 고증이 뒤따르고 있다. 비문의 개략적인 설명과 함께 중요한 문구들에 대해 고증하고 있다. 인용 서적은 『신당서(新唐書)』, 『구당서(舊唐書)』, 『통감고이(通鑑考異)』, 『삼국사기(三國史記)』, 『여지승람』, 『환

25 金正喜, 『海東碑攷』, 〈平百濟碑〉. "右大唐平百濟碑, 在今忠淸道扶餘縣南二里. 扶餘縣卽百濟古都也. 其碑, 四面正方, 累石而成, 面各四片, 總爲石十六片. 上覆重簷, 下承以趺, 制若僧家之塔, 與他碑逈殊. 其文則篆額八字, 餘皆大楷, 環刻于四面. 其高五尺二寸, 一面之廣, 一丈一尺六寸也."

26 金正喜, 『海東碑攷』, 〈平百濟碑〉. "凡碑四面十六片, 一百二十六行, 總一千九百二十七字, 其刓者三十八字, 存者一千八百八十九字也."

우방비록』 등의 서적과 옹방강의 〈제평백제탑탁본(題平百濟塔拓本)〉이 있다. 당시까지 중국과 조선의 〈평백제비〉에 관한 자료를 모아 정리한 것이다. 〈평백제비〉는 일찍부터 중국에 탁본이 전해졌는데, 왕창(王昶)의 〈금석췌편(金石萃編)〉에는 1798년에 홍양호가 쓴 〈제평제탑(題平濟塔)〉 및 석문과 함께 중국 측 사료를 근거로 한 고증도 실려 있다. 김정희 또한 이러한 자료들을 참고했을 것으로 보인다. 특히 옹방강, 옹수곤 부자와 편지로 〈평백제비〉에 관한 자료와 연구 성과를 주고받았으므로 김정희의 입장에서는 그들의 도움 속에서 제일 먼저 연구에 착수한 비문이었을 것이다. 〈평백제탑비〉 고증은 김정희의 금석 고증에 관한 첫 작품이었을 것으로 추정된다.

그렇다면 옹수곤은 그렇게 열심히 수집하고 연구했던 조선 금석문의 연구 성과로 무엇을 남겼을까? 옹수곤의 조선 금석문 연구 저작이 알려진 것은 서유구(徐有榘, 1764~1845) 『임원십육지(林園十六志)』의 『이운지(怡雲志)』 권5 「예완감상(藝翫鑑賞)」의 부록으로 실린 〈동국금석(東國金石)〉조를 통해서다.[27] 서유구는 우리나라의 금석문을 소개하면서 옹수곤의 『비목쇄기(碑目瑣記)』를 여러 곳에서 인용했다. 따라서 이를 근거로 옹수곤이 『비목쇄기』라는 조선 금석문 연구서를 남겼을 것으로 추측할 뿐이었다. 실물은 확인되지 않았기 때문이다. 그런데 이 책의 초고본이 북경대학교에 『해동문헌(海東文獻)』이란 제목으로 소장되어 있다는 사실을 박현규 교수가 처음으로 소개했다.[28] 이 책의 본문에는 '옹수곤인(翁樹崐印)'이라는 백문방인(白文方印)이

---

27 徐有榘, 『林園十六志』, 서울대학교고전총서 4집 영인본, 1966.

28 박현규(1997).

찍혀 있고, 도광(道光) 30년(1850)에 유위탄(劉位坦)이 쓴 서문이 함께 실려 있다.

> 이 책은 소재(蘇齋, 옹방강)의 아들 옹수곤 성원 선생의 찰기(札記)인데, 모두가 동국의 금석문과 서적이다. 저술을 하려다가 마치지 못한 듯하다. 도광 초기에 옛날 종이 속에서 찾은 것인데, 30년이 지나도록 상자 속에 넣어두어 잃어버리지 않았다. 제성(諸城) 유연정(劉燕庭) 방백(方伯)이 모은 『조선금석지(朝鮮金石志)』와 비교해보면 이 책보다 수집한 것은 많아도 인용한 책은 미치지 못하는 것 같다. 이를 통해 성원이 당시에 얼마나 부지런히 힘을 썼는지 알게 되었다. 더 이상 훼손되지 않도록 빨리 책으로 꾸며서 보존한다.[29]

본래 이 책은 제목도 없고 상태도 좋지 않은 낱장 형태의 원고 뭉치였다. 옹수곤이 조선에서 보내온 금석문을 정리한 원고였던 것이다. 아울러 여기에는 금석문을 이해하는 데 필요한 조선의 문헌들에 대해서도 기록되어 있었다. 원고의 내용이 범상치 않음을 알아본 유위탄은 이를 책의 형태로 만들었고, 후에 이 책의 내용을 보고 누군가 '해동문헌'이란 제목을 붙인 것이다. 비록 일부만 남아 있지만, 『비목쇄기』의 모습을 살펴볼 수 있는 중요한 자료라 할 수 있다. 하지만 『비목쇄기』는 훗날 온전한 형태로 정리되어 조선에 전해진 것이 분명하다. 서유구가 인용한 서목에 들어 있다는 점이 그 증거다. 또한 옹방강이 『해동금석영기』 「무장사비」에서 "발문은 『쇄기(瑣記)』 1책

---

29 서문의 원문이 앞의 박현규 교수 논문에 실려 있어 번역했다. 원문은 다음과 같다. "此冊爲蘇齋嗣君樹崐星源先生札記, 皆東國金石書籍. 若欲有所著者, 而未竟者也. 道光初, 得之故紙中, 歷卅年, 巾箱貯之未失. 比是諸城劉燕庭方伯所輯『朝鮮金石志』, 視此收羅較多, 而引證書則若不逮. 因知星源當年用力之勤, 盍不令就湮泯, 亟裝爲冊存之."

안에 있다[跋在瑣記之一冊內]"라고 한 것으로 보아 『쇄기』가 이미 별도로 정리되어 있었다는 사실을 확인할 수 있다. 그러나 안타깝게도 옹수곤은 1815년 8월 28일에 요절하고 말았다. 옹방강은 김정희가 보내온 자료를 받아보고 비통함에 잠겨 김정희에게 부음을 알렸다. 중국 역사상 최초의 조선 금석문 연구가라 할 수 있는 옹수곤은 그렇게 짧은 생을 마감했다. 이후 옹방강은 옹수곤이 사망하자 김정희에게 편지를 보내 옹수곤이 조선의 금석문 연구에 몰두하였고, 또 상당한 성과를 거두었다고 자랑했다.

> 늙은이가 불행하여 넷째 아들이 여름이 끝나고 가을이 시작될 때 병이 들어 일어나지 못하더니 8월 28일에 세상을 떠났습니다. 늙은이가 이렇게 쇠약한 몸으로 이렇게 참혹한 변고를 당하고 보니 눈물을 억누르고 감히 슬퍼하지도 못합니다. 이 아이가 대아(大雅, 김정희)의 정성스럽고 간절한 가르침과 사랑을 자주 받았으니 더욱 고마울 뿐입니다. 이 아이는 일찍부터 친구가 적었고, 오직 존형과의 우정을 일찍부터 마음으로 맹세한 바이니, 존형이 이 소식을 들으면 너무도 슬퍼할 것입니다. 늙은이는 다른 학문이 없습니다. 이 아이는 아직 과거에 합격하지 못했고, 과거에 필요한 글은 끊어버렸습니다. 이 때문에 경학과 고정학(考訂學)은 제대로 공부하지 못했고, 시는 근체시만 조금 배웠으며 고시(古詩)에 대해서는 아직 깊은 조예도 없습니다. 다만 금석(金石)의 고증(考證)은 그 성품상 일찍부터 즐기던 것인데, 몇 년 동안 오형(吾兄)이 멀리서 보낸 고비(古碑)의 탁본들을 받고 편지를 주고받으며 변석(辨析)하면서 얻은 것이 꽤 있습니다. 그 아이는 또 모방(摹仿), 향탑(響搨), 구록(鉤錄), 전랍(氈蠟) 등의 방법을 세밀한 데까지 파고들어 '이 아이가 지은 금석문을 연구한 여러 건은 대아에게 한두 가지 자료가 될 만한 게 있을 것[其所撰金石攷核諸件, 竟有一二足資諸大雅之前者.]'입니다.[30]

이를 보면 옹방강은 아들의 죽음을 김정희에게 알리면서 옹수곤의 금석문 연구 성과를 함께 보냈음이 분명하다. 옹수곤이 남긴 조선 금석문 연구자료 중에는 『해동금석영기』가 있다.[31] 서술 방식을 살펴보면 김정희와 옹수곤이 주고받은 편지와 제발(題跋)을 초록한 것인데, 박현규 교수는 『해동금석영기』를 검토한 논문 발표에서 『해동금석영기』의 저자를 옹수곤으로 확정했다.[32] 『해동금석영기』에는 총 28종의 조선 금석문에 대한 세세한 기록이 남아 있다. 이 중 일부에는 김정희가 탁본을 보내주며 쓴 제발도 인용되어 있고, 김정희가 쓴 편지의 일부도 포함되어 있다. 인용처에 '추사(秋史)'를 별도로 표기한 것만 뽑아 정리하면 다음과 같다. 이는 김정희가 연행에서 돌아온 후 1815년 옹수곤이 사망하기 전까지 금석문을 고증한 단편적인 자료라는 점에서 의미가 있다.

• 〈신라태종무열릉비전(新羅太宗武烈陵碑篆)〉

이것은 신라 태종 김춘추의 비석인데 경주(즉, 계림)에 있다. 김인문이 전서를 썼다. 원래 비석은 명나라 만력 임진년에 왜적들이 부수어 이 전액(篆額)만 있다. 『삼국사기』(김부식 지음) 신라 신문왕 12년에 당나라 중종(中宗)이 사신을 보내 구두로 내린 칙명이 있다. "우리 태조 문황제의 신묘한 공덕과 성스런 덕업은 천고에 뛰어나셨다. 그래서 돌아가신 날에 묘호(廟號)를 태종(太宗)이라 했다. 너희 나라의 선왕인 김춘추(金春秋)가 이와 묘호가 같으니 참 분수를 모르는 일이다. 빨리 고쳐야 한다." 왕과 여러 신하들이 함께 의논하여 말했다. "조그만 나

30 藤塚鄰 著, 박희영 역(1994), 204~205쪽 인용.

31 과천문화원에서 2010년에 간행한 『海東金石零記』 참조.

32 박현규(2011).

라의 선왕이신 춘추(春秋)의 시호(諡號)가 우연히 성조(聖朝)의 묘호를 침범하여 칙령으로 고치게 하시니 신이 감히 명을 따르지 않겠습니까? 그러나 생각해보면 선왕이신 춘추(春秋)는 참으로 어진 덕이 있습니다. 하물며 생전에는 어진 신하인 김유신을 얻어 한 마음으로 정사를 돌봐 삼한(三韓)을 통일했으니 그 공업이 적지 않습니다. 돌아가신 날에 온 나라의 신하와 백성들이 슬픔과 그리움을 이기지 못해 추존한 시호가 성조(聖朝)의 묘호를 침범한 사실을 깨닫지 못했습니다. 이제 칙명을 들으니 두려움을 이기지 못하겠습니다. 엎드려 바라옵건대 사신께서는 귀국하시어 이 뜻을 황제께 말씀드려 주십시오." 이후 다시는 별다른 칙명이 없었다. 이 전액은 또한 동방에서 가장 오래된 전서이다. 서체는 사주(史籀)의 대전(大篆)과 이사(李斯)의 소전(小篆) 사이에 있다. 탑의 원래 비석은 부서져 제대로 읽을 수 없으니 사람들로 하여금 양흔(羊欣, 남조 송나라의 서예가), 박소지(薄紹之, 남조 송나라의 서예가) 이전을 생각하게 할 뿐이다. -〈추사의 원발(原跋)〉[33]

• 〈무장사비(鍪藏寺碑)〉

비석은 경상도 경주, 즉 계림에 있다. -〈추사〉[34]

• 〈봉덕사종명(奉德寺鐘銘)〉

추사의 원발에 말했다. "종은 신라 때 만들었다. 절이 현재 폐쇄되어

---

33 〈新羅太宗武烈陵碑篆〉. "係新羅太宗金諱春秋碑, 在慶州[卽鷄林], 金仁問篆. 原碑爲明萬曆壬辰倭奴所推碎, 唯此篆額而已. 三國史[金富軾著]新羅神文王十二年, 唐中宗遣使口勅曰, '我太祖文皇帝, 神功聖德, 超出千古, 故上仙之日, 廟號太宗, 汝國先王金春秋, 與之同號, 太爲僭越, 須急改稱.' 王與群臣, 同議對曰, '小國先王, 春秋諡號, 偶與聖祖廟號相犯, 勅令改之, 臣敢不惟命. 然念先王春秋, 頗有賢德, 況生前得良臣金庾信, 同心爲政, 一統三韓, 其爲功業, 不爲不多. 捐館之日, 一國臣民, 不勝哀慕, 追尊之號, 不覺與聖祖相犯. 今聞教勅, 不勝恐懼, 伏望使臣, 復命闕庭, 以此上聞.' 後更無別勅. 此額亦爲東方最古之篆. 筆在籀斯之間, 塔原碑推碎, 未能快讀, 使人想見羊薄以前耳. 秋史原跋."

34 〈鍪藏寺碑〉. "碑在慶尙道慶州, 卽鷄林也. 秋史."

경주 남문밖에 옮겨 걸었다. 글자는 대부분 뭉개지고 마멸되어 상고할 수 없다. 한림(翰林) 김필해(金弼奚)가 글을 지었다."-〈이상은 추사〉[35]

● 〈홍국사탑명(興國寺塔銘)〉

고려 강감찬이 세우고 스스로 기록했다. 찬(瓚)자를 『고려사』에서는 찬(贊)자로 썼다. 이 또한 『고려사』의 오류를 보여주는 것이다. 현재는 고려의 옛 도읍에 있다.-〈추사〉

고려 〈홍국사탑명〉은 고려의 옛 도읍에 있다. 강감찬이 세웠다. 강공의 유적은 단지 이 탑뿐이다. 찬(瓚)자를 『고려사』에서는 찬(贊)자로 썼다. 이 또한 오류를 바로잡아야 할 곳이다.-〈추사〉[36]

● 〈인각사비(麟角寺碑)〉

형이 말한 '12쪽 앞이 결실되었다'는 것을 저는 무슨 뜻인지 모르겠습니다. 이 비석은 전후면이 있습니다. 전면은 민지(閔漬)가 글을 지었고 후면은 석산립(釋山立)이 서술하였는데, 이 비석 또한 파괴되어 현재 남아 있는 것은 이뿐입니다. 제가 대략 그 순서를 바로잡았습니다. 또한 이계(耳溪, 홍양호)가 앞뒤를 나누지 않아 어지럽게 섞여 순서를 잃어버린 오류를 바로잡았습니다. 하나하나 보시고 바로잡아 주십시오. 비석은 현재 의흥현(義興縣, 지금의 경북 군의군 의흥면)에 있습니다.

이계(耳溪)는 민지가 지은 것만 알았고 뒷면은 산립(山立)이 서술한 것을 고찰하지 못했다. 그래서 앞뒤를 구분하지 않고 어지럽게 섞여

35 〈奉德寺鐘銘〉. "秋史原跋云, 鐘係新羅古製, 寺今廢, 移懸於慶州南門外, 字多漫滅不可考, 爲翰林金弼奚文. 以上秋史."

36 〈興國寺塔銘〉. "高麗姜邯瓚建幷自記. 瓚字, 高麗史作贊, 此又見麗史之訛謬. 今在高麗舊都. 秋史.
高麗興國寺塔銘, 在高麗故都, 姜邯瓚建, 姜公遺迹, 秖此塔而已. 瓚字, 高麗史作贊, 此又糾誤處耳. 秋史."

순서를 잃어버렸던 것이다. -〈추사〉

이 비석은 앞뒷면이 있다. 이 부분은 전단(前段)으로 고려의 민지가 글을 짓고 왕희지의 글자를 집자했다. 여기에는 세로로 실선이 그어져 있는데, 후단(後段)에는 없다. 일찍이 홍이계(洪耳溪)의 집에 소장된 것을 보았는데 어지럽게 섞여 순서가 없었으며 앞뒤를 구분해놓지 않았다. 이계가 상고하여 바로잡지 못한 것이다. -〈추사〉[37]

● 〈신라김태사유신비(新羅金太師庾信碑)〉

〈신라태사김유신묘비〉는 후인이 추가로 세운 것이지 신라 때 비석이 아니다. -〈추사〉[38]

● 〈상촌선생정효비(桑邨先生旌孝碑)〉

바로 제 선조(先祖)이신데 고려말에 절의를 세웠습니다. 이 비석은 또한 효행으로 시묘하는 곳에 세워졌습니다. 휘(諱)는 옛날엔 '자(子)'로 불렸는데, 후에 '자(自)'로 고쳤습니다. 『고려사』에는 처음 휘(諱)로 기록되어 있습니다. 이 또한 『고려사』의 바로잡아야 할 곳입니다. 비석은 안동부에 있고, 지금도 시묘했던 터가 아직 남아있습니다.[39]

● 〈승가굴석불후석선배명자(僧伽窟石佛後石扇背銘字)〉

양주 승가굴(僧伽窟)의 석불(石佛) 뒤에 있는 석선(石扇)의 뒤쪽의

---

37 〈麟角寺碑〉. "兄所云缺前十二頁者, 弟未知何謂也. 此碑係前後面, 前爲閔漬撰, 後爲釋山立述, 此碑亦遭推碎, 今之所餘秪此. 弟略正其第次, 且正洪耳溪不分前後淆亂失次之誤, 一一覽正. 碑今在義興縣.
耳溪但知閔漬撰, 不攷後面之爲山立述, 所以不分前後淆亂無次. 秋史."
此碑有前後面, 此一段係前段, 高麗閔漬撰, 集右軍字, 此則有直格絲闌, 後段則無. 曾見洪耳溪家藏本, 淆亂無次, 不分前後. 耳溪未能攷正者也. 秋史."

38 〈新羅金太師庾信碑〉. "新羅太師金庾信墓碑, 係後人追建, 非羅碑也. 秋史."

39 〈桑邨先生旌孝碑〉. "卽弟之先祖, 麗末立節, 此碑又以孝行建於廬墓處, 諱舊稱子, 後改自, 麗史以初諱入錄, 此又麗史之可正處耳. 碑在安東府, 至今廬墓之遺址尙存."

글씨는 굴이 깊고 어두워 탁본을 뜨기가 아주 어렵습니다. 지금까지 우리나라 금석가(金石家) 중에서 이를 이야기 한 사람이 없습니다.-〈추사〉[40]

- 〈성덕대왕신종지명(聖德大王神鐘之銘)〉

추사가 말하기를 "문장이 대부분 뭉개지고 마멸되어 상고할 수 없다."고 했다.[41]

여기에 나온 기록들은 김정희의 문집에도 보이지 않을 뿐만 아니라, 옹수곤과 교유하면서 조선의 금석학 연구를 시작하던 김정희의 모습을 살필 수 있는 유일한 자료들이다. 『해동금석영기』는 조선의 금석문에 대한 단편적인 내용을 찰기 형식으로 기록해놓은 것이다. 옹수곤의 저작이긴 하지만 김정희 금석학에서도 중요한 의미를 지닌다. 옹수곤은 조선의 금석문에 관심을 가지고 수집과 연구를 병행했는데, 상당한 양의 탁본을 김정희가 보내줬고, 그 탁본을 연구하는 데 김정희의 도움이 컸기 때문이다. 김정희의 금석학 연구는 옹수곤이 사망한 이후에 본격적으로 시작되었으며, 옹수곤 생전에는 금석학을 연구한 흔적을 찾기조차 어려웠다. 대신 옹수곤에게 우리의 금석문 탁본을 보내주고, 옹수곤의 편지에 답을 하는 과정에서 자연스럽게 금석학 연구 방법론을 배워나갔다. 『해동금석영기』에는 김정희의 금석학 학습 과정이 잘 드러나 있다. 일종의 김정희의 금석학 연구 실습 자료인 셈이다.

---

40 〈僧伽窟石佛後石扇背銘字〉. "楊州僧伽窟石佛後石扇背後刻, 窟深黑極難拓, 前後海東金石家無說及此者. 秋史."

41 〈聖德大王神鐘之銘〉. "秋史云, 文多漫滅不可考."

3. 김정희의 북한산 비봉 비석의 정체 확인

김정희의 금석학은 당시 북한산에 무학비(無學碑) 또는 도선비(道詵碑)로 알려져 있던 비석이 신라 진흥왕순수비(眞興王巡狩碑)라는 사실을 고증한 데서 출발한다. 따라서 당시 이 비석에 대한 인식을 살펴보고 고증과정을 차례로 확인해볼 필요가 있다.

1) 북한산 비봉의 고비(古碑)에 대한 일반적 인식 : 1816년 이전

옹수곤(翁樹崐)이 사망한 다음 해부터 김정희는 본격적으로 조선 금석문을 연구하기 시작했다. 마치 옹수곤이 못다 이룬 꿈을 대신 이룰 생각이라도 한 것처럼 금석문 연구에 매달렸다. 그 첫 번째 연구 대상은 북한산 비봉(碑峰)에 있던 옛 비석이었다. 막연히 무학비(無學碑) 또는 도선비라고만 전해오던 비석이었다. 일찍부터 비석이 있는 건 알려져 있었지만 그 비석의 정체를 알지는 못했다. 허성(許筬, 1548~1612)이 1575년에 지은 시 〈비봉즉사(碑峯卽事)〉[42]에는 '마사창선간잔비(摩挲蒼蘚看殘碑)'라는 구절이 있다. '푸른 이끼 문지르며 잔비를 본다'는 구절에서 당시 비석의 상태를 알 수 있다. 하지만 비문을 읽을 길이 없음은 마찬가지였을 것이다. 정동유(鄭東愈, 1744~1808)의 『주영편(晝永編)』에 실려 있는 이야기를 살펴보자.

42 許筬, 『岳麓先生文集』 권1, 〈碑峯卽事, 乙亥〉. "仄疊奇巖鳥外危, 層空四顧獨躕踟, 諸山近對如相揖, 一水遙橫若自馳, 曖睫紫煙臨故國, 摩挲蒼蘚看殘碑, 十年塵土今鎖盡, 風景微茫不入詩."

세간에는 이런 이야기가 전해온다. 건국 초창기 수도를 정하던 날 승려인 무학(無學)은 삼각산(三角山)에 올라가 산맥을 따라 내려오다가 양철평(梁徹坪)의 뒷산에 이르렀는데 도선(道詵)이 세운 석비(石碑)에 '무학오심도차(無學誤尋到此, 무학이 길을 잘못 들어 여기로 올 것이다)'라는 여섯 글자가 새겨져 있으므로 그곳을 포기하였다. 다시 다른 산줄기를 따라 내려가다가 목멱산(木覓山) 동쪽 기슭에 이르자 또 도선(道詵)이 써놓은 것이 있었는데, '왕심리(枉尋里, 잘못 찾은 마을)'라 하였으므로 낭패를 보고 돌아가 인왕산(仁王山) 아래 끄트머리에 터를 잡았는데 바로 정도전이 점지한 경복궁(景福宮)이었다. 마침내 정도전의 설을 따랐다고 한다.[43]

또 이덕무는 1765년 봄에 승가사에 놀러갔다 비봉(碑峰)에 황폐해져 남아 있던 비석에 대해 족질(族姪) 이광석(李光錫)에게 보낸 편지에서 이야기했다.

동지(同志) 대여섯 명과 함께 삼각산(三角山) 서쪽 승가사(僧伽寺)에서 노닌 적이 있다네. 절 북쪽에 저절로 만들어진 석굴(石窟) 있고, 그 가운데는 가부좌(跏趺坐)를 한 백불(白佛)이 하나 있는데, 광대뼈가 튀어나온 데다 입을 벌리고 있는 게 마치 노파(老婆)의 모양이었네. 그 뒤쪽에는 큰 연꽃을 새긴 석장(石障)이 있는데, 떨어져 나가 겨우 판독한 글자가 '태평사년갑자(太平四年甲子)'였다네. 아마 고려 현종(顯宗) 때인 거란 성종(聖宗) 태평(太平) 4년이니 올 을유년(1765)까지 계산해 보면 8백 2년이나 되었다네. 서쪽 바위에는 하늘에 닿을 듯한 봉우리

43 鄭東愈, 『晝永編』, 필사본, 국립중앙도서관소장. "世言國初定都之日, 僧無學登三角山循脈而下, 至梁徹坪後龍, 則有道詵石碑, 刻'無學誤尋到此'六字, 故棄之, 復循他岡而下, 至木覓東麓, 則又有道詵所記, 稱枉尋里, 故狼狽而歸, 定基于仁王山下末, 乃鄭道傳占景福宮, 遂從鄭說云."

에 황폐한 비석만이 세워져 있는데 도선(道詵)이 '妖僧無學誤尋龍到此(요승 무학이 용을 잘못 찾아 이곳에 올 것이다)'라는 부참(符讖, 미래 예언)을 새겼다기에 나는 놀라 혀를 차며 말했다네. "두 날개를 우리 심계(心溪, 이광석(李光錫))의 겨드랑에 꽂아 주어 한 번 동북(東北)으로 날아와 손뼉 치고 미친 듯이 소리 지르며 이 고물(古物)을 감상할 수 없을까?"[44]

이는 당시 비봉의 비석에 대한 일반적인 인식이었다. 도선의 예언이 새겨진 비석이라 여겼던 것이다. 또 이재(頤齋) 황윤석(黃胤錫, 1729~1791)도 비봉에 올라 몰자비(沒字碑)에 대한 시를 지었다. 앞의 구절이다.[45]

도선이 남긴 비석 높은 하늘에 기대에 있고,	玉龍遺碣倚層霄
돌은 늙고 이끼는 거칠어져 세월이 아득하네.	石老苔荒歲月遙

그리고 제목 아래에는 다음 주석이 달여 있다.

봉우리에는 도선(道詵)이 세운 비석이 있다. 고려 때는 송경(松京)에 도읍을 정했는데 압승법(壓勝法)으로 비석을 세워 한산(漢山)의 지맥(地脉)을 눌렀다. 성조(聖祖, 이성계)께서 터를 열자 무학(無學) 대사가 그 글을 깎아버렸는데 비문은 모두 참위(讖緯) 문자였다고 한다.[46]

---

44 李德懋, 『青莊館全書』 제15권, 「雅亭遺稿」 七, 〈族姪復初光錫〉. "携同人五六輩,遊三角之西僧伽寺. 寺北有石室天斲, 中有白佛趺坐, 顴癯而口開, 老婆如也.背有石障, 刻大蓮花,剝落纔辨文曰, 太平四年甲子. 蓋高麗顯宗時, 契丹主聖宗太平四年, 距今乙酉八百二年. 西岩有峯亘星, 荒碑獨竪, 道詵鐫符讖曰, '妖僧無學誤尋龍到此', 德懋咄曰, 安得一雙翅, 揷吾心溪之腋, 一翥東北向, 拍手狂叫, 贊此古物乎."

45 黃胤錫, 『頤齋集』 권1, 〈登碑峰題沒字碑〉.

46 "峯頭有道詵所立碑, 麗祖定都松京, 用壓勝法立碑, 以鎭漢山地脉. 聖祖開基, 無學乃刮

황윤석의 이야기는 좀 다르다. 본래 도선이 세운 비석에는 참위(讖緯)의 글이 있었는데, 무학 대사가 깎아버렸다는 것이다. 이 밖에도 여러 사람들이 승가사를 비롯한 비봉에 놀러와 시를 짓고 글을 남겼는데, 이상의 내용과 크게 어긋나지 않는다.

그런데 이와는 달리 진흥왕의 순수비라고 이야기 한 사람이 있었다. 추재(秋齋) 조수삼(趙秀三, 1762~1849)이다. 그의 문집에는 흥미로운 시가 한 수 실려 있다. 〈己巳長夏,避暑于西寺, 分'安得枕下泉去作人間雨', 各賦一物.〉이라는 제목이다. '기사년(1809년) 여름 서사(西寺, 승가사를 가리키는 듯)에 피서 갔다가 '安得枕下泉去作人間雨'라는 시구의 글자를 나누어 각각 한 가지씩 시를 지었다'라는 의미다.[47] '安得枕下泉, 去作人間雨'는 주희(朱熹)의 〈백장산육영(百丈山六詠)〉 중 다섯 번째 〈서각(西閣)〉이란 시의 구절이다. 조수삼의 두 번째 시의 제목이 〈비봉(碑峰)〉이다.

진흥왕의 북수비(北狩碑)	眞興北狩碑
귀부(龜趺)와 비액(碑額)은 없어졌는데	龜趺檐鳥革
도선(道詵)은 미래를 볼 수 있었고	詵公有前識
무학(無學) 대사는 훗날에야 깨달았다네.	學師見後得
오백 년이나 떨어졌어도	相去五百歲
마음은 일치하여 틀림이 없고	符心乃不忒
풍수설은 믿을 수 없지만	蒼茫風水說
산하(山河) 풍경은 아득하다네.	浩蕩山河色

其文, 碑文皆用讖緯文字云."

47 趙秀三, 『秋齋集』 권2, 〈碑峯〉. "己巳長夏, 避暑于西寺, 分'安得枕下泉去作人間雨', 各賦一物."

가랑비는 바다의 어귀를 지나고	微雨度海門
석양은 서울에 가득한데	夕陽滿京國
십만의 가옥에는 연기 피어오르고	煙火十萬屋
즐비한 기와지붕 어두워지네.	瓦背魚鱗黑
신라와 고려가 크게 변하여	羅麗克丕變
관료들이 모두가 문덕을 숭상하니	冠裳崇文德
사람의 일 혹은 지령(地靈)에 의해서지	人事或地靈
천명(天命)은 불력(佛力)으로 하는 게 아니라네.	天命非佛力
참언(讖言)은 사람들 입에 오르내리고	讖文載人口
비석의 글자는 황폐한 이끼에 덮여버렸으니	石字荒苔蝕
이 뜻을 누가 능히 가려 내리오?	此意孰能辨
계속해서 날마다 오르고 오른다네.	滾滾日登陟

기록으로만 보자면 조수삼이 이 시를 지은 해가 1809년 여름이다. 조수삼은 무슨 영문인지 갑자기 비봉의 비석에 대해 '진흥북수비(眞興北狩碑), 구부첨조혁(龜趺檐鳥革)'이라 읊고 있다. 설명도 없고 시의 뒷부분에도 이 비석의 글자나 문구에 대한 언급도 없이 '진흥북수비'라 하고 있는 것이다. 김정희는 이 비석의 글자를 판독하는 데에만 상당한 시간이 걸렸다. 그 내용까지 파악하는 데에는 더 많은 시간이 걸렸다. 김정희가 이 비석을 처음 답사한 게 1816년인데, 훨씬 이전에 이 비석이 '진흥왕순수비'란 걸 알고 있기라도 했단 말인가? 조수삼은 또 〈금선암증오서(金仙庵贈梧墅)〉라는 제목으로 12수를 지었는데, 세 번째 시에서 이 비석을 언급하고 있다.[48]

48 趙秀三, 『秋齋集』 권6, 〈金仙庵贈梧墅〉 12首.

진흥왕 북쪽을 순수(巡狩)한 자취 眞興北狩蹟
멀리서 비봉을 바라본다네. 迢遙望碑峯

조수삼은 젊어서부터 승가사에서 독서를 했다고 한다.[49] 그런 연유로 승가사 주변을 잘 알고 있었을 것이고, 승려들로부터 여러 이야기를 들었을 것이다. 그렇다고는 해도 조수삼이 아무런 근거도 없이 '진흥북수'를 이야기하고 있는 점은 의문이다. 비석에서조차 찾기 힘든 글자를 언급하고 있는 것이다. 다만, 이 비석을 '진흥북수(眞興北狩)'라고 한 것은 조수삼이 비석의 내용을 전혀 몰랐다는 의미이기도 하다. 이는 〈황초령비〉를 의미하는 말이기 때문이다. 따라서 조수삼의 이 언급은 비봉 비석의 내용을 해석해서 알았다고 보기는 어렵다.

그런데 또 하나의 기록이 있다. 김정희가 발견하기 이전의 기록이라는 확증이 없지만, 서유구가 지은 『임원경제지(林園經濟志)』의 「이운지(怡雲志)」에 포함된 「동국금석(東國金石)」에는 유득공의 아들 유본학(柳本學, 1770~?)이 지은 『문암록(問菴錄)』에서 〈진흥왕북순비(眞興王北巡碑)〉를 인용하고 있다.[50] 〈진흥왕북순비〉 항목의 내용이다.

> 비봉은 도성 창의문 밖에 있고 〈신라진흥왕북순비〉가 있는데 글자가 모두 뭉그러지고 마멸되었는데 아직 10여 자를 읽을 수 있다.[51]

---

49 趙秀三, 『秋齋集』 권7, 「紀異」, 〈破衲行者〉. "余少讀書于僧伽寺"

50 이 항목은 徐有榘의 『林園經濟志』 「怡雲志」에 실려 있는 '東國金石'에 보이는데, 서유구는 이 항목을 『問菴錄』에서 인용한다고 하였다.

51 "碑峰在都城彰義門外, 有新羅眞興王北巡碑, 字皆漫滅,猶餘十餘字可讀."

이 글 역시 의문이 든다. 마멸되어 알아볼 수 없는데, 〈신라진흥왕북순비〉라는 건 어떻게 알게 된 것일까? 김정희는 처음 탁본을 떠서 글자를 판독할 당시만 해도 '진흥대왕' 아래쪽의 글자를 '구년(九年)'으로 읽었다가 후에 '순수(巡狩)'로 판독을 하게 된다. 따라서 일반적으로 이 비석이 진흥왕의 순수비라는 사실을 쉽게 알아볼 수 없었던 상황이었다. 다만 서유구의 기록은 김정희가 발견한 이후의 기록일 가능성이 있다. 「동국금석(東國金石)」은 기존의 금석목록을 집성한 것이기도 하지만, 서유구의 안어(案語)가 들어간 곳이 8개 항목이다. 그중에서 「무학선사비(無學禪師碑)」에는 "지금 임금 신사(辛巳, 1821)년에 이(李) 아무개가 자기 아비를 탑 앞에 장사지내느라 탑을 허물고 비석을 부쉈다."고 하였다.[52] 이를 통해 서유구가 「동국금석」을 쓴 시점이 1821년 이후임을 알 수 있다. 다만 유본학의 『문암록(問菴錄)』이 언제 기록인지는 확인할 길이 없다. 다만, 여기서 한 가지 주목할 것은 이들이 모두 '진흥왕북순비'라 언급했다는 사실이다. 이는 실제와 어긋나는 것이다. 진흥왕북순비(眞興王北巡碑)는 진흥왕이 북쪽을 순수하고 세운 비석을 의미한다. 따라서 이는 황초령 비석을 가리키는 용어다. 그런데 이들은 북한산의 비석을 두고 '북순비(北巡碑)'라 지칭하고 있는 것이다. 이는 이들이 모두 비석의 내용을 확인한 후 알게 된 정보가 아니라는 걸 방증한다. 흥미로운 건 조수삼과 유본학 모두 김정희와 아주 가까운 사이였다는 점이다. 특히 유본학은 김정희 금석학 연구에 도움을 주는 유득공의 아들이다.

52 徐有榘, 『林園經濟志』, 「怡雲志」, 「東國金石」. "當宁辛巳李生某葬其父塔前, 毁塔碎碑."

2) 북한산 1차 답사와 고증

김정희는 왜 갑자기 비봉을 찾아갈 생각을 했을까? 이에 대해서는 두 가지로 추측해 볼 수 있다. 하나는 도선의 예언이 새겨진 글자가 있는지 확인하기 위해서였을 것이다. 소문만 있던 도선의 기록을 확인하고 싶었을 가능성이 있다. 다른 하나는 비석에 뭔가 글자가 있는 걸 알고 있었을 가능성이다. 이는 앞서 살펴본 조수삼의 기록을 통해 그 가능성이 있다. 다만, 그 근거는 희박하다. 게다가 현재까지는 그 어떤 단서도 남아있지 않다. 김정희가 당시 북한산의 비석(碑石)을 찾아가던 모습을 확인할 수 있는 편지가 한 통 남아 있다.

> 아침이 되고 보니 날씨가 참 쾌청합니다. 별일 없으리라 생각합니다. 내일 약속은 어떻게 하실 생각이십니까? 제 생각으로는 승가사(僧伽寺)에 올라가 비석(碑石)을 찾아보고 아울러 달구경을 하는 것이 제일 좋을 듯합니다. 어떻습니까?[53]

친구와 함께 승가사에 가서 비석을 찾아본다는 편지다. 비봉은 통상 승가사를 통해 올라갔기 때문에 비봉을 찾아갔을 가능성이 아주 높은 것이다. 이 편지의 수신자가 누구인지 알 수는 없지만, 김정희는 누군가와 함께 북한산 승가사에 올라가 비석을 찾아보기로 약속하는 내용이다. 실제로 1816년 7월 어느 날, 김정희는 북한산 승가사 뒤쪽의 비봉에 올라가 마침내 그곳에 구전으로만 '도선비'라고 전해오던 옛 비석의 정체를 밝혀낸다. 김정희는 당시의 상황을 기록으로 남겨

---

53 『秋史金正喜名作展』(1992), 78쪽 인용. "朝來頗覺晴好, 伏惟動定萬重. 明日之約, 果欲何以料理耶? 弟意則無如上僧伽尋碑, 幷以玩月矣. 未知如何?"

놓았다. 물론 이 글은 '진흥왕순수비'임을 확정한 후에 쓴 것이다.

> 이 비석이 무엇인지 아는 사람은 아무도 없었다. 그래서 '요승무학왕심도차지비(妖僧無學枉尋到此之碑)'라고 잘못 알려져 왔다. 가경(嘉慶) 병자(丙子, 1816)년 가을에 나는 김경연(金敬淵)과 함께 승가사에 놀러갔다가 이 비석을 보게 되었다. 비면(碑面)엔 이끼가 두껍게 끼어 마치 글자가 없는 것 같았다. 그런데 손으로 문지르자 글자 형태가 있는 듯하였다. 뿐만 아니라 글자가 뭉개지고 이지러진 흔적이 있었다. 그때 해가 뉘엿뉘엿 넘어가고 있었는데 이끼 낀 비면을 비추어 보자 이끼가 글자를 따라 들어가 있었고, 파임획[波]이 끊어지고 삐침획[撇]이 뭉개진 것을 어렴풋이 알아볼 수 있었다. 종이를 대고 탁본을 떠서 살펴본 결과 자체(字體)는 황초령비와 아주 흡사했고, 제1행 진흥(眞興)의 '진(眞)'자는 약간 뭉개져 있었지만 여러 번 탁본을 떠 보았더니 '진(眞)'자가 틀림없었다. 그래서 마침내 이를 진흥왕의 옛 비석으로 확정하였다. 1천2백 년 전의 고적(古蹟)이 하루아침에 크게 밝혀져서 무학비(無學碑)라고 하던 황당한 이야기를 변파(辨破)하게 된 것이었다. 금석학(金石學)이 세상에 도움이 된다는 것은 바로 이와 같은 것이다. 이것이 어찌 금석의 인연으로만 그치겠는가?[54]

탁본을 떠서 집에 돌아온 김정희는 그 탁본의 내용을 판독하기 위해 무던히 고심하였다. 그 뿐만이 아니라 친구들에게도 이 소식을 알리고 탁본을 보내주며 서로 연구하였다. 김정희는 조인영(趙寅永,

---

54 金正喜, 『阮堂先生全集』 권1, 〈眞興二碑攷〉. "此碑人無知者, 誤稱妖僧無學枉尋到此之碑. 嘉慶丙子秋, 余與金君敬淵游僧伽寺, 仍觀此碑. 碑面苔厚, 若無字. 然以手捫之, 似有字形, 不止漫缺之痕也. 且其時日薄, 苔面映而視之, 苔隨字入, 折波漫撇, 依俙得之, 試以紙拓出, 字體與黃草碑酷相似. 第一行眞興之眞字稍漫, 而屢拓視之, 其爲眞字無疑也. 遂定爲眞興古碑, 千二百年古蹟, 一朝大明, 辨破無學碑弔詭之說. 金石之學, 有補於世, 乃如是也. 是豈吾輩一金石因緣而止也哉."

1782~1850)에게 편지를 썼다. 자신이 연구한 내용을 정리하여 조인영에게 알려준 것이었다.

> 비바람 몰아치는 가운데 사람을 생각하니 그리운 정을 해소할 길이 없습니다. 형은 무슨 생각을 하면서 문을 굳게 닫고 혼자 지내십니까? 재차 비봉(碑峯)의 고비(古碑)를 가져다가 반복하여 자세히 훑어보니, 제1행 진흥태왕(眞興太王) 아래 두 글자를 처음에는 '구년(九年)'으로 보았었는데 '구년'이 아니고 바로 '순수(巡狩)' 두 글자였습니다. 또 아래 '신(臣)'자 같이 생긴 것은 '신'자가 아니고 바로 '관(管)'자였습니다. 그리고 '관'자 밑에 희미하게 보인 것은 바로 '경(境)'자이니, 이것을 전부 통합해 보면 곧 '진흥태왕(眞興太王)' '순수(巡狩)' '관경(管境)' 여덟 자가 되는 것입니다. 이 예는 이미 함흥(咸興) 초방원(草芳院)의 북순비(北巡碑)에 나타났습니다.[55]

김정희는 비봉에 오를 당시부터 탁본을 뜰 준비를 하고 있었다. 글자의 존재를 확인하기 위한 등정이었다는 걸 확인할 수 있다. 이 두 가지 글을 통해 우리는 몇 가지를 추론할 수 있다. 먼저 비석의 상태에 관한 것이다.

- □ 비석엔 이끼가 두껍게 끼어 있어 글자를 판독할 수 없었다.
- □ 이끼를 벗기자 글자의 형상이 있는 것처럼 보였다.
- □ 글자는 뭉개지고 이지러져 있었다.
- □ 종이를 대고 탁본을 떴다.

---

55 金正喜, 『阮堂先生全集』 권2, 〈與趙雲石寅永〉. "風雨懷人, 無以遣情, 兄作何思, 鍵戶獨居. 再取碑峰古碑, 反履細閱, 第一行眞興太王下二字, 初以爲九年矣, 非九年, 乃巡狩二字. 又其下似臣字者, 非臣字, 乃管字, 管字下依俙是境字, 統而合之, 爲眞興太王巡狩管境八字也. 此例已見於咸興草芳院北巡碑."

□ '진(眞)'자처럼 잘 보이지 않는 것은 여러 번 탁본을 떴다.
□ 몇 번의 탁본을 떠서 '진흥(眞興)'이란 글자를 확인하였다.

따라서 처음 비봉에 올라 탁본을 떴을 때만 해도 진흥왕순수비라는 사실을 확인할 수 없었다. 그런데 '진흥'이라 글자를 실마리 삼아 황초령의 진흥왕순수비와 그 서체가 유사한 걸 확인하고서 대조에 들어간다. 황초령의 비석을 보지는 못했지만 탁본을 구하여 대조를 한 것이다. 그 결과 석문(釋文)에 있어서 중요한 사실을 확인하게 된다.

□ 제1행 진흥태왕(眞興太王) 아래 두 글자는 '구년(九年)'이 아니라 '순수(巡狩)'이다.
□ 아래쪽의 '신(臣)'자 같이 생긴 것은 '관(管)'자이다.
□ '관'자 밑에 희미하게 보인 것은 바로 '경(境)'자이다.
□ 이를 합쳐보면 '진흥태왕(眞興太王)', '순수(巡狩)', '관경(管境)'이며, 이는 황초령의 〈진흥북순비〉와 아주 유사하다.

결국 김정희는 이런 과정을 거쳐 북한산 비봉의 비석이 진흥왕의 순수비라는 사실을 확인하게 된다. 진흥왕의 순수비라는 사실을 확인한 다음 내용의 판독에 들어간다. 그리고 좀 더 세밀한 내용까지 확인하게 된다. 조인영에게 보낸 편지의 다음 부분이다.

> 그리고 제7행의 '도인(道人)' 두 글자는 또 초방원 북순비의 '시수가사문도인(時隨駕沙門道人)'이란 말과 착오 없이 딱 들어맞습니다.
>
> 또 제8행에는 '남천(南川)'이란 두 글자가 있는데, 이 두 글자는 바로 이 비(碑)의 고실(故實)에 있어 가장 중요한 곳입니다. 진흥왕 29년에 북한산주(北漢山州)를 폐하고 남천주(南川州)를 설치하였으니, 이 비는 의당 진흥왕 29년(568) 이후에 세운 것이지, 진흥왕 16년(555)에 북한

산주에 순행(巡幸)하여 봉강(封疆)을 탁정(拓定)할 때에 세운 것이 아닙니다.

또 제9행의 '부지급간미지(夫智及干未智)' 여섯 자는 저 초방원의 비에서 수행한 여러 사람들의 관작(官爵)과 성명(姓名)을 기록한 것과 부합되니, '부지급간미지' 이 여섯 자는 바로 관명과 인명인 듯하나, 어느 것이 관명이고 어느 것이 인명인지는 알 수가 없습니다.

그리고 역사책의 직관(職官)에 있어서는 예전부터 빠진 글이 많아서 또한 자세히 고증할 수가 없고, 대체로 초방원의 비와 동시에 세운 것만은 확실한데, 진흥왕 때에 세운 것이라고 보는 것에 대해서는 감히 확실하게 증거를 댈 수가 없습니다. 그러나 진평왕(眞平王) 26년에 남천주를 폐하고 다시 북한산주를 설치하였으니 이 비가 진평왕 26년 이전에 세워진 것이 분명합니다.

진흥왕 29년에 남천주를 설치함으로부터 이후로 진평왕 26년까지가 모두 38년간인데, 초방원의 비에서 지금 비로소 상고해보니, 그것이 진지왕(眞智王) 때에 세운 것이었습니다. 어떻게 진지왕 때에 세운 것임을 아는가 하면 그 까닭은 다음과 같습니다. 진지왕은 진흥왕의 아들입니다. 진지왕 때에는 거칠부(居漆夫)를 상대등(上大等)으로 삼았었는데, 초방원 비문의 수행한 사문도인(沙門道人) 법장(法藏) · 혜인(慧忍) 두 사람 아래에 '□등거(□等居)' 등의 글자가 있으니 저의 소견으로는 본디 좀벌레로부터 손상을 입은 것이라고 봅니다. 위의 이지러진 글자는 마침내 그것이 없어졌으나 다른 본(本)에는 반드시 남아 있는데, 그것이 바로 대(大)자의 왼쪽 삐침 획이라는 것을 의심할 여지가 없습니다. 그리고 아래의 이지러진 글자의 상반(上半)은 이것이 원래 이지러진 것으로서 그것이 칠(漆)자의 윗부분임을 의심할 여지가 없습니다.

거칠부(居漆夫)가 상대등(上大等)이 된 때가 진지왕 원년인데 진지왕은 왕위를 4년간 누리었고, 진평왕이 이어 즉위한 원년 8월에는 이찬(伊飡) 노리부(弩里夫)를 상대등으로 삼았으니, 거칠부가 상대등으로 있었던 기간은 곧 진지왕의 재위 4년간에 해당합니다. 그렇다면 초방원의 비 또한 진흥왕 때에 세운 것이 아니고 바로 진지왕 때에 세운 것으로 진지왕도 일찍이 북쪽으로 순수(巡狩)를 했던 것입니다.

그리고 진지왕이 북쪽으로 순수한 사실은 역사에서 상고할 데가 없고, 역사에 기재된 지리(地理)는 비렬홀(比列忽)에 불과하지만, 초방원의 비를 통해 비홀렬 이북의 2백 리 지역이 또 신라(新羅)의 영토로 꺾여 들어왔음을 알 수 있습니다. 또 진지왕이 북쪽으로 순수한 사실은 역사에서 상고할 데가 없으나, 이 거칠부가 수행한 것으로 말하자면 진지왕이 또 일찍이 북쪽으로 순수했던 것을 의심할 여지가 없습니다. 이 두 비의 문자가 서로 같은 곳이 많은 것으로 보면 두 비를 동시에 세운 것이 확실하고, 그 시기 또한 모두 진지왕 때에 있었던 듯합니다. 모르겠습니다마는 어떻게 생각하십니까?[56]

김정희 초기 고증은 비석의 건립 연대에 맞춰져 있다. 김정희는 이 비석이 진흥왕 29년, 즉 568년에 세운 것이라고 주장하고 있다. 김정

56 金正喜, 『阮堂先生全集』 권2, 〈與趙雲石寅永〉. "第七行道人二字, 又與草芳院碑之時隨駕沙門道人之言, 脗合不誤. 又第八行有南川二字, 此二字爲此碑故實之十分肯綮處也. 眞興王二十九年, 廢北漢山州, 置南川州, 此當在二十九年以後所立, 非十六年巡幸北漢山州, 拓定封疆時所立也. 又第九行夫智及干未智六字, 與草芳碑之錄隨駕諸人官爵姓名相合. 夫智及干未智六字, 似是官名與人名, 而未知何者爲官名, 何者爲人名也. 史之職官, 舊多闕文, 亦不得詳證, 而大抵與草芳碑同時所立則的確, 而若於眞興生時則不敢的證. 然, 眞平王二十六年, 廢南川州, 還置北漢山州, 則此碑之立, 在眞平二十六年以前, 又明矣. 自眞興二十九年置南川州以後, 至眞平王二十六年, 爲三十八年之間, 而草芳碑今始考之, 則其在眞智王時, 何以知眞智王時也. 眞智眞興之子也, 眞智時以居漆夫爲上大等, 草芳碑隨駕沙門道人法藏慧忽二人之下, 有口等居等字, 弟所見本, 爲蠹鼠所傷, 上缺字遂無之, 他本則必有之, 而其爲大字左撇無疑. 下缺字上半, 則是原缺, 而其爲漆字上頭無疑. 居漆夫爲上大等時, 在眞智元年, 眞智亨國四年, 而眞平繼立, 元年八月, 以伊飡弩里夫爲上大等, 則居漆夫之在上大等時, 卽眞智四年之間. 然則草芳碑亦非眞興時所立, 卽眞智時所立, 而眞智又曾北狩矣, 眞智北狩, 史無所考, 而史之所載地理, 不過比列忽, 而以草芳碑, 知比列忽以北二百里, 又折入新羅輿圖. 眞智北狩, 史無所考, 以此居漆夫隨駕言之, 則眞智又嘗北狩無疑矣. 二碑文字, 多有相同處, 則其同時所立的確, 而亦似並在眞智王時也. 未知如何."

희의 이 주장을 정리하면 다음과 같다.

- ㅁ 제8행의 '남천(南川)' 두 글자가 있는 걸로 볼 때 진흥왕 29년(568) 이후에 세운 것이다. 진흥왕 29년에 북한산주(北漢山州)를 폐하고 남천주(南川州)를 설치하였기 때문이다. 진흥왕 16년(555)에 북한산주에 순행(巡幸)하여 봉강(封疆)을 탁정(拓定)할 때에 세운 것이 아니다.
- ㅁ 진평왕(眞平王) 26년에 남천주를 폐하고 다시 북한산주를 설치하였으니 진평왕 26년(604) 이전에 세워졌다.
- ㅁ 초방원 비문의 수행한 사문도인(沙門道人) 법장(法藏) · 혜인(慧忍) 두 사람 아래에 '□등거(□等居)' 등의 글자가 있는데, 위의 이지러진 글자는 바로 대(大)자의 왼쪽 삐침 획이고, 아래의 이지러진 글자의 상반(上半)은 칠(柒)자의 윗부분이다. 따라서 이는 '상대등거칠부(上大等居柒夫)'이다
- ㅁ 거칠부가 상대등이 된 것은 진지왕 원년인데 진지왕은 왕위를 4년간 누리있고, 진평왕이 이어 즉위한 원년 8월에는 이찬(伊飡) 노리부(弩里夫)를 상대등으로 삼았으니, 거칠부가 상대등으로 있었던 기간은 곧 진지왕의 재위 4년간에 해당한다.
- ㅁ 따라서 초방원의 비석은 진흥왕 때에 세운 것이 아니고 진지왕 때에 세운 것이니, 진지왕도 일찍이 북쪽으로 순수(巡狩)를 했었다.
- ㅁ 이 두 비석의 문자가 서로 같은 곳이 많은 것으로 보아 두 비석을 동시에 세운 것이 확실하고, 그 시기 또한 모두 진지왕 때에 있었던 듯하다.

물론 김정희의 첫 번째 생각은 이후 추가적인 자료 보완을 통해 바뀌게 되지만, 이미 상당한 수준의 고증 능력을 보여주고 있다. 이상의 1차 고증을 통해 김정희는 몇 가지 사실을 확인하게 된다.

□ 북한산 비봉의 비석은 진흥왕순수비이다. 앞부분 글자는 '진흥태왕', '순수', '관경'이다.
□ 이 비석은 진흥왕 29년(568)~진지왕 4년(578) 사이에 세워졌다.
□ 진흥왕뿐만 아니라 진지왕도 상대등 거칠부를 데리고 순행을 했다.
□ 두 비석은 모두 진지왕 때 동시에 세웠다.

이런 초기의 고증은 훗날 다시 수정을 하게 된다. 특히 북한산 진흥왕순수비 첫 부분은 '진흥태왕급중신등순수(眞興太王及衆臣等巡狩)'라고 되어 있어 황초령비의 '진흥태왕순수관경(眞興太王巡狩管境)'과는 차이가 있다. 김정희는 '관경(管境)'이란 글자가 없는데도 북한산의 비석에 '관경'이 있는 것처럼 판독하고 있다. 이는 발견 당시엔 판독이 거의 되지 않았기 때문에 황초령의 진흥왕순수비 탁본을 통해 고증을 했다는 걸 방증하는 것이다.

3) 김정희의 경주답사

북한산 진흥왕순수비를 고증한 김정희는 고적 답사를 위해 경주로 여행을 떠났다. 당시 부친 김노경은 경상도관찰사로 재직 중이었다. 경주는 신라의 고도(古都)로서 수많은 유적이 남아 있는 곳이기도 하지만, 김정희의 금석문 연구에 도움이 되었던 홍양호나 유득공이 언급한 중요한 비문들이 모두 있는 곳이기도 했다. 특히 진흥왕순수비에 관한 의문들이 아직 풀린 상황이 아니었기 때문에, 이와 관련된 증거들도 찾고 싶었을 것이다. 김정희가 경주 일대를 답사 지역으로 선택한 것은 이런 이유 때문이었다. 김노경은 1816년 11월 8일에 경상도 관찰사로 임명되었다가 1818년 12월 16일에 이조참판으로 임명되어 서울로 돌아오게 된다. 당시 김정희가 경상도 일대를 답사한 사실은 김정희가 1817년 5월 5일 난동(蘭洞)에 살고 있던 자형(姊兄) 이서(李墅)에게 보낸 편지에서도 확인된다. 이서는 김정희의 양부(養父)인 김노영(金魯永, 1757~1797)의 사위였다.[57]

> 저는 이곳에 온 지 얼마 되지 않아 부산과 경주 유람을 하고 15일 만에 돌아왔습니다. 깊이 숨겨져 있던 것을 찾아내어 오랜 바람을 이룰 수 있었습니다. 그 사이 안부 편지를 보내야 했지만 이 때문에 그러지 못했습니다. 돌아온 지 하루됐는데 마침 서울 가는 인편이 있어 이렇게 간단히 소식을 알려드립니다.[58]

김정희의 경주 답사는 1817년 4월 하순경부터 5월 초까지 계속되었다. 주요 목적은 금석문을 찾는 것이었다. 김정희는 답사를 통해 우리 금석문 연구사에 획을 그을 만한 성과를 거두었다. 대표적으로 '화정국사비(和靜國師碑)', '문무왕비', '무장사비' 등의 비석을 발굴하고 고증한 일이었다. 김정희는 진흥왕의 무덤을 찾아 나섰다. 북한산에 있던 '진흥왕순수비'를 고증했던 터였고, 함흥의 '순수비'와 함께 진흥왕에 대해 깊이 연구하고 있었다. 하지만 무덤의 위치조차 명확하지 않았다. 그러자 김정희는 그곳 노인들 몇 사람과 함께 진흥왕의 무덤을 찾아 나섰다. 그리고 그 내용을 고증한 글이 「신라진흥왕릉고(新羅眞興王陵攷)」이다.

---

57 김용태(2004), 17쪽 참조.

58 金正喜, 『覃揅齋尺牘補』, 개인 소장, 필사본. 〈與李姊兄墅書〉. "弟來此未幾, 旋作萊海東京之遊, 旬有五日而歸. 搜幽剔秘, 可償夙願. 間當奉候, 而緣是未果. 歸才一日, 適憑京褫, 略此仰報."

태종무열왕릉(太宗武烈王陵) 위로 사대릉(四大陵, 네 개의 큰 무덤)이 있는데 읍내 사람들은 조산(造山, 인공으로 만든 산)이라고 생각한다. 그러나 조산이라 부르는 것은 모두가 무덤이다. 봉황대(鳳凰臺) 동서쪽으로 조산이 가장 많은데 연전에 산 하나가 무너졌다. 그 속은 뚫려 있었고 검푸른 빛이 감돌았는데, 깊이가 한 자 남짓이나 되었으며 모두 돌을 쌓아 만들었다. 이는 대개 옛날 왕릉이지 조산이 아니다. 이것이 바로 조산이 왕릉이라는 한 증거이다.

『지(志)』에는 "진흥왕릉은 서악리(西嶽里)에 있고, 진지왕릉(眞智王陵)은 영경사(永敬寺) 북쪽에 있다."고 하였는데, 영경사의 북쪽이란 곳이 서악리이다. 태종의 무덤도 영경사의 북쪽에 있다고 하였는데, 영경사의 북쪽이 곧 서악리라는 것은 이 때문이다. 그리고 문성(文聖), 헌안(憲安) 두 왕릉은 모두 공작지(孔雀趾)에 있다고 하였는데, 공작지란 것도 서악리의 또 다른 이름이다. 어떤 곳에서는 서악리라 하였고, 어떤 곳에서는 영경사의 북쪽이라 하였으며, 어떤 곳에서는 공작지라 한 것은 모두 같은 곳인데 글만 각각 조금씩 다르게 쓴 것이다. 이 때문에 태종릉 위의 사대릉은 조산이 아니라 바로 진흥, 진지, 문성, 헌안 등 네 임금의 무덤인 것이다. 문성왕과 헌안왕은 모두 태종 뒤의 임금이므로 당연히 태종릉의 위에 있어서는 안 되는 것이지만, 도장(倒葬, 무덤의 위치가 거꾸로 됨)하는 법은 후대 사람들이 금기시했던 것이고 옛날에는 그렇지 않았다. 게다가 태종릉은 사대릉과 기슭 하나를 사이에 두고 있지만 약간 우측으로 간격을 두었으므로 서로 방해될 것은 없다. 그러니 사산(四山)이 바로 사릉(四陵)임은 의심할 여지가 없다. 내가 그 고을의 나이 든 노인 여러 사람과 함께 그 부근을 두루 찾아보았지만 다른 무덤은 없었다. 지리(地理)로 점검해 보고 사지(史志)로 상고해보아도 사릉과 사산의 숫자가 이렇게 하나하나 딱 들어맞았다. 아! 진흥왕 같이 위대한 공을 세운 분도 그의 유해가 묻힌 곳이 없어져 전해지지 않는데, 그 아래 세 왕릉에 대해서 또 무슨 말을 하겠는가.[59]

태종무열왕릉 뒤쪽에 조산(造山)이라고 전해 내려오던 네 곳의 인공 산이 바로 네 임금의 무덤임을 고증한 글이다. 김정희는 역사책에 기록된 내용과 실제 지리를 하나하나 맞춰가며 그중 하나가 바로 진흥왕의 무덤이라고 주장한 것이다. 물론 비석도 없고 다른 기록도 나타나 있지 않았지만, 현장 실사를 통해 이를 밝혀낸 것이다. 또 분황사 터에 방치되어 있던 '화정국사비'의 비부(碑趺)도 찾아냈다. 이미 사라진 비석을 찾아내지는 못했지만 비부는 찾아내어 다음과 같이 새겨 놓았다.

> 此新羅和靜國師之碑跗 金正喜 題記(이것이 신라화정국사비 비부이다. 김정희 씀.)

이 비부는 지금도 분황사 터 한쪽에 남아있다. 뿐만 아니라 김정희는 '문무왕비'의 비편을 새롭게 발굴했다. '문무왕비'에 대해서는 홍양호가 남긴 〈제신라문무왕릉비(題新羅文武王陵碑)〉를 통해 먼저 그 존재가 알려졌다. 홍양호는 1760년 7월부터 1762년 6월까지 경주부윤으로 재임하는 동안 문무왕릉을 찾아갔지만 이를 증명할 만한 돌 조

59 金正喜, 『阮堂先生全集』 권1, 〈新羅眞興王陵攷〉. "太宗武烈王陵上, 有四大陵, 邑人以爲造山也, 凡所謂造山皆陵也. 鳳皇臺東西, 造山最多, 年前一山頹圮, 其中空洞黝黑, 深可丈餘, 皆以石築之. 盖舊時王陵, 非造山也, 此造山之爲陵一證也. 志云眞興王陵在西嶽里, 眞智王陵在永敬寺北, 永敬寺北者, 西嶽里也. 太宗陵亦云在永敬寺北, 此永敬寺北之所以爲西嶽里也. 文聖,憲安二王陵俱在孔雀趾, 孔雀趾者, 亦西嶽里一名也. 或云西嶽里或云永敬寺北, 或云孔雀趾, 同是一地而文各少異也. 是故知太宗陵上四大陵非造山, 卽眞興,眞智,文聖,憲安四王陵也. 文聖,憲安俱係太宗後, 不當在太宗陵上, 而倒葬之法, 後人所忌, 古則不然. 且太宗陵距四陵雖一麓, 然稍右而有間, 固亦無相礙也, 四山之爲四陵無疑也. 余與州之故老數人, 遍覓傍近, 竟無他陵, 驗以地理, 考之史志, 四陵與四山之數, 一一吻合如此. 噫! 以眞興嵬功盛烈, 弓劒遺藏, 泯沒無傳, 其下三陵, 又何言也."

각 하나 발견하지 못했다. 그 후 36년이 지난 정조 말년에 경주의 한 지역민이 밭을 갈다가 들판에서 고비(古碑)를 발견했다. 그것이 '문무왕비'의 일부였는데, 글씨는 한눌유(韓訥儒)가 쓴 것이었다. 홍양호는 이 중에서 몇 구절을 인용하였는데 현전하는 내용과 크게 차이가 없다.[60] 이때 홍양호는 탁본을 떠서 '문무왕비'를 보았던 것으로 추정되며, 이 사실은 유득공의 기록을 통해서도 확인할 수 있다.[61] 홍양호와 유득공의 기록을 살펴보면 당시 홍양호가 가지고 있던 탁본은 상태가 그리 좋지는 않았던 것으로 보이나, 4면의 탁본을 모두 가지고 있었던 듯하다. 그러나 이후 '문무왕비'는 자취를 감추어버렸다. 그러다가 1817년 경주에 갔던 김정희가 다시 발굴했다. 홍양호가 탁본으로만 보았던 '문무왕비'가 다시 나타난 것이다. 홍양호가 탁본을 구한 지 20년이 흐른 뒤에 김정희가 다시 발굴한 것인데, 비석의 하단부는 밭두렁의 돌무더기 속에 묻혀 있었고, 상단부는 풀 속에 버려져 있었다. 이는 홍양호가 금석학자는 아니었다는 사실을 반증한다. 본인이 직접 현장을 찾아가 확인한 것도 아니고, 단지 사람을 시켜 탁본만을 얻어 보았기 때문이다. 그에게 금석문은 감상의 대상이었을 뿐이다. 이후 김정희는 자신이 직접 발굴한 '문무왕비'를 친구들과 함께 판독하고 연구하기 시작했다. 그 당시의 정황을 알려주는 편지가 한 통 남아 있는데, 수신자가 누구인지는 확실하지 않다.

땅거미가 어스름하여 답답함을 풀 수 없었는데, 형으로부터 붉은색

---

60 洪良浩, 『耳溪集』 권16, 〈題新羅文武王陵碑〉.

61 柳得恭, 『古芸堂筆記』 권6, 〈羅麗古碑〉(『雪岫外史』 합편 수록, 아세아문화사, 1986.), 217쪽 참조.

으로 점을 찍어 교정한 '문무왕비'의 잔자(殘字) 석문(釋文)을 받고 보니 다시 정정해야겠습니다. 또한 '무장사비'의 석문도 받았는데 아마 눈은 달처럼 밝고 팔에도 눈이 있는 모양입니다. 게다가 사격(絲格, 원고지처럼 칸을 친 것)은 아주 정밀하고 필획은 치밀하므로 멀리 있는 사람들(청조 문인들)에게 자랑할 만합니다. 참으로 다행스럽습니다. '문무왕비'의 석문을 여기 다시 부쳐드립니다.[62]

이 편지는 김정희가 친구들과 함께 여러 차례 수정을 거치면서 석문을 완성해나갔다는 사실을 알려준다. 하지만 이후 '문무왕비'는 다시 자취를 감추었다. 그러다가 하단 부분이 1961년 경주 동부동 민가에서 우연히 발견되었고, 최근에는 또 사라졌던 상단이 경주의 한 개인집 우물가에서 발견되었다.[63] 이로써 김정희가 발굴했던 비석의 조각들은 모두 발굴되었지만, 김정희 당시만큼 상태가 좋지 않다. '문무왕비' 이외에도 김정희는 '무장사비'를 찾아 나섰다. '무장사비'는 경주 동북쪽 30리 암곡촌(暗谷村) 북쪽에 있었다. 비석은 깨지고 부서져 한 조각만 남아 있었다. 그것은 비석의 오른쪽 조각이었다. 김정희는 그곳에서 비석을 찾기 시작했다. 그러다가 풀 속에서 잔석(殘石) 하나를 발견했다. 그것은 비석의 왼쪽 조각이었다. 김정희는 죽은 옹수곤을 생각했다. 1815년 옹수곤은 기존에 남아 있던 오른쪽 조각을 가지고 비도(碑圖)를 그린 다음 김정희에게 보내주었는데, 첫 줄의 앞에 "이곳에 한 줄이 더 있는 것 같다"고 했다.[64] 비석을 본 김정희는 옹수곤

62 『秋史金正喜名作展』(1992), 78~79쪽. "夕陰猶淫, 無以破悶, 更從兄文武殘字釋文, 硏朱點校, 擬再就訂, 又承鍪石之釋, 殆是眼如月, 腕有見也. 且絲格精好, 筆劃密緻, 足以誇耀遠人也. 幸甚幸甚. 文武釋文, 玆又寄上."

63 2009년 9월 3일자 각종 일간지 기사 참조.

64 金正喜, 『海東碑攷』, 〈慶州鍪藏寺碑〉, 수경실 소장, 필사본. "翁星原樹崐癖於金石, 余

의 그 말이 떠올랐다. 실제 살펴보니 옹수곤의 말이 맞았다는 사실을 확인할 수 있었다. 김정희는 함께 온 각수에게 비편(碑片)에 글자를 새겨 넣게 했다. 먼저 기존에 있는 오른쪽 조각에 글씨를 새겼다.

> 이 비석은 예전에 한 조각뿐이었다. 내가 이곳에 와서 샅샅이 뒤진 끝에 풀 속에서 또 한 조각을 발견하고는 너무 놀라고 기뻐서 소리를 질렀다. 이에 두 조각을 합치고 연결하여 절 뒤쪽의 행랑에 옮겨두어 비바람을 피하게 했다. 이 비석의 서품(書品)은 당연히 '백월비'보다 위에 있다. 〈난정서(蘭亭敍)〉에 있는 '숭(崇)자의 점 세 개는 이 비석에서만 온전한데, 옹담계(翁覃溪) 선생께서는 이 비석을 가지고 증명하셨다. 동방의 문헌으로 중국에서 칭찬을 받는 것은 이 비석만 한 게 없다. 내가 여러 번 어루만지며 옹수곤이 하단(下段)을 보지 못한 것을 거듭 안타까워했다. 정축(丁丑, 1817) 4월 29일 김정희가 쓴다.[65]

그리고 자신이 새로 발견한 왼쪽 조각에도 글씨를 새겨 넣었다.

> 이 비석은 왼쪽 조각이다. 어떻게 하면 구천에서 옹수곤을 일으켜 이 금석의 인연을 함께할 수 있을까? 이 비석을 얻은 날 정희(正喜)는 또 쓰고 탁본을 떠간다.[66]

寄以此碑舊存之一段. 嘉慶乙亥星原作碑圖以贈之, 其第一行之先題之曰 : '此處似尙有一行', 其言良是."

65 金正喜, 『海東碑攷』, 〈慶州鍪藏寺碑〉, 수경실 소장, 필사본. "此碑舊只一段而已. 余來此窮搜, 又得斷石一段於荒莽中, 不勝喜叫絶也. 仍使兩石璧合珠聯, 移置寺之後廊, 俾免風雨. 此石書品, 當在白月碑上, 蘭亭之崇字三點, 惟此石特全, 翁覃溪先生以此碑爲證. 東方文獻之見稱於中國, 無如此碑. 余摩挲三復, 重有憾於星原之無以見下段也. 丁丑四月廿九日金正喜題識."

66 金正喜, 『海東碑攷』, 〈慶州鍪藏寺碑〉, 수경실 소장, 필사본. "此石當係左段. 何由起星原於九原, 共此金石之緣, 得石之日, 正喜又題, 手拓而去."

15일 동안 경주 일대를 돌아본 김정희는 이처럼 엄청난 성과를 거두었다. 그것은 탁본과 책을 통해서만 보고 연구했던 내용을 실사로 확인하는 작업이었다. 이때의 현장 실사는 김정희 금석학의 가장 핵심이라 할 수 있다. 그리고 15일간의 여행은 그의 연구 업적 속에 고스란히 반영되었다.

4) 북한산 2차 답사와 각자(刻字)

경주 답사에서 돌아온 김정희는 1817년 6월 8일, 조인영과 함께 다시 비봉 답사에 나섰다. 그간의 고증 사실을 다시 확인하기 위해서였다. 김정희와 조인영은 데리고 온 각수(刻手)에게 비석 왼쪽 측면에 다음과 같은 글자를 새기도록 하였다.

> 此新羅眞興大王巡狩之碑丙子七月金正喜金敬淵來讀
> 丁丑六月八日金正喜趙寅永同來審定殘字六十八字

> 이는 신라 진흥대왕의 순수비(巡狩碑)이다. 병자년(1816) 7월에 김정희와 김경연이 와서 판독했다.
>
> 정축년(1817) 6월 8일에 김정희와 조인영은 함께 와서 잔결된 68자를 심정(審定)하였다.

처음 비석을 찾았을 때와 다시 찾아와 심정한 내용을 각기 다른 글자체로 새겨 넣었다.[67] 이후 조인영은 〈승가사방비기(僧伽寺訪碑記)〉

67 김경연과 갔을 땐 아직 〈진흥왕순수비〉라는 사실을 알지 못했으므로 처음 답사에서 새겼다고 보기는 어렵다.

라는 글을 남겼다.

> 북한산 남쪽에 승가사가 있고, 그 위 봉우리를 비봉이라 부른다. 서울 운종가(雲從街)에서 비스듬히 북쪽을 바라보면 봉우리 꼭대기에 기둥 하나가 우뚝한데, 마치 사람이 서있는 듯하다. 속설에는 고려 때 스님인 도선의 비석인데 지금은 글자가 없다고 전해온다.
>
> 병자년(1816) 가을에 추사(秋史) 김원춘(金元春)이 내게 말했다. "제가 비봉에 올라갔는데 비석에 글자가 남아 있었습니다. 알고 보니 신라 진흥왕의 비석이었습니다." 나는 이 말을 듣고 미칠 듯이 기뻐서 그와 함께 찾아가보기로 약속했다. 다음 해 6월 8일에야 그 약속을 실천하게 되었다. 공인(工人)은 탁본을 뜰 도구를 가지고 따라왔다.
>
> 승가사 뒤의 기슭을 경유하여 돌 비탈길 수백 걸음을 돌고 돌아가니 석벽에 새겨진 불상이 있었는데, 불상을 끼고 오른쪽으로 가서 고개 마루를 따라 벼랑을 붙잡고 기어 올라갔다. 동쪽으로 용문산 등 여러 산으로부터 남서쪽으로 바다에 이르기까지 한 번에 모두 눈에 들어왔다.
>
> 마침내 공인에게 탁본을 뜨게 하여 자세히 심정(審定)해보니 완전히 없어져 억지로 판독할 수 없는 것을 제외하고, 점획이 남아 있어 판별할 수 있거나 확실하여 의심의 여지가 없는 글자는 모두 92자였다. '진흥왕(眞興王)' 3자, '순수(巡狩)' 2자, '남천(南川)' 2자는 모두 실제 역사책에서 증명할 수 있었고, 역사책의 글과도 들어맞았다. 『삼국사』를 살펴보면 진흥왕 36년에 왕이 북한산주(北漢山州)를 순행(巡幸)하여 봉강(封疆)을 탁정(拓定)하였으며, 29년에는 북한산주를 없애고 남천주(南川州)를 설치하였다. 이 비석은 아마 그 사적을 기록했을 것이다. 비문에 '진흥(眞興)'이라는 두 글자가 있는데, 「지증왕본기(智證王本紀)」에 따르면 신라의 시법(諡法)은 지증왕에서 시작되었다고 하였고, 지증왕 뒤로 법흥왕(法興王)을 거쳐 진흥왕에 이르게 되므로 진흥왕 때에는 그 시호를 미리 부르지는 않았을 것이다. 따라서 진흥왕 뒤에 세운 것

같다. 『삼국사』에 따르면 진평왕 26년에 남천주를 폐쇄하고 다시 북한산주를 설치하였다. 그런데, 비문에 '남천'이라는 두 글자가 있으므로 또한 남천주를 폐쇄하기 전일 것이다. 진흥왕 원년은 양(梁)나라 무제(武帝) 대동(大同) 6년(540)이고, 진평왕 원년은 진(陳)나라 선제(宣帝) 대건(大建) 11년(579)이므로 중요한 것은 양진(梁陳)간에 새긴 것이라는 점이다.

또 살펴보니 함흥부(咸興府) 초방령(草芳嶺)에 진흥왕북순비(眞興王北巡碑)가 있었는데 지금은 없어지고 단지 탁본만 있을 뿐이었다. 자체(字體)는 해서(楷書) 같기도 하고 예서(隸書) 같기도 하여 아주 고아(古雅)했는데, 이 비석과 함께 같은 사람의 손에서 나온 듯하므로 같은 때에 새긴 것이라 생각되었다. 신라와 고려의 비목(碑目)을 두루 헤아려 봤지만 참으로 상승(上乘)이었다. 그러나 『여지승람』과 『북한지』 등 여러 책에는 모두 빠져있으니 어찌된 일일까? 비석 좌측에 날짜를 새겼다. 처음에 추사가 비석을 찾았을 때에는 동리(東籬) 김경연(金敬淵, 1778~1820, 자는 시현(時顯))이 함께 갔었다.[68]

---

68 趙寅永, 『雲石遺稿』 권10, 〈僧伽寺訪碑記〉. "北漢之南, 有僧伽寺, 其上峰曰碑峰, 自京師雲從街迤北, 見峰巓一柱兀然如人立, 俗傳麗僧道詵碑, 今沒字云. 歲丙子秋, 秋史金元春語余,: 曰 '吾上碑峰, 碑有殘字, 實新羅眞興王碑也'. 余聞之狂喜, 約與之共尋, 越明年六月八日, 始踐之. 工執墨拓具以從, 由僧伽寺後麓, 轉石磴數百武, 得壁刻佛像甚偉, 夾像而右, 循嶺脊攀压腹登焉. 東自龍門諸山, 南西至于海, 可一擧目盡也. 遂令工搨之, 細加審定, 除全缺不可强解, 餘點畫可辨確然無疑者. 凡九十有二字, 如眞興王三字, 巡狩二字, 南川二字, 皆實事可證, 而與史文經緯者也. 按三國史, 眞興王十六年, 王巡幸北漢山州, 拓定封疆, 二十九年, 廢北漢山州, 置南川州, 碑盖紀其蹟也. 碑文有眞興二字, 而據智證王本紀, 新羅謚法始此, 智證之後, 歷法興至眞興, 則眞興時, 不應預稱其謚, 似眞興後所立. 據眞平王二十六年, 廢南川州, 還置北漢山州, 而碑文有南川二字, 則又似南川廢州之前也. 眞興王元年, 在梁武帝大同六年, 眞平王元年, 在陳宣帝大建十一年, 則要之梁陳間刻者, 又按咸興府之草芳嶺, 有眞興王北巡碑, 今佚, 但拓本在耳. 字體似楷似隷, 極古雅, 與此碑, 若出一手, 意同時所刻也. 歷數羅麗碑目, 洵爲上乘. 然輿地勝覽北漢誌諸書, 並闕之, 何哉. 乃鐫名於碑之左側, 以識月日, 始秋史尋碑時, 東籬金時顯偕之."

글의 내용을 보면 대부분 김정희의 의견을 따르고 있으며, 이후 몇 글자를 추가로 확인하여 92자를 심정하게 되었다. 또 조인영은 시법(諡法)이 지증왕 때부터 시작되었기 때문에 진흥왕이 죽은 뒤에 비석을 세웠을 거라는 추정을 하였다. 아무튼 이 글은 1817년 비봉을 찾은 뒤 한참 후의 기록이다. 김정희가 처음 김경연과 함께 북한산에 오른 것은 김경연 집안에 많은 금석문이 있었기 때문이었을 것으로 보인다. 1817년에는 김경연의 집에서 함께 금석문 1천 권을 읽었다는 기록이 남아있다.

> 정축년(1817) 가을 황산(黃山) · 추사(秋史)가 내 동리서당(東籬書堂)으로 찾아와 역설(易說)과 시의(詩義) 몇 조목을 서로 토론하고 금석문자(金石文字) 1천 권을 읽었다.[69]

1천 권이란 숫자가 다소 과장된 이야기로 들릴 수도 있지만 따지고 보면 과장이라고만 하기는 어렵다. 김경연은 바로 246책이나 되는 거질의 『금석록(金石錄)』을 만든 김재로(金在魯, 1682~1759)의 봉사손이었다. 김경연의 집에는 수많은 탁본들이 있었고, 김정희는 김재로가 수집해두었던 『금석록』을 보았을 것이다. 현전하는 『금석록』을 검토해 보면 『금석록』 1책에는 최소한 4종 이상의 금석문이 실려 있다. 따라서 금석문자 1천 권을 읽었다는 김경연의 발언은 과장된 숫자라고 할 수 없다. 특히 김경연과는 이후에도 잔비(殘碑)의 석문(釋文)을 함께 해석하고 비도(碑圖)를 만드는 일에 함께 참여했음을 알 수 있다.

---

69 金敬淵, 『東籬偶談』, 『(原刻景印)百部叢書集成』 72-1, 『仰視千七百二十九學齋叢書』 7, 영인본, 臺北, 藝文印書館, 1965. 「序文」. "丁丑秋日, 黃山秋史訪余東籬書堂, 論易說詩義數則, 讀金石文字一千卷."

> 전정(篆幀, 전액(篆額)의 족자) 및 비도(碑圖)는 원본과 함께 잘 받았습니다. 비도는 나를 위해 하나의 수고를 덜어 주셨으니 그지없이 고맙습니다. 다시 자세히 고증하겠습니다. 전정은 과연 가품(佳品)으로 자법(字法)이 벽락문(碧落文)에 가까워 대체로 속필은 아닙니다. 마땅히 걸어놓고서 차분히 감상할 생각입니다.[70]

이처럼 김정희는 친구들과 함께 지금까지 감상을 목적으로 제작하여 전해오던 각종 금석문 자료들을 읽고, 새로운 비석들을 찾아내 고증하는 데 이용하였다. 이런 과정을 거쳐 수백 년 동안 선배들이 이루어 놓은 업적들을 본격적으로 학문으로 정립시켜 나간 것이다.

4. 김정희의 진흥왕순수비 고증

북한산 비봉의 비석이 진흥왕의 순수비임을 확인한 김정희는 좀 더 세밀한 고증을 시작했다. 그 고증은 18년이나 지속되었고, 그 결과는 『예당금석과안록』이란 이름으로 전해지게 되었다. 앞서 살펴봤듯이 김정희는 〈북한산진흥왕순수비〉를 고증하는 과정에서 이 비석의 서체가 황초령의 진흥왕순수비와 유수한 점에 주목하였고, 이는 이후 고증에서 중요한 작용을 한다. 따라서 김정희는 황초령의 〈진흥왕순수비〉를 먼저 고증하였고, 이를 기준 삼아 북한산의 진흥왕순수비를 고증하였다. 이를 위해서 김정희는 가장 중요한 황초령비의 탁본을

70 金正喜, 『阮堂先生全集』 권4, 〈與金東籬敬淵〉. "篆幀及碑圖, 並原本謹領, 而碑圖爲弟省却一勞, 感誦無已. 細當更證, 篆幀果是佳品, 字法近於碧落文, 要非俗筆, 當懸之潛玩耳."

구하기 위해 노력한 것으로 보인다.

1) 〈황초령진흥왕순수비(黃草嶺眞興王巡狩碑)〉에 대한 일반적 인식

〈황초령진흥왕순수비(黃草嶺眞興王巡狩碑)〉의 존재는 이미 오래전부터 알려져 있었다. 일찍이 김성일(金誠一, 1538~1593)은 이에 관한 기록을 남겼다. 1579년 10월 7일의 기록이다.

> 큰 고개를 하나 넘자 고개 위에 단비(斷碑)가 있는데 신라 진흥왕이 북순(北巡)할 때 세운 것이다. 초방원(草芳院)에 도착하여 묵었다. 초방원은 황초령 아래에 있다.[71]

황초령의 비석에 대해 정확히 알고 있었다. 그러나 김성일은 시를 한 수 지었을 뿐, 별다른 언급이 없다. 관심이 없었던 것이다. 이 기록을 보면 당시 고개 이름은 황초령이었고, 숙소가 있던 곳이 초방원이었음을 알 수 있다. 비슷한 시기에 차천로(車天輅, 1556~1616) 역시 『오산설림초고(五山說林草藁)』에서 황초령비에 관한 기록을 남겼다.

> 선춘령(宣春嶺)은 갑산(甲山)에서 5일 거리에 있는데 근처의 백두산 아래에 짧은 비석이 풀숲에 숨어 있다. 신립(申砬)이 남병사(南兵使)로 있을 때 탁본을 떠 왔기에 내가 얻어 보았는데 높이는 겨우 5자, 넓이는 2자쯤 되었다. 글자는 『필진도(筆陣圖)』와 같았지만 작았고, 태반이 결락되어 있었다. 거기에서 '황제(皇帝)'라 한 것은 고구려왕이다.

71 金誠一, 『鶴峰逸稿』 권3, 〈初七日己卯〉. "踰一大嶺,嶺上有斷碑, 新羅眞興王北巡時所立也. 到草芳院宿.院在黃草嶺下."

'탁부(喙部) 아무개'라 한 것이 6~7군데 있는데 나는 '탁부(喙部)'가 무슨 관직인지 알 수 없었다. 그 뒤에 하곡(荷谷) 허봉(許篈)이 말하기를 '옛날 역사책을 보았는데 탁부(喙部)는 지금의 대부(大夫)와 같다.'고 하였다.[72]

하지만 차천로의 이 기록은 어딘지 모르게 엉성하다. 비석이 백두산 아래에 있다는 점, 서체가 『필진도(筆陣圖)』를 닮았다고 한 점 등으로 미루어 볼 때 차천로의 언급이 〈황초령진흥왕순수비〉를 가리키지 않는다는 생각을 들게 한다. 하지만, '탁부(喙部)' 등의 언급을 보면 신라시대의 비석임은 분명해 보인다. 최남선은 차천로 글의 문제점을 언급하면서도 이를 황초령비에 대한 언급으로 보고 있다. 이를 보면 비석이 온전하지는 않았어도 당시까지는 그 존재가 알려져 있었던 것으로 보인다. 한백겸(韓百謙, 1552~1615)의 『동국지리지(東國地理誌)』에 실린 기록은 역사서의 기록답게 명확하다.

【동옥저(東沃沮)】 지금의 함경남도(咸鏡南道)이다. 신라(新羅) 진흥왕(眞興王)이 지금의 안변(安邊)을 비열주(比列州)로 삼고, 고원(高原)을 정천군(井泉郡)으로 삼았다. 함흥(咸興)의 황초령(黃草嶺)과 단천(端川)에는 또 순수비(巡狩碑)가 있다. 이는 동옥저(東沃沮) 역시 한 때 신라가 빼앗아 소유하고 있었다는 의미이다.[73]

황초령과 단천(端川)에 진흥왕의 순수비가 있다는 사실을 밝힌 최초의 기록이다. 이후에 등장하는 〈황초령진흥왕순수비〉에 관한 기록

72 崔南善(1930b), 28쪽 재인용함.

73 韓百謙, 『東國地理誌』, 〈東沃沮〉, 원문은 생략.

은 모두 여기에 근거를 두고 있다. 이후 『광해군일기』의 만력(萬曆) 36년(1608)년 8월 16일 기사에는 함경감사 장만(張晩)이 올린 차자(箚子)에 대한 비변사(備邊司)의 회계(回啓)가 기록되어 있다. 여기에는 함경도에 대한 당시의 인식이 나타나 있다.

> 지리적으로 관동(關東)에 연결되어 있으니 삼국시대에는 신라의 국경이었다. 정몽주(鄭夢周)의 〈연자루기(燕子樓記)〉에서도 상고할 수 있고 성덕왕(聖德王)의 순수비(巡狩碑)가 아직도 황초령(黃草嶺)에 남아 있어 사적이 분명한데도 어떤 사람이 고구려의 땅이었다고 하는 것은 중엽 이후로 고구려에 편입되었기 때문이 아니겠는가?[74]

당시까지만 해도 황초령에 진흥왕순수비가 분명히 남아 있었으며, 이를 근거로 그곳이 신라의 땅이라는 인식을 가지고 있었다는 증거이다. 그러나 이후 〈황초령진흥왕순수비〉에 관한 기록은 보이지 않는다. 낭선군(朗善君)의 『대동금석서(大東金石書)』에 그 일부가 탁본으로 남아 있을 뿐이다. 그리고 『대동금석서』보다 조금 뒤에 만들어진 것으로 보이는 편자 미상의 『금석청완(金石淸玩)』에도 일부가 탁본으로 남아 있다. 하지만 얼마 뒤 〈황초령진흥왕순수비〉는 그 존재가 사라지고 만다. 그런데, 신경준(申景濬)이 『강역지(疆域志)』「초방원(草芳院)」조에서 〈진흥왕순수비〉의 내용을 소개하고, 한백겸의 『동국지리지』와 낭원군의 『해동집고록(海東集古錄)』 등을 근거로 그 가치를 설명하고 있다.

---

74 『光海君日記』〈만력 36년 8월 16일〉 기사. "地連關東, 乃三國時新羅境. 鄭夢周〈燕子樓記〉可稽, 而聖德王巡狩之碑, 尙在黃草嶺, 事迹分明, 而或謂之句麗地, 無乃中葉以後, 陷入于句麗耶?"

【우안(愚按)】 초방원(草芳院)은 지금의 함흥부(咸興府)에서 북쪽으로 100여 리 떨어진 황초령(黃草嶺) 아래에 있다. '방(坊)'을 『동국여지승람(東國與地勝覽)』에서는 '황(黃)'으로 쓰고 있는데, 방(坊)과 황(黃)은 발음이 비슷하다. 『해동집고록(海東集古錄)』에는 '비(碑)는 12행(行)이고 1행당 35자(字)이므로 비문 전체로는 420자인데 마멸되어 판독할 수 없고, 판독할 수 있는 것은 278자이다.'라고 했다. 이제 「신라본기(新羅本紀)」를 살펴보면 '진흥왕(眞興王) 16년 무자(戊子) 겨울 10월에 북한산(北漢山)을 순수(巡狩)하고 국경을 개척하여 확정하였다. 12월에는 북한산에서 돌아와 지나쳐온 주군(州郡)에 1년치 조세를 돌려주었다.'고 하였다. 그러니 무자(戊子)년은 과연 진흥왕이 함흥을 순수한 해이고, 8월에 국경을 정하고 10월에 북한산에 이르렀으며 12월에 환도하였는데, 8월의 일만이 역사책에 누락되었을 뿐이다. 삼국(三國)이 대립하고 있을 때 신라의 영토는 비홀렬(比忽列)을 넘을 수 없었는데, 지금의 안변부(安邊府)이다. 삼국이 통일된 후에는 또 천정(泉井)을 넘지 못했는데, 천정은 지금의 덕원부(德源府)이다. 함흥은 안변 북쪽으로 200여리 되는 지점에 있고, 단천(端川)은 함흥에서 북쪽으로 360리 되는 지점에 있다. 〈진흥왕순수비〉를 가지고 본다면 단천 이남이 일찍이 신라에 편입되었다는 것을 알 수 있다. 이것은 국사(國史)나 야승(野乘)에 기록되지 않은 것인데, 국경의 돌조각이 남아 있어 천 년 전의 옛일을 전해주니 기이하도다! 태사공(太史公)이 금궤(金櫃)와 석실(石室)의 소장된 서적을 뽑아낸 것과 같구나. 신라 한 나라의 사라진 옛 일이 참으로 역사가의 체제를 얻게 되었다. 단천(端川)의 비문을 지금은 상고할 수 없다.[75]

신경준의 이 글은 이후 『동국문헌비고(東國文獻備考)』에 편입되었고,[76] 〈황초령진흥왕순수비〉에 관한 논의는 바로 『동국문헌비고』에

---

75 崔南善(1930b), 31쪽 재인용함.

편입된 신경준의 글을 통해서 인용되게 된다. 안정복(安鼎福, 1712~1791) 또한 『동사강목(東史綱目)』에서 이에 대해 보다 자세하게 기록하고 있지만, 신경준의 논의를 벗어나지는 않는다. 안정복의 기록을 보자.

> 동사(東史) 지지서(地志書)의 기록에 '함흥(咸興)의 황초령(黃草嶺)과 단천(端川)에는 순수비(巡狩碑)가 있다. 이는 옥저(沃沮) 역시 한 때 신라가 빼앗아 소유하고 있었다는 의미이다.'라고 하였다. 〈진흥왕순수정계비(巡狩定界碑)〉가 함흥부(咸興府) 북쪽 초방원(草坊院)에 있는데, 그 비문(碑文)의 대략은 이렇다. '짐이 태조(太祖)께서 이룬 터전을 이어받아 왕통을 계승하였으니 몸가짐을 항상 조심하였다.'고 하였고, '사방으로 영토를 확장하고 널리 백성들을 얻었으며 이웃나라와는 신의를 맺고 사이좋게 사신을 왕래하였다.'고 하였으며, '무자년 8월에 국경을 순수(巡狩)하고 민심을 살폈다.'고 하였다. 초방원(草坊院)은 함흥부(咸興府) 북쪽 1백여 리 황초령(黃草嶺) 아래에 있다. 황(黃)과 방(坊)은 음(音)이 서로 비슷하여 변한 것이다. 『해동집고록(海東集古錄)』에는 '비문이 모두 12행, 행당 35자로 전문(全文)이 4백 20자인데 판독할 수 있는 글자가 겨우 2백 78자이다.'라고 하였다. 이를 근거로 한다면 신라가 비록 지금의 안변(安邊)과 덕원(德源)으로 국경으로 삼았지만, 임금이 순수(巡狩)하고 비석을 세운 것이 함흥과 단천에까지 이르렀으므로 단천 이남 지역이 일찍이 신라의 판도에 들어갔던 것이다. 하지만 역사책에는 전하지 않고 국경의 돌조각에만 남아 아주 오랜 옛 일이 되고 말았으니 참 기이한 일이다. 그러나 정사(正史)에는 보이지 않으므로 인정하지 않고 여기에 기록하여 이문(異聞, 새로운 지식)을 넓힌다.[77]

---

76 『東國文獻備考』 권7, 「輿地考二」, 〈歷代國界下〉, 원문은 생략.

77 안정복, 『東史綱目』 「考異」, 〈新羅眞興王定界碑〉, 원문은 생략.

안정복은 앞의 『동국지리지』의 기록을 인용한 다음, 비문의 내용과 그 의미 등에 대해 자세히 설명하고 있다. 그런데 이것은 『동국문헌비고』의 내용을 그대로 옮겨 놓은 것에 불과하다. 신경준의 주장을 그대로 수용한 셈이다. 이때까지 〈황초령진흥왕순수비〉를 통해 신라의 국경이 황초령까지 이르렀다고 생각을 하기는 했지만, 정사(正史)에 기록이 없다는 이유로 인정을 받지 못했던 것이다. 더구나 〈황초령진흥왕순수비〉를 찾아보거나 글자의 판독을 통해 보다 심도 있는 논의를 진행하려 하는 노력 등은 보이지 않는다. 다만, 황초령의 진흥왕순수비 석문(釋文)을 시도한 흔적이 한 군데 남아 있다. 『해상청운(海上淸云)』이란 책에 〈순수비(巡狩碑)〉조가 있는데, 〈황초령진흥왕순수비〉를 판독하여 실어놓았다. 이 책은 저자 미상의 사본으로 미국 버클리대학교 극동도서관(極東圖書館)에 소장된 책이다. '서벽외사해외수일본(栖碧外史海外蒐佚本)'의 하나로 『강나대필(强懶代筆)』[78]에 포함되어 영인되었다. 저자가 나타나 있지 않지만, 내용을 분석해보면 정조 연간에 편찬된 것으로 보인다. 앞에는 짧은 제지가 있다.

> 옛날 〈신라진흥왕순수정계비(新羅眞興王巡狩定界碑)〉가 함흥부 북쪽 초방원에 있다. 비석은 12행이고, 매행당 35자로 모두 420자이다. 판독할 수 있는 270자를 아래쪽에 기록한다. 진(陳)나라 임해왕(臨海王) 광대(光大) 2년(568)에 세웠다.[79]

전체적인 내용은 앞에서 살펴본 바와 다르지 않다. 다만 판독 가능

---

78 『强懶代筆』, 西碧外史海外蒐佚本 12, 아세아문화사, 1985.

79 "昔新羅眞興王巡狩定界碑, 在咸興府北草坊院. 碑十二行行三十五字, 合四百二十字. 可辨者二百七十字錄在下方. 陳臨海王光大二年建."

한 글자를 270자로 한 점은 차이가 있다. 그렇지만 실제로 실어놓은 글자는 239자(완자(刓字), 부전자(不全字) 포함)에 불과하다. 그럼에도 김정희의 석문에 보이지 않는 글자를 판독한 곳도 있다. 예를 들어, 3행의 '忠■□□'를 '恐違乾道'로 판독하였다. 또 4행의 '■■新古黎■■謂道化'를 '撫育新古黎庶猶謂道化'로 판독했다. 게다가 일부 완자(刓字)와 부전자(不全字)를 표기하였고, '궐(闕)'자를 써서 문장이 끊어짐을 나타내기도 했다. 하지만, 비도(碑圖)가 표시되어 있지 않고, 행자수 또한 기록해놓지 않았으며, 고증 내용도 전혀 없다. 따라서 개략적인 판독 상황을 확인할 수 있을 뿐이다. 그럼에도 김정희가 『예당금석과안록』에서 표기한 것과 다르다는 점에서, 김정희 이전에 불완전하지만 석문이 존재함을 확인할 수 있다는 점에서 의미가 있다. 이는 김정희 이전 기록에 대해 어느 정도 신빙성을 가질 수 있다는 점에서 중요한 자료라 할 것이다. 또 흥미로운 점은 이 책에는 〈유인원기공잔비(劉仁願紀功殘碑)〉와 〈평제탑(平濟塔)〉의 석문도 실려 있는데,[80] 『삼한총서(三韓叢書)』의 하나로 편입된 『금석록(金石錄)』에 수록된 내용을 거의 그대로 따르고 있다는 점이다.

사라져버린 〈황초령진흥왕순수비〉는 이후 여러 사람들의 노력으로 다시 세상에 모습을 드러내게 된다. 홍양호는 〈제신라진흥왕북순비(題新羅眞興王北巡碑)〉에서 〈황초령진흥왕순수비〉가 재출현하게 된 경위를 자세히 설명해 놓았다.

> 내가 젊을 때 야사(野史)를 보니 '신라(新羅)의 임금이 순수(巡狩)하다가 철령(鐵嶺)을 지나 옥저(沃沮)에 이르러 국경을 정하고 비석을 세

80 『强懶代筆』, 「日東异聞」, 419~446쪽.

웠는데, 우리 선조 임금 때 신립(申砬)장군이 북병사(北兵使)로 있으면서 탁본을 떠 와서 세상에 전해졌다.'고 하였다. 그래서 나는 신씨의 후손들을 널리 수소문했으나 아는 사람이 없어 아주 안타까웠다. 새로 부임하는 북백(北伯, 함경도관찰사)을 만나면 찾아오라고 권했지만 끝내 얻지 못했다. 경술(庚戌, 1790)년에 유한돈(兪漢敦)이 함흥통판(咸興通判)이 되어 인사하러 왔기에 내가 그 이야기를 했더니 1년 만에 편지를 보내 말했다. "조정에서 장진부(長津府)를 신설하는데 함흥(咸興)과 갑산(甲山)의 사이입니다. 그 중간에 황초령(黃草嶺)이 있는데 함흥에서 2백리 쯤 떨어져 있으며 고개 위에 비석이 있습니다. 산 밑에 넘어져 있는데 위아래가 모두 부러지고 허리 반쪽만 남았습니다. 그 문장을 보니 바로 〈진흥왕순수비〉였습니다. 탁본 하나를 보냅니다." 내가 비문의 글자를 살펴보니 예스럽고 굳세었지만 문리가 끊어져 읽을 수가 없었다. 중간에 종관(從官)들이 있고, '탁부(喙部)', '아간(阿干)', '대사(大舍)' 등의 이름이 있었는데 모두 신라 초기의 지명(地名)과 관호(官號)였다. 어찌 기이하지 않은가? 그 해를 상고해보니 바로 무자(戊子)년 8월이었다. 이 해는 진흥왕(眞興王) 29년이며, 중국에서는 육조(六朝) 진(陳)나라 임해왕(臨海王) 2년이다. 지금부터 1226년 되었으니 우리나라 고적 중에서는 이보다 앞서는 것이 없다. 이제 장진부(長津府)를 개척하는 시기에 비로소 세상에 나타나니 국가 문명의 운세가 어두운 데서 밝은 곳으로 나오지 않음이 없다는 것을 징험할 수 있으며, 신라 전성기의 국토의 광대함이 말갈(靺鞨)의 땅에까지 이르렀음을 여기에서 볼 수 있으니 고대사의 누락을 보완할 수 있게 되었다. 유군의 옛것을 좋아하는 마음이 천 년 전의 고적을 드러나게 하였으니 박아(博雅)한 좋은 선비라 할 것이다. 이에 사라졌다 나타난 전말을 기록하여 직방씨(職方氏, 지리서 편찬을 담당하는 관원)의 채택을 대비한다.[81]

---

81 洪良浩, 『耳溪集』 권16, 〈題新羅眞興王北巡碑〉, 원문은 생략.

홍양호는 1791년에 유한돈을 통해 〈황초령진흥왕순수비〉의 탁본을 구해보고는 너무나 기뻤던 것이다. 당시까지만 해도 이 비석이 우리나라에서 가장 오래된 비석이었기 때문이었다. 하지만 홍양호는 그 이상을 고증하지는 못했다. 더구나 비석을 보호하기 위한 어떠한 노력도 기울이지 않았다. 단지 수집가로서의 모습만 보여줄 뿐이었다. 당시 유득공(柳得恭)은 홍양호에게서 이 탁본을 빌려보고 기록을 남겼다.

> 지금 태학사(太學士)이신 홍공(洪公, 홍양호)이 신라의 비문(碑文) 5종을 소장하고 있는데 〈진흥왕북순비〉, 〈태종왕비〉, 〈문무왕비〉, 〈김각간비〉, 〈무장사비〉 등이다. 무오년(戊午年, 1798) 10월 15일에 빌려 보았는데 잔결(殘缺)이 많아 대략 읽을 수 있었다.
>
> 〈진흥왕북순비(眞興王北巡碑)〉 비문에 '진흥태왕(眞興太王)', '소태조지기찬승왕위(紹太祖之基纂承王位)', '사방탁경광획민토인국서신화사교통(四方託境廣獲民土隣國誓信和使交通)', '세차무자추팔월순수□경방채민심(歲次戊子秋八月巡狩□境訪採民心)', '유공지도가가상작물이장훈효(有功之徒可加賞爵物以章勳効)', '수가사문도인법장혜인(隨駕沙門道人法藏慧忍)', '탁부(喙部)', '대아간(大阿干)', '대사(大舍)' 등의 구절이 있었다. 이 비석은 함흥부(咸興府) 황초령(黃草嶺)에 있는데, 그 해가 무자(戊子)라 한 것은 진흥왕 29년으로 중국에서는 진(陳)나라 임해왕(臨海王) 2년(568)이니 지금으로부터 1226년 전이다. 우리나라의 고비(古碑)는 당연히 이 비석을 으뜸으로 쳐야 할 것이다. '탁부', '대아간', '대사'는 신라의 방언으로 직관(職官)의 명칭을 말한 것이다. 승려를 '도인(道人)'이라 한 것은 육조(六朝)의 풍습이다. 이때는 고구려가 막 강성할 때인데 진흥왕이 어떻게 국경을 넓혀 북쪽으로 옥저(沃沮)의 땅까지 이르렀는지 모르겠다. 『삼국사』에는 누락되어 있다. 이 비석이 북순(北巡)하던 날에 세워졌으므로 '진흥태왕'이라 한 것은 호칭이지 시호

(謚號)가 아니다. 서법(書法)은 해서와 예서가 섞여 예스럽고 질박하여 사랑스럽다. 또 이른바 '사문도인(沙門道人)'이란 사람들은 글을 지은 사람들인가?[82]

전체 석문(釋文)은 없고 비석의 외형에 대한 구체적인 설명도 없지만 고증을 시도하고 있음을 볼 수 있다. 잔비(殘碑)이기 때문에 전체 내용을 볼 수 없으므로 비문에 보이는 주요 구절들을 통해 비문의 내용을 추정했다. 홍양호(洪良浩, 1724~1802)의 소장품을 빌려다 보았기 때문인지 그의 제발문에 보이는 내용과 유사함을 볼 수 있다. 그러나 홍양호가 비문에 관한 '이야기'에 초점을 두었다면 유득공은 비문 내용의 '고증'에 그 초점을 맞추었다. 김정희 이전의 황초령비에 관한 글 중에서는 가장 수준이 높다고 할 수 있다. 이후 김정희의 기록에 따르면 함흥판관 윤광호(尹光濩)가 탁본 몇 부를 떴지만, 얼마 뒤 다시 자취를 감추고 만다.

진흥왕순수비(眞興王巡狩碑)가 한 번은 낭선군(朗善君) 시대에 나타났고, 한 번은 문익공(兪文翼公) 유척기(兪拓基) 시대에 나타났지만, 마침내 그것에 대해 묻는 사람이 사라져 버렸습니다. 함흥판관(咸興判官) 윤광호(尹光濩)[83]가 대략 몇 본(本)을 탁본했지만, 그 뒤로 관(官)에서 탁본을 뜨자 백성들이 그것을 땅에 묻어 버려 자취를 감춘 지 이제 40여 년이 되었습니다.[84]

김정희의 말에 따르면 낭선군과 유척기를 거쳐 유한돈이 다시 찾

82 원문은 생략.

83 윤광호는 1808년 6월에 함흥판관이 되었고, 1812년 12월에 해임되었다.

84 金正喜, 『阮堂先生全集』 권3, 〈與權彝齋敦仁〉 32, 원문은 생략.

아낸 〈황초령진흥왕순수비〉는 다시 땅에 묻히는 신세가 되고 말았다. 그것은 관에서 탁본을 뜨면서 백성들에게 부역이 부과되자 이를 싫어한 백성들이 땅에 묻어버렸기 때문이었다. 당연히 이 비석에 대해 묻는 사람들도 없어졌다. 그런데 〈북한산진흥왕순수비〉를 발견한 김정희가 〈북한산진흥왕순수비〉를 고증하는 과정에 〈황초령진흥왕순수비〉에 주목하게 되었고, 김정희는 비석을 찾는 데 주력하였다. 북쪽으로 지방관을 나가는 사람이 있을 때마다 그들에게 〈황초령진흥왕순수비〉를 찾아봐달라는 부탁을 잊지 않았다. 하지만 아무도 관심을 가져주는 사람도 없었고, 비석을 찾아내지도 못했다. 그러다가 가장 친한 친구인 권돈인이 함경도관찰사로 나간 지 얼마지 않아 희소식이 들려왔다. 권돈인이 땅에 묻힌 〈황초령진흥왕순수비〉를 다시 찾아낸 것이었다. 하지만 이번에도 하단은 찾을 수 없었고, 상단뿐이었다. 하지만 김정희에게는 아주 의미 있는 사건이었다. 1816년부터 시작한 〈북한산진흥왕순수비〉에 대한 연구를 마무리할 수 있었기 때문이었다. 〈북한산진흥왕순수비〉를 발견한지 18년만의 일이었다. 1834년에 김정희가 권돈인에게 보낸 편지다.

> 저는 이 비(碑)에 대한 고민이 있어 북쪽으로 지방관을 나가는 사람들마다 널리 찾아봐달라고 부탁했지만 마침내 한 사람도 호응해준 사람이 없었습니다. 저들이 어찌 내 마음을 알겠습니까? 낭선군 시대에는 이 비가 이단(二段, 두 조각)이었는데, 유척기 시대에는 이 비가 한 조각만 남아있어 아래 한 조각은 다시는 볼 수가 없게 되었습니다. 만일 다시 아래 한 조각을 얻는다면 더욱 신기하겠지만 기필할 수가 없을 듯합니다.
>
> 대개 이 비석은 우리나라 금석문의 시조(始祖)가 될 뿐만이 아닙니

다. 신라(新羅)의 국경을 역사책만 가지고 상고해보면 겨우 비렬홀(比列忽), 즉 안변(安邊)까지만 미쳤는데, 이 비석이 아니었더라면 멀리 황초령(黃草嶺)까지 미쳤던 사실을 어찌 알 수 있겠습니까? 금석문이 역사책보다 나은 점이 이와 같으니, 옛 사람들이 금석을 귀중하게 여긴 이유가 어찌 한낱 옛날 물건이라는 것 때문이었겠습니까?[85]

이 때 권돈인이 김정희에게 보낸 탁본은 중요한 의미가 있다. 김정희가 그토록 찾으려고 했던 〈황초령진흥왕순수비〉의 실체를 확인했기 때문이었다. 김정희는 1816년 〈북한산진흥왕순수비〉의 연구를 시작한 이래 〈황초령진흥왕순수비〉와의 연관성에 주목하고 사라진 비석을 찾는 데 온 힘을 쏟고 있었다. 하지만 권돈인이 보내온 탁본을 본 김정희는 실망하고 말았다. 이미 알려진 탁본보다 상태가 좋지 않았기 때문이었다. 더구나 사라진 하단을 언제 찾을지도 모를 일이었다. 김정희는 여기서 '진흥왕순수비'에 대한 연구를 마무리한다. 아울러 그 사실을 권돈인에게도 알렸다. 다만 초고 상태라 보내지 못함을 안타까워했다.

제가 이 비석에 대해서 고증한 저술 한 권이 있습니다. 글자 하나, 획 하나, 지명 하나, 관직 하나에까지 자세하게 조사하고 고증한 것이 한 권이나 되었습니다. 이번에 보내드리려고 싶었지만 아직 초고(草稿) 상태로 미처 정리하지 못했습니다. 정리한 다음에야 열람을 할 수 있겠기에 보내드리지 못했으니 답답합니다.[86]

이것은 김정희가 진흥왕순수비에 대한 연구를 마쳤다는 말이다. 아

---

85 金正喜, 『阮堂先生全集』 권3, 〈與權彝齋敦仁〉 32, 원문은 생략.

86 金正喜, 『阮堂先生全集』 권3, 〈與權彝齋敦仁〉 32, 원문은 생략.

울러 김정희는 권돈인이 보내준 〈황초령진흥왕순수비〉의 뒤에 글을 써 붙였다. 〈제북수비문후(題北狩碑文後)〉라는 제목으로 볼 때 권돈인으로부터 탁본을 받은 뒤에 쓴 것이다.

> 이것은 바로 신라 진흥왕(眞興王)의 잔비(殘碑)이다. 비석은 함경도 함흥(咸興) 황초령(黃草嶺)에 있었는데 비석이 오랫동안 자취를 감추었다. 이재(彝齋) 상서(尙書)가 이 도(道)의 관찰사로 부임하여 어진 기풍을 일으키자 온갖 제도가 모두 흥기하였고, 숨어 있던 아름다움이 훤하게 밖으로 드러났는데, 고적(古蹟)을 찾고 모으는 데까지 이르자 이 비석을 흙 속에서 찾아내게 되었다. 이 비석은 곧 우리나라 금석문의 으뜸인데, 이천여 년의 옛 자취가 다시 세상에 크게 밝혀진 것이다. 옛날 황룡(黃龍)·가화(嘉禾)·목련(木連)·감로(甘露)의 상서로움과 같을 뿐만이 아니라 너무도 훌륭한 일이었다. 나는 일찍이 옛날 탁본(拓本)을 얻어 연월(年月)·지리·인명(人名)·직관(職官) 등을 증명하고 확정하여 『비고(碑攷)』를 저술함으로써 『해동금석록(海東金石錄)』과 『문헌비고(文獻備考)』의 오류를 바로잡았다. 지금의 잔석(殘石)과 비교해보면 오히려 55자가 더 많으니 그 사이 없어지고 손상된 글자가 16자나 되었다.[87]

아울러 김정희는 권돈인에게 〈황초령진흥왕순수비〉의 보존책을 세워달라고 부탁했다. 잘못하면 어렵게 찾은 한 조각이 사라져버릴지도 모를 일이기 때문이었다.

> 이제 비석을 찾았는데 다시 이것을 우거진 잡초 사이에 방치하면 대감께서 돌아오신 뒤 반드시 다시 땅에 묻히고 말 것입니다. 진흥왕의

87 金正喜, 『阮堂先生全集』 권6, 〈題北狩碑文後〉, 원문은 생략.

위대한 업적이 한 조각 빗돌에 남아 세상에 전해온 지 이미 천 년이 지났으니, 틀림없이 세상의 변화에 따라 사라질 리는 없을 것이지만, 후인의 입장에서 그를 높이고 포장하는 도리에 있어 조금이라도 소홀히 해서는 안 될 듯합니다. 감영(監營)으로 가져오는 것이 매우 좋기는 하지만, 그 일을 크게 벌여서 영원히 잘 보존되도록 대책을 마련하지 않는다면 또 어디로 굴러가게 될지 모를 일입니다. 또한 이 비석이 원래 있던 곳은 바로 국경을 개척하여 확정한 실제 자리이므로 다른 곳으로 옮기는 것이 또한 마음에 걸립니다. 어떠신가요? 만일 그 비석이 원래 있던 곳에 그대로 두고 영원히 보존할 대책을 마련한다면 더욱 좋겠습니다.

하지만 김정희의 바람처럼 권돈인은 〈황초령진흥왕순수비〉의 보존 대책을 제대로 세우지 못한 채 임기를 마치고 돌아오고 만다. 권돈인이 황초령비를 다시 찾아낸 것은 김정희의 글에도 나타나 있지만, 그 경위가 다른 곳에는 보이지 않는다. 그런데 윤정기는 그곳의 백성이 가져다 항아리 받침대로 사용하고 있었다는 기록을 남겨놓았다.

함홍(咸興) 황초령에는 옛날에 〈진흥왕순수정계비(眞興王巡狩定界碑)〉가 있었는데 사람들이 이를 알지 못했다. 헌종(憲宗) 을미년(1835)[88]에 이재(彝齋) 권돈인(權敦仁)이 함홍감사(함경도 관찰사를 말함)가 되어서야 비석을 찾아냈다. 가운데가 끊어지고 반절만 남아 있었는데 그곳에 사는 백성이 가져다가 항아리 받침대로 사용하고 있었다. 물로 씻어내고 탁본을 뜨게 했더니 마모된 것 중에 흐릿하게 한두 글자 혹은 너덧 글자만 드문드문 있을 뿐이었고, 나머지는 고증할 수 없었다. 이후 또다시 소재를 알 수 없게 되었다.[89]

88 이는 윤정기의 착오로 보인다. 권돈인은 1834년에 서울로 돌아오기 때문이다.
89 尹廷琦, 『舫山先生遺稿』 권1, 「漢上題襟錄」, 〈眞興王北狩碑歌〉. "咸興黃草嶺, 舊有眞

윤정기의 기록처럼 다시 사라졌던 황초령비는 1851년 윤정현이 함경도 관찰사로 갔을 때 다시 찾아냈고, 비석을 중령진(中嶺鎭)으로 옮기고 비각(碑閣)을 세워 보존했다. 그때가 1852년 8월이었다.

2) 『예당금석과안록』의 구성 및 고증 내용

김정희의 진흥왕순수비에 관한 고증 내용은 『예당금석과안록』에 실려 전하고 있다.[90] 『예당금석과안록』은 황초령과 북한산에 있던 2종의 〈진흥왕순수비〉를 고증한 내용을 정리한 글이다. 먼저 전체적인 구성을 살펴보면 다음과 같다.

1	명칭	〈함흥(咸興)진흥왕순수비〉
2	비도(碑圖) 및 석문(釋文)	
3	고증사항 서술	석문 고증, 내용 고증, 기존 기록 고증
4	비도(碑圖) 및 석문(釋文)	구탁본(舊拓本)
5	고증	
6	명칭	〈승가(僧伽)진흥왕순수비〉
7	비도(碑圖) 및 석문(釋文)	
8	고증사항 서술	석문 고증, 내용 고증, 발견 경위 서술

내용상으로는 두 가지 비석에 대한 고증을 한 것이지만, 〈황초령진흥왕순수비〉의 경우 2종의 탁본을 연구대상으로 하였다. 구탁본의 내

興王巡狩定界碑, 而世未之知矣. 憲廟乙未權彝齋敦仁爲咸興監司, 始乃搜得碑. 盖中折只存一半, 居民取爲甕盎之支石. 試使洗剔搨本, 則泐滅中模糊者, 或一二字, 或四五字, 零星而已. 餘無可徵. 伊後亦不知在處."

90 『阮堂先生全集』에는 〈眞興二碑攷〉란 이름으로 실려 있다.

용을 뒤쪽에 추가로 실었다.

(1) 비석 형태 서술 및 석문(釋文) 고증

먼저 명칭에 대해 살펴보자. 비석의 명칭은 비석의 소재지 및 주체와 성격을 합쳐서 작명하였다. 비석의 실질적 명칭이 '진흥왕순수비'로 동일하기 때문에 앞에 소재지를 추가한 것이다. 다음으로 비도(碑圖)와 석문(釋文)이 들어있다. 일반적인 비문의 경우 행자수가 정해져 있는 게 일반적이다. 따라서 비석의 형태를 기술하고, 전체 행수와 1행당 자수를 기록하면 된다. 그러나 〈진흥왕순수비〉의 경우처럼 비석이 깨지거나 부러진 경우 형태가 비정형적이라, 설명만으로는 비석의 현황을 이해하기 어렵다. 그래서 이를 그림의 형태로 표시한다. 이것이 비도(碑圖)이다. 따라서 단순히 글자만 풀이하는 게 아니라 비석의 형태에 따라 글자를 표기해야 하는 것이다. 이 또한 당시 중국의 금석문 연구가들 사이에는 일반적인 표기법인데, 김정희 또한 이런 방식으로 표기하고 있다.

다음은 〈황초령진흥왕순수비〉의 석문에 대한 기술이다. 총 12행으로 되어 있으며, 매행마다 판독된 부분은 전(全), 부전(不全), 완(刓), 공격(空格)의 네 가지로 구분하여 총 272자를 표기하였고, 비석이 없어져 남아 있지 않은 부분은 별도로 결(缺)로 표기했다. 아울러 최상(最上)의 글자와 하극(下極)의 글자를 표기하여 남아 있는 비석의 경계를 표시하였다. 또한 건초척(建初尺)으로 길이를 재고 기록하였다.

(2) 비문 내용의 고증

비석의 형태에 관한 서술 및 석문에 대한 고증이 끝난 뒤에는 중요한 내용에 관한 고증을 하였다. 항목별로 보면 다음과 같다.

- □ 팔월입일일(八月廿一日)이 계미(癸未) : 『북사(北史)』「제후주본기(齊後主本紀)」, 「주무제본기(周武帝本紀)」, 『남사(南史)』「진폐제본기(陳廢帝本紀)」 등의 기록을 근거로 8월 21일이 계미(癸未)일인지를 검증하였다.
- □ 진흥(眞興)은 생시의 호칭 : 『삼국사기』의 기록과 『북제서(北齊書)』, 『수서(隋書)』, 『당서(唐書)』 등의 기록을 근거로 생시의 호칭임을 논증하였다.
- □ 함흥이 진흥왕 당시에 신라에 귀속되었음 : 『삼국사기』「고구려본기(高句麗本紀)」에 고구려가 동옥저(東沃沮)의 땅을 빼앗았다고 했는데, 비문에 '순수관경(巡狩管境)'이라 했으므로 진흥왕 때 신라에 귀속된 게 명확함을 고증하였다. 아울러 고구려와 국경을 정하기 위해 이 비석을 세운 것인데 역사서에 누락되었음을 밝혔다.
- □ 단천(端川)에 순수비가 있는 것을 부정함 : 『동국지지』에 따르면 황초령과 단천에 순수비가 있다고 했지만, 단천에 순수비가 있다는 기록은 증거가 없다고 하였다.
- □ 비문의 '짐(朕)'과 '제왕건호(帝王建號)' : 『삼국사기』「신라본기(新羅本紀)」의 기록을 근거로 사실과 부합함을 논증하였다.
- □ 비문에 등장하는 법장(法藏), 혜인(惠忍) : 『삼국사기』「진흥왕본기(眞興王本紀)」 및 「직관지(職官志)」의 기록을 근거로 이들 또한 혜량(惠亮), 안장(安藏)과 같은 부류의 인물일 것으로 추정하였다.
- □ 대등(大等)에 대하여 : 『삼국사기』의 기록을 토대로 상대등(上大等)과 대등(大等)에 대해 고증하였다.
- □ 거칠부(居柒夫)에 대하여 : 비석에 '거(居)'자 아래에 '칠(柒)'자 윗부분만 남은 글자가 있는데, 이는 진지왕 원년에 상대등이 된 거칠부임을 논증하였다.
- □ 탁부(喙部)에 대하여 : 『양서(梁書)』, 『당서(唐書)』 등의 기록을 근거

로 거주지를 표기하는 말임을 고증하였다.

- □ 찬(湌)과 간(干)에 대하여 : 『삼국사기』의 기록을 근거로 찬(湌)과 간(干)이 혼용되었음을 고증하였다.
- □ 복동지(服冬知), 비지부지(比知夫知)에 대하여 : 『삼국사기』의 기록을 통해 인명임을 밝히고 당시의 많은 인명이 방언이었음을 주장하였다.
- □ 9행의 가장 위에 '阝'만 남아 있는 글자는 부(部)자 인듯하고, '兮'자는 인명의 아랫부분인 듯하다.
- □ 11행 맨 위 전(典)자는 관명이다.
- □ 종인(從人)은 대사(大舍)의 종인이고, 사간조인(沙干助人)은 사찬(沙湌)의 조인(助人)이다.
- □ 9행의 '□內'와 11행의 '□公'은 '哀'자가 분명하다.
- □ 10행의 맨 위 글자는 '舍'인 듯하다.
- □ 1행 태왕(太王)의 태(太)는 대(大)와 같은 것이고, 명기(銘記) 아래에 야(也)가 있는 것은 특별한 사례다. 그 밖의 '부전자(不全字)'는 알 수 없디.
- □ '대등탁부거칠(大等喙部居柒)'의 경우 대등은 관명, 탁부는 지명, 거칠은 인명 상단임을 설영하였다. 이 밖에 비슷한 사례를 들고 설명하였다.

이렇게 비문에 관련된 내용을 고증한 다음에는 역대 〈황초령진흥왕순수비〉에 관한 기존의 기록을 정리하고, 〈안어(案語)〉를 두어 그 오류를 지적하였다.

- □ 『문헌비고』의 기록의 오류
  - 초방(草坊), 초방(草方), 초황(草黃), 황초(黃草)가 모두 동일하다.
  - 유척기 집안의 『금석록』에는 '三水草坊院眞興王巡狩碑'라고 기록하고 있는데, 이는 삼수군에 초평원(草坪院)이 있어 혹은 초방

(草坊)이라고도 해서 요즘 사람들이 삼수에서 비석을 찾으려 했기 때문에 그렇게 표기한 것인데, 사실이 아니다.

- 2행 맨 밑에 짐(朕)자가 있고 3행 맨 위에 소(紹)자가 있지만, 상단이 뭉개져서 '소'자 위로 몇 글자가 있는지도 알 수 없는데 '朕紹太祖之基'로 새기고 있다. 따라서 '짐'자와 '소'자를 직접 연결시킨 것은 오류다. 왕위(王位)를 왕통(王統)으로 한 것도 잘못이다.

□ 『해동집고록』(『문헌비고』에서 인용함) 기록의 오류

- 12행에 행마다 35자인 경우 빈칸이 하나도 없어야 420자인데, 420자라 한 것은 억측하여 근거 없이 말한 것이다.

□ 『문헌비고』의 기록의 오류

- 진흥왕 29년이 무자년인데, 16년을 무자년(戊子年)으로 잘못 기록하였다. 단천(端川)에 진흥왕의 순수비가 있는 걸 보지 못했으므로 단천 이남 지역이 신라로 편입되었다는 말도 틀린 것이다.

이상의 고증을 마무리한 후 구탁본(舊拓本) 하단의 석문이 담긴 비도를 소개하였다. 그리고 이와 관련된 간단한 설명을 추가했다. 이어 구탁본 상단의 석문이 담긴 비도(碑圖)를 소개하였다. 이는 김정희가 참고한 〈황초령진흥왕순수비〉 2종을 모두 소개한 것으로 풀이된다. 당시 김정희가 구할 수 있는 모든 자료를 소개한 셈이었다.

이어서 〈승가진흥왕순수비〉에 대한 고증을 시작하였다. 이 또한 석문이 담긴 비도를 먼저 싣고, 이어서 비석의 형태를 기술하였다. 방식은 앞의 〈함흥진흥왕순수비〉와 동일하다. 모두 12행으로 이루어져 있지만, 글자가 모호하여 매행당 글자 수는 알 수 없으며 전체 판독 가능한 글자가 70자임을 밝혔다. 아울러 마지막 행은 한 글자도 판독할 수 없다고 하였다. 이어서 내용 고증을 하였다.

- □ 북한산주와 남천주의 연혁 고증을 통해 이 비석이 경계를 정하기 위한 것임을 논증함
- □ 이 비석이 진흥왕 29년(568)에서 37년(576) 사이에 세워진 것임을 논증함
- □ 비문의 용어나 인명 등으로 볼 때 황초령비와 동시에 세워졌을 것으로 추정함
- □ 기타 관명과 인명 등에 대해 『삼국사기』의 기록을 토대로 논증함

〈황초령진흥왕순수비〉의 고증 내용과 비교할 때 아주 간략하다. 이는 황초령비와 동시에 세워졌다는 전제하에 고증을 했기 때문에, 내용상의 중복을 피하기 위한 것으로 보인다. 따라서 여기서는 건비연대(建碑年代)와 건비 목적을 중심으로 논증하였다. 특히 건비 연대의 경우 〈황초령진흥왕순수비〉의 경우 진흥왕 29년에 세운 것으로 확정했지만, 여기서는 진흥왕 29년(568)에서 37년(576) 사이에 세워진 것으로 보았나. 이는 명확한 기록이 없기 때문인 것으로 보인다. 황초령비와 동시에 세워졌을 것으로 추정되지만, '무자'년이란 기록이 없기 때문에 그렇게 한 것이다. 이어서 이 비석의 확인 과정과 그 의미에 대해 서술하였다. 이 부분은 『완당집』에 〈자제금석과안록후(自題金石過眼錄後)〉라는 제목으로 그대로 실려 있다.[91] 그리고 김정희가 비석 측면에 새긴 글자를 옮겨 적었다. 이런 기술 방식은 『해동비고』

---

91 金正喜, 『阮堂集』 권1, 〈自題金石過眼錄後〉. "此碑人無知者, 誤稱妖僧無學枉尋到此之碑. 嘉慶丙子秋, 余與金君敬淵游僧伽寺, 仍觀此碑. 碑面苔厚, 若無字. 然, 以手捫之, 似有字形, 不止漫缺之痕也. 且其時日薄, 苔面映而視之, 苔隨字入, 折波漫撇, 依俙得之, 試以紙拓出, 字 體與黃草碑酷相似. 第一行眞興之眞字稍漫, 而婁拓視之, 其爲眞字無疑也. 遂定爲眞興古碑, 千二百年古蹟, 一朝大明, 辨破無學碑弔詭之說. 金石之學, 有補於世, 乃如是也. 是豈吾輩一金石因緣而止也哉. 其翌年丁丑夏, 又與趙君寅永同上, 審定六十八字而歸, 其後又得二字, 合爲七十字."

에 수록된 〈무장사비〉에서도 그대로 보이고 있다.

3) 김정희 금석고증에 끼친 영향

김정희의 금석문 고증은 조선 역사에서 처음으로 등장한 연구방법이었다. 당연히 여러 사람의 영향을 받았다. 연구 방법은 옹방강 부자의 영향을 받았고, 내용의 고증에 있어서 유득공과 같은 선배들의 영향을 받았다. 또한 역대 수장가들이 수집한 자료들을 도움을 받기도 하였다.

(1) 옹방강 · 옹수곤 부자의 영향

김정희에게 가장 직접적인 영향을 준 것은 옹방강 · 옹수곤 부자이다. 특히 옹수곤은 조선 금석문의 수집과 연구에 몰두하면서 김정희를 비롯한 조선 문인들과 교유하였다. 그 과정에서 김정희는 금석문 연구 방법을 배우게 된 것이었다. 특히 탁본을 제작하는 방법과 금석문 고증방법을 직접 전수받기도 하였다. 앞서 살펴본 대로 옹수곤이 편지를 통해 알려준 방법은 진흥왕순수비 연구에도 그대로 적용되었다. '비석마다 행자수를 기록'한다는 점이나 '건비연대와 사유를 규명'하는 문제는 그야말로 비문 연구의 핵심이었다. 이는 『예당금석과안록』에도 그대로 반영되어 있다. 또한 건초척을 사용하여 길이를 재는 법 역시 『예당금석과안록』에서 적용하고 있다. 이러한 기술 방법은 이미 당시 옹방강을 비롯한 청나라 학인들에게는 일반적인 것이었지만, 조선에서는 처음으로 수용된 학문이었다. 특히 옹방강의 『양한금석기(兩漢金石記)』는 그 대표적인 전범이라 할 수 있다.

(2) 유득공의 영향

유득공은 김정희의 금석문 내용 고증에 가장 중요한 영향을 끼쳤다. 구체적인 예를 들어보도록 하겠다. 『고운당필기』「나려고비」조에 보이는 진흥왕북순비에 대한 견해는 대부분 김정희의 『진흥이비고』에 수용되어 있다. 그런데 『진흥이비고』 중에는 김정희의 독특한 견해가 드러난 부분이 있다. 그것은 진흥(眞興)이 시호(謚號)가 아니라 생시(生時)의 이름이라는 주장이다. 지금까지 이 견해는 김정희 금석학의 대표적인 탁견으로 받아들여져 왔다.[92] 이 견해는 당시 중국의 학자들뿐만 아니라 김정희의 제자인 이상적(李尙迪, 1804~1865)까지도 시호라는 주장을 한 데 반해, 김정희는 생시의 이름이라는 주장을 펼쳤다. 그리고 김정희의 이 주장은 후대에 긍정적으로 평가되었다. 그런데 과연 김정희의 주장은 독창적인 것일까? 앞서 살펴본 것처럼 『고운당필기』「나려고비」조에 실린 진흥왕북순비에서 유득공은 이렇게 주장했다.

> 이 비석이 북순(北巡)하던 날에 세워졌으므로 '진흥태왕(眞興太王)'이라 한 것은 호칭이지 시호(謚號)가 아니다.

뿐만 아니라, 유득공은 『사군지』에서도 '진흥(眞興)'에 대해 이렇게 주장하고 있다.

> 우리나라의 역사책을 살펴보면 진흥왕(眞興王)의 이름은 삼맥종(彡

---

92 今西龍도 자신의 논문 「신라진흥왕순수관경비고(新羅眞興王巡狩管境碑考)」(『朝鮮金石瑣談』, 아세아문화사, 1979)에서 그 방법론을 인정했으며, 그 밖의 학자들도 김정희의 주장을 탁견으로 받아들인다.

麥宗)이다. 이름을 가지고 시호를 삼았으며 따로 아명(兒名)이 있었을 것이다. 진평왕(眞平王)도 그렇다.[93]

즉, 유득공은 진흥왕의 이름이 삼맥종(彡麥宗)이라는 역사책의 기록을 증거로 진흥이라는 이름을 시호로 삼은 것이고 아명은 따로 있었을 것이라고 추정하고 있다. 그리고 『북제서(北齊書)』, 『수서(隋書)』, 『당서(唐書)』의 기록들을 증거로 대고 있다. 김정희 역시 이런 근거들을 토대로 진흥이나 진평이 시호가 아니라 생전의 이름이라고 보았다. 김정희는 이를 증명하기 위해 유득공의 증거에 자신이 찾은 증거를 추가해놓았다. 유득공의 견해를 수정 없이 수용한 것이다.

또 유득공의 영향으로 볼 수 있는 것은 신라 관직명과 인명이 방언(方言)으로 표기되고 있음에 주목하여, 규칙성을 찾고자 한 점이다. 이는 일찍이 유득공이 고대사 연구에 많이 활용하던 연구방법이다. 김정희의 고증에서도 그런 유득공의 영향을 감지할 수 있다.

4) 김정희의 고증 이후 〈진흥왕순수비〉에 대한 인식의 변화

조선의 금석문에 대한 관심은 김정희의 진흥왕순수비에 대한 고증을 시작으로 본격화되었다. 중국의 문인들이 조선 최고의 금석문으로 진흥왕순수비를 찾기 시작했고, 특히 유희해는 『해동금석원』 첫머리에 이 비문을 실어 그 위상을 명확히 했다. 이후 조선 문인들 또한 진흥왕순수비에 대한 관심이 높아져 많은 기록들을 남겼다.

---

93 柳得恭, 『泠齋書種』, 「四郡志」, 수경실 소장, 필사본. "案東史眞興王名彡麥宗, 意或以名爲謚, 別有小名, 眞平亦然."

□ 정약용(丁若鏞)

정약용은 『대동수경(大東水經)』에서 황초령의 진흥왕 순수비에 관한 기록을 남겨놓았다.

> 옛날 신라 진흥왕 29년, 즉 진(陳)나라 폐제(廢帝) 백종(伯宗) 광대(光大) 2년에 북경(北境)을 순수하여 고구려와 국경을 정하였다. 그 비석이 황초령 위에 있었는데 지금은 이미 없어지고 옛날부터 전해오던 탁본만 있다. 모두 12행이며 위아래로 글자가 없어지고 이지러져 온전치 못한 게 많다. 겨우 현전하는 것을 한나라 건초척(建初尺)으로 재면 길이가 '사척사촌오푼(四尺四寸五分)'이고, 넓이가 '일척팔촌(一尺八寸)'이다.[94]

이어서 판독할 수 있는 글자의 석문을 제시했다. 특히 주목할 만한 것은 매행을 구분하여 표시하고 결자(缺字), 공격(空格)을 표시했다는 점이다. 특히 몇 군데는 간단한 주석까지 붙였다. 예를 들어, "대등훼부거칠(大等喙部居柒)"에 대해서 "대등(大等)은 관명(官名)이고, 탁부(喙部)는 곧 양부(梁部)이며, 거칠(居柒)은 거칠부(居漆夫)인 듯하다."고 하였고, 여러 군데에 인명(人名), 관명(官名)이라는 주석을 달았다. 그리고 석문이 끝난 뒤에는 "그 글자체는 예서와 해서의 사이에 있으며, 당나라 때 비석과는 아주 다르다."고 하였다.[95] 이는 정약용이 직접 고증을 했다기보다는 다른 사람의 자료를 보고 기술한 듯하다. 특히

94 丁若鏞, 『與猶堂全書 · 大東水經』, 「淥水 二」, 〈漲水出咸興西北黃草嶺〉. "昔新羅眞興王二十九年, 當陳廢帝伯宗光大二年, 巡狩北境, 與高句麗定界. 其碑在黃草嶺上, 今已亡失, 只有舊傳拓本, 凡十二行, 上下亡缺字, 多不全. 只擧現存者, 度以漢建初尺, 長爲四尺四寸五分, 廣爲一尺八寸."

95 "其字體, 在隸變楷之間, 與唐時碑,特異也."

건초척으로 잰 길이가 김정희의 기록과 완전히 일치하고 있는 점으로 볼 때, 김정희의 고증 내용이 전달되었을 가능성도 있다.

□ 이상적(李尙迪)

김정희의 제자인 이상적은 진흥왕순수비의 건비 연대와 관련하여 중요한 기록을 남겨두고 있다.

> 우리나라 금석문 중에서 가장 오래된 것은 〈진흥왕순수비〉만 한 게 없다. 그러나 저록가(著錄家)들은 이 비석이 진흥왕 29년 무자년, 즉 중국 진(陳)나라 광대(光大) 2년에 세워졌다고 한다. 순수(巡狩)한 때를 기준으로 건비(建碑)의 시기를 고증한 건데, 이는 겨우 본문의 '歲次戊子秋八月巡狩管境'이란 말을 근거로 주장했을 뿐이니 또한 황당한 게 아니겠는가? 김부식의 『삼국사기』를 살펴보니 진흥왕의 휘(諱)는 삼맥종(彡麥宗)이고 등극한지 37년 만에 돌아가셨다. 또 비문을 살펴보니 '진흥태왕(眞興太王)'이라고는 했지만 비석에 결륵(缺泐)이 많고 수미(首尾)가 온전치 않아 비록 건비(建碑)의 근거로 삼을만한 연월(年月)이 없긴 하지만 결국은 진흥왕이 순수할 때 세운 게 아니라는 건 확실히 의심할 게 없다. 어찌 살아서 시호(謚號)를 책봉하고 스스로 높여 태왕(太王)이라 한단 말인가? 이는 분명히 진지왕, 진평왕 시대에 그 선왕의 업적을 추술(追述)하여 옛터의 돌에 새긴 것으로 그 시기를 따져보면 진말수초(陳末隋初)가 될 것이다. 박아군자(博雅君子)들은 어찌 생각할지 모르겠다. …… 지난 도광(道光) 신묘년(1831)에 죽은 친구인 방백(方伯) 유연정(劉燕庭, 유희해(劉喜海))이 손수 수집한 『해동금석원(海東金石苑)』 8권을 보여줬다. 맨 앞에 이 비석을 실었는데, 또한 진(陳)나라 광대(光大) 2년에 세웠다고 하였다. 어찌 연정(燕庭)이 일찍이 우리나라 사람에게 얻고서 그 잘못된 견해를 답습하여 검토하지 않았단 말인가? 당시 나는 바쁘게 헤어지느라 정정하지 못해 자못 안타까

웠는데, 근래 탁본의 글을 보다가 마음속에 안타까움이 없지 않아 몇 글자 적는다. 세상의 이 비석을 읽는 사람들은 이를 알아야 한다.[96]

김정희의 아주 가까운 제자였지만 김정희의 주장과는 전혀 다른 이야기를 쏟아내고 있다. 특히 1818년에 조인영이 유희해에게 북한산 진흥왕순수비 탁본을 보내주었고, 이 탁본은 『해동금석원』의 맨 앞에 실리게 된다. 그리고 유희해는 이 책의 서문을 김정희와 이상적에게 부탁하였다. 김정희가 이 책의 서문을 지었는지 알 수 없지만, 이상적의 서문은 전하고 있다. 이상적은 '스스로 시호를 책봉하고 스스로를 높여 태왕'이라 한 것을 두고 진흥왕 사후에 세운 것으로 보고 있는 것이다. 이 기록은 이후 많은 조선 학자들이 공감하게 된다. 반면에 김정희의 저술은 전하지 않게 되면서 오히려 알려지지 않게 되었던 것이다.

□ 윤정기(尹廷琦)

북한산 진흥왕순수비는 주로 추사학파 지식인들의 관심 대상이었고, 김정희 사후에는 김정희의 제자들을 중심으로 연구가 이어졌다.

---

96 李尙迪, 『恩誦堂集續集』 文 권2, 〈新羅眞興王巡狩碑拓文書後〉. "我東邦金石之最古者, 莫若眞興王巡狩碑, 然而著錄家以爲此碑建於眞興王二十九年戊子, 在中國爲陳之光大二年也. 以巡狩之時, 訂建碑之歲, 此僅就本文歲次戊子秋八月巡狩管境之語而起見耳, 不亦傎乎. 按金富軾三國史, 眞興王諱彡麥宗, 立三十七年薨, 謚眞興. 又按碑文有曰眞興太王而石多缺泐, 首尾不全, 雖無建碑年月之可據, 究非眞興巡狩時所建者則確然無疑. 夫豈有生冊謚而自尊爲太王也哉. 是必於眞智眞平二王之世, 追述其先王巡方之蹟, 勒石于舊址, 而推其時則似在乎陳末隋初矣. 未知博雅君子以爲如何也. …… 往在道光辛卯秋, 亡友劉燕庭方伯見示手輯海東金石苑八卷, 首載此碑, 亦稱陳光大二年建, 豈燕庭嘗得之於我人, 而襲其謬悠之見, 遂不之檢歟.時余臨別悤悤,末由訂正, 殊可憾也, 近覽拓文, 未能無慨然于中, 爰誌數語, 世之讀此碑者, 不可不知此也."

그런데 다산의 외손자인 방산(舫山) 윤정기(尹廷琦)는 〈진흥왕북수비가〉를 지어 '북한산 진흥왕순수비'에 관한 자신의 관심을 시로 노래했다. 윤정기의 〈진흥왕북수비가〉는 서문에 이어 64구로 이루어진 장편시이다. 먼저 서문에 실린 내용을 살펴보자.

> 비석은 삼각산(三角山) 서쪽 등성이 구봉(毬峰)[97]의 서쪽 바위에 있는데, 세간에는 도선비(道詵碑)라고 전해온다. 바위 높이는 천 길이나 되고 바위 복판에는 구멍을 뚫은 흔적이 있다. 발을 옮기기가 어려워 비틀거리며 기어오르는데 정신이 아득해진다. 위험한 곳을 지나 정상에 다 이르면 돌 한 조각이 창공(蒼空)에 우뚝 솟아 있는데 바로 고비(古碑)이다. 비석은 일찍이 끊어졌으나 다시 이어놓았고, 전면(全面)은 마멸되어 글자의 형태는 남아 있지 않았다. 이리저리 자세히 살펴보자 비석에 음문(陰文)의 제각(題刻)이 있었다. "이것은 신라 진흥대왕의 순수비이다. 병자년 7월에 김정희와 김경연이 와서 비문을 읽었다.[此新羅眞興大王巡狩之碑, 丙子七月金正喜金敬淵來讀.] 정축년 6월 8일에 김정희와 조인영이 함께 와서 남아 있는 글자 68자를 심정했다.[丁丑六月八日金正喜趙寅永同來審定殘字六十八字.]" 절의 스님[원주 : 산 아래에 승가사가 있다]에게 들으니 정축년(1817)에 심정(審定)한 뒤로 비석은 천복지액(薦福之厄, 벼락을 말함)을 만나 반으로 끊어졌고 68자 또한 찾아 증명할 수 없게 되었다. 내가 근래에 정축년 심정할 때의 탁본을 구해 읽어보니 68자 중에 '진흥대왕(眞興大王)'이라는 구절이 있었다. 내가 갑진년(1844) 4월에 산에 올라가 비석을 보았는데, 마침내 장편의 시를 지어 기록한다.[98]

97 원주는 '속칭 공구암(攻毬巖)'이다.

98 尹廷琦, 『舫山先生遺稿』 권1, 「漢上題襟錄」, 〈眞興王北狩碑歌〉.

윤정기는 이미 1844년 4월에 북한산 비봉에 올라가 진흥왕순수비를 직접 확인한 적이 있었다. 이후 1871년에 윤정기는 자신의 연구 성과를 〈진흥왕북수비가〉로 남겼다. 즉, 윤정기가 북한산 비봉에 올라가 진흥왕순수비를 본 것은 1844년 봄의 일이고, 이로부터 27년이 지난 뒤에야 〈진흥왕북수비가〉를 지었던 것이다. 또 정약용은 일찍이 강진 유배 중에 『아방강역고(我邦疆域考)』를 저술했는데, 유배 중인 상황이라 제대로 저술을 완성하지 못했고, 윤정기가 『아방강역고』의 미비점을 보완하여 저술한 것이 『동환록(東寰錄)』이다. 윤정기는 『동환록』 곳곳에서 북한산과 황초령의 '진흥왕순수비'를 언급하고 있다. 그의 저술에 중요한 자료로 이용한 것이다. 일부분만 살펴보면 다음과 같다.

더벅머리 초동들이 도선비(道詵碑)라 전한 얘기	樵豎訛傳道詵碑
황당하고 근거 없어 옛 책에도 기록 없네.	荒唐元不稽簡冊
옛것을 좋아하는 큰 선비 완당(阮堂) 선생	阮堂好古之鴻儒
친구와 함께 올라 어렵게 탁본 떴네.	聯翩陟危勞攟摭
……	……
자세히 살피지만 글자 어찌 고증하며	細觀那由證蠕匾
읽어보려 하지만 번역하기 어렵구나.	欲讀奈難飜象譯
머리 긁고 하늘 봐도 안개만 자욱하고	搔首問天巖煙鎖
글자 없는 석 자 비만 우뚝 혼자 서 있구나.	全碑沒字兀三尺
옆에 새긴 글자만이 순수비(巡狩碑)라 말해주니	只憑傍鐫認狩碑
하나 남은 증거 들고 어디로 가야 하나	持此孤證將安適
한 조각 산돌은 말이 전혀 없으니	一片山石無可語
태곳적 그 시대를 누가 밝히리오.	年代蒼茫孰探賾

윤정기는 진흥왕순수비의 내용을 판독할 수도 없었고, 더 이상 알아낼 것도 없었다. 윤정기는 결국 김정희가 새겨놓은 진흥왕순수비라는 글자를 통해 이 비석이 진흥왕의 순수비임을 알 수밖에 없었다. 윤정기는 역사서에 등장하는 내용들로 이 비석의 의미를 밝힐 수밖에 없었다.

□ 이상수(李象秀)

어당(峿堂) 이상수(李象秀, 1820~1882)도 비봉을 답사한 후 〈비봉기(碑峯記)〉를 남겼다.

> 한양(漢陽)은 신라 시대에 북한산주(北漢山州)였다. 진흥왕(眞興王) 16년 봉강(封疆)을 탁정(拓定)할 때 이 북산(北山)의 승가사(僧伽寺) 뒤에까지 이르러 봉우리 정상에 비석을 세웠는데 바로 이것이다. 승려들에게는 도선(道詵)이 세운 것이라고 전해오는데 틀린 말이다. 사람들은 이를 가리켜 비봉(碑峯)이라고 하면서도 끝내 그 사실을 규명하지 못했다. 순조(純祖) 정축년(1817) 여름 6월에 시랑(侍郎) 김추사(金秋史)와 상국(相國) 조운석(趙雲石)이 그 아래에 나아가 잔결(殘缺)을 가려내 68자를 판독하고는 비석 왼쪽에 새겨서 이를 이록하였다. 그래서 잘못된 전설이 비로소 변파(辨破)되었다.
>
> 을묘년(1855) 봄에 내가 찾아갔을 때에는 비석은 이미 모두 문드러지고 점획은 보이지 않았다. 오직 김정희가 새긴 글자만이 남아 있었다. 비석은 3단으로 끊어졌는데 승려들이 석회로 겨우 이어 놓았다 한다. 이것은 벼락을 맞아 그렇다고 하는데 살펴보니 또한 잘못된 말이었다. 진흥왕(眞興王) 29년 무자(戊子)년의 순수비는 지금 함흥(咸興) 초방령(草芳嶺)에 있다. 지금으로부터 1100여 년 동안 이 비가 또한 그보다 앞서 있었으니 우리나라 금석문(金石文) 중에서 이보다 오래된

> 것은 없다. 왕성(王城)에서 일사(一舍)도 안 되는 가까운 거리에 있어 아주 궁벽하거나 험준한 곳이 아닌데도 사대부들은 한번 가서 그 진위를 고정(考訂)해보지도 않고 승려들이 자기들끼리 잘못 전한 이야기만 듣고서 그대로 믿었다. 오직 추사(秋史)만이 옛것을 좋아하여 늠름하게 옛 글자의 면목이 묻히지 않게 하였고, 비석의 억울함도 이에 이르러 풀리게 되었다. 그렇지 않았더라면 끝내 도선비(道詵碑)가 되었을 뿐이다.
>
> 또한 어찌 기다리는 자가 있어서였겠는가? 그러나 39년 사이에 돌의 마멸이 이와 같으니 나는 저 이름을 좋아하는 자가 구구하게 조물주와 그 수명을 다투려 한 것을 서글퍼한다. 그것은 졸렬한 짓이 아니겠는가? 또한 1천여 세 된 사람이라면 어찌 능히 그 60여 글자를 보호했을까? 지장암(地藏菴)에서 바라보면 우뚝 홀로 서 있다.[99]

김정희가 고증한 지 39년이 지난 1855년에 북한산 비봉을 찾았던 이상수는 그간의 과정을 정리하면서 김정희가 고증한 성과를 높이 평가하고, 한편으로는 다른 지식인들의 무관심을 우회적으로 비판했다. 그러나 이상수 역시 이 비석의 정확한 내용을 알 길은 없었다. 그저 황초령비에 관한 이야기만 되뇔 뿐이었다.

□ **이유원(李裕元)**

이유원(李裕元, 1814~1888) 또한 북한산 진흥왕 순수비에 관한 글을 남겼다.

> 북한산 남쪽에 승가사가 있고, 그 위 산봉우리가 비봉(碑峰)이다. 기둥 하나가 우뚝하니 사람이 서있는 듯한데, 속설에는 고려 승려 도선

99 李象秀, 『峿堂集』, 〈碑峯記〉, 원문은 생략.

의 비석인데, 지금은 글자가 없다고 한다. 병자년(1816) 운석(雲石) 조공(趙公, 조인영)과 추사(秋史)가 함께 찾아갔는데 비석에 잔자(殘字)가 있었으나 사실은 진흥왕의 비석이었다. 마침내 공인에게 탁본을 뜨게 하고 자세히 심정(審定)했는데 완전히 이지러져 억지로도 해석할 수 없는 것을 제외하고, 점획을 알아 볼 수 있고 확실히 의심이 없는 게 모두 92자였다. '진흥왕(眞興王)' 세 글자와 '순수(巡狩)' 두 글자, '남천(南川)' 두 글자는 모두 실제 일로 증명하여 역사책의 글과 함께 변별할 수 있는 것들이다.[100]

이 글은 조인영의 문집에 실린 〈승가사방비기(僧伽寺訪碑記)〉를 보고 쓴 글로 보인다. 새로운 내용이 담겨있진 않지만 당시의 일반적인 인식을 살필 수 있는 자료다.

□ **박규수(朴珪壽)**

박규수는 윤정현이 보내준 황초령비의 탁본을 받아보고 기록을 남겼다.

진흥왕비(眞興王碑)는 지난번에 다른 사람에게 듣고서 탁본 하나 주시기를 기다리고 있었는데, 다행히 이렇게 얻게 되었습니다. 백 번이나 자세히 감상해보니 먼저 서법이 주완(遒婉)하고 근엄(謹嚴)합니다. 우리나라 고각(古刻) 중에 비할 게 없습니다. 진흥(眞興)이 시호(諡號)인지 호칭인지는 지금까지 고증한 데가 아직 없더군요. 이미 태왕(太王)이라 했으니 존숭(尊崇)하는 말인 듯한데, 아마 진흥왕 당시의 호칭

---

100 李裕元, 『嘉梧藁略』 冊十四, 「玉磬觚賸記」. "北漢南有僧伽寺, 其上峯曰碑峰, 一柱兀然如人立, 俗傳麗僧道詵碑, 今沒字云. 歲丙子, 雲石趙公與秋史共尋, 碑有殘字, 實眞興王碑也. 遂命工搨之, 細加審定, 除全缺不可强解, 點畫可辨, 確然無疑者, 凡九十有二字. 如眞興王三字, 巡狩二字, 南川二字, 皆實事可證, 而與史文經緯者也."

> 은 아닐 듯합니다. 또한 신라가 고구려를 병탄한 게 진흥왕이 죽은 후 6세 92년이나 지난 문무왕(文武王) 때의 일이니 당나라 고종(高宗) 총장(總章) 원년(668)입니다. 진흥왕 시대에 신라의 경계가 지금의 함흥에까지 이르렀을 리가 없으니, 이 비석을 세운 건 아마 병탄 이후의 일이며, 그 앞에 '진흥태왕(眞興太王)'이라 한 것은 아마 선왕의 아름다운 업적을 추술(追述)하는 일이라 부득불 이렇게 한 듯합니다. 그 아래 문장은 전혀 결락되어 변별할 수 없습니다. 비록 진흥왕 당시에 세운 게 아니라 해도 또한 우리나라 금석문의 시조임은 분명합니다.[101]

박규수는 진흥(眞興)이 생시의 이름인지, 사후의 시호인지 아무도 논증한 게 없다면서, 사후의 기록으로 보고 있다. 그는 여기서 나아가 삼국 통일 이후에 세운 것으로 보고 있다. 김정희의 입장에서 보자면 전혀 고증에 문외한인 셈이다. 특히 그의 기록은 이상적의 기록을 참고했을 가능성이 높다.

□ 한진서(韓鎭書)

한치윤(韓致奫)이 『해동역사(海東繹史)』를 완성하지 못하고 사망하자, 조카 한진서는 『해동역사속(海東繹史續)』을 편찬했다, 여기에는 우리나라 역대 지리지가 포함되어 있다.

---

101 朴珪壽, 『瓛齋先生集』 권9, 〈上尹梣溪〉. "眞興王碑頃從他人聞之, 方俟一本之賜, 幸玆得之矣. 細玩百回, 第一書法遒婉謹嚴, 東方古刻, 罕見其比. 眞興之爲諡爲號, 從未有攷證處, 旣曰太王則似是尊崇之語, 恐非當朝之稱謂矣. 且羅代之呑並句麗, 在眞興卒後歷六世九十二年, 至文武之世, 爲唐高宗總章元年. 眞興之世, 羅界無由至於今之咸興矣, 此碑之立, 恐在呑並以後, 而其首稱眞興太王者, 恐有追述先懿之事, 不得不如此, 而其下文全缺, 無以爲辨矣. 雖謂非眞興當時所立, 亦不失爲我東金石之祖耳."

> 이때 신라는 이미 그 지역을 소유하고 있었으므로 북한산에 이르러 봉강(封疆)을 정했던 것이다. 북한산은 지금 삼각산이다. 삼각산 승가사 북쪽 봉우리 위에는 〈진흥왕순수비(眞興王巡狩碑)〉가 있는데, 비석은 모두 12행인데, 마멸되고 깨져서 알아볼 수 없다. 알아볼 수 있는 것은 제1행의 '진흥태왕급중신등순수시기(眞興太王及衆臣等巡狩時記)'와 제8행의 '남천군주(南川軍主)'이다. 시대를 고증할 수 없지만 내 생각엔 진흥왕 16년 강계(疆界)를 정할 때 세웠을 것이다. 이는 고구려와 국경을 나눈 곳이다.[102]

이 밖에도 성해응은 〈진흥북순비〉에 관한 기록을 남겼는데, 기존의 기록을 정리한 데 불과하다. 석문이 일부 포함되어 있는데, 순서가 전혀 맞지 않는다. 아마 서법감상을 위해 뜬 고탁본을 보고 정리한 것으로 보인다.[103] 또 신석우는 1862년에 청나라 문인 심병성(沈秉成)에게 황초령비의 탁본과 함께 〈신라진흥왕북수비고(新羅眞興王北狩碑攷)〉란 글을 지어 보내주었다.[104]

---

102 韓鎭書, 『海東繹史續 · 地理考』 권7, 「新羅 · 疆域總論」. "是時新羅已有其地, 故巡至北漢, 以定封疆. 北漢山今三角山也. 三角山僧伽寺北峯上, 有眞興王巡狩碑, 碑凡十二行, 滅泐不可辨. 可辨者, 其第一行有曰眞興太王及衆臣等巡狩時記, 第八行曰南川軍主. 年月無考, 意卽眞興十六年定疆界時所建者. 此與句麗分界處也."

103 成海應, 『硏經齋全集外集』 권61, 「蘭室譚叢」, 〈眞興北巡碑〉. "其文曰, (以上缺)交道(以下缺)月▣一日癸未, 眞興太王▣▣訪採民心, ▣▣▣(以下缺)世道乖眞玄化不敷則▣爲交競▣以章勳効廻駕(以下缺)紹太祖之基, 纂承王位兢身自愼, ▣▣沙門道人法藏慧▣知使干未知四方託境廣獲民土隣國誓信和使(以下缺)知太阿干比知(以下缺)人喙部(以下缺)於是歲次戊子秋八月, 巡狩管領沙喙部另知大舍沙喙部篤几(以下缺)者矣于時隨駕部與難大舍藥師哀公攸本小舍(以下缺)知迺于喙部服▣喙部▣知吉之▣人沙喙部(以下缺)兮大舍▣喙部非知沙干"

104 申錫愚, 『海藏集』 권9, 〈與沈翰林仲復書 壬戌〉. "〈新羅眞興王北狩碑攷〉咸豐二年壬子秋八月, 咸鏡道觀察使尹定鉉尋得定界碑於黃草嶺, 移置中嶺, 屋以庇之, 立石以紀之, 其文尹公自製, 其書秋史金正喜筆. 碑爲東國古蹟之最舊者, 有戊子秋八月之文. 按眞興王戊子爲二十九年, 自改號大昌元年, 爲陳廢帝光大二年, 而史無巡狩之文, 只有十六年乙

김정희 사후 조선의 금석학은 역관을 중심으로 한 김정희 제자들을 통해 그 맥이 이어졌다. 대표적으로 오경석의 『삼한금석록』과 김병선의 『금석목고람』을 들 수 있다. 오경석은 1846년에 역과에 합격했다. 이상적의 제자로 김정희 문하에도 출입했으며 19세기 후반 조선을 대표하는 역관으로서 사신을 수행하여 여러 차례 청나라에 드나들며 많은 청나라 문사들과 교유했다. 당시 청나라에 불던 조선 금석문 수집 열풍에 편승하여 그 또한 우리 금석문을 수집·연구했는데, 그 결과물이 『삼한금석록』이다.[105] 이 책은 그를 김정희 이후 최고의 금석학자 반열에 놓았다. 현전하는 『삼한금석록』에는 147종의 금석문 목록이 실려 있으나, 고석(考釋)을 한 것은 8종에 불과하다. 1858년에 쓴 하추도(河秋濤)의 서문을 보면 지금 남아 있는 8종이 당시에 완성된 전부일 것으로 보인다. 「범례」의 체계가 완정한 것으로 보아 나머지는 후에 고석을 할 예정이었던 것으로 보인다. 「범례」에 따르면 현전하는 고려시대의 금석문까지만 대상으로 삼아 『예석(隷

亥巡狩北漢山, 拓定封疆之語. 北漢山卽今國都漢陽, 南圭齋僧伽寺詩曰, 石留大士西來像, 碑沒興王北狩文者也. 寺在北漢山, 羅氏舊都, 北距漢陽爲八百里, 碑之所在黃草嶺, 又距漢陽爲八百里, 紀巡行定界, 詳於近巡之十六年, 略於遠狩之二十九年, 史氏之失也. 近巡遠狩, 俱有確證, 秋史登北漢碑峰, 刻眞興北狩碑于沒字石, 剔蘚得殘字, 後遊咸興之樂民樓, 有詩曰, 緬憶眞興北狩年, 飛騰綺麗一樓前, 豈非初巡北漢後狩咸興耶. 按東史攷異, 咸興黃草嶺及端川, 有巡狩碑, 海東集古錄, 碑在咸興府北草坊院, 碑凡十二行, 行三十五字, 可辨者僅二百七十八字. 愚謂新羅北界, 止井泉郡, 今咸鏡道之德源府是也. 黃草嶺在咸興府, 距德源爲二百五十里, 其地皆荒山絶嶺, 碑在咸興端川之際, 若更尋端川之碑則固矣. 疆界雖止德源, 而咸興端川, 亦入版圖可知. 今尹碑所攷, 僅一百八十五字, 亦云照舊拓本損九字, 若較諸集古錄, 又減其半, 古蹟愈久愈泯, 深可歎惜, 幸賴好古君子, 庶不爲風雨所漫泐, 自此幾千百年, 不知幾輩好古者脩其嵌石之室也. 愚之友李石農鍾愚, 按節是藩, 拓兩碑見贈, 方修中州書, 入其本于函, 仍書補說, 遍證舊雨諸名士, 直興王北狩後一千二百九十五年壬戌, 爲蘓毗陵壬戌之十四回十月望. 朝鮮申錫愚攷."

105 국립중앙도서관 위창문고 소장 필사본 1책이다.

釋)』의 체례(體例)를 따라 전문(全文)을 기록하고, 『금석췌편』의 예를 따라 다른 사람의 연구 성과를 그대로 전재(全載)하는 것으로 되어 있다. 그 밖에도 비의 크기를 재는 것은 건초척(建初尺)을 사용하고, 글자는 표기하는 방법과 연대를 표기하는 방법 등을 자세히 정해놓았다. 이러한 점은 김정희의 저술과 견주어 더욱 진전된 모습이라 할 수 있다.

그런데 중요한 것은 『삼한금석록』이 김정희의 금석학을 계승하고 있느냐의 문제이다. 이를 위해 『삼한금석록』의 인용서를 보면 우리나라의 것으로는 『문헌비고(文獻備考)』, 『여지승람(輿地勝覽)』, 『해동역사(海東歷史)』, 『나려임랑고(羅麗琳琅攷)』, 『평양지(平壤志)』 뿐이다. 홍양호의 발문은 『금석췌편』에 실려 있는 것을 인용했을 것으로 보인다. 나머지는 모두 중국 문인들의 금석문 저작이나 문집에서 인용하고 있다. 〈고구려고성각자(高句麗故城刻字)〉의 경우 김정희의 발문이 유희해에게 전달되어 『해동금석원』에 실려 있는데도, 오경석은 한마디 언급이 없다. 이는 『해동금석존고(海東金石存攷)』에도 언급되어 있으나 오경석은 전혀 모르고 있는 것이다. 또 진흥왕정계비(眞興王定界碑)에 등장하는 '진흥(眞興)'에 대해 김정희는 유득공의 영향을 받아 생시(生時)의 이름을 사후에 시호(諡號)로 썼다고 고증함으로써 정계비가 진흥왕 생시에 세워졌다고 했지만, 오경석은 이를 모르고 '진흥'이 시호이므로 정계비는 진흥왕 사후에 세워진 것으로 고증한 것이다. 이처럼 『삼한금석록』은 외형적으로 김정희의 저작보다 진전된 모습이지만, 내용상으로는 전혀 그렇지 않다는 것을 알 수 있다. 특히 정밀한 고증적 연구 방법이 추사의 『예당금석과안록(禮堂金石過眼錄)』의 방법과 성과를 계승 발전시킨 것으로 보기도 했지만,[106] 고증의 내용면에서 볼 때 『삼한금석록』은 김정희의 금석학과 아무런 관계가 없다. 조선 금석문에 관한 정보가 김정희를 통해 청나라 문사들에게 전해지고 그들이 이를 저술에 이용했는데도 오경석은 바로 이렇게 저술된 청나라 문사들의 저작을 통해 조선 금석문을 연구했던 것이다.

김병선은 자가 이현(彛賢), 호는 매은(梅隱), 본관은 청양(靑陽)이다. 이상적의 제자로 1864년에 역과에 합격했다. 이후 사신을 수행하여 연경을 자주 왕래하면서 청나라 문사들과 교유가 많았다. 그가 엮은 『금석목고람』 2권은 용원(容媛)이 엮은 『금석서록목(金石書錄目)』에 실려 있어 일찍부터 알려졌다. 이 책은 국립중앙도서관에 소장되어 있는데, 1책의 필사본으로 표제는 '금석고편람 용계동제(金石攷便覽 龍繼棟題)'라 되어 있다. 이 책은 원본이 아니라 1926년에 전사한 것이다. 표지 제첨은 본래 청나라 문인 용계동(龍繼棟, 1845~1900)이 썼는데, 그의 시집 『괴려시집(槐廬詩集)』에는 김병선과 만나 쓴 시가 실려 있어 둘의 교유 관계를 알 수 있다. 안에는 김병선이 쓴 〈금석목고람서(金石目攷覽序)〉가 있고, 포강(鮑康)의 〈해동금석원서(海東金石苑序)〉가 있으며 권1에는 48종, 권2에는 143종 등 총 191종의 금석문이 실려 있다. 1875년 12월에 쓴 서문을 보자.

> 지난 동치(同治) 계유년(1873) 여름에 오역매(吳亦梅, 오경석)가 내게 와서 우리나라 금석문 중에 전고(典故)가 될 만한 것을 찾았다. 나는 금석 문자에 대해 잘 알지 못한다. 그래서 상자를 뒤져서 비목(碑目)을 찾아내고 남아 있던 각 본들에 그 차이를 주석했다. 위로는 기자(箕子)부터 아래로 본조(本朝)에 이르기까지 모두 300종인데 3권으로 나누고

106 이규필(2006), 367쪽.

> '금석목고람(金石目攷覽)'이라 제목을 붙였다. 그리고 이를 역매(亦梅)에게 물어 그 속편을 더욱 불려나갔다.
>
> 을해년(1875) 봄에 역매가 연경에서 돌아왔는데 포자년(鮑子年, 포강)이 판각한 『해동금석원』 한 질을 얻어왔다. 이것은 유연정(유희해)이 각 비에 쓴 제발(題跋) 70여 종으로 반백인(潘伯寅, 반조음)이 가지고 있었다. 유연정이 죽자 포자년과 반백인이 더 교열하여 계유년 겨울에 간행한 것이다. 아! 책의 모양은 비록 전문과 자형을 함께 거론하지는 않았지만 건비 연대, 소재지, 찬서인명(撰書人名) 등을 자세히 알 수 있게 해놓아 훗날 그 원본을 구한 사람이 이것으로 고징(考徵)하면 진위를 쉽게 판별할 수 있으니 중국 사대부들의 박고(博古)의 공이 어찌 이처럼 깊고도 멀단 말인가? 하물며 그 서발을 거의 다 채집하였으니 이제 모두 나의 저술에 실어서 동호의 우의를 함께한다.[107]

이 글을 보면 김병선이 처음에 만든 것은 300종의 목록집이었다. 이를 3권으로 분류하여 『금석목고람』이라 했는데, 얼마 후 오경석은 연경에서 구해온 유희해의 『해동금석원』을 보여주었다. 이 책은 유희해가 우리나라 금석문에 쓴 제발만을 모아 간행한 책이다. 이를 본 김병선은 『해동금석원』의 제발을 자신의 『금석목고람』에 실었다. 이렇게 해서 『금석목고람』은 191종이 실린 2권 1책으로 다시 만들어진 것이다. 물론 이 책이 『해동금석원』의 제발을 대부분 싣고 있긴 하지

---

107 金秉善, 『金石目攷覽』, 〈金石目攷覽序〉. "向在同治癸酉夏, 吳君亦梅, 索余以東邦金石之典故者. 余於金石文字未嘗嫺焉. 因搜巾衍, 檢出碑目, 所存各本, 注其同異, 上自箕子, 至于本朝, 共三百種, 分爲三卷, 署之曰金石目攷覽. 仍質之亦梅, 益演其續編矣. 乙亥春, 亦梅自燕返, 得鮑子年所刻海東金石苑一本, 此乃劉燕庭之各碑題跋七十餘種, 爲潘伯寅收藏, 及燕庭歿, 鮑潘兩君, 更加繙閱, 鋟梓於癸酉之冬者也. 噫!其爲書也, 全文與字形, 雖不得俱擧, 其竪碑年代所在地方撰書人名昭然可詳, 他日得其原本者, 考徵是藉, 眞贋易辨, 中國士大夫博古之功, 何若是深且遠也. 況其序跋, 類多旁采, 今幷載鄙錄, 以公同好之誼."

만, 『해동금석원』을 통해 김정희 금석학의 일단을 접한다는 점에서 의미가 있다. 오경석의 『삼한금석록』에서는 김정희의 흔적을 찾을 수 없지만, 『금석목고람』에서는 김정희의 글을 인용하고 있다. 그중 일부는 김정희의 문집에서 직접 인용하고 있다. 그러나 여전히 『진흥이비고』와 『해동비고』의 흔적은 찾을 수 없다.

이처럼 김정희와 가장 가까이 있던 역관을 중심으로 금석학의 맥이 이어지는 듯했지만, 이들의 학문적 수준은 오히려 김정희에게 미치지 못하고 퇴보하는 수준에 머무르고 말았다. 이들은 오히려 중국의 저술을 통해 조선의 금석학을 연구하는 수준에 머물고 말았다. 이는 김정희의 저술이 전해지지 않았기 때문일 것으로 풀이된다. 이는 김정희 금석학의 계승이 지니는 한계이기도 하다.

5. 『예당금석과안록(禮堂金石過眼錄)』의 정체

『예당금석과안록(禮堂金石過眼錄)』은 김정희의 대표적인 금석학 저서로 우리에게 인식되어 왔다. 북한산과 황초령에 있던 신라 진흥왕의 순수비를 연구한 논문으로 일찍부터 그 가치를 인정받아 왔고, 조선 금석학의 개창자로서 김정희의 위치를 확인시켜 준 명저이기 때문이다. 그러나 1867년에 간행된 『완당척독』과 1868년에 간행된 『완당집』에는 『예당금석과안록』이 실려 있지 않다. 당시 편자들은 『예당금석과안록』의 존재 사실조차 몰랐다. 어떻게 된 일일까?

1)『예당금석과안록』의 출현과 이본

『예당금석과안록』이란 책이 처음 나타난 것은 김정희 사후 50년이 지난 20세기 초의 일이다. 그것도 우리나라 사람이 아닌 일본인 학자에 의해 발견되었다. 이 책에 관한 기록이 처음 보이는 것은 유승간(劉承幹)이 편간한『해동금석원보유(海東金石苑補遺)』권1〈신라진흥왕순수비(新羅眞興王巡狩碑)〉조에서이다.

> 〈신라진흥태왕순수비(新羅眞興太王巡狩碑)〉는 조선의 북한산(北漢山)에 하나 있고 황초령(黃草嶺)에 하나 있다. 연정(燕庭, 유희해) 선생께서 북한산에 있는 것만 기록하였고 황초령에 있는 것은 기록하지 못했다. 광서(光緖) 무신년(1908)에 내가 처음으로 그 글을 기록하여『당풍루비록(唐風樓碑錄)』에 수록하였다. 뒤에 일본에 있을 때 나이토 코난(內藤湖南) 박사에게서 김정희(金正喜)의『예당금석과안록(禮堂金石過眼錄)』을 보았다.[108]

이 글은 근대 중국의 대학자였던 나진옥(羅振玉, 1866~1940)의 기록인데, 이 기록에 따르면 나진옥이 나이토 코난(內藤湖南, 1866~1934)이 소장하고 있던『예당금석과안록』을 본 것은 1908년 이후가 된다. 나진옥이 말한 나이토 코난은 바로 나이토 토라지로(內藤虎次郞)인데, 그는 자신의 논문에서『예당금석과안록』이 오카다 노부토시(岡田信利, 1857~1932)의 소장본을 전초(轉抄)한 것이라고 증언하고 있다.[109] 또 이마

108 劉喜海,『海東金石苑』,〈新羅眞興王巡狩碑〉, 아세아문화사 영인본, 1976. "新羅眞興太王巡狩碑, 一在高麗北漢山, 一在黃草嶺. 燕庭先生, 但著錄北漢山一刻, 而在黃草嶺者, 則未著錄. 光緖戊申, 予始錄其文, 入『唐風樓碑錄』. 後在海東, 于內藤湖南博士許, 見所藏金正喜『禮堂金石過眼錄』."

109 內藤虎次郞(1911), 82~92쪽 참조.

니시 류(今西龍, 1875~1932)는 논문에서 『예당금석과안록』은 오카다 노부토시가 일찍이 서울에서 구한 원본으로 볼 수도 있는 귀한 책이라는 언급을 하고 있다.[110] 이상의 기록을 종합해 볼 때 『예당금석과안록』은 오카다 노부토시가 1908년 이전에 서울에서 구한 필사본으로, 원본이 아닌 전사본(轉寫本)이었음을 알 수 있다. 하지만 『예당금석과안록』의 원본은 지금까지도 출현하지 않고 있다. 오카다 노부토시가 서울에서 구한 원본으로 볼 수 있다고 했던 사본(寫本) 역시 그 소재를 확인할 길이 없다. 현재 『예당금석과안록』은 국내외의 여러 공사 서가에 수장되어 있는데, 대표적으로 3종의 이본을 확인할 수 있다.

① 국립중앙도서관 소장본 : 이 책은 후지다 료사쿠(藤田良策)란 일본인이 소장하고 있었던 책인데 일본의 미농지(美濃紙)에 정사되어 있다. 계선(界線)이 없는 종이에 필사되어 있지만 필사가 정치하다. 필사 시기는 확인할 수 없지만 오카다 노부토시가 서울에서 구입한 후 얼마 있지 않아 필사했을 것으로 추정된다. 비교적 빠른 시기의 전사본(轉寫本)으로 보인다.

② 미국 UC버클리 아사미문고 소장본 : 이 책은 필자가 아사미문고에서 직접 확인한 사본이다. 특히 끝에 다음과 같은 필사기가 있어 아주 중요한 의미가 있는 책이다.

> 명치(明治) 42년(1909) 기유(己酉) 7월 10일 교정(校訂)하여 오류가 없게 하였다. 아사미 린타로(淺見倫太郎, 1869~1943)는 기록하고 수장

---

110 今西龍(1922).

한다.[明治四十二年己酉七月十日校訂無訛. 淺見倫太郎識而藏.]

지금까지 확인된 사본 중에서는 필사 기록이 있는 가장 빠른 시기의 필사본이다.

③ 육당(六堂) 최남선(崔南善)본 : 육당 최남선이 소장하고 있던 사본이지만 현재 원본의 소장처는 알 수 없다. 다만 일제강점기에 만들어진 유인본(油印本) 끝에 필사기가 남아 있어 확인할 수 있을 뿐이다.

기사년(1929) 12월 갑신(甲申)일-육당(六堂)이 소장하고 있던 사본을 다시 필사하였다-(歲次己巳冬十二月甲申日 -再寫六堂所藏寫本-)

이 기록에 따르면 육당이 소장하고 있던 사본을 저본으로 만든 책이라는 사실을 확인할 수 있다. 특히 이 책에는 『완당집』에 올라 있던 편지 중에서 조인영(趙寅永)과 권돈인(權敦仁, 1783~1859)에게 보낸 편지를 부록으로 싣고 있다. 가장 널리 알려진 이본이다. 이를 표로 정리하면 다음과 같다.

구 분	藤田良策 구장본	淺見倫太郎 구장본	崔南善 구장본
현 소장처	국립중앙도서관	UC버클리 아사미문고	단국대 외
내제(內題)	禮堂金石過眼錄	禮堂金石過眼錄	禮堂金石過眼錄
수록면수	42면	42면	28면
1면 행자수	10행 19자	10행 19자	13행 24자
장서인	〈藤田藏〉	〈淺見圖書〉	
필사연대	미상	明治 42년(1909)	1929년
기타			『阮堂集』抄 부록

이들은 모두 일부 오사(誤寫)를 제외하면 사실 하나의 사본으로부터 전사한 책들이라고 볼 수 있다. 즉, 『예당금석과안록』의 이본들은 오카다 노부토시가 소장하고 있던 사본, 또는 그 사본을 저본으로 전사한 것이라고 볼 수 있다. 이 밖에도 여러 곳에 사본들이 소장되어 있지만 일부 오사(誤寫)를 제외한 큰 차이점은 발견할 수 없다. 이는 오카다 노부토시가 발견한 필사본 『예당금석과안록』이 유일본임의 방증이기도 하다.

2) 『예당금석과안록』의 편찬 시기

김정희가 본격적인 금석문 연구를 시작한 것은 북한산 진흥왕순수비의 가치를 발견한 1816년경으로 보지만, 훨씬 이전부터 금석학에 관심을 가졌던 것으로 확인되고 있다. 1831년 유희해는 김정희에게 편지를 보내 금석학에 관한 여러 의견을 교환하고 있는데, 그 편지에서 유희해는 김정희가 금석학에 마음을 둔 지 30여 년이나 되었다는 사실을 전하고 있다.[111] 유희해의 말대로라면 김정희는 이미 10대 때부터 금석학에 관심을 가지고 있었다는 말이 된다. 이후 김정희는 24세 때 연행을 통해 옹방강, 완원 등 당대 최고의 금석학 대가들과 교유를 하게 되고, 귀국한 뒤에도 청조의 문사들과 서신을 통한 교유를 계속하면서 조선 금석문 연구에 몰두하게 된다. 그 첫 번째 성과는 바로 〈북한산진흥왕순수비〉의 심정(審定)으로 나타나게 된다. 그러나 김정희는 진흥왕순수비 연구를 시작한지 18년이 되도록 마무리

111 앞의 「劉喜海가 秋史에게 보낸 편지」, 필사본, 개인소장. "聞足下究心於金石文字三十餘年, 蒐羅之富, 攷據之精, 素所欽佩, 東國之歐陽文忠 · 趙德父也."

를 짓지 못하고 있었다. 북한산의 순수비 상태가 너무 좋지 않아 비문 자체에서는 많은 정보를 얻을 수 없었던 까닭도 있었지만, 황초령비의 실물이 확인되지 않았기 때문이었다. 이에 김정희는 황초령에 있던 순수비를 찾는 데 주력하였다. 하지만 황초령의 순수비 역시 사라진 지 오래여서 탁본 이외에는 확인할 수 있는 방법이 없었다. 그러다가 함경도관찰사로 가 있던 권돈인이 황초령에 있던 진흥왕의 순수비를 발견하여 그 탁본을 보내왔다. 그러나 권돈인이 발견하여 보내온 비문의 탁본은 이전 것보다 못했다.[112] 이에 김정희는 진흥왕 순수비에 대한 연구 결과를 마무리 하면서 권돈인에게 저술 사실을 알렸다.

> 제가 이 비석에 대해 연구한 것이 한 권 있습니다. 글자 하나, 획 하나, 지명 하나, 관명(官名) 하나까지 자세히 조사하고 증명하지 않은 것이 없는데 1권이나 됩니다. 제가 이번에 드리려고 했었는데 아직 초고(草藁) 상태에 있어 정리를 하지 못했습니다. 정리를 하고 난 다음에야 보여드릴 수 있겠기에 보내드리지 못했습니다. 참 안타깝습니다.[113]

『완당척독』이나 『완당선생전집』에는 추사가 이 편지를 쓴 날짜가 보이지 않지만, 권돈인에게 보낸 편지를 모아놓은 또 다른 필사본에는 '갑오(甲午, 1834)'년으로 나타나 있다.[114] 이 해 8월에 권돈인이 함경도관찰사에서 물러나게 되므로 위 편지는 1834년 8월 이전에 보낸

---

112 이에 대해서는 김정희의 〈眞興二碑攷〉와 〈題北狩碑文後〉에 나타나 있다.

113 金正喜, 『완당선생전집』 권3, 〈與權彝齋敦仁〉 32. "弟於此碑有考一卷, 一字 · 一畵 · 一地 · 一官無不細加核證, 至於一卷之多. 竊欲於今番仰呈, 而尙在草稿, 未卽整理. 且整理然後, 可以覽閱, 故無以送上, 可菀."

114 金正喜, 『尺牘』, 필사본, 수경실 소장.

것이 된다. 이 편지의 기록대로라면 김정희는 이때쯤에 진흥왕순수비에 관한 연구를 마무리했을 것으로 추정된다. 즉, 1834년 8월 이전에 진흥왕순수비에 관한 추사의 연구는 일단락 지어졌다고 볼 수 있다. 이후로는 진흥왕순수비에 관한 김정희의 언급은 찾아볼 수 없다. 김정희의 초고본 역시 아직까지 발견되었다는 소식을 듣지 못했다. 문제는 20세기 초에 일인(日人)이 발견한 『예당금석과안록』이 과연 완성된 형태인지 여부다.

앞서 살펴본 『예당금석과안록』의 이본들은 일부 오탈자 및 오사를 제외하면 거의 동일하다고 볼 수 있다. 다만, 비도에 석문을 표기하면서 '완자(刓字)'와 '부전자(不全字)'의 표기가 제대로 되어있지 않다. 김정희는 석문을 표기할 때 전자(全字), 부전자(不全字), 완자(刓字), 공격(空格의) 네 가지로 구분하였다. 이 중에서 완자와 공격에는 문제가 없다. 부전자(不全字)는 글자의 획이 일부만 확인되는 경우에 표시하였고, 완자(刓字)는 글자가 있는 건 확실한데 전혀 글자를 알아볼 수 없을 정도로 뭉개졌을 때 표기한 것으로 보인다. 이는『해동비고』의 〈평백제탑〉이나 〈당유인원비〉의 표기에서도 확인된다. 김정희는 완자의 경우 '□'으로 표시했고, 부전자(不全字)의 경우 확인되는 필획만 표시하였다. 하지만『예당금석과안록』에서는 '완자'와 '부전자'의 표기가 제대로 이뤄지지 않고 있다. 이런 점에서 볼 때『예당금석과안록』은 김정희가 직접 정리한 게 아니라, 초고 상태로 전해오는 걸 후대에 정리했을 가능성이 아주 높다. 김정희는 〈황초령진흥왕순수비〉의 실물을 보지 못했다. 탁본으로만 연구했을 뿐이다. 따라서 김정희가 봤던 탁본에 문제가 있는 경우 자연스럽게 오류가 생겼을 수도 있다. 이는 자료 자체가 지닌 태생적 한계이기도 하다.

3) 『예당금석과안록』 서명의 재고(再考)

그런데 『예당금석과안록』은 왜 『완당선생전집』[115]에서 「진흥이비고(眞興二碑攷)」란 명칭으로 바뀌었을까? 『예당금석과안록』이라는 서명은 정당한 것일까? 먼저 『예당금석과안록』이란 서명의 의미부터 생각해보자. 먼저 예당(禮堂)에 대해 살펴보자. 예당은 김정희의 별호로 우리에게 잘 알려져 있다. 예당(禮堂)이란 말을 처음으로 설명한 사람은 이병도(李丙燾)로 보인다. 그는 「완당선생약전(阮堂先生略傳)」에서 예산(禮山) 출신으로 예경(禮經)을 중시했기 때문에 예당(禮堂)이란 호를 사용했다고 설명하고 있다.[116] 그러나 김정희는 당호를 지을 때에 기존의 형식과 틀을 완전히 벗어나 있었다. 그런 전통적인 방법으로 예당이란 호를 지었다고 보기는 힘들다. 그렇다면 예당은 어디에서 유래한 말일까? 옹방강이 일찍이 김정희에게 보낸 편지에서 그 실마리를 찾아볼 수 있다.

> 정현(鄭玄)은 후한(後漢)의 대유(大儒)이다. 일찍이 예당(禮堂)에서 여러 경전들을 사정(寫定)한 것은 백가들의 학설이 일치하지 않는 것을 정리하려고 했던 것인데, 어찌 정현(鄭玄)의 학설이 정리되어 있지 않았을 것이라고 생각이나 했겠는가?[117]

이 글에서 '예당사정(禮堂寫定)'이란 말을 확인할 수 있다. 이 문구는

115 김익환이 편집하고 홍명희의 교정을 거친 후 정인보의 서문을 붙여 1934년에 『완당선생전집』(영생당, 연활자본)으로 간행되었다.

116 『阮堂金正喜先生百周忌追念遺作展覽會』, 국립박물관 · 진단학회, 1956. 34면.

117 翁方綱, 『復初齋文集』 권11, 〈答金秋史〉. "鄭康成後漢大儒, 嘗於禮堂寫定諸經, 欲整百家之不齊, 而豈知鄭說之不齊?"

「정현전(鄭玄傳)」의 "不得於禮堂寫定, 傳於其人"이란 문구에서도 확인된다. 여기서 '예당'은 예(禮)를 강론하던 강당을 가리킨다. '예당(禮堂)'이란 호 역시 바로 '예당사정(禮堂寫定)'에서 유래했음을 추정할 수 있다. 이후 김정희는 '예당'을 자신의 호로 삼고 '예당'과 '예당사정'을 인장으로 만들어 사용했는데, 바로 정현과 관련된 글에서 유래했음을 확인할 수 있다. 그리고 '과안록(過眼錄)'은 '자신이 본 것을 기록했다'는 의미이다. '예당금석과안록'은 '예당이 본 금석문을 기록하다'는 의미가 될 것이다. 즉, '김정희 자신이 본 금석문을 기록한 책'이라는 뜻이다. 그런데 과연 이 제목이 추사의 진흥왕순수비 연구 논문에 대한 제목으로 타당할까? 결론적으로 말하자면 적절치 못한 제목이다. 그 이유를 살펴보도록 하자.

첫째, 앞서 살펴보았듯이 이 책에는 북한산과 황초령에 있던 〈진흥왕순수비〉에 관한 글이 실려 있다. 그런데 과연 2기의 비석에 관한 연구 논문을 실어 놓고 이렇게 거창한 이름을 붙일 수 있는 것일까? 내용을 보면 알 수 있지만 『예당금석과안록』은 진흥왕순수비에 관한 아주 전문적이고 치밀한 논문이다. 이렇게 치밀한 논문은 당시 중국의 누구와 비교해도 뒤처지지 않는 최고 수준의 논문이라 할 수 있다. 결코 '김정희 자신이 본 금석문을 기록한 책'이란 제목을 붙일 수 없는 저작이라는 말이다.

둘째, '금석과안록(金石過眼錄)'에는 석문(石文)만 있고 금문(金文)은 없다. 금석문이란 금문(쇠붙이에 글자를 새긴 것)과 석문(돌에 글자를 새긴 것)을 말하는데, 비문(碑文)은 석문일 뿐이다. 석문에 관한 논문을 실어놓고 '금석(金石)'이란 명칭을 붙일 수 있는 것일까? 당시 학자들은 금문과 석문에 관해 명확한 구분을 짓고 있었다. 유희해의 또 다른 저작인 『해동금석존고(海東金石存攷)』에도 2편의 금문이 분명히 실려 있다. 따라서 서명에 '금석'이란 말을 쓰는 데 아무 문제가 없는 것이다. 유희해는 일찍이 김정희에게 보낸 편지에서 금문과 석문에 관해 중요한 언급을 하고 있다.

> 삼대(三代) 이후로 석문(石文)은 많고 금문(金文)은 적습니다. 돌은 육중하여 오랫동안 보존되고, 쇠붙이는 날카로워 쉽게 부서지기 때문입니다. 중국도 그렇습니다. 해동에는 봉덕사(奉德寺), 연복사(演福寺)의 두 종과 용두사(龍頭寺)의 당간(幢竿) 이외에 어떤 것이 있는지 자세히 알려주십시오.[118]

물론 금석문의 대부분이 비문으로 이루어져 있기 때문에 비문을 금석문으로 통칭하는 경우도 있기는 하지만 이는 일반적으로 금석학을 통칭할 때 일컫는 것이고, 김정희의 경우 자신의 연구 논문의 내용과 어울리지 않는 제목을 붙였다고 보기는 어렵다.

셋째, 김정희는 진흥왕순수비에 관한 기록을 남기면서 '금석과안록'이란 명칭을 사용하지 않았다. 대신에 '비고(碑攷)'라는 용어를 사용하고 있다. 비석과 비문에 대한 고찰이란 의미이다. 앞서 살펴본 것처럼 권돈인에게 보낸 편지에서 김정희는 "이 비석에 대해 연구한 것이

---

118 앞의 〈劉喜海가 秋史에게 보낸 편지〉, 필사본, 개인소장. "三代以後, 石多金少, 石以頑而保其壽, 金以利而易於銷也. 中國且然, 海東除奉德 · 寺演福寺二鍾, 龍頭寺一幢之外, 尙有何種, 幸詳示."

한 권 있다.[此碑有考一卷.]"는 언급을 하고 있다. 또 〈제북수비문후(題北狩碑文後)〉에서는 구체적으로 '비고(碑攷)'란 언급을 하고 있다.

> 내가 일찍이 구탁본(舊拓本)을 구해 연월(年月), 지리(地理), 인명(人名), 직관(職官)을 고증하고 확정하여 「비고(碑攷)」를 저술함으로써 『해동금석록(海東金石錄)』과 『문헌비고(文獻備考)』의 오류를 바로잡았다.[119]

이 글에서는 명백히 '비고'를 저술한 사실을 적고 있는데, 위 글은 바로 〈진흥이비고〉의 내용과 일치한다.

넷째, 김정희의 또 다른 금석학 저술인 『해동비고(海東碑攷)』와 연관시켜 볼 때 김정희의 연구 논문에는 '비고'라는 명칭이 타당하다. 『해동비고』에는 진흥왕순수비에 관한 연구 논문이 누락되어 있다. 앞서 살펴보았듯이 추사는 진흥왕순수비에 관한 글을 18년 동안이나 마무리 짓지 못하고 있었다는 사실에서 알 수 있듯이 김정희의 금석문 연구 중에서는 가장 오랫동안 미결 상태로 남아 있었다. 그런데 이후로도 완전 탈고는 하지 못했기 때문에 『해동비고』에는 싣지 않았을 것으로 보인다.

다섯째, 이후 일제강점기에 『완당선생전집』이 간행되면서 『예당금석과안록』은 〈진흥이비고〉란 명칭으로 바뀌게 된다. 이는 당시의 편집자들 역시 『예당금석과안록』이란 서명에 문제가 있다는 점을 알았기 때문인 것으로 풀이된다. 단순히 『완당선생전집』에 편입하려 했

---

119 金正喜, 『阮堂先生全集』 권6, 〈題北狩碑文後〉. "余嘗得舊拓本, 證定年月 · 地理 · 人名 · 職官, 著爲碑攷, 以正『海東金石錄』 · 『文獻備考』之誤."

다면 '예당금석과안록'이란 제목으로 편입했더라도 아무 문제가 없었을 것이다.

결국 진흥왕순수비에 관한 논문 2편이 실린 책의 제목을 『예당금석과안록』이라 한 것은 적절하지 않다는 결론에 이르게 된다. 그런데 이 책에는 왜 이런 제목이 붙게 되었을까? 먼저 '금석과안록'이란 말이 만들어진 과정을 살펴보자. 이 말이 제일 먼저 사용된 것은 앞서 살펴본 『완당집』에 실린 〈자제금석과안록후(自題金石過眼錄後)〉라는 글이다. 이 글의 내용이 진흥왕순수비에 관한 것이라는 것은 금방 알 수 있다. 즉, 글의 내용이 '금석과안록'이라는 서명과 일치하지 않는다는 사실을 확인할 수 있다. 문제는 〈자제금석과안록후〉란 글이 『완당집』에 실려 있다는 점이다. 어떻게 된 일일까? 김정희가 붙인 서명이 맞다는 이야기일까? 물론 그렇게 보기는 어렵다. 문제는 『완당집』 자체에 있다. 『완당집』은 김정희의 문집으로는 처음 간행되었다는 의미가 있지만 아주 문제가 많은 책이다. 다른 사람들의 글이 찬입(竄入)되어 있을 뿐만이 아니라, 각 글의 제목을 마음대로 만들어 붙였다는 점에서 더욱 큰 문제가 되기도 한다.[120] 특히 김정희가 남긴 제발문(題跋文)에 대부분 제목이 없다는 점을 감안할 때 〈자제금석과안록후〉란 글 역시 원래의 제목이라기보다는 『완당집(阮堂集)』의 편자들이 임의로 붙였을 것으로 보인다.

그런데 '금석과안록'이란 명칭은 어디서 온 것일까? 김정희 생전에

120 이에 관해서는 박철상(2006)에 자세하다.

중국에서 간행된 서적에서는 이 명칭이 보이지 않는다. 그런데 당시 조선에 『금석과안록』이란 책이 있었다는 사실이 확인된다. 바로 서유구(徐有榘, 1764~1845)의 『소화총서목록(小華叢書目錄)』에 실려 있다.[121] 여기에는 낭선군(朗善君) 이우(李俁, 1637~1693)의 『대동금석록(大東金石錄)』과 함께 '『金石過眼錄』 闕名'이란 기록이 있다. 문제는 서명 아래쪽에 '궐명(闕名)'이라고 표기되어 있다는 점이다. 이는 이 책의 편자가 누락되어 있어 확인할 수 없다는 말로 김정희의 저술이 아니라는 의미도 된다. 결국 『금석과안록』이란 책은 존재했지만, 김정희의 『예당금석과안록』과는 관련이 없는 책이라 할 수 있다. 제목만 가지고 볼 때 『금석과안록』이 현전하지 않아 확정하기는 어렵지만 금석문의 명칭과 간략한 설명이 딸린 목록집의 범주를 벗어나기는 어려울 것이다. 즉, 낭선군 이우의 『대동금석록』이나 조인영이 청나라의 유희해에게 보냈던 『해동금석존고』의 초기 형태와 크게 다르지 않을 것이다. 따라서 『예당금석과안록』은 김정희가 붙인 서명으로 보기는 어렵고 후대에 붙여진 것으로 보는 것이 타당할 것이다. 이는 1834년 김정희가 권돈인에게 보낸 편지에서 진흥왕순수비의 연구에 관한 언급이 보인 뒤로 추사의 다른 글에서는 더 이상 이에 관한 언급이 나타나지 않고, 이후 윤정기(尹廷琦, 1814~1879),[122] 이상적(李尙迪), 오경석(吳慶錫), 이상수(李象秀, 1820~1882) 등의 글에서 진흥왕순수비에 관한 언급이 있지만 김정희의 금석학 저작에 관해서는 한마디 언급도 없다는 점도 방증으로 들 수 있다.

121 徐有榘, 『小華叢書目錄』, 필사본, 버클리대학교 아사미문고 소장. 이에 대해서는 김영진(2005) 참조.

122 박철상(2010).

6. 맺음말

김정희는 조선시대 금석학을 학문으로 정립한 주인공이다. 그리고 『예당금석과안록』은 김정희 금석문 연구의 결과물이다. 필자가 『해동비고』를 발굴하여 소개하기 이전에는 김정희의 금석문 연구서로는 유일한 자료였다. 여기에는 북한산과 황초령의 〈진흥왕순수비〉 연구에 바친 18년간의 노력이 담겨있다. 따라서 이 두 비석과 관련된 그의 노력을 추적하는 것은 조선 금석학 성립의 과정을 살펴보는 것이라고 할 수 있다.

먼저 김정희의 금석학 학습과정을 살펴보았다. 김정희의 금석학 연구는 연행을 통해 그 실마리가 형성되었다. 특히 역사고증을 목적으로 하는 금석문 연구는 옹방강, 옹수곤 부자와의 만남이 결정적 계기가 되었다. 그중에서도 옹수곤은 조선 금석문 수집과 연구에 몰두하고 있었다. 김정희와의 만남은 옹수곤의 연구에도 기폭제가 되었다. 이후 두 사람은 많은 편지를 주고받으며 조선 금석문 연구를 진행하였다. 김정희는 옹수곤과의 교유를 통해 금석문 탁본 제작법과 고증 방법을 터득하였고, 옹수곤의 요청에 따라 자연스럽게 조선 금석문 연구에 빠져들었다. 이후 옹수곤이 1815년 가을에 사망하자 김정희는 본격적으로 조선 금석문 연구를 시작하였다. 그 시발점은 북한산 비봉(碑峰)의 고비(古碑)에 대한 고증이었다. 따라서 다음으로 김정희가 북한산 비봉 고비(古碑)의 정체를 확인하는 과정을 살펴보았다. 1816년 이전 북한산 비봉의 고비(古碑)에 대한 당시 지식인들의 일반적 인식을 살펴보았고, 김정희의 북한산 1차 답사와 경주 답사 및 북한산 2차 답사와 각자(刻字) 과정을 살펴봤다. 다음으로 김정희가 〈진흥왕순수비〉를 고증한 내용을 검토하였다. 먼저 〈황초령진흥왕순수비〉에 대한 일반적 인식을 살펴봤고, 『예당금석과안록』의 구성 및 고증 내용을 검토하였다. 아울러 김정희의 금석고증에 끼친 영향과 함께 김정희의 〈진흥왕순수비〉 고증 이후 지식인들의 인식의 변화를 살펴봤다. 마지막으로 『예당금석과안록』의 출현과 이본, 편찬 시기, 서명을 검토하였다.

이상의 내용을 종합해보면 김정희는 '도선비(道詵碑)'라 전해오던 북한산의 비석이 '진흥왕순수비'라는 걸 밝혀냈고, 이는 조선과 청나라 문인들에게 널리 퍼져나갔다. 이 과정을 거치면서 〈북한산진흥왕순수비〉의 고증은 조선에서 금석학이 하나의 학문으로 자리 잡는 계기가 되었다. 진흥왕순수비의 고증에 있어 김정희는 옹방강, 옹수곤 부자로부터 전수받은 방법론을 이용하였다. 특히 옹방강의 『양한금석기』는 김정희가 『예당금석과안록』을 기술할 때 모델이 되었다. 또 금석문 내용 고증에 있어서는 유득공의 기록이 중요한 역할을 하였다. 그중에서도 '진흥(眞興)'이 사후 시호가 아니라, 생시의 이름이라는 점은 바로 유득공으로부터 시작된 것이다. 또한 신라의 인명과 지명 등에 방언(方言)이 사용되었다는 점 역시 유득공의 견해를 수용한 것으로 보인다. 또한 김정희 이전의 고탁본(古拓本)들은 김정희가 금석문을 고증할 때 중요한 자료가 되었다. 이들은 모두 '서법감상'용으로 수장되었던 것인데, 김정희에 이르러 '역사고증의 자료'가 되었던 것이다. 김정희의 진흥왕순수비에 관한 연구는 18년간이나 지속되었다. 황초령에 있던 비석이 사라졌기 때문이었다. 김정희는 탁본을 통해 연구할 수밖에 없었다. 『예당금석과안록』 역시 초고 상태로 탈고

하지 못한 채 남아있었던 것으로 보인다. 그래서 『예당금석과안록』은 이후 후학들에게 전해지지 않았다. 따라서 아무도 그 책의 존재를 아는 사람이 없었다. 20세기 초에 이르러서야 일인(日人)들에 의해 발견되어 세상에 알려졌다. 김정희 금석학의 정체가 철저히 베일에 가려져 있을 수밖에 없었다. 이는 김정희가 진흥왕순수비를 고증한 이후 조선 문인들이 남긴 기록을 통해서 확인할 수 있다. 어느 누구도 김정희의 저술을 봤다는 기록이 없고, 심지어 김정희의 제자라 할 수 있는 오경석의 『삼한금석록』에도 김정희의 고증 내용은 인용되지 않았다. 김병선의 『금석목고람』 또한 『예당금석과안록』을 인용한 내용이 없다. 따라서 김정희가 그토록 공을 들였던 『예당금석과안록』의 고증 내용은 20세기 초까지는 아무도 알지 못했던 것이다. 김정희의 진흥왕순수비 연구에서 가장 중요한 건비연대와 진흥이 생시의 호칭이란 주장 역시 제대로 알려지지 않았다. 그 때문에 많은 학자들은 김정희와는 다른 주장을 펼쳤던 것이다. 『예당금석과안록』은 두 곳의 진흥왕순수비를 고찰한 책이다. 하지만 1934년에 『완당선생전집』이 편찬될 당시 '예당금석과안록'은 여기에 실리지 않았다. 대신에 〈진흥이비고〉란 제목의 글이 실렸다. 내용을 동일한데 제목이 바뀐 것이다. 이는 『예당금석과안록』이 지니고 있는 태생적 문제점에 기인한 것이다. 제목과 내용이 불일치 할 뿐만이 아니라, 내용을 제대로 전할 수 있는 제목이 아니다. 특히 김정희의 또 다른 금석문 연구서인 『해동비고』가 발견되면서 그 가능성은 더욱 커졌다. 『해동비고』에는 7편의 비고(碑攷)가 실려 있는데, 진흥왕순수비는 실려 있지 않다. 이는 18년 동안이나 탈고하지 못하고 초고(草稿) 상태로 보관되었기 때문일 것으로 보인다. 따라서 진흥왕순수비 또한 『해동비고』의

한 편으로 편입되어야 할 것으로 보인다.

김정희의 금석학은 그의 저술이 후학들에게 전해지 않으면서 그의 연구 방법론과 고증 내용이 제대로 전승되지 못한 한계가 있는 것도 명백한 사실이다. 그럼에도 그의 역사고증 금석학은 당시 청나라에 유행하던 금석문 연구방론을 학습한 후, 우리 고대 금석문 연구에 대입함으로써 정립되었다고 할 수 있다. 단순히 청조 학술을 수입하거나, 모화(慕華)주의에 빠져있던 게 아니라는 말이다. 그런 점에서 그의 금석학은 김정희의 학문을 대표하는 가장 독자적이고 독보적인 위치에 있다 할 것이다.

參考文獻

원전자료 및 자료집

金敬淵,『東籬偶談』(『(原刻)百部叢書集成』72-1), 영인본, 修綆室 소장.
金秉善,『金石目攷覽』, 필사본, 국립중앙도서관 소장.
金誠一,『鶴峰逸稿』(『鶴峰全集』), 영인본, 성균관대학교 대동문화연구원, 1972.
金正喜,『覃揅齋尺牘補』, 필사본, 개인 소장.
_____,『阮堂先生全集』, 연활자본, 국립중앙도서관 소장.
_____,『阮堂集』, 활자본(전사자), 일본 오사카부립도서관 소장.
_____,『尺牘』, 필사본, 修綆室 소장.
_____,『海東碑攷』, 필사본, 修綆室 소장.
_____,『禮堂金石過眼錄』, 필사본, 국립중앙도서관 소장.
_____,『禮堂金石過眼錄』, 필사본, 미국 UC버클리 아사미문고 소장.
_____,『禮堂金石過眼錄』, 유인본, 修綆室 소장.
朴珪壽,『瓛齋先生集』, (影印標點)韓國文集叢刊 312.
徐有榘,『林園十六志』, 영인본, 서울대학교고전총서 4집, 1966.
_____,『小華叢書目錄』, 필사본, 버클리대학교 아사미문고 소장.
成海應,『研經齋全集』, (影印標點)韓國文集叢刊 273~279.
申錫愚,『海藏集』, (影印標點)韓國文集叢刊 속127.
安鼎福,『東史綱目』, 朝鮮古書刊行會, 1915.
柳得恭,『古芸堂筆記』, 영인본, 아세아문화사, 1986.
_____,『泠齋書種』, 필사본, 修綆室 소장.
尹廷琦,『舫山先生遺稿』, 석인본, 修綆室 소장.
李德懋,『青莊館全書』, 활자본(전사자), 국립중앙도서관 소장.
李象秀,『峿堂集』, 활자본(목활자), 修綆室 소장.
李尙迪,『恩誦堂集』, 영인본, 아세아문화사, 1973.
李裕元,『嘉梧藁略』, (影印標點)韓國文集叢刊 315~316.

鄭東愈, 『晝永編』, 필사본, 국립중앙도서관 소장.
丁若鏞, 『與猶堂全書』, 新朝鮮社, 국립중앙도서관 소장.
趙秀三, 『秋齋集』, (影印標點)韓國文集叢刊 271.
趙寅永, 『雲石遺稿』, 활자본(전사자), 국립중앙도서관 소장.
韓百謙, 『東國地理誌』, 목판본, 국립중앙도서관.
韓鎭書, 『海東繹史續』, 필사본, 국립중앙도서관.
許　筬, 『岳麓先生文集』, (影印標點)韓國文集叢刊 57.
洪良浩, 『耳溪集』, 활자본(전사자), 국립중앙도서관 소장.
黃胤錫, 『頤齋集』, (影印標點)韓國文集叢刊 속12.
『强懶代筆』, 영인본, 서벽외사해외수일본12, 아세아문화사, 1985.
『東國文獻備考』, 활자본(교서관인서체), 국립중앙도서관.
『秋史筆談書帖』, 복사본, 개인소장.
『平百濟塔碑』, 필사본, 고려대학교 화산문고 소장.
『海東金石零記』, 영인본, 과천문화원, 2010.
『阮堂金正喜先生百周忌追念遺作展覽會』, 국립박물관 · 진단학회, 1956.
『추사 김정희 명작전』, 예술의전당, 1992.
『후지쓰카의 추사연구자료』(후지쓰카 기증 추사자료전Ⅲ), 과천문화원, 2008. 11.2.
翁方綱, 『復初齋文集』, 목판본, 국립중앙도서관 소장.
劉喜海, 『海東金石苑』, 영인본, 아세아문화사, 1976.
葛城末治, 『朝鮮金石攷』, 大阪屋號書店, 1935.
『承政院日記』, 국사편찬위원회 웹.
『朝鮮王朝實錄』, 국사편찬위원회 웹.
규장각 한국학연구원, 서울대학교(http://e-kyujanggak.snu.ac.kr)
왕실도서관 디지털 아카이브, 한국학중앙연구원(http://yoksa.aks.ac.kr)
한국고전종합DB, 한국고전번역원(http://db.itkc.or.kr)
한국역대인물종합정보시스템(http://people.aks.ac.kr)
한국역사정보통합시스템(http://koreanhistory.or.kr)

저서

고유섭(1913), 『조선금석학초고』(우현 고유섭 전집 10), 열화당.

최완수(1976), 『金秋史研究艸』, 지식산업사.

藤塚鄰 著, 朴熙永 譯(1994), 『추사 김정희 또 다른 얼굴』, 아카데미하우스.

논문

김남두(1990), 「禮堂金石過眼錄의 分析的研究」, 『단국사학지』 23권, 단국대학교.

김영진(2004), 「朝鮮後期 明淸小品 수용과 小品文의 展開 樣相」, 고려대학교 대학원 박사학위논문.

_____(2005), 「조선 후기 실학파의 총서 편찬과 그 의미」, 『한국 한문학 연구의 새 지평』, 소명출판사.

김용태(2004), 「玉垂 趙冕鎬 漢詩 研究」, 성균관대학교 대학원 박사학위논문.

김윤조(2007), 「『古芸堂筆記』연구 : 신발견 자료의 내용을 중심으로」, 『大東漢文學』 27집, 대동한문학회.

박철상(2006), 「추사 김정희의 저작 현황 및 시문집 편간에 대하여」, 『대동한문학』 25집, 대동한문학회.

_____(2007a), 「『海東碑攷』의 출현과 추사 김정희의 금석학」, 추사문자반야전 전시특강 발표문.

_____(2007b), 「조선금석학사에서 유득공의 위상」, 『대동한문학』 27집, 대동한문학회.

_____(2010), 「秋史 金正喜의 金石學 研究-歷史考證的 側面을 中心으로」, 계명대학교대학원 석사학위논문.

_____(2010), 「舫山 尹廷琦의 「眞興王北狩碑歌」」, 『문헌과해석』 제50호, 문헌과해석사.

_____(2014), 「朝鮮時代 金石學 研究」, 계명대학교 대학원 박사학위논문.

박현규(1997), 「해동금석문의 신자료인 청 翁樹崐 《碑目瑣記》에 대하여」, 『季刊書誌學報』 20, 한국서지학회.

_____(2011), 「『海東金石零記』의 저자와 실상」, 『대동한문학』 35집, 대동한문학회.

이규필(2006), 「오경석의 『삼한금석록』에 대한 연구」, 『민족문화』 제29집, 민족문화추진회.

최완수(1972), 「金秋史의 金石學」, 『澗松文華』 3, 한국민족미술연구소.

______(1976), 「金秋史의 金石學」, 『金秋史硏究艸』, 지식산업사.

崔南善(1930a), 「新羅眞興王の在來三碑と新出現の磨雲嶺碑」, 『靑丘學叢』 2호.

______(1930b), 「新羅眞興王의 在來三碑와 新出現한 磨雲嶺碑」, 『朝鮮』 14권 11호.

今西龍(1921a), 「新羅眞興王巡狩管境碑考」上, 『考古學雜誌』 제12권 제1호.

______(1921b), 「新羅眞興王巡狩管境碑考」中, 『考古學雜誌』 제12권 제3호.

______(1922c), 「新羅眞興王巡狩管境碑考」下, 『考古學雜誌』 제12권 제11호.

______(1921), 「新羅文武王陵碑に就きて」, 『藝文』 12~7.

內藤虎次郎(1911), 「新羅眞興王巡境碑考」, 『藝文』 제2권 제4호.

前間恭作(1931), 「眞興碑につきて」, 『東洋學報』 19~2.

稻葉岩吉(1932), 「黃草嶺新羅眞興王斷碑出現」, 『靑丘學叢』 9호.

池內宏(1929), 『古蹟調査特別報告書』 第六冊, 朝鮮總督府.

추사 김정희의 서화론*

– 청대 서화론의 절충과 실천에 관하여

정혜린 | 서울대학교 미학과 강사

* 본 글은 정혜린(2008 ; 2013 ; 2019)을 수정 · 보완하여 작성되었음.

1. 머리말

추사(秋史) 김정희(金正喜, 1786~1856)는 19세기 전반 경학, 금석학, 시서화 이론과 창작 방면에 걸쳐 조선의 문화계를 주도하던 인물이다. 18세기 중반 이래 조선의 문인들은 중국의 학술성과들을 동시대적으로 수입하여 자료를 축적해왔다. 김정희는 그 선두에서 청으로부터 경학·금석학·음운학·문예론 등의 분야에 걸친 최신의 학술성과를 수입하여 체계적으로 이해하고, 다시 이 성과들을 절충하여 조선의 학술·문화계에 적용하기를 도모했다. 그의 학술 경향을 염두에 두자면 중국의 어떤 이론들을 수용하고 왜 이들을 선택하였으며 어떻게 절충했는지, 그리고 조선 서화계의 현실에 어떻게 적용했는가 하는 질문들은 그의 서예론과 회화론 연구에서 역시 방향등 역할을 할 것이다.

본 연구는 김정희의 서예론과 회화론을 각각 2장과 3장에서 고찰할 것이다. 비록 각각의 분야에서 체계화된 서술은 존재하지 않지만, 그가 남긴 단편의 글들을 통해 그가 청대 어떠한 서예론과 회화론을 입수했는지, 그리고 이들을 절충하여 구상한 제3의 이론은 무엇이며 어떤 방식으로 현실화하기를 도모했는지 탐색할 것이다.

2. 청대 서예론의 절충과 창작의 혁신

1) 문제 제기

추사 김정희는 우리나라의 가장 위대한 서예가로 추앙된다. 그의 글씨는 생전 명성이 높았던 것은 물론, 20세기 들어서도 1921년 제1회

서화협회전에서 참고작품으로 전시되었고, 곧이어 1923년 제2회 조선미전에서 다시 전시될 정도로 사람들을 열광시켰다.[1]

학술 분야에서도 그의 서예론과 작품에 대한 논문은 지속적으로 양산되었다. 1975년 『완당김정희필첩(阮堂金正喜筆帖)』이 출간되었고[2] 이듬해 간송미술관이 편집한 『추사명품첩(秋史名品帖)』과 『추사명품첩별첩』이 곧이어 출간되었다.[3] 서예만을 다룬 학위논문으로는 1984년 정상옥의 「완당 김정희의 서법론 : 논서서와 논서시를 중심으로」 이래,[4] 한문 외에 한글로 쓰인 작품, 전각까지 그 연구 범위가 넓어졌다. 작품 분석 외에도 서예이론 · 창작 · 응용 · 교육을 목적으로 한 논문들이 서예론 분야뿐 아니라 순수회화 · 디자인 · 교육학 분야에서 제출되었다.[5] 이 글은 다시 근본으로 돌아가 김정희의 서예사론, 창작의 목표, 그 미적 원칙과 이를 실현하는 방법론을 관련 문헌들을 통해 살펴본다.

김정희 서예론의 출발과 목표는 역시 경학, 문예론과 화론에서 그랬듯이 최신의 중국 학술 정보를 바탕으로 조선에 정통적이면서도 새로운 서예 이론과 창작을 도모하는 것이다. 그 새로운 이론은 이제까지 '첩학(帖學)과 비학(碑學)의 절충'으로 이해되어왔다. 특히 이제까지 연구들은 그가 비학 연구를 통해 당시까지 지속되던 비문 자료의 수집 · 감상 경향을 학술적 미학적 차원으로 제고했다고 평가하면서,

---

1 최열(2015), 5장 참조.
2 송원문화사편집부(1975).
3 송원문화사편집부(1975). ; 간송미술관 편(1976).
4 정상옥(1984).
5 관련 논문으로는 차광진(1999). ; 김경순(2002). ; 현명관(2013). 등이 있는데 그 숫자가 많아 일일이 열거하기 어렵다.

김정희에 대해 청대 완원(阮元, 1764~1849)의 금석학적 업적이 끼친 영향력을 크게 주목했다.[6] 이후 박동규는 완원과 김정희 사이에는 커다란 차이가 존재한다는 점을 처음으로 명료하게 지적했다.[7] 완원과 달리 김정희가 남첩(南帖)과 북비(北碑)의 서체를 상호보완적인 것으로 보았고 아울러 완원과 달리 음양론(陰陽論)을 더하였다는 것이다. 그 뒤 필자는 김정희가 남첩과 북비의 서체를 상호 보완한다는 견해를 지지하면서 더 근본적으로 김정희와 완원 사이에는 왕희지(王羲之, 307?~365?)의 진적(眞迹) 여부를 인정하는가라는 결정적인 차이가 있다는 것을 제시한 바 있다.[8] 아쉬운 점은 필자를 포함한 선행연구자들이 전반적으로 김정희의 북비 서체에 대한 견해를 연구하는 데 치우쳐 있다는 점이다. 이는 아무래도 김정희의 첩학 연구를 토대로 삼는 중국 쪽 학술 자료를 다루기가 쉽지 않은 점에 기인하는 것으로 짐작된다. 본 글에서는 『패문재서화보(佩文齋書畫譜)』를 위시해 김정희가 첩학과 관련해 초록해 둔 자료들, 무엇보다 옹방강(翁方綱, 1733~1818)의 논의가 김정희의 첩학을 이해할 중요한 단서라고 파악하여 서술할 것이다.

김정희의 서예론은 서예사론의 측면에서 보자면 옹방강과 완원의 서예사관의 조정·결합이라고 할 만하다. 김정희는 한대(漢代) 글씨의 주경(遒勁)한 힘이 각각 왕희지 등의 남조(南朝)와 북조(北朝)에서 계승되다가 당대(唐代) 구양순(歐陽詢, 557~641)에서 다시 결합된다고 파악한다. 눈에 띄는 점은 김정희가 북조를 서예사의 주요 장면으

6 임창순(1985), 181쪽. ; 최완수(1985), 203쪽. ; 김응현(1985), 185~187쪽 등.

7 朴東圭(2002).

8 정혜린(2005), 제III장 4절. ; 정혜린(2008), 6장.

로 보지 않는 옹방강, 왕희지의 서예사적 영향력을 부정하는 완원, 두 사람 모두와 입장이 다르다는 점이다. 나아가 김정희가 중국 서예사를 재구성하는 기저에는 옹방강보다 글씨의 골력을 중시하고 완원보다 완만한 조화 · 신운을 중시하는 미적 원리가 작동하고 있다.

역사 서술의 기준이 되는 미의 원리는 그의 창작론에서도 힘을 발휘한다. 글씨 창작의 두 원리인 골력과 신운은 금석문의 서체의 골력과 첩서의 서체의 대가인 유용(劉墉, 1719~1805)의 신운, 청대 여러 최신의 기법들을 통해 기괴하다고 할 만큼 상호 대비적으로 강화된다. 이하 2)와 3) · 4)에서 김정희의 서예사관과 창작론을 각각 서술할 것이다.

2) 청대 첩학사와 비학사의 절충

김정희의 서예를 이해하는 핵심 명제 중 하나는 '첩학과 비학의 절충'이다. 이와 관련해 기존 연구들은 청대 금석학파로부터의 영향력에 크게 주목하였다. 특히, 이론적으로 청대 경학자이자 금석학자인 완원의 '남북서파론(南北書派論)'과 '북비남첩론(北碑南帖論)'을 수용한 것이 크게 부각되었다. 그러나 김정희가 청대 금석학파와 뚜렷한 연관 관계를 보이면서도 여전히 왕희지의 글씨를 영원한 이상으로 삼고 있다는 점에서 양자 사이에는 커다란 괴리가 존재한다는 점도 분명하다.[9] 왕희지의 진적(眞迹) 존재를 긍정하고 왕희지의 글씨를 계승하려는 의지는 왕희지의 서체를 창작의 전범으로 삼아 계승하겠다는 첩서

9 주 7) 참조.

기반의 서파(書派)와 왕희지의 진적이 존재하지 않으므로 창작의 전범으로 왕희지의 서체에서 금석문으로 대치하는 금석문을 기반으로 하는 서파를 구분하는 핵심적인 사항이다. 이하에서는 완원과 옹방강, 김정희의 왕희지에 대한 태도를 살펴본다.

완원은 북송 순화(淳化) 연간(1100~1125)의 모각본(模刻本)들은 물론 옹방강이 왕희지 진적의 모습을 그대로 간직했다고 확신하는 당대 회인(懷仁)의 「집자성교서(集字聖教序)」까지[10] 모두 왕희지 이후의 글씨일 뿐이라고 간주했다. 설령 모각본들로부터 원만하고 곱게 규각이 없는 공통점을 추출할 수 있다고 하더라도 왕희지의 원본이 없는 이상, 그 공통점이 왕희지체의 특징이라고 말할 수 없으므로 왕희지체의 계승은 허구라는 것이다. 그는 왕희지에 대한 논의 자체를 일축했다.[11] 이는 1,200여 년 넘게 존재해온 중국 첩학의 정통성을 과감하게 정면에서 비판했다는 의미를 지닌다.

나아가 완원의 서예론은 왕희지의 진적에 대한 고증학적 탐구에 그치지 않고 북비의 서체를 중흥할 것을 요구했다. 그는 "송(宋)의 『순화각첩(淳化閣帖)』이 성행하여 중원(中原)의 비판을 홀시하자, 이에 점차 북파가 미미해져 갔다. …… 원대와 명대의 서예가 중 많은 이들이 『순화각첩』의 울타리 안에 갇혔고, 또 〈난정계서(蘭亭禊序)〉와 같은 것 외에는 서법이 없다고 여겼으니 어찌 비루하지 않은가. ……

10 翁方綱, 『復初齋文集』 권32, 「跋董文敏論書帖」. "今之取眞者, 唯賴沙門懷仁集字在也."
11 阮元, 『揅經室集』 권3, 「王右軍蘭亭詩序帖二跋」. "要之, 右軍書之存於今者, 皆展轉鉤摹, 非止挨次, 懷仁所集淳化所摹, 皆未免以後人筆法屬入右軍法內矣."; 같은 책, 「復程竹編修-邦憲-書」. "至于樂毅黃庭道德等帖, 世稱爲逸少眞迹者, 其來處, 皆不可究詰, 有識者, 所不應道也."

총명한 선비들이 시속을 떨쳐 일어나 전심하여 북파를 연구하여 구양순과 저수량(褚遂良)의 옛 규범을 지키고 위와 제[北朝]의 스러진 업적을 찾으면, 한・위의 옛 법은 세속의 글씨에 가리지 않을 것이다."라고 자신의 서예관을 밝혔다.[12] 그는 보다 절제되어 있으며 반듯하고 힘찬 예스러움을 간직한 서체를 선호하고 그 부활을 목표로 했던 것이다.

반면 김정희는 왕희지체의 원형을 어느 정도 규명할 수 있고 또 계승할만한 것이라고 보았다. 여기서 중국 첩학사에 대한 김정희의 확고한 신뢰를 확인할 수 있는데, 그 배후에는 김정희가 서예론에서 역시 조예가 깊다고 여러 번 경탄한 옹방강의 이론이 있다. 필자의 선행 연구에 의하면,[13] 옹방강은 왕희지 글씨의 특징을 밝힐 수 있다고 확신했다. 옹방강이 왕희지 글씨의 원형을 탐구하는 방법은 크게 두 가지로 나뉜다. 서체의 변화사에서 추론하는 방법과 왕희지의 작품에 대한 임모본(臨摹本)들의 시대적 변화 양상을 살펴 그 변화의 출발점으로서 '왕희지체'를 추론하는 방법이다. 두 가지 방법에 근거해 옹방강은 왕희지의 글씨가 시기적으로 예서(隸書)로부터 해서(楷書)로 이행하는 단계에 존재했고, 예서를 이어 방정(方正)한 필의(筆意)를 바탕으로 하면서 동시에 해서의 제 규범을 형성하기 시작했다고 추론했다.[14] 동시에 왕희지의 글씨는 원만한 기세도 지니지만, 이는 전서(篆

---

12 阮元, 『揅經室三集』 권1, 「南北書派論」, 557쪽. "趙宋閣帖盛行, 不重中原碑版, 於是北派愈 ……. 元明書家, 多爲閣帖所囿, 且若禊序之外, 更無書法, 豈不陋哉 ……. 穎敏之士, 振拔流俗, 究心北派, 守歐褚之舊規, 尋魏齊之墮業, 庶幾漢魏古法不爲俗書所掩."

13 정혜린(2011).

14 翁方綱, 『蘇齋筆記』, 228쪽. "篆圓隸方, 今楷書承隸, 自必以方爲體, 其沿宋元以後諸

書)를 계승한 흔적으로서 당·송대 이후의 곱고 세련된 특징과는 구분된다고 지적한다.[15] 정리하자면 옹방강은 왕희지체의 아름다움의 원칙이 개(開)와 합(闔), 기(起)와 복(伏), 정(正)과 변(變) 같은 서로 상대적인 개념들의 조화라고 판단했다.[16]

그리고 상대적인 개념들의 조화는 수대(隋代) 비문으로 이어지는데, 특히 「계법사비(啓法寺碑)」는 이왕(二王, 왕희지와 왕헌지(王獻之) 부자) 이래 소연(蕭衍), 양흔(羊欣)으로 이어진 조화의 원칙을 극명히 잘 보여준다고 한다. 그리고 그는 당대 구양순과 저수량 역시 남조에서 수대로 이어진 이 조화의 원칙을 계승했다고 보았다.[17] 그러나 아쉽게도 구양순과 저수량이 계승했다고 하는 수대 유민(劉旼)·사릉(史陵)의 진적이 극히 적으므로, 유민·사릉이 계승한 북조의 글씨, 예컨대 북제(北齊) 번손(樊遜)의 〈공묘비(孔廟碑)〉, 미상의 〈용문산조불상기(龍門山造佛像記)〉 등으로부터 진(晉)과 당(唐)의 연결고리를 확인할 수 있다고 한다. 옹방강은 특히 미적인 측면에서 북조보다 수대(隋代)의 비문을 높이 평가했다. 왕희지 이래 남파의 아름다움의 원리, '개합(開闔)·정변(正變)·제돈(提頓)·기복(起伏)의 오묘함'을 보이고 있기 때문이다.[18] 옹방강은 왕희지체의 미적 원리를 남조 이래 수·당

家, 不甚精詣於楷, 專以行草習爲流便, 因謂楷宜圓者非也."

15 翁方綱, 『復初齋文集』 권9, 「化度勝醴泉論一」. "劉有定注衍極曰, 蘭亭篆法也, 而化度則純乎蘭亭也, 醴泉亦純乎蘭亭也, 皆蘭亭矣, 則皆篆法也."; 翁方綱, 『復初齋詩集』 권58, 「書米海嶽蘭亭跋眞迹後八首」; 翁方綱, 『蘇齋筆記』, 228쪽 등.

16 翁方綱, 『復初齋文集』 권7, 「考訂論上之三」. "然如王羲之書以樂毅論爲首者, 正爲其小楷中具開闔起伏正變之勢, 所以瘗鶴銘可與並論也. 而後之不知書者, 推吳廷所刻本一例圓熟者爲眞, 則適以開作僞者之漸. 此非關於學術士風者乎."

17 정혜린(2011), 2절.

18 『復初齋文集』 권21, 「跋啓法寺碑」 二首. "此碑之得名, 則以丁道護書也. …… 此碑雖

까지의 서맥(書脈)을 규정하는 기준으로 삼는 것이다. 예컨대 구양순의 글씨에 대해 완원은 방정 · 고졸(古拙) · 주경(遒勁)한 힘을 주된 특징으로 보았고 또 이는 북파적 특징이라고 해석했는데, 옹방강은 이 특징을 원만함이라는 남파의 특징과 짝을 이루는 '부분적' 특징으로 축소시켰다. 완원이 왕희지 이래 남조를 제외한 채, 한대(漢代)에서 북조 · 수대를 거쳐 구양순으로 이어진 특징을 주목했다면, 옹방강은 한대에서 왕희지 · 북조 · 수대를 거쳐 구양순으로 이어진 제 특징들을 주목했던 것이다. 이상 왕희지와 구양순 · 저수량의 역사적 위치, 그리고 이들의 글씨에 대한 옹방강의 논의는 김정희와 그 개념구조가 거의 일치한다. 이를 구체적으로 살펴본다.

김정희 역시 왕희지의 글씨 진적(眞迹)이 존재하지 않는다는 것을 전제로 한다. 임진왜란 이후 조선에서 유행한 '왕희지체의 학습' 열풍은 진적이 없는 왕희지체를 어떻게 복원하고 어떻게 계승할 것인가에 대해 제대로 심각하게 고민하지 않은 결과라고 한다. 그는 완원의 표현을 그대로 빌려, 왕희지체 학습은 "서예가로서 안목을 갖춘 이들이 '식자로서 대꾸도 할 필요도 없다'고 여기는 것"이라고 일축했다.[19] 그러나 김정희는 완원처럼 왕희지의 진적을 추론하는 것 자체를 부정하지는 않았다. 그는 옹방강과 유사하게 왕희지의 글씨 진적을 여러 임모본을 통해 추론하는 글을 남겼다. 『완당전집(阮堂全集)』 권1의 「계

漸歸於平正, 而亦漸卽於坦迆. 若二王而下, 蕭羊已上, 開闔正變提頓起伏之妙, 敬元得力子敬, 子敬得於家法者, 能由是而問津乎."

19 金正喜, 『阮堂全集』(이하 『전집』으로 약칭.), 권6, 「書圓嶠筆訣後」. "至於右軍諸帖. …… 書家之具眼者, 直以爲有識者, 所不應道." 완원의 글은 주 12) 참조.

첩고(禊帖攷)」와 권6의 「제국학본난정첩후(題國學本蘭亭帖後)」·「제영상본난정첩후(題穎上本蘭亭帖後)」가 그 대표적인 사례이다. 김정희는 왕희지 글씨의 원형을 밝힐 수 있다고 확신했고 이에 다음과 같이 왕희지의 글씨에 대해 묘사했다.

> 서예가 남과 북 둘로 나뉘었다는 것은 속일 수 없습니다. [그러나] 이는 남과 북이 각각의 스승을 따라 유파를 형성했다는 것일 뿐이니, 종요(鍾繇)와 왕희지에게 묻는다면 모두 웃을 것입니다. 당 태종은 남파이며 왕희지를 근본으로 삼았습니다. 북파는 비록 떨치지 못했으나 구양순과 저수량이 북파로부터 유래했다는 점은 [서예사의] 흐름상 분명합니다. 우세남(虞世南)은 남파이니 당 태종과 같습니다. 구양순과 저수량이 왕희지의 법문에 젖어든 것은 공영달(孔穎達)이 경학에서 남학에 전념하지 않고 시세에 굽힌 것과 같습니다. 왕희지에게 전서(篆書)와 예서(隸書)의 유법이 없다고 하는 것은 매우 그릇되니, 「(난정)계첩」의 '永' 자와 '趣' 자는 바로 전시와 예시의 필세(筆勢)를 확증하는 것이지요.[20]
>
> 왕희지도 마찬가지이다. 혹 은봉(隱鋒)해서 모서리를 드러내지 않고 한결같이 비수(肥瘦)·대소(大小)의 구분이 없는 듯하지만 자세히 보면 차등이 있다. 이는 서예가가 모를 깎아 원을 만든 것이니, 그 변화는 한대(漢代)의 문체가 어구와 글자를 단련하고 다듬으며 누런 것을 뽑아 흰 것과 대비시켜 『문선(文選)』의 이치를 만든 것과 같다.[21]

---

20 藤塚鄰(2009), 777~779쪽, 「代權彛齋-敦仁-汪孟慈喜孫」. "書法之分爲南北兩派, 亦不可誣也. 此是南北之各尊一師互相門戶而已, 若叩之鍾王, 便各一笑者也. 唐太宗是南派, 遂以右軍爲宗. 北派雖不振, 然歐褚之自北派來者, 源流甚明. 虞則南派, 與唐宗相同矣. 歐褚之浸淫於右軍之法門, 則如孔穎達之於經學, 未盡南學而爲時勢所屈也. 至以右軍爲篆隸遺, 則大不可, 禊帖之永字趣字, 有篆勢隸勢之確證者耳."

21 金正喜, 앞의 책, 권8, 「雜識」. "右軍書亦如此, 或有隱鋒書者, 不露其節角, 似若泯然一

왕희지는 웅강함이 가장 큰 장점이며 이것이 그 신묘한 정수입니다. 북비가 아니면 그 웅강함을 볼 수가 없지요. 어찌 요즈음 통행하는 〈황정경(黃庭經)〉·〈악의론(樂毅論)〉에서 얻을 수 있겠습니까.[22]

김정희는 왕희지의 원본이 존재하지 않는다는 것을 인정하면서도 그 글씨의 원형에 대해 논한다. 〈난정계서〉에 전서와 예서의 기풍이 존재하니 '영(永)'자와 '취(趣)'자가 그 예라고 한다. 서체의 문제 외에 아름다움의 원리에 대해서도 논하는데, 상대적인 개념들의 조화, 즉 비수와 대소 같은 상대적인 특징들이 모를 깎아 놓은 듯 정련되고 완만하게 대비를 이루면서 조화하는 것이라고 확신한다. 이는 바로 옹방강이 이해한 왕희지체의 특징에 대한 다른 표현이라고 해도 좋을 것이다.

그러나 옹방강과 김정희의 왕희지체 이해에는 틈도 존재한다. 애초 왕희지의 진적이 존재하지 않는 상황에서 두 사람은 그 미적 특징을 서로 상대적인 개념들의 조화라고 동일하게 표현하지만, 양자의 언어에는 언어로 전달할 수 없는 개념 내적인 미묘한 질적 차이가 있을 수 있다. 그 단서는 김정희가 옹방강이 언급하지 않은 왕희지체와 북비의 연결성을 언급한 데서 찾을 수 있다.

옹방강은 북비들에 대해 역사적 고증은 행했지만 그 아름다움에 대해서는 주목한 바 없다. 대신 그는 북비를 제치고 수대(隋代) 비문이 왕희지체를 계승하여 아름답다고 높이 평가했다. 자신이 미적 기

色, 無肥瘦大小之分. 細觀之, 亦皆有差等. 此書家之㔁觚爲圓, 一轉變者, 如兩漢文體之鍊勾琢字, 抽黃對白而爲選理焉."

22 金正喜, 앞의 책, 권7, 「書贈方老」. "山陰最以雄强見長, 此其神髓也. 如非北碑, 無以見其雄强. 是豈今日通行之黃庭樂毅所可得也."

준으로 삼는 왕희지체의 특징이 북비에 존재하지 않으므로, 북비가 가진 힘이 원만함과 짝을 이루지 못한 채 거칠게 보인 것으로 짐작된다. 그러나 김정희는 분명 북비의 주경(遒勁)하고 방정(方正)한 힘을 훌륭하다고 평가했고, 나아가 그 힘은 왕희지체를 계승한 결과라고 보았다. 옹방강은 왕희지체에 힘이 있다고 긍정하지만 그것은 김정희처럼 북비의 힘을 통해 떠올릴 수 있을 만큼 강한 힘은 아니었다고 할 수 있다. 언어로 드러나지 않는 힘의 방정함 혹은 주경함에 대한 정도의 차이가 두 사람 사이에 존재하는 것이다.

김정희가 왕희지체와 북비의 연관성을 제시했다는 점은 또한 김정희와 옹방강 관계 외에 김정희와 완원의 관계를 재검토하게 한다. 완원은 왕희지의 계승을 남조에 제한하여, 남조 이후 왕희지 계승이란 허구라고 보고, 왕희지의 글씨가 북파에 영향을 끼쳤다는 것 역시 용납하지 않기 때문이다. 김정희가 완원의 관점을 받아들였다는 논거로는 완원의 「남북서파론(南北書派論)」의 일부를 발췌한 「서파변(書派辨)」, 그리고 김정희가 홍우연(洪祐衍, 1815~?)에게 북파에 대한 자신의 입장을 적극적으로 전개한 「서증홍우연(書贈洪祐衍)」이 대표로 꼽힌다.[23] 전자의 글은 완원의 글을 알고 있었다는 점을 제시할 뿐 김정희가 완원의 입장에 어느 정도 동의했는지는 알려주지 않는다. 반면 후자의 글의 경우 「서파변」에서와 달리 작품들의 예를 들면서 남파와 북파의 특징을 매우 곡진히 소개했다는 점에서 김정희가 분명

23 金正喜, 앞의 책, 권7, 「書贈洪祐衍」. "書法有南派北派, 自索靖以下姚元標趙文深丁道護等爲北派, 今所存北朝諸碑, 可按而知之. 如刁遵墓志賈使君高貞高湛諸碑, 爲球圖琬琰, 而鄭道昭碑與詩刻等, 尤爲劇跡, 皆北派也. 蘭亭一紙, 齊梁間未有稱之, 至唐始大行. 然如歐褚, 皆從北派而來, 雖有臨撫蘭亭諸本, 而歐是歐蘭亭, 褚是褚蘭亭, 未知右軍繭紙眞影, 果復如何."

「남북서파론」에 동의하여 북파의 작품들을 높이 평가했다는 점을 분명하게 입증한다. 그러나 김정희는 어떤 기준에서 북파의 작품들을 높이 평가하는가는 여전히 모호하다. 다음의 글에서 그 단서를 찾아본다.

> 육조[魏 · 晉 · 後魏 · 北齊 · 北周 · 隋]의 비문 중 무평(武平)[연간, 570~576]의 제 비석과 〈조준비(刁遵碑)〉 · 〈진사왕비(陳思王碑)〉 같은 것은 다 커다란 자취이며 정도소(鄭道昭)의 비는 바로 초산(焦山)의 명문과 더불어 갑을을 다툴 만하다. 이를 모르고서 어떻게 왕희지의 풍류를 거슬러 올라갈 수 있으랴.[24]

이 글은 완원과 김정희가 모두 높이 평가하는 북조 시기 정도소(鄭道昭, ?~516)가 쓴 비문에 대한 글로서 김정희가 완원의 자료를 어떤 관점에서 수용했는지 이해할 단서를 제시한다. 우선 김정희는 정도소의 비가 육조시기 초산(焦山)의 〈예학명(瘞鶴銘)〉과 비슷한 훌륭한 작품이라고 평가했다. 이는 완원이 초산의 〈예학명〉과 정도소의 〈산문제자(山門題字)〉를 비교한 것을 떠올리게 한다.[25] 그런데 완원은 동의하지 않을 법한 북조 비문들의 의의, 즉 정도소의 글씨가 왕희지체와 통한다는 점이 덧붙여져 있다. 완원이 북비의 아름다움으로 주경 · 고졸 · 방정을 꼽은 데 대해 김정희는 그 특징들이 왕희지체의 아름다움을 계승한 것이기도 하다고 해석을 더한 것이다. 요컨대 김정희는 완

24 金正喜, 앞의 책, 권8, 「雜識」. "六朝碑, 如武平諸石刁遵陳思王碑, 皆劇迹. 鄭道昭碑, 直可與焦山銘甲乙, 不知此何以溯棐几風流."

25 阮元, 『揅經室三集』 권3, 「北碑南帖論」. "卽以焦山瘞鶴銘與萊州鄭道昭山門字相校, 體似相近, 然妍態多而古法少矣."

원이 주장한 북비의 아름다움에 옹방강이 제시한 왕희지체의 미적 원리를 절충하여 북비의 미를 재구성했다고 할 수 있다.

김정희는 애초 옹방강보다 더 웅강하고 주경한 힘을 선호했다고 짐작된다. 물론 옹방강과 김정희가 제시하는 아름다움의 원리는 모두 원만하고 고움 그리고 방정하고 강한 힘의 조화라고 표기할 수 있다. 그러나 이는 명제의 외연상의 일치일 뿐 그 명제가 내포하는 의미, 혹은 그 명제가 가리키는 실제에서 김정희의 말하는 방정하고 강한 힘의 축은 완원이 주목했던 북비의 서풍(書風)에 더 가깝게 강화되었다고 할 것이다. 옹방강과 완원, 두 사람의 미적 기준을 미묘하게 절충하는 김정희의 태도는 당의 서단에 대한 비평에서도 확인된다.

김정희는 당의 서단에 대해 다음과 같이 언급했다.

> ① 구양순의 글씨는 유중보(劉仲寶)에서 나오고 저수량의 글씨는 사릉(史陵)으로부터 나왔습니다. 그러나 꼭 유중보와 사릉이 아니더라도 육조의 제 비판(碑版)들, 예컨대 〈이중선(李仲璇)〉·〈장맹룡(張猛龍)〉·〈조준비〉·〈고사군비(高使君碑)〉·〈시평공조상기(始平公造像記)〉, [북]위·[북]제의 여러 조상기나 약방문 같은 것도 유중보와 사능의 근원이 아닌 것이 없습니다. 점(點)·파(波)나 간가(間架) 하나도 감히 옛 법을 바꾼 것이 없어, 위로 종요와 삭정(索靖)으로 거슬러 갈 수 있습니다. 이 길을 말미암지 않고 곧장 왕희지로 거슬러 올라간다거나 거짓되게 진나라의 체식을 표방하고 〈난정서〉와 〈황정경〉에 대해 말하는 것, 이런 것은 모두 무지망작(無知妄作)으로 귀결될 뿐입니다.[26]

---

26 金正喜, 『전집』 권7, 雜著, 「書贈台濟」. "歐書出於劉仲寶, 褚書出於史陵. 然不必劉史, 六朝碑版, 如李仲璇張猛龍刁遵高使君始平像, 魏齊諸造象藥方, 無非劉史之所自, 點波間架, 一無敢變改舊規, 此所以上溯鍾索也, 不由此逕, 直欲接武山陰, 妄標晉體, 謂之蘭

② 구양순의 비 중 지금 중국에서 볼 수 있는 것이 일곱 종이다. 이것이 그중 하나이다. 그런데 원석(原石)은 이미 담계노인[翁方綱]이 여러 송대 탑본들을 합교(合較)하여 제녕학원(濟寧學院)에 모각해놓았다. 전에 성친왕(成親王)의 임모본을 본 적이 있는데 이 탑본과 비교하자면 훼손된 글자 수에 차이가 있었다. 성친왕이 임모한 것은 남해(南海) 오씨본(吳氏本)이다. 이 탑본을 합교할 때 미처 거두지 못한 것 같다. 구양순의 서법은 방경(方勁)하기 쉬운데 이 탑본은 원신(圓神)을 가장 잘 얻었다. 노인이 구양순의 서법에 깊지 않았더라면 이와 같을 수 없으니 더욱 보배로 삼을 만하다.[27]

③ 혼륜한 원기를 당(唐)에서 진(晉)으로 거슬러 올라가니
전서의 필세를 아스라이 붓 끝에 옮겨 왔네.

- 原註 : 〈난정계서〉는 바로 전세(篆勢)이며 선생[翁方綱]의 필법은 오로지 전세를 썼음.

〈옹탑[化度寺碑]〉이랑 〈숭양[天際烏雲帖]〉은 한 가지 뜻을 치켜드니
모두 〈난정계첩〉을 따르는 거라네.

- 原註 : 선생이 〈화도사비〉를 보고 더욱 〈난정계서〉의 본래 모습을 깨쳤다고 한 것과 〈숭양첩(嵩陽帖)〉의 '君' 자는 바로 〈난정계서〉의 '群' 자의 윗머리라고 한 것, 이 모두 소재[翁方綱]의 은밀한 깨달음이다.[28]

①에 의하면 당의 구양순과 저수량은 점 · 획 · 결구 등 모든 면에서

亭黃庭, 如此皆歸於無知妄作耳."

27 金正喜, 『전집』 권6, 「題歐書化度寺碑帖後」. "歐碑今海內見存爲七, 此其一也, 但原石已俟翁覃溪老人合較宋拓諸本, 摹刻於濟寧學院. 嘗見成親王所臨一本, 較此本, 殘字多少不一. 成親王所臨, 卽南海吳氏本也. 此本合較時, 似未及並收矣. 歐法易於方勁, 此本最得圓神, 非老人深於歐法, 無以有此, 尤可寶重也."

28 金正喜, 앞의 책, 권10, 「送紫霞入燕」. "混侖元氣唐沿晉 篆勢蒼茫到筆尖 -蘭亭是篆勢, 而先生筆法, 專用篆勢- 邕塔嵩陽拈一義, 都從稧帖瓣香添. 先生云見化度寺碑, 益覺蘭亭眞意, 嵩陽帖君字, 是蘭亭群字上頭, 此皆蘇齋秘諦也."

진대의 종요·삭정을 계승한 북조의 서체, 그리고 이를 이어받은 수대 유중보와 사릉을 계승했다. 그리고 그 서법은 역시 왕희지의 것과도 통한다. 옹방강·완원 모두 반대했던 왕희지와 북조의 연관성, 완원이 부정했던 왕희지와 구양순의 연관성, 옹방강이 언급하지 않았던 북조와 구양순의 계승을 논하고 있다. 이는 뒤집어 보면 옹방강이 긍정한 왕희지와 구양순의 공통점 즉, ②·③에서 보듯이 전서에서 왕희지를 거쳐 이어진 원만한 기세뿐 아니라, 완원이 긍정한바 한 대에서 시작해 왕희지를 제외한 채 북조를 거쳐 구양순이 이어받은 주경한 힘, 이 두 흐름이 구양순의 글씨에서 보인다는 주장이기도 하다.

김정희는 옹방강과 완원 누구도 긍정하지 않을 제3의 절충 방향을 선택했고, 이를 당(唐)의 해서를 비평하는 기준으로 삼았다. 김정희 역시 자신의 미적 원리에 대해 '원만함과 주경함의 조화'라고 옹방강과 동일하게 표현하지만, 그 개념의 안쪽에서 주경함을 더 강화했다는 점을 다시 확인할 수 있다. 물론 김정희가 왕희지의 글씨뿐 아니라 당의 서단(書壇)에 대해서도 옹방강의 미적 원리에서 이탈하는 데는 북비의 미를 제시한 완원의 역할이 있었다.

김정희가 구상하는 당나라 이후 중국 서예사는 역시 주경한 힘과 완만한 조화의 구비를 통해 이어진다. 그는 당의 서예가 중에서 구양순 외에 저수량 역시 왕희지를 이어 강하고 반듯한 필력을 바탕으로 원만함을 갖추었고 그 경지는 '깨달음[華嚴樓閣一指彈開]'에 비유할 수 있다고 했다. 두 사람 이후 팔자결(八字訣)이라는 서예의 최고 비결(祕訣)을 제시한 지영선사(智永禪師)를 꼽을 수 있으며, 안진경(顔眞卿)은 저수량의 정통성을 이음으로써 역시 왕희지의 정통성을 확보했다고 본다.[29] 송대에서는 미불(米芾)이 저수량의 정통을 이었으며, 원대왕몽(王蒙) 역시 구양순, 저수량을 거쳐 이왕의 정통성을 이어받았다고 보았다.[30] 명대(明代)의 동기창(董其昌)은 구양순 이후 김정희에 의해 가장 높은 평가를 받은 인물로 여러 서예가의 원칙들을 수용하되 저수량을 시작으로 왕희지를 구현한 인물로 평가된다.[31] 그리고 동기창의 업적은 청대에 유용(劉墉)에 의해 계승된다. 이는 다음 절에서 다시 서술할 것이다.

3) 창작론 1 : 골력과 신운의 극적 대비와 결합

김정희는 금석문의 골력(骨力), 첩서의 완만한 조화와 신운 양 방면으로 창작의 토대를 다졌다. 우선 금석문의 서체 학습과 관련해 그는 완원 이래 금석문과 이를 선양하는 청대 금석서파(金石書派)의 자극을 받아 서예창작에서 금석문의 서체를 반영하고자 노력했다. 아래 서술하겠지만 그는 청대 금석파의 제 작품을 직접 감상하는 것은 물론 이론서의 연구 흔적도 남겼다. 아우 김명희(金命喜, 1788~1857)가 전달한 이조원(李調元) 찬 『함해(函海)』, 왕창(王昶) · 전대흔(錢大昕) · 옹방강의 금석학적 제 저술들, 고애길(顧藹吉)의 『예변(隸辨)』이 그의 금석문 연구에서 주목할 만한 서적들이다.[32] 작품과 이론 양 방면의 학습을 바탕으로 그는 예서를 서예의 근본으로 삼아 반드시 공부해야 하며, 예서의 특징은 북비가 보존하고 있고, 따라서 한대 이후 북비를

---

29 金正喜, 『전집』 권8, 「雜識」, 143쪽, 149쪽.

30 金正喜, 앞의 책, 권8, 「雜識」, 146쪽. ; 金正喜, 같은 책, 권6, 「題元王叔明書後」.

31 金正喜, 앞의 책, 권4, 「與金君奭準」 4. ; 金正喜, 같은 책, 권3, 「與權以齋敦仁」 26.

32 金正喜, 앞의 책, 권2, 「與申威堂觀浩」 3. ; 과천문화원 편(2007), 77쪽 ; 정혜린(2008) 6장 참조.

공부하는 것이 예서를 익히는 데 우선적이라고 언급한 바 있다.[33] 그리고 기법적인 면에서 오지제력(五指齊力), 현완현비(懸腕懸臂), 역입도출(逆入倒出), 만호제력(萬毫齊力) 등이 금석기(金石氣)를 드러낼 수 있어 청대 비학파들에게 애호된 집필법과 운필법을 거듭 강조한다.[34]

다음 첩서의 서체 연구와 관련해서는 단연 강희제(康熙帝) 칙찬(勅撰)의 『패문재서화보(佩文齋書畫譜)』로부터의 발췌문들이 눈에 띈다. 이 전질로부터 「진위부인필진도(晉衛夫人筆陣圖)」, 「당태종필법결(唐太宗筆法訣)」 공홍, 영자팔법(永字八法), 서법삼매(書法三昧), 「원진역증한림요결(元陳繹曾翰林要訣)」, 「당장회관용필십법(唐張懷瓘用筆十法)」, 『왕씨법서원(王氏法書苑)』, 「명동기창논서(明董其昌論書)」, 「명오관논서(明吳寬論書)」까지 발췌해 놓았다는 점으로부터 그가 위부인과 왕희지 이래 명말(明末)까지 전해진 첩서의 기법론, 용필법으로부터 점법·획법·결구법과 장법에 이르기까지 학습했다는 점을 확인할 수 있다.[35]

김정희는 이론 연구와 병행하여 청대 서예 작품의 상당량을 직접 감상한 듯하다. 기록들에 의하면, 그는 20세에 연경(燕京)의 법원사(法源寺)에서 성친왕(成親王, 1752~1823)의 글씨 〈찰나문(刹那門)〉을 직접 보았고, 청의 문인인 조강(曹江)으로부터 유용(劉墉, 1719~1805)과 당채강(唐采江)의 글씨 대련(對聯)을 받는가 하면, 이병수(伊秉綬, 1754~1815)의 작품은 섭지선(葉志詵, 1779~1863)으로터 선사받기도 하고 권

---

33 金正喜, 앞의 책, 권7, 「雜著/書示佑兒」. "隸書是書法祖家, 若欲心書道, 不可不知隸矣. 隸法必以方勁古拙爲上, 其拙處, 不可易得, 漢隸之妙, 全在拙處. 史晨碑固好, 而外此又有禮器孔和孔廟等碑, 然蜀道諸刻甚古, 必先從此入."

34 朴東圭(2002), 94~96쪽 참조.

35 정혜린(2008), 236~242쪽 참조.

돈인(權敦仁)을 통해 감상하기도 했다.[36] 또한 그는 제주도 적거(謫居) 중에 아우인 김상희(金相喜, 1794~1861)로부터 이병수 외에 청대 비학파의 대가인 등석여(鄧石如, 1743~1805)의 대련, 옹방강의 예서 등을 받았다.[37] 결과적으로 김정희는 왕탁(王鐸, 1592~1652)·왕주(王澍, 1668~1743)·진혁희(陳奕禧, 1648~1709)·오방치(吳邦治, ?~?)·하작(何焯, 1661~1722)·강신영(姜宸英, 1628~1699)·조대경(趙大鯨, 1686~1749)·장조(張照, 1691~1745)·성친왕·옹방강·양동서(梁同書, 1723~1815)·진조륜(陳兆崙, 1700~1771)·양산주(梁山舟, 1723~1825)·왕문치(王文治, 1730~1802)·공계함(孔繼涵, 1739~1783)·황단서(黃丹書, 1757~1806) 등 명말 이래 동시대까지 서예가들에 대한 정보를 모을 수 있었다.[38]

이렇게 방대한 청대 서예작품 감상으로부터 최고의 서예가로 꼽은 이는 의외로 옹방강도 비학파도 아니다.[39] 옹방강의 경우 주지하듯이 김정희는 그의 글씨를 높이 평가했고 특히 중년에 그의 영향을 많이 받은 흔적도 분명하다.[40] 문헌상으로 볼 때도 김정희는 옹방강에 대해 당에서 진으로 거슬러 올라가는 학서(學書)의 정도(正道)라고 칭송했다. 옹방강이 구양순과 저수량의 글씨를 학습하여 구양순의 글씨에 내재한 원만함을 체득한 한편 저수량의 해서에 내재한 예서의 기미도 체득한 위에 수많은 금석비문을 학습한 까닭이다.[41] 그러나 김정희는

---

36 金正喜, 『전집』 권10, 「題岱覽卷面」 二首. ; 藤塚鄰(2009), 143쪽, 216~217쪽. ; 과천문화원(2007), 43쪽.

37 국립중앙박물관 편(2006), 20쪽.

38 金正喜, 『전집』 권3, 「與權彝齋」 25와 권6, 「題淸愛堂帖後」 등 참조.

39 청대 비학파에 대한 김정희의 평가의 자세한 상황은 정혜린(2013). 참조.

40 임창순(1985), 181쪽. ; 최완수(1985), 203쪽. ; 김응현(1985) 185~187쪽 등.

‘정도(正道)’에 만족하지 않았다. 그가 첩학파 중 최고의 대가라는 수식어를 부여한 이는, 정도의 너머에 있는 석암(石庵) 유용(劉墉)이다.

> 진성재[陳兆崙]가 이르기를 “당(唐)은 법에 얽매이고 송(宋)은 뜻[意]을 취했으니 진(晉)의 운(韻)은 천 년 동안 누가 결국 분별해냈는가.”라고 하였는데, 이는 서예가의 삼매(三昧)가 된다. 유석암[劉墉]의 글씨가 자못 진의 운을 얻었다. 당시의 서예가들 중 하의문[何焯] · 강서명[姜宸英] · 조대경(趙大鯨)을 으뜸으로 받드는 자가 있었고, 왕의산[王鐸] · 진향천[陳奕禧] · 왕퇴곡[汪士鋐]을 받드는 자도 있었으며, 또 옹담계[翁方綱] · 성친왕 · 양산주[梁同書] · 왕몽루[王文治]는 서로 갑을을 다퉜고, 또 장득천[張照] · 공홍곡[孔繼涵] 등은 한 시대를 밝게 비추었으나, 석암[劉墉]을 최고로 삼지 않을 수 없었다.[42]

위에서 열거한 인물들을 살펴보면 명말청초의 왕탁(王鐸, 1592~1652)이래 청 초기까지 첩학의 대가들이다. 김정희는 장유병(張維屏, 1780~1859)의 『국조시인징략(國朝詩人徵略)』과 진조륜(陳兆崙)의 의견을 바탕으로 청대 서예가 중 유용을 최고로 평가했다.[43] 그가 유용을 청대 최고라고 평하는 기준은 무엇일까. 유용은 옹방강과 동시대 서단의 기풍 속에 활동해서인지 그 학서의 자취가 옹방강의 것과 꽤 유

---

41 金正喜, 『전집』 권7, 「書古東尙書所藏覃溪正書簇」. “覃溪老人正書, 於率更得其圓處, 於河南得其隷意, 而八萬卷金石之氣, 注於腕下, 蔚然爲書家龍象, 由唐入晉之徑路, 舍是無二.”; 국립중앙박물관 편(2006), 115쪽.

42 金正喜, 앞의 책, 권6, 「題淸愛堂帖後」. “陳星齋云. 唐拘於法宋取意. 晉韻千秋竟誰辨. 此爲書家三昧. 石菴書. 頗得晉韻. 當時書家, 有首推何義門姜西溟趙大鯨者, 有推王擬山陳香泉汪退谷者, 又如覃溪成邸梁山舟王夢樓, 互相甲乙. 又如張得天孔葒谷諸人, 炳朗一代, 不得不以石菴爲巨擘.”

43 정혜린(2013). 참조.

사해 보인다. 아쉽게도 유용의 문집에는 그의 서예관을 살펴볼 자료가 매우 적은데, 제 연구들에 의하면 그는 청초 서단의 기풍에 따라 조맹부(趙孟頫)와 동기창(董其昌)을 학습하는 데서 시작하여 이후 소식(蘇軾), 안진경(顔眞卿)을 거쳐 만년에는 왕희지(王羲之)를 학습하였다.[44] 김정희도 주목하거니와 일반적으로 유용이 농묵재상(濃墨宰相)이라고 불리는 데는 소식의 영향이 지적되며, 아울러 유용은 소식의 결구와 용필(用筆)을 학습하고, 또한 안진경의 웅활(雄闊)한 서풍을 계승했다고 한다. 그의 학습 이력은 옹방강과 마찬가지로 첩학사의 대가들을 계승한 전형적인 자취를 보인다. 물론 유용도 청대 비학파의 흥기(興起)에 긍정적이었고, 이는 그가 등석여를 잘 알고 그의 글씨를 칭찬했던 것으로 미루어 짐작할 수 있다. 그러나 그는 70세가 넘어서야 위비(魏碑)를 공부한 만큼 창작에서 비학파의 영향은 크게 눈에 뜨이지 않는다고 평가된다.[45] 김정희가 유용을 상찬(賞讚)하는 이유 역시 비학적 특징은 아니다.

> ① 대체로 그의 글씨는 오로지 파공의 서법을 배워서 스스로 문호를 개척한 것입니다. 청대 이후의 서예가로서 하의문[何焯]·강서명[姜宸英]·왕퇴곡[汪士鋐]·진향천[陳奕禧] 등 여러 사람이 위풍당당하게 병립하지만, 석암의 글씨가 의당 거벽(巨擘)이어서 그들보다 나은 점이 있으니, 동현재[董其昌] 이후의 일인자입니다. 그러니 만일 그의 서법을 배워 얻으려면 먼저 동파[蘇軾]의 글씨에서 찾는 것이 묘책이겠는데, 그의 진적을 본 다음에야 의논할 수가 있을 것입니다.[46]

---

44 王祥北(2010), 82~85쪽.

45 周子琴(2009).

46 金正喜, 『전집』 권2, 「與申威堂-觀浩」 3. "石庵書法, 亦如詩家之漁洋, 天分過人, 寔難

② 요즘 유용(劉墉)같은 이는 소식의 글씨부터 시작해 곧장 왕희지의 문정(門庭)에 이르렀는데 지금 소식의 글씨의 형태를 가지고 있다고 해서 유용을 비판한다면 되겠는가.[47]

③ 그 글씨는 [고인에] 관대하면서도 [고인으로부터] 일탈하기에도 능했고 고인에 들어가면서도 고인으로부터 벗어났으며, 만년의 오묘한 경지는 신묘하기가 헤아릴 수 없다. 전에 유운방[劉權之] 상서(尙書)의 집 벽 사면은 동쪽에서 서쪽 방향으로 모두 석암(石菴)이 옥판지에 쓴 글씨가 있었다. 글자 크기가 어린 아이들의 손바닥만 하며 또 어린 아이의 먹장난과도 같았다. 필묵의 관습[蹊逕]을 완전히 벗어나, 꿰맨 흔적이 없는 천의(天衣), 혹은 서로 비추는 제주(帝珠)와 같아 사람의 힘으로 할 수 있는 것이 아니었다. 기백이 특히 커서 은밀한 곳에 모습을 숨길 수 있으면서도 우주에 가득 찰 수 있을 듯하니 동향광[董其昌] 이후로는 처음 있는 글씨이다.[48]

④ 석암 유용의 서법은 또한 시인 중 왕사정(王士禎)처럼 타고난 재능이 뛰어나 실로 헤아리기가 어렵습니다. 또 그의 진적은 보지 못했고 다만 그 탁본만을 열람했기에 더욱 손대기가 어렵습니다. 그의 행묵(行墨)은 다른 사람과 매우 다르게 파공[蘇軾]의 묵법을 깊이 체득하였습니다. 그 정묵(停墨)한 곳에는 심지어 기장[黍] 알 만한 크기의 묵

撫擬, 且未見其眞蹟, 只就其拓本閱過, 尤難下手, 其行墨與他大異, 深得坡公墨法, 其停墨處, 至有突起如黍珠痕, 坡公墨卽如此, 東人雖行筆而不知行墨, 心眼何以及此耶, 槩其書專從坡公來, 自闢一門, 淸以後書家, 有若何義門姜西溟, 汪退谷, 陳香泉諸人, 磊落相望, 石庵書當爲巨擘, 有過之者, 衍董玄宰以後一人, 如欲學得, 先於坡書求之爲妙, 且見眞蹟然後, 亦可議到矣."

47 金正喜, 『전집』 권8, 「雜識」. "如近日劉石庵, 自坡書入, 直到山陰門庭. 今以坡書形相, 苟責石庵, 然乎否乎."

48 金正喜, 앞의 책, 권6, 「題淸愛堂帖後」. "其書厚而能脫, 入乎古人而出乎古人, 晩年妙境神妙不測. 嘗於劉雲房尙書家壁四面自東至西, 皆石菴玉版紙所書字. 大如小兒手掌, 又如小兒墨戲, 盡脫筆墨蹊逕, 天衣無縫, 帝珠互映, 非人力所可能. 魄力特大, 可以退密, 可以彌六, 董香光以後初有耳."

흔(墨痕)이 튀어나오는데 파공의 묵법이 바로 이와 같았습니다. 그런데 우리나라 사람들은 행필(行筆)은 해도 행묵(行墨)을 모르니, 마음과 안목이 어떻게 이에 미치겠습니까.[49]

⑤ 어양[王士禛]·수원[袁枚]·현재[董其昌]·석암[劉墉]에 이르러서는 반드시 경계선을 그을 필요가 없네. 이 네 사람을 투철하게 공부할 수 있다면 역시 많이 [얻은] 것이지.[50]

김정희는 유용을 동기창 이후 청대 여러 명필 중 우뚝 선 대가라고 평가한다. 그리고 그가 대가인 이유를 여러 측면에서 주목했다. 소식으로부터 온 묵법(①~④), 높은 기백(③), 왕사정(王士禛, 1634~1711)에 버금가는 재능(④), 전통을 두루 학습했으면서도 전통을 넘는 독자성(①), 우주에 꽉 차면서[可以彌六] 동시에 지적으로나 감각적으로나 인식할 수 없다고 표현할 만한[可以退密] 신묘한 만년의 경지가(③) 그것이다. 그중 유용이 소식으로부터 묵법을 배웠다는 확신은 현대 연구자들의 견해와 일치한다. 본 논문이 주목하는 부분은, 우선 유용을 왕사정·원매(袁枚, 1716~1798)·동기창과 함께 분류하고 또 왕사정과 같은 재능을 기반으로 인력을 넘어 "꿰맨 흔적이 없는 천의(天衣) 혹은 서로 비추는 제주(帝珠)와 같다."고 표현한 구절이다.[51] '천의'와

---

49 金正喜, 『전집』 권2, 「與申威堂」 3. "石庵書法, 亦如詩家之漁洋, 天分過人, 寔難撫擬. 且未見其眞蹟, 只就其拓本閱過, 尤難下手. 其行墨與他大異, 深得坡公墨法, 其停墨處, 至有突起如黍珠痕, 坡公墨卽如此. 東人雖行筆而不知行墨, 心眼何以及此耶."

50 金正喜, 앞의 책, 권4, 「與金君」 2. "至於漁洋隨園玄宰石庵, 又不必別立界限. 如能學透此四人者, 亦多乎爾."

51 '천의무봉(天衣無縫)'은 『태평광기(太平廣記)』에 의하면 우교(牛嶠)의 『영괴록(靈怪錄)』에 등장하는데, 실과 바늘로 꿰매지 않은 신인의 옷을 말한다. 제주호영(帝珠互映)은 『화엄경(華嚴經)』 등 불교 경전에서 제석천의 보주 발을 묘사할 때 쓰는 관용적 표현으로서 각각의 구슬에 다른 모든 구슬이 비친다는 것을 말한다.

'제주'는 인간의 능력으로는 불가능한 경지를 지시하는데, 김정희는 시론에서도 신운(神韻)이 뛰어난 작품을 언급하면서 몇 번 사용한 바 있다. 신운은 김정희 시론의 핵심 개념 중 하나이다. 김정희는 유용의 글씨에 대해 신운을 형용하는 '천의무봉(天衣無縫)', '제주호영(帝珠互映)'을 언급할 뿐만 아니라, 신운의 대가인 왕사정과 동일한 경지의 신운을 얻었다고 평가했다. 신운을 유용에 대한 김정희의 중요한 미적 평가 기준으로서 주목할 필요가 있다. 대체 신운이란 무엇인가. 시론에서 김정희가 왕사정의 신운을 비평한 언급을 통해 살펴본다.

왕사정은 명대 신운설을 주창한 것으로 알려져 있지만 실은 신운에 대해 정확한 정의를 내린 적은 없다. 대신 그는 『신운집(神韻集)』과 『당현삼매집(唐賢三昧集)』에서 신운을 구현한 작품들을 선록하여 구체적인 사례들로 대신 제시했다. 왕사정의 용례들과 몇몇 연구자들의 견해를 종합해보자면, 신운의 특징은 다음과 같다. 첫째, 언어로 전달할 수 있는 지적인 규정, 그 너머에 있다.[言外之意] 즉 신운은 언어로 개념화할 수 있는 것이 아니다. 둘째, 작가가 구상한 의상과 같이 감각적이지 않다.[味外之味] 이 두 의미는 인식의 너머에 있다는 신(神)의 속성과 유사하다.[52] 셋째, 신운의 운은 기상 혹은 골력과 같은 분명함 혹은 강함과 대비되어, 본래 음악적 율동성(律動性)을 의미한다.[53] 이렇게 시론에서 신운이 언어로 규정되는 특질, 즉 감각 가능하고 이해할 수 있는 현실적인 형상[實境]과 대비된다면, 서론 중 유용의

52 神은 『周易』에 의하면 '陰과 陽의 인식할 수 없는 측면'을 지시하며, 따라서 언어로 구체화할 수 없는 것이다.([陰陽不測之謂神.], 「繫辭傳」上, 5장.) 신은 변화의 표준으로서 만물에 신묘하게 작용하며 말로는 그 형태를 드러낼 수 없다.([神也者, 變化之極, 妙萬物而爲言不可以形詰者也.], 「繫辭傳」上, 5장, 韓康伯 註.)

53 서복관(1990), 3장 8절 참조.

경우에서는 기백 있는 필력에 상대한다는 의미도 부연된 것으로 보인다. 중요한 점은 김정희가 볼 때 유용이 언어로 표현할 수 있고 그래서 관습화될 수 있는 서예의 규범들[蹊逕]을 넘어 '천의무봉' 혹은 '제주상영'으로 비유되는 인력 너머의 경지에 있다는 것이다.

김정희의 유용에 대한 이상의 비평은, 김정희가 옹방강과 미적 판단 기준이 다르다는 것을 또 다시 확인시켜 준다. 김정희의 유용에 대한 평가 기준이 옹방강의 글에서 그다지 눈에 뜨이지 않을 뿐만 아니라, 애초 옹방강이 유용을 그다지 높이 평가한 흔적을 남기지 않았다는 점에 주목할 필요가 있다. 옹방강은 유용과 매우 친분이 깊었음에도 불구하고 그의 글씨를 높이 평가한 흔적을 남기지 않았다. 유용은 그 아버지인 유통훈(劉統勳, 1698~1773) 이래 옹방강과 인연이 깊다. 옹방강이 건륭 12년 향시(鄕試)를 치를 때 유통훈이 주시(主試)했고, 유용이 옹방강과 서로 수많은 시문을 주고받고 고동서화 감상·수집을 함께 한 흔적은 상당히 많다.[54] 그럼에도 옹방강은 유용의 글씨에 대해 동기창을 방하기를 좋아했다는 기록을 남겼을 뿐이다.[55]

---

54 翁方綱, 『復初齋外集』 詩卷 17, 「辛卯春, 諸城劉文正師主禮部試湘潭羅徽五侍御, 充監試官, 請文正爲臨蘭亭, 後十二年, 侍御從孫碧泉編修, 充順天鄕試同考, 而石庵塚宰主試爲碧泉臨. 此系以自題褚本二詩, 方綱自丁卯秋出文正門下, 於茲三十有六年矣. 今復獲陪塚宰, 論文校藝次韻有感, 書後二首, 是日石庵爲誦文正師, 丁卯闈中菊如人淡 催歸早月, 似眉彎向晩平之句, 故此二詩結句及之」; 같은 책, 詩卷 17, 「和東坡試院煎茶韻呈石庵塚宰」.; 같은 책, 권17, 「石庵餉蜜漬荔枝」 二首. ; 같은 책, 권27, 「與石庵論書借東坡墨妙亭韻禁用書家人名帖名」.; 같은 책, 권 27, 「石庵冢宰, 以舊作歇心處四絶句見示, 歇心處者, 蒲圻萬年寺董文敏所題扁, 吳荊山諸前輩有詩, 石庵屢以行役過之, 因有司重葺賦此, 昨在京兆, 闈中未暇和作, 今日同宿錦州驛館, 復以其稿來, 乃次韻幷邀楚珍閣學同作」 등.

55 翁方綱, 『復初齋詩集』 권27, 「石庵冢宰, 以舊作歇心處四絶句見示, 歇心處者, 蒲圻萬年寺董文敏所題扁, 吳荊山諸前輩有詩, 石庵屢以行役過之, 因有司重葺賦此, 昨在京兆,

유용에 대한 김정희와 옹방강의 태도 차이는, 시론에서 왕사정에 대한 김정희와 옹방강의 견해차와도 유사하다고 판단된다. 옹방강은 왕사정에 대해 신운을 지나치게 강조하여 후학을 오도(誤導)하므로, 왕사정의 신운을 실리(實理)로 보완해야한다고 했지만, 김정희는 왕사정을 최고의 시인으로 높이 평가했다.[56] 물론 옹방강은 왕사정을 정통 시인의 계보에 올리지 않았고, 김정희는 이와 달리 왕사정을 정통 계보에 올렸다. 신운이 뛰어난 유용의 글씨와 왕사정의 시에 대한 김정희와 옹방강의 태도 차이는, 신운에 대한 두 사람의 견해차에 기인한다고 짐작된다. 학문적 체계성을 예술 창작에 부여하려 했다는 점에서 옹방강과 김정희의 예술론 체계는 상당히 유사해 보이지만, 옹방강은 김정희에 비해 예술의 인식 가능한 특징들, 합리성을 더 강조하였고 김정희는 옹방강에 비해 언어 너머 신운 등으로 불리는 미 개념을 더 중시하였다. 이들의 차이는 이론에서보다는 유용이나 왕사정의 작품과 같은 구체적인 비평사례에서 뚜렷이 드러났던 것이다. 2)에서는 김정희가 옹방강에 비해 서예의 미적 기준에 골력을 강화했다는 것을 확인했고, 3)에서는 신운 역시 강화했다는 것을 확인했다.

요컨대 김정희의 미적 기준은 옹방강의 것에 비해 골력과 신운, 양 축의 대비가 훨씬 선명하다. 두 축이 훨씬 강하게 대비되면서 공존하

闈中未暇和作, 今日同宿錦州驛館, 復以其稿來, 乃次韻并邀楚珍閣學同作」. "石庵喜仿董書故云."

56 翁方綱, 『石州詩話』 권3, 「坳堂詩集序」. "神韻乃詩中自具之本然, 自古作家皆有之, 豈自漁洋始乎. …… 漁洋所以拈擧神韻者, 特謂明朝李何一輩之貌襲者言之, 此特亦偶擧其一端, 而非神韻之全旨也."; 같은 책, 권8, 「神韻論下」. "蓋漁洋未喩熟精文選理, 理字之所以然. 則必致後人誤會詩有別才之語, 致墮於空寂, 則亦當使人知神韻初不如此, 而豈可反誤以神韻爲漁洋咎乎."

는 것에 대해 김정희의 동시대인들은 기이함이라고 표현하면서 비난했다. 그럼에도 김정희는 기이함의 역사적 정당성을 확신하고 새로운 창작 기법들을 동원해 '추사체(秋史體)'를 성립시켰다. 이 기이함을 옹방강이 제시하는 정통적인 미의 원리에 대한 단순한 물리적인 확대가 아니라 김정희가 의도적으로 추구한 제3의 미의 이상으로 주목해 볼 만하다.

4) 창작론 2 : 전통을 돌파하는 기괴함

주지하다시피 김정희는 생전부터 그 글씨가 기괴하다는 비판을 적지 않게 받았다. 그런데 김정희가 권돈인에게 보낸 아래의 서찰에 의하면, 그 기이함은 김정희가 의도적으로 추구한 미적 특질이다.

> 요구해 온 서체는 본래 처음부터 일정한 법칙이 없고 붓이 팔목을 따라 변하여 괴(怪)와 기(奇)가 섞여 나오는데 요즘의 것인지 옛 것인지 저도 역시 알지 못합니다. 보는 사람들이 비웃고 꾸짖는데, 조롱으로부터 벗어날 수 없기도 하지만 괴하지 않으면 글씨가 될 수 없을 따름입니다. …… 괴하다는 것은 온 세상이 다 취한 가운데 홀로 굴원(屈原)이 깨어 있는 것과 같습니다. 취함과 각성을 [제대로] 구분하는 것은 괴이한 것을 비웃는 것과 괴이한 것을 경계하여 짖는 것을 구분하는 것이니, 제대로 평가해야겠습니다. 아! 괴이하려고 꾸미는 것이 정말 괴이하다고 여길 만하겠지요.[57]

---

57 金正喜, 앞의 책, 권5, 「與人」. "來要書體, 是初無定則, 筆隨腕變, 怪奇雜出, 是今是古, 吾亦不自知. 人之笑罵從他, 不可解嘲, 不怪, 亦無以爲書耳. …… 但其怪處, 如屈子獨醒於擧世皆醉之中. 醒醉之分, 笑所怪吠所怪者, 當有定評, 吁是, 欲飾怪耶, 眞可怪也."

김정희의 글씨는 일정한 법칙이 없다고 할 정도로 규범 파괴적이고 붓이 팔목에 따라 변한다고 할 정도로 즉흥적이다. 또한 여러 서체가 섞여 있어 일반인들은 요즘의 것인지 옛것인지 판단할 수 없을 정도이다. 그는 다른 사람들이 이러한 서풍(書風)에 대해 비정통적 비규범적이라고 비판하는데 강하게 반박할 정도로 기굴(奇崛)한 서풍에 대해 강한 확신을 지녔다. 심지어 그는 김석준(金奭準, 1831~1915)과 심희순(沈熙淳, 1819~?) 외에 당시 명필로 꼽히던 조광진(曺匡振, 1772~1840)에게 기굴함[奇崛 · 奇壯]을 칭찬하거나 권유하기도 했다.[58] 그가 판단하기에 기괴함은 중국 서예사에서 이미 뚜렷한 전통을 가지고 존재해 왔다.

> 고예(古隷)도 역시 이와 같다. 한대(漢代) 비문을 보면 허화(虛和)하고 졸박(拙朴)하고 흉험가외(凶險可畏)한 형상이 있다. 요즘 사람들의 얕은 기량과 작은 소견으로는 문징명이나 동기창의 한 획도 긋지 못하니 어떻게 후한대 글씨의 '波' 하나인들 쓸 줄 알 것이며 또 전한대 글씨의 횡획(橫劃) 하나인들 쓸 수 있을 것인가. 현존하는 한비(漢碑)는 겨우 40종이다. 또 잔편 중 모서(模書)하여 따를만한 것이 있는데 북조의 글씨와 서로 통한다. 곡부(曲阜) 제령(濟寧) 밖에는 형언할 수 없이 기괴한 모습이 있다. 『좌전(左傳)』에 익숙한 이들이 『공양전(公羊傳)』의 비상한 기괴함을 이해할 수 없는 것과 같다. 그래서 [사람들이] 매우 의심하여 전각에 묵혀두기도 한다. 이는 소도(小道)이지만 이처럼 어려워서 쉽게 말할 수 없다.[59]

58 金正喜, 앞의 책, 권4, 「與沈桐庵」 9. "知還華壽兩扁, 其奇崛直入焦山門徑, 是豈凡汞家鉛可能."; 같은 책, 「與曺訥人」 5. "山水亭, 在練光亭扁, 非不奇崛, 較之前書, 未必更勝, 前書眞本尙在鄙篋, 此是天然脫手, 雖更書如此, 無以超等而上之此扁."; 같은 책, 권4, 「與曺訥人」 8. "隷扁數紙謹領, 益見其龍拏虎攫, 奇壯不可狎, 甚感."

〈예학명(瘞鶴銘)〉을 이번 참에 보냅니다. 세심하게 임서해보는 것이 어떻겠습니까. 이는 분명 육조 시대 사람의 글씨인데, 기이하고 빼어나며 특이하니[奇雋瑰特] 다른 글씨와는 비교할 수 없습니다. 산음[王羲之] 이후 필세의 무궁한 변화를 보고자 한다면, 이것 말고는 없습니다.[60]

구양순의 글씨도 역시 괴이하다고 지목되는 것을 면치 못했는데, 구양순과 길을 같이한다면 사람들의 말을 두려워 할 게 있으리까. 절차고(折釵股)·탁벽흔(坼壁痕) 같은 것은 다 괴(怪)의 지극이며 안진경의 글씨 역시 괴이합니다. 왜 옛날에는 괴가 이와 같이 많기도 한지요.[61]

조선 후기 문인들의 한대 예서 비문에 관한 정보는 산동성(山東省) 곡부(曲阜)에 소재하는 여러 비석 정도에 그칠 뿐 다른 지역의 '흉험가외', 혹은 기괴하다고 표현할 만한 한예(漢隷) 비문들은 잘 알려지지 않았다. 김정희는 곡부 외 한예 작품들을 알고 있었을 뿐만 아니라 그 두려울 만큼 거칠고 험한[凶險可畏] 형태, 혹은 기괴함을 훌륭한 미적 기준이라고 암시한다. 사실 흉험가외·기괴·기특(奇特) 등은 일반적으로 서론사(書論史)에서 잘 쓰지 않는 용어이다. 고움과 균형을 이룬 강한 힘 혹은 신운·운치 등과 균형 있게 상대를 이루는 기력의 범위를 넘어선 표현이기 때문이다. 물론 옹방강이나 완원도 거

---

59 金正喜, 앞의 책, 권8, 「雜識」. "隷古亦如此, 漢碑有虛和拙朴凶險可畏之相. 以近人淺量小見, 尙不能作, 文衡山董香光一畫, 何以作東京一波, 又何以作西京一横也. 今漢碑現存, 廑四十種. 又有殘金零塼之可得摹追者, 與蜀川相通, 曲阜濟寧之外, 怪畸不可狀. 如公羊之非常可怪者, 非習於左氏者所可窺測. 是以疑之甚, 或束閣. 此雖一小道, 其難如是, 無以易言耳."

60 金正喜, 앞의 책, 권4, 「與沈桐庵 熙淳」 6. "瘞鶴銘藉呈. 試細心臨過如何. 此是六朝人書確甚, 奇雋瑰特. 又非他書可比擬. 若欲見山陰以後筆勢變現不窮. 捨此無以也."

61 金正喜, 앞의 책, 권5, 「與人」. "歐書亦未免怪目, 與歐同歸, 復何恤於人耶. 如折釵股坼壁痕, 皆怪之至, 顏書亦怪, 何古之怪, 如是多乎哉."

의 언급하지 않았다. 그러나 김정희는 한대(漢代) 예서 이래 서예사를 통해 계속 지속되어온 미적 원칙 중 하나라고 확신한다. 두 번째 인용문에서처럼 김정희는 〈예학명〉에 대해 기이하고 빼어남[奇雋瑰特], 기굴, 천만변화하다는 점을 여러 번 언급했다.[62] 그는 분명 서예의 이상인 왕희지를 벗어난 변화를 긍정하는 것이다. 이후 기굴(奇崛)함은 구양순과 안진경, 그리고 첩서 창작의 주요 원리로 꼽히는 절차고, 탁벽흔과 같은 필묵법(筆墨法)을 통해 계속 이어져 왔다고 확신한다. 김정희는 동기창이 전서(篆書)와 주서(籒書)를 학습하여 험경함을 얻었다고 본다. 이는 동기창 스스로 의도한 바이기도 하다. 동기창은 조맹부만을 학습하지 않았다고 스스로 밝힌 바 있다. 조맹부가 험절(險絶)을 훌륭한 가치인 줄 모른다는 것이 그 이유 중 하나였다.[63]

나아가 김정희는 청대 서단에서도 그 기굴함이 지속되는 점을 주목한다. 그는 등석여 · 김농(金農) · 정섭(鄭燮) 모두 천기가 강하게 흘러 기굴(奇崛)하다고 평가했다.[64] 기괴함 · 잡체 · 즉흥성과 관련해 김정희가 만명(晚明) 이래 기괴함으로 꼽은 위 세 사람 중 가장 눈에 띄는 이가 정섭이다.

우선 잡체와 기괴함의 관계를 살펴본다. 잡체 형식은 이미 왕희지의 〈난정계서〉에서 찾을 수 있다. 옹방강이 지적했듯이 이 작품은 기본적으로 행서로 쓰였으면서도 전서의 기미와 함께 해서의 기미를 지

---

62 金正喜, 앞의 책, 권4, 「與沈桐庵」 13. "二扁待朝奉覽, 校之前作, 非徒增進一格, 有由放返約之妙, 甚可喜耳, 瘞鶴銘有露其節角處, 又有收斂鋒鍔處, 千變萬化, 不可方物."

63 董其昌, 『畫禪室隨筆』, "書家以險絶爲奇, 此竅惟魯公楊少師得之, 趙吳興弗能解也."

64 金正喜, 『전집』 권5, 「代權彝齋 敦仁 與汪孟慈 喜孫」. "鄧頑伯先生篆隸, 天下奉以爲圭臬, 殆無異辭, 東方亦或有墨搨, 至於眞跡不易得, 不獨篆隸, 其楷艸又甚奇崛, 可與金冬心鄭板橋相上下."

닌다. 이후 소식 · 황정견 · 미불도 행서와 해서 혹은 행서와 초서를 섞었다. 만명 시기에는 '잡서권책(雜書卷冊)' 형식이 유행할 정도로 잡체 형식이 큰 흐름으로 자리 잡는데, 부산(傅山)의 〈음려묘한(音廬妙翰)〉이 그 일례가 된다. 당시의 잡체 형식은 특히 첩학과 비학의 절충과 밀접한 관련이 있다. 조환광(趙宧光) · 부산 등이 비문의 분예를 취하면서 전 · 예서가 다시 유행하게 되고 이들이 비학을 선도한 이래 석도(石濤) · 정보(鄭簠) · 주이존(朱彝尊) · 정수(程邃) · 김농 · 고상(高翔) 등도 비학의 열풍에 가세했다. 이후 잡체의 역사에 다시 한 번 큰 획을 긋고, 아울러 그 성과가 김정희의 것과 보다 가까운 이가 정섭이다.

> 해서는 분명 팔분(八分)에 기원하니, 지금 글씨의 어머니에 해당된다. 점과 획의 형상, 편과 방, 가차문자(假借文字)에는 모두 명칭과 만들어진 이치가 있는 것이다. 우리 황조의 팔분서는 부청주[傅山]가 제일이고 정곡구[鄭簠]가 다음이며 만구사[萬經]가 또 그 다음이고, 김수문[金農]과 고서원[高其佩]이 또 그 다음이다. 그러나 이는 그 선후를 말한 것이지 공졸(工拙)로 말한 것이 아니다. 만약 [솜씨의] 고하를 말하자면 부청주의 뒤에 만구사가 있고, 만구사 뒤에 김수문이 있다."[65]

정섭은 한비와 위비 · 최호 · 채양 · 종요 등의 비문을 공부하면서, 명말 이래의 첩학과 비학의 절충 내지 잡체 형식에 주목했다. 특히 이제까지의 잡체가 해서와 행서, 행서와 초서, 예서와 해서 등등 서로

65 鄭燮, 『板橋集外詩文』, 「題程邃印譜」. "楷書必從八分書來, 蓋今書之母也. 點畫形象, 偏旁假借, 皆有名理. 本朝八分, 以傅青主爲第一, 鄭穀口次之, 萬九沙又次之, 金壽門高西園又次之. 然此論其後先, 非論其工拙也. 若論高下, 則傅之後爲萬, 萬之後爲金."

가까운 서체를 섞는 데 그치고 또한 한 작품 안에서 한 두 글자에 그쳤다면, 정섭의 '육분반서(六分半書)'는 널리 알려진 대로 전서 · 예서 · 행서와 정서를 한 작품 안에 사용하고, 한 작품 안에 잡체의 비중도 상당히 크다.[66]

둘째 김정희가 서예와 관련해 직접 언급한 것은 아니지만, 시서화 일치를 예술창작의 중요한 목표로 삼았던 그에게서[67] 주목할 만한 현상이 있다. 바로 회화의 창작원리를 서예에 적용하는 것이다. 이제까지 서화일치는 일반적으로 글씨의 기법을 회화에 적용하는 것으로 이해되고 실천되어 왔다. 화론사에서 서화일치는 송대 구양수 · 소식 · 황정견(黃庭堅) 등이 그 이념을 제시했다면 그 기법은 원말(元末) 사대가들이 마련했다고 알려져 있다. 그런데 정섭은 거꾸로 회화의 기법을 글씨에 적용했다. 물론 그 기법은 이제까지 널리 쓰이지는 않았고 정섭은 그 단서를 황정견에서 찾았다.

> 산곡[黃庭堅]은 글씨를 쓰는 것이 마치 대나무를 그리는 것 같고, 동파[蘇軾]는 대나무를 그리는 것이 마치 글자를 쓰는 것과 같아 보통의 필묵법에 비견할 수 없다. 소쇄하고 성근 듯 각각의 뜻이 구름 위로 우뚝 솟아있다. …… 마르기도 하고 살지기도 하며, 꽃이 피어 무성하

---

66 鄭燮, 『鄭板橋全集』, 「劉柳村冊子」. "板橋書法, 以漢八分雜入楷行草, 以顏魯公座位稿爲行款, 亦是怒不同人之意."

67 金正喜, 『전집』 권8, 「雜識」. "書法與詩品畵髓, 同一妙境. 如西京古隸之斬釘裁鐵, 凶險可畏, 卽積健爲雄之義. 靑春鸚鵡揷花舞女, 援鏡笑春之義. 遊天戲海, 卽前招三辰後引鳳凰之義. 無不與詩通. 幷不外於超以象外, 得其還中一語. 有能妙悟於二十四品, 書境則詩境耳. 至若羚羊挂角, 無迹可尋. 自有神解在, 神以明之, 又非蹤跡可覓耳."(두 구로 구성된 세 문장 중 전자의 구절들은 「元吾衍三十五擧」와 「梁武帝古今書人優劣評」에서 서예 작품에 대한 비평어들이며, 후자의 구절들은 『二十四詩品』에서 인용된 비평어들이다.)

> 기도 하고 빼어나기도 하니, 기울음을 따르면서도 준칙을 지키고 전절하면서 끊어지고 이어짐이 많다. 나의 스승이로고.[68]

정섭은 황정견이 글씨를 쓰는데 비수와 대소의 변화가 무쌍하고, 기움과 곧음, 전절, 단속(斷續)이 풍부함을 주목한 것이다. 청대 장사전(將士銓) 등 여러 청대 문인들이 그랬듯이[69] 근대학자 장종상(長宗祥)은 "소밀이 섞이고 대소가 법칙을 어기고 기울어져 서로 의지하는 듯하니, 바로 난 · 죽을 치는 법"이라고 정섭의 지향점을 정확하게 지적했다.[70] 정섭의 육분반서 중 장법과 결구, 점획법에 회화, 특히 난화의 특징이 뚜렷하다.

김정희의 활동 이전시기에 정섭의 작품 혹은 문집이 조선에 들어온 흔적은 찾을 수 없다. 김정희의 활동 시기에 이르러서야 조수삼(趙秀三, 1762~1849)의 글에서 확인된다.[71] 그런데, 1822년 청의 문인 주달(周達)이 김정희에게 보낸 서찰을 살펴보면, 김정희가 이전에 『판교집』의 원판을 주달에게 구해주기를 부탁했는데 주달이 구하기가 어

---

68 鄭燮, 『鄭板橋全集』, 361쪽. "山谷寫字如畫竹, 東坡畫竹如寫字, 不比尋常翰墨間, 蕭疏各有淩雲志. …… 瘦而腴,秀而拔;敬側而有准繩.折轉而多斷續, 吾師乎."

69 蔣士銓, 『忠雅堂詩集』, 「題鄭板橋畵蘭-送陳望亭太守」.

70 張宗祥, 「書學源流論」. "疏密相間, 大小相反, 傾側相倚"

71 조수삼은 穀亭에서 고화를 감상하던 중 정섭이 각한 도장을 보았다. 조수삼은 의정이 山泉의 또 다른 호라고 하는데 의정, 산천이 김정희의 아우 金命喜의 호인지는 확인할 수 없다.(趙秀三, 『秋齋集』 권5, 「穀亭置酒書室, 邀雨辰, 厚齋及余, 酒中共觀藏書-穀亭卽山泉又號」. "山泉書屋大如斗, 老樹衡門寒江口. …… 古畵幅幅森瓊玖, 老眼昏花忽破開, 時有返照明踈牖, 是何粉墨色鮮新, 亦以款識分誰某, 丹桂輪囷紫纓垂, 香露滴瀝相承受, 蘭葉茗花何紛披, 蟲蝕蝶捎纖可剖, 三童握髮戱斑衣, 一夫臂鷹牽黃狗, 大幅蓮花直百金, 鐵脚啄房魚觸藕, 裁割西湖十頃秋, 淸香百斛君聞否, 固哉莫說鄭板橋- 板橋自刻圖章曰靑藤門下走狗鄭板橋, 畵蓮重于時-老蒼直過靑藤手.")

렵다고 난색을 표한 일이 기록되어 있다.[72] 어쨌거나 후지쓰카 지카시가 기록한 김정희의 소장도서 목록에는 『판교시초(板橋詩抄)』가 기록되어 있고,[73] 김정희의 〈난맹첩(蘭盟帖)〉에는 정섭의 시 여섯 수가 인용되어 있다.[74] 김정희가 정섭의 글씨의 영향을 얼마만큼 받았는지 문헌상으로는 확증하기는 어렵다. 김정희가 의도적으로 체계적 저작을 남기지 않은 탓도 있다. 그러나 작품상의 서로 유사한 기법들을 사용한 점을 고려하자면 김정희가 직접 정섭의 작품을 보았을 가능성도 크다. 김정희가 여러 서체를 한 작품 안에 사용하고 또 그 잡체가 한 작품 안에 큰 비중을 차지하는 것, 글씨에 회화의 작법을 도입한 것은 정섭과의 긴밀한 관계를 시사한다. 〈불이선란도(不二禪蘭圖)〉뿐 아니라 추사체가 본격적으로 형성된 제주유배시기 이후 예서 대액들, 예컨대 강상 시절의 〈잔서완석루(殘書頑石樓)〉·〈청리내금첩(靑李來禽帖)〉, 북청 유배시절의 〈침계(梣溪)〉의 제(題), 과천시절의 〈대팽두부(大烹豆腐)〉·〈불이선란(不二禪蘭)〉 등에서는 점획법·결구·장법에 걸쳐 전서·예서·해서·행서 등이 혼융되어 있다.[75] 일련의 연구는 김정희가 고금자·이체자·간화자 등의 통가자(通假字)를 사용했다는 점을 논증했는데,[76] 역시 김정희가 과감한 잡체 형식을 썼다는 것을 뒷받침한다.

또한 정섭과 김정희가 전통적인 서사(書寫) 방식을 벗어나 왼쪽에

72 藤塚鄰(2008), 512쪽.
73 藤塚鄰(2008), 948쪽.
74 정혜린(2008), 5장 참조.
75 이동국(2007).; 이동국(2009), 41쪽 참조.
76 김충구(2006).; 김충구(2007).

서 오른쪽으로 글씨를 쓰기도 했다는 점도 주목할 필요가 있다. 이러한 서사법은 상(商)·주(周)대 갑골문이나 금문에서 보인 이래 김정희가 극찬했던 〈예학명〉, 당대 여러 마애석각과 묘지명 등에서 드물게 관찰된다.[77] 필자의 조사에 의하면 이 역행의 서사법은 비문에서도 드물지만 첩서에서 쓰인 예는 아예 없었다. 두 사람은 각각 〈우후신황도(雨後新篁圖)〉(1753년, 동경국립박물관소장), 〈불이선란도〉에서 역행의 서사법을 사용했고 이 작품들은 두 사람이 기괴함을 상당히 다양한 방식으로 추구했다는 점을 드러낸다.

마지막으로, 회화의 법칙을 글씨에 적용하는 측면을 살펴본다. 김정희의 적용 사례는 예서 대액보다는 첩서에서 뚜렷하다. 대소의 변화, 기울고 반듯함, 비수의 변화 등 회화의 법칙을 적용한 흔적이 매우 뚜렷하다. 그리고 그 적용은 청대 비학파들에 비해 김정희의 경우 훨씬 분방하고 대담하다. 동시에 그 분방함이 금석문의 칼로 파낸 듯 예리하게 끊어지는 매서운 자획에 적용되면서 기이하다는 세평을 불러일으킨 것이다. 추사체와 육분반서를 비교하면, 정섭은 금석문에 상당한 관심을 가지고 있었음에도 그의 육분반서는 추사체에 비해 상대적으로 첩서의 곱고 유려함을 추구할 뿐 금석기가 상당히 약하다.

김정희는 금석학에서 얻은 주경한 힘과 인력(人力) 혹은 규범의 세계를 벗어난 신운을, 금석기의 강화와 잡체·서화 일치·즉흥성을 통해 드러냈다. 주경하고 방정한 힘과 신운이라는 양 방향의 확장은 청(淸) 중기 이래 서단에서 발생한 기법들을 더욱 극단으로 밀고 가면서 기괴하고 흉험(凶險)한 서풍을 창조했다고 할 것이다.

---

77 趙君平·趙文成 編(2007), 566~567쪽.; 陳煒湛(1999), 47쪽.

3. 명 · 청대 남종문인화론(南宗文人畵論)의 변형과 화단(畵壇)의 저변 확대

1) 문제제기

본 절에서는 김정희의 회화관으로부터 명 · 청대 회화관을 토대로 다음과 같은 사항들을 살펴본다. 1) 김정희가 참고한 중국의 학술 자료 연구의 흔적들로부터 중국의 원저작을 찾아 그 이론의 논리와 주요 개념들을 정리한 후, 2) 김정희가 이들을 바탕으로 구축한 이론과의 차이를 변별하고, 3) 나아가 그 변화된 이론이 실제적으로 작품 비평상에서 어떻게 적용되었는지 탐색할 것이다. 김정희의 회화론이 명말 동기창(董其昌, 1556~1636) 이래의 남종문인화론(南宗文人畵論)을 계승하였다는 점은 이미 많은 연구들에 의해 밝혀졌으나 동기창의 남종문인화론으로부터 어떤 이론적 변화를 가져왔는가 하는 '19세기 조선에서 남종문인화론의 새로운 양상'에 대해서는 연구의 여지가 남아 있다. 이제까지 연구에서는 김정희에 의해 조선 후기 실경화풍이 위축되고 문인화가 관념화되었다는 점, 그리고 동기창의 남종문인화론에 비해 김정희의 논의에서 창신(創新)의 측면이 위축되었다는 점이 밝혀졌다.

본 연구는 우선 김정희의 남종문인화론이 동기창의 그것과 달리 작가론에서 경험 조건을 제거했다는 단서에서 출발하여 두 화풍상의 변화를 이론적으로 규명하고자 한다. 이러한 남종문인화의 전제의 변화는 이론의 구조적 변화 중 다음의 두 측면과 연동되는데 형사(形似) 창신의 가능성의 축소, 그리고 이와 양면을 이루는 사의성 · 예술미의 강화가 그것이다. 그리고 경험의 축소는 실천상에서 동기창의 우려대로 창신의 여지를 축소시키기도 했다. 김정희까지의 단계에서 일어난 남종문인화론의 새로운 양상이라고 할만하다. 둘째 김정희에 의한 남종문인화의 동시대적 확장을 새로운 회화 비평 자료 발굴과 해석을 통해 제시할 것이다.

2) 동기창의 남종문인화론 체제에 대한 변형

김정희의 회화론에 대한 현대의 전문적 학술 연구는 1969년 한철희의 학위논문인 「완당 김정희연구 : 학문과 예술을 중심으로」부터 시작되었다고 추정된다.[78] 이후 김정희의 회화관은 1976년에 발간된 최완수의 『김추사연구초(金秋史硏究艸)』를 위시해 몇몇 미술사학자들에 의해 다루어져 왔다. 서권기(書卷氣)와 문자향(文字香)의 창작이념, 청대 장요손(張曜孫)과 김정희의 교유관계, 뛰어난 서화 감식안 등이 간간히 언급되다가,[79] 2000년대 들어 연구가 양적으로도 크게 늘었을 뿐만 아니라 내용상으로도 큰 변화가 있었다.[80] 조·청의 인물과 자료를 토대로 김정희의 창작 이념과 기법, 회화 작품과 화론의 영향관계와 같은 구체적인 면모가 드러나기 시작한 것이다.[81]

---

78 한국학술정보에서 제공하는 학술연구정보서비스(RISS)를 대상으로 조사한 결과, 한철희(1969)가 김정희의 회화론에 대한 최초의 논문으로 등록되어 있다.

79 최완수(1976).

80 RISS를 이용해 '김정희'를 주제어로 학위논문을 검색해보면 88건이 검색된다. 그중 2000년 이후의 논문이 56건으로 이전 30년 동안 32건이 연간 평균 1건이 제출된 데 비해 연간 평균 제출 논문 수를 계산하면 2.8건으로 280%늘었다.(2019.2.26. 조사)

81 김현권(2010), 4장. ; 모문방(2015). ; 朴徹庠(2015). ; 박경희(2017). ; 박철상(2017) 등.

이상과 같은 작품을 토대로 한 미술사학적 연구, 문헌학적 역사학적 연구와 더불어 김정희의 회화론의 체계와 중요 개념들의 의미를 중심으로 한 예술론적 접근도 진행되었다. 김정희의 회화론에 대한 예술론적 연구는 연구방법론상 경학 분야에서의 김정희의 학술성과를 살펴 회화론의 기본 명제·개념들의 사상적 방향성을 설정하고, 전통적인 시서화일치의 전통에 입각해 문예론·서예론과의 공통점을 탐색하고 회화론을 이해하는 주요 맥락으로 삼는다는 특징을 지닌다.

1969년 한철희로부터 시작되어 서경요, 호승희, 남상락의 연구가 주목할 만하다. 이들의 연구를 통해 실학에서 한송불분론(漢宋不分論), 문자향과 서권기, 작가의 인품, 문경(門逕)론 등이 등장했다.[82]

2000년대에 들면 김정희의 회화론을 구성하는 보다 구체적인 명제들과 개념들이 논의되기 시작했다. 사공홍도는 김정희가 한송불분론의 철학체계를 회화에 적용하여 사실성[形似, 漢學]의 바탕 위에 고도의 정신세계[神似, 宋學]를 담아낼 것을 역설했다고 보았다.[83] 한편 정혜린은 ① 김정희가 중국의 특정 학자에 의존하지 않고 여러 견해를 절충하여 여느 청의 학자들과 다르지 않게 중화학계의 학자로서의 역할을 당당하게 자임하고 실천했다는 점을 밝히고, ② 김정희가 회화론에서도 유사한 태도로 보였다는 점을 논증하여 명·청대 회화 유파와 각 창작 이념에 대한 김정희의 입장차와 그 이유를 밝혔다. '격물치지(格物致知)적 문인화론의 구축'을 키워드로 하여 명대 동기창의 남종문인화론을 토대로 청초 사왕(四王)과 정섭(鄭燮, 1693~1765)의

82 徐坰遙(1978). ; 호승희(1985). ; 남상락(1995). ; 최태형(1996).

83 사공홍주(2005).

창작이념을 절충하는 방식을 택하였다는 것이다. 조선 화단이 아직 화학(畵學)의 굳건한 토대를 갖추지 못한 상황에서 김정희는 문예론이나 서예론에서와 달리 화가의 개성과 창조력을 역설하기보다는 아직 남종문인화 이념을 학습해야할 단계라고 파악했다고 보았다.[84]

그러나 이제까지의 연구들이 간과한 점은 김정희의 단계에서 드러나는 동기창 이래 남종문인화론의 변화는 이론에 대한 실천-창조의 문제 이전에 이론 자체의 구조적 변화, 즉 구조를 구성하는 명제들의 변화에서도 진행되었다는 점, 그리고 김정희가 남종문인화를 계층뿐 아니라 민족, 성별을 넘어 확대하는 청대 일부의 흐름들을 종합적으로 수용했다는 점이다. 김정희가 동기창 이래 남종문인화론을 이론적으로 변형한 자취를 먼저 살펴본다.

(1) 작가론에서 경험의 위축

현존하는 자료들로부터 고찰해 보면 김정희의 회화론의 토대는 남종문인화론이다. 남종문인화론이란 무엇이며 또 김정희의 회화관은 어떠한 점에서 남종문인화론을 계승한다고 할 수 있는가. 남종문인화는 명말 동기창이 선언한바 직업화가의 화풍에 물들지 않은 순수 문인화풍을 선종(禪宗) 유파 중 남종(南宗)에 비유하여 지칭하는 말이다. 동기창이 말하는 남종문인화론의 주요 핵심은 다음과 같다.

첫째, 문인화는 화폭에 대상의 외형이 아니라 그 외형 너머 의(意)를 드러내는 것을 목표로 삼아야 한다. 그래서 남종화과 북종화는 화면상의 형태적 특징 예컨대 착색여부나 필묵의 공교함으로 구분되지

84 정혜린(2005), 2장. ; 정혜린(2008), 2장. ; 정혜린(2019), 1장 참조.

않는다.

> ① 촛불을 켜고 그림을 그리니 마치 발을 사이에 두고 달을 보거나 물 건너 꽃을 보는 것과 같다. 뜻은 [대상과] 먼 것과 가까운 것 사이에 있으니 문장 짓는 법이다.
>
> 가을풍경을 묘사하는 것에 관해 초객(楚客)인 송옥(宋玉)이 가장 뛰어났다 …… 가을이라는 단어를 쓰지 않고도 묘사하기 어려운 풍경은 모두 언어 밖에 존재했다.[85]

> ② 화가의 육법은 첫째가 기운생동(氣韻生動)이다. 기운(氣韻)은 배울 수 없으니 이는 태어나면서 아는 것이며 자연으로부터 부여받은 것이다. 그러나 역시 배워 얻는 부분이 있다. 만 권의 책을 읽고 만 리의 길을 가고 마음속에 세속의 티끌이 없으면 자연히 마음 안에서 경치를 이루고, 손을 따라 그려내는 것이 모두 산수의 전신(傳神)이 된다.[86]

화면 위에서 의(意)는 그 전달 매체인 형상 밖에 존재하며(①) 대상의 기운・신(神)을 가리킨다(②). 의는 형상으로 대표되는 감각의 영역, 그리고 학습이 지칭하는바 지적인 영역 너머에 존재하는[氣韻不可學, 生而知之] 자연의 어떤 속성을[自然天授] 지시한다. 즉 의로 지칭되는 기운, 신 등은 일상적 인식의 능력 밖에 있는 것이다. 따라서 기운・신을 인식하고 표현하자면 일상적 인식의 영역에서 그 너머로의 비약, 동기창의 표현에 의하면 깨달음[悟]이 필요하다. 그리고 깨달음

---

85 董其昌, 『畵眼』, 84항. "攤燭作畵, 正如隔簾看月, 隔水看花, 意在遠近之間, 亦文章法也."; 85항, "畫秋景唯楚客宋玉最工 …… 無一語及秋, 而難狀之景, 都在語外."

86 董其昌, 위의 책, 1항. "畵家六法, 一曰氣韻生動, 氣韻不可學, 此生而知之, 自然天授. 然亦有學得處, 讀萬卷書, 行萬里路, 胸中奪去塵濁, 自然邱壑內營, 成立鄞鄂, 隨手寫出, 皆爲山水傳神."

을 위한 필수조건으로 동기창은 작가의 맑은 마음과 학문, 경험을 내세웠다.

이 세 조건 위에 달성된 깨달음이 남종화와 북종화를 가르는 핵심이다. 북종화가는 선정(禪定)에 비유하자면 깨달음이 없이 오랜 기간 고행을 해야 보살이 되는 점수(漸修)와 같다면 남종화가는 깨달음을 통해 일초직입으로 여래의 경지에 오르는[一超直入如來地] 것과 같은 것이다. 그 중요성에도 불구하고 동기창은 깨달음의 내용을 설명하지 않았다. 뚜웨이밍(Tu Wei Ming)의 설명을 빌자면 깨달음은 작가가 맑고 투명한 마음을 바탕으로 축적해 온 사회, 문화, 자연, 예술사에 대한 전면적 통찰력[悟]을 의미한다.[87]

여기서 김정희의 남종문인화관을 염두에 두면서 주목해야하는 부분이 작가의 '경험' 조건이다. 이는 단지 사물에 대한 형사(形似)를 위한 것이 아니라 전통의 계승에서 창신으로['自立堂戶', '出新意於法度之中.'] 나아가기 위한 필수조건이기도 하다.[88]

> 화가가 고인을 스승으로 삼는 것은 일단 훌륭한 방법이다. 이로부터 나아가는 데는 당연히 자연을 스승으로 삼는다. 매일 아침 구름의 기운이 변화하는 것을 보면 그림 속의 산과 꼭 닮았다. 산에 갈 때 기이한 나무를 보면 반드시 사방에서 본다. …… 보는 것이 무르익으면 자연히 전신(傳神)하게 된다. 전신하는 것은 반드시 형태를 의거하는데 형태와 [화가의] 마음과 손이 서로 합치하면서도 서로 잊으면 [드디어] 신(神)이 가탁된 것이다.[89]

87 Tu Wei Ming(1991), p.12.

88 董其昌, 위의 책, 63항.

89 董其昌, 위의 책, 36항. "畵家以古人爲師, 已是上乘. 進此當以天地爲師. 每每朝看雲氣

동기창은 정통의 순수 문인화를 열심히 학습하는 것이 모방에 머무르거나 전통의 부조화한 모음에 그치지 않고 새로움의 창조로 이어져야 한다고 요청하면서 '자연에의 직접 경험'이 바로 모방과 창신을 가르는 관건이라고 제시했다. 동기창에게서 자연에 대한 직접적인 경험을 통해 새로움을 창조하는 것은 전통에 대한 학습만큼 중요한 창작의 과제였다.

이상과 같이 문인화의 정통성, 순수함을 확보한다는 회화 이념은 이후 청초(淸初) 누동화파(婁東畵派)에 의해 크게 확산되고 김정희가 활동한 도광(道光, 1821~1850)년간까지 그 명맥이 유지되고 있었다. 그런데 동기창의 남종문인화론의 핵심 명제들은 누동화파는 물론 김정희에서도 그대로 수용되지는 않았다. 이하에서는 누동화파와 김정희의 남종문인화론을 구성하는 주요 명제들을 고찰하면서 그 차이점을 함께 살펴본다.

김정희는 화가의 인품과 학식을 문인화 창작의 중요한 전제로 꼽았다.

> ① 일반적으로 난(蘭)은 정소남(鄭所南)으로부터 두드러졌고 조자고(趙子固)가 으뜸이니, 이는 인품의 격이 빼어나게 높지 않으면 쉽게 손댈 수가 없다는 것이다. …… 그래서 정소남과 조자고 두 사람은 인품이 빼어나게 격이 높아 화품 역시 이와 같았고 보통 사람들이 좇을 수가 없다. 근래 진원소·백정·석도로부터 정판교와 전택석에 이르는 인물들은 난을 전공한 자이면서 또한 모두 인품의 격이 빼어나게 높아 화품 역시 이를 따라 오르내리니 단지 그림의 품등으로써 논하여 정할

變幻, 絶近畵中山. 山行時, 見奇樹, 須四面取之 …… 看得熟, 自然傳神. 傳神者必以形, 形與心手相湊而相忘, 神之所託也."

> 수 없다. 또 화품으로부터 말하자면 형사(形似)나 관습적 법식에 있는 것이 아니며 또 그림 그리는 법으로 그리는 것을 금기시한다.[90]
>
> ② 마음속에 오천 자가 쌓여 있어야 붓을 들 수 있고, 서품과 화품은 모두 한 단계 초월하게 된다. 그렇지 않으면 단지 세속의 장인으로 타락하게 된다.[91]

①에서 김정희는 그림을 그림 그리는 법으로부터 시작해서는 안 된다고 했다. 그는 역설적이게도 그림을 그리는데 그림 그리는 법이 아닌 다른 외적인 조건을 필수적으로 요구한다. 오천 자로 상징되는 경전에 대한 학습[92](②) 그리고 난에서 극명하게 요구되는 인품이 그림의 전제가 된다.(①) 심지어 "인품의 격이 빼어나게 높지 않으면 쉽게 손댈 수가 없다.", "인품이 빼어나게 격이 높아 화품 역시 이와 같았다."는 언급에서 인품은 회화의 품격을 거의 결정한다는 뉘앙스를 가지고 있다.

회화에서 인격과 학문을 전제로 하는 사유는 북송대 소식(蘇軾)·황정견(黃庭堅) 등으로부터 시작해 동기창과 누동화파를 거쳐 전통으로 자리 잡은 바 문인화의 필수 조건이다.[93] 누동화파는 김정희가 화

---

90 金正喜, 『전집』 권6, 「題石坡蘭卷」. "自古多工之者, 獨寫蘭無特聞, …… 盖蘭自鄭所南始顯, 趙彝齋爲最, 此非人品高古特絶, 未易下手 …… 所以鄭趙兩人, 人品高古特絶, 畫品亦如之, 非凡人可能追躡也. 近代陳元素僧白丁石濤以至如鄭板橋錢籜石, 是專工而人品亦皆高古出群, 畫品亦隨以上下, 不可但以畫品論定也. 且從畫品言之, 不在形似不在蹊逕, 又切忌以畫法入之."

91 金正喜, 위의 책, 권8, 「雜識」. "胸中有五千字, 始可以下筆, 書品畫品, 皆超出一等. 不然, 只俗匠魔界而已."

92 중국 경전에서 유불도를 대표하는 경전인 『주역』·『금강경』·『도덕경』은 모두 대략 오천 자로 쓰여져 있다. 이로부터 오천 자란 주로 『도덕경』을 의미하지만, 종종 사상 혹은 학문 자체를 의미하기도 한다.

학(畵學)의 문경(門逕), 청대 남종문인화의 정통이라고 인정한 만큼 김정희의 회화론에서 우선적으로 주목해야한다. 학문의 조건에 대해서도 누동화파의 시조인 왕시민(王時敏, 1592~1680)은 학문과 경험을 갖추면 세속을 벗어나 훌륭한 창작능력이 발휘될 수 있다고 했다.[94] 왕시민의 손자이자 누동화파의 대표인 왕원기(王原祁, 1642~1715)는 "그림은 시처럼 반드시 서권기가 있어야한다."거나 "회화의 기(氣)가 학문·인품과 일치한다."는 점을 확신하고 스스로 학문·서예를 바탕으로 한 서권기가 있는 그림을 그린다고 자부했다.[95] 인품 역시 "필묵은 천성으로부터 나오니 필묵이 본성을 덮지 못한다."거나, 동기창이 제시한 문인화의 전통은 "성정(性情)을 그림의 바탕으로 삼지 않으면 이해할 수 없다."는 등의[96] 언급에서 볼 수 있듯이 학식과 인품은 누동화파에서 창작의 필수불가결한 조건이었다. 여기서 놓치지 않아야 할 점은 누동화파를 거치면서 남종문인화론에서 작가의 경험 요소는 상당히 위축되었다는 부분이다. 누동화파는 청이라는 새로운 시대에 들어서 과거로부터 이어져 온 문인화 전통을 상실하지 않고 유지하는

---

93 蘇軾, 『東坡全集』 권5, 「柳氏二外甥求筆迹」. "退筆成山未足珍, 讀書萬卷始通神."; 黃庭堅, 『山谷集』 권29, 「跋周子發帖」. "王著臨蘭亭序樂毅論補永禪師周散騎千字, 皆妙絶同時極善用筆. 若使胸中有書數千卷不隨世碌碌, 則書不病韻自勝."; 정혜린(2018b).

94 王時敏, 『王奉常書畵題跋』, 「自題仿子久浮巒暖翠圖」. "胸中讀萬卷書, 足下行萬里路, 自然脫去塵俗, 睿發靈機."

95 王原祁, 『王司農題畵錄』 上, 「丹思代作仿大痴」, 2쪽. ; 王時敏, 『王奉常書畵題跋』, 「倣設色大痴」, 8면. "畵法與詩文相通, 必有書卷氣, 而後可以言畵."; 王時敏, 같은 책, 「送勵南湖畵冊十幅」, 9쪽. "畵雖一藝, 而氣合書卷, 道通心性. 非深于契合者, 不輕以此爲酬酌也."

96 王原祁, 앞의 책, 上, 「丁丑戊寅畵冊爲迪文二第」, 3면. "方知筆墨皆由天性後起之, 筆不至掩其天性."; 같은 책, 下, 「西嶺煙雲卷」, 8쪽. "董宗伯論畵云, 元人筆兼宋法, 便得子久三昧. 皆古人之畵以性情, 今人之畵以功力, 有功力而無性情, 卽不解此意."

것을 주요 임무로 삼았다. 누동화파 중에서 가장 영향력이 컸던 왕원기의 경우 그가 남긴 화제의 대부분이 그가 꼽은 정통 문인화가들의 작품에 대한 방작에 관한 것이라는 점은 그에게서 전통의 무게를 엿보게 한다. 그는 70세가 되던 해 쓴 화제에서는 아직 예찬과 황공망의 격식을 탈피하지 못하였다고 고뇌했고 어느 때 쓴 것인지 불분명한 화제에서는 스스로 그림을 그린 지 오십여 년간 고인과 닮지 않음을 고민하였고 지금은 청출어람(靑出於藍)할 수 없음을 고민한다고 언급했다.[97]

창신에 이르는 길은 누동화파 이후 김정희의 단계에서도 부활하지 못했다. 과연 김정희가 회화에서 새로움을 덜 중시했는지는 알 수 없다. 문예론과 서예론에서 작품의 새로움을 중요한 창작 조건으로 제시했다는 점, 그리고 김정희의 회화론에 관련된 유문들이 대부분 주변인들에게 주는 충고나 제발문(題跋文)임을 감안한다면, 글을 받는 이(화가)에게 새로움이 중요하지 않다고 판단해서 언급하지 않았다기보다는 문예나 서예에서와 달리 회화에서는 새로움의 창조를 운운할 만큼 전통을 탄탄히 학습한 이들이 드물다는 판단하에 새로움을 언급하지 않았다고 하는 것이 적절할 것이다.[98] 그럼에도 그의 숨은 의도와 무관하게 그가 동시대 화단의 창조력을 위축시켰다는 점은 충분히 짐작할 수 있다.

작가의 경험과 창신의 위축은 이와 양면관계에 있는 경향성, 사의(寫意)의 강화를 불러일으켰다. 이에 사대부가 독점해 온 학문과 인격

97 王原祁, 『麓臺題畫稿』, 「倣設色倪黃」, 8쪽. ; 같은 책, 「題倣大痴手卷」, 11쪽.
98 정혜린(2008), 5장 3절 참조.

과 같은 그림 외적인 조건을 필수적으로 요구하는 것은 직업 화가는 갖추기 어려운바, 문인화가의 직업화가에 대한 배타적 권위를 내세우는 것이다. 문인의 권위는 누동화파 이래 김정희가 동기창에 의해 인격·학식과 더불어 화가에 대한 3대 조건으로 제시되었던 요소를 약화시킴으로써 더욱 강화되었다고 할만하다. 그렇다면 작가의 인격과 학식을 바탕으로 한 사의는 화면에서 어떻게 드러날까. 김정희는 작가의 인품과 학식이 묻어나는 필묵법 그리고 이를 통한 예술미의 강화의 길을 선택했다.

(2) 예술미의 강화

남종문인화의 창작 목표를 간결하게 표현하자면 '사의(寫意)'이다. 문인화가는 작품에 자신의 학문과 인격이 우러난 자신의 정신을 의미[意]로서 드러내야[寫] 하는 것이다. 필자는 이전에도 이 점을 논한 바 있으나 작가의 정신세계의 표현과 자연미·예술미의 관계를 주목하지는 못했다.[99] 이후 연구를 통해 필묵의 묘에 의해 구현된 예술미가 동기창으로부터 김정희에 이르는 남종문인화의 전통에서 점차 강화되었다는 점, 그리고 이 경향성은 예술 비평어 중 천기·기운·신에 비해 신운(神韻)이 훨씬 자주 사용되는 현상과 관련 있음을 발견했다. 이하에서 자세히 살펴본다.

김정희 역시 문인화의 창작 목표가 사의에 있다는 점을 누누이 역설했다. "(회화의) 품격의 고하는 자취에 있는 것이 아니라 의(意)에 있다. 그 의를 아는 자는 비록 청록과 니금(泥金)을 쓴다 해도 괜찮

99 정혜린(2008), 5장 참조.

다."는[100] 말은, 문인화가 갖추어야할 높은 품격의 판단 기준이 의(意)에 있으며 감각적 차원에 있지 않다는 것을 의미한다. 의는 필묵의 영역, 즉 감각에 포착되고 개념화되고 이에 언어로 전달될 수 있는 영역 너머에 있지만 필묵을 통해 간접적으로 지시되어야 한다. 이 논리는 위진(魏晉)시기 예술론에서 언어[言]/형태[形]를 통해 각각 의(意)/신(神)을 포착한다는 논의가 등장한 이래 지속된 중국 시서화론의 근간이기도 하다. 후자의 영역은 신 · 천기(天機) · 신운(神韻) · 천취(天趣) 등으로 지칭되기도 한다. 창작 수단과 목표로서 감각 · 개념 · 언어로 구성된 일상적인 인식의 영역과 그 너머의 영역 둘 다 화면에 훌륭하게 구현하는 것은 누동화파를 이어[101] 김정희의 경우 회화론은 물론 시론과 서예론에서도 일관되는 미의 원칙이다.

① 신과 기가 함께 모이고 대상[境]과 우연한 때[遇]가 서로 맞아야 하니, 서화가 마찬가지이고 난을 치는 데는 더욱 그러하다.[102]

② 석파는 난에 깊으니 그(석파) 천기가 맑고 오묘하여 (난에) 가까운 바가 있다.[103]

③ (황산의 묵죽은) 천기가 직접 개입하니 호방한 정이 발동하고 굳센 마디까지 오롯이 전하여 본성에 회귀하는 데 이르렀다.[104]

---

100 金正喜, 『전집』 권6, 「題趙熙龍畫聯」. "蓋品格之高下, 不在迹而在意. 知其意者, 雖靑綠泥金亦可."

101 王原祁, 『麓臺題畫稿』, 「畫家總論題畫呈八叔」, 16~17쪽. "畫家自晉唐以來代有名家, 若其理趣兼, 到右丞始發其蘊."

102 金正喜, 『전집』 권2, 「與佑兒」. "神氣之相湊, 境遇之相融, 書畫同然而寫蘭尤甚."

103 金正喜, 앞의 책, 권6, 「題石坡蘭卷」. "石坡深於蘭, 蓋其天機淸妙, 有所近在耳."

104 金正喜, 앞의 책, 권10, 「走題黃山墨竹小幀」. "天機直挾豪情發, 勁節全輪至性回."

④ 원 나라 사람이 그린 그림은 고묵(枯墨)으로 시작하여 차츰차츰 먹을 쌓아 나가므로 끝마치지 못한 나무와 용렬한 산도 다 천기를 따라 얻어냈다.[105]

⑤ 소치가 눈 속의 파초를 그린 그림, 망천[王維]으로 직접 거슬러 올라가니 신운이 없을 건가.[106]

⑥ 요즘 사람 가운데 진원소 · 백정 스님 · 석도는 모두 천취(天趣)가 흘러나와 올바른 길을 찾아볼 수 있다[107]

⑦ 동기창 이래 왕시민 · 왕원기 · 왕휘 등은 모두 황공망의 문경(門徑)에서 심오하고 비밀스런 것에 깊이 진입했다. 그러나 각자 자신의 풍치를 가지고 약간 모습을 변화시켜 자성일가(自成一家)했다. 이 그림은 직접 황공망을 따르고 자신의 뜻을 따르지 않아 모발까지 모두 닮았으니 당나라 사람이 진나라 서첩을 모한 것과 같다. …… (소운종의) 이 그림은 동기창 등보다 뛰어나지는 않다. 동기창이 영양이 뿔을 (나무에) 걸어놓은 것 같다면, 이 그림은 향 나는 푸른 코끼리가 바다를 건너기는 것과 같다. 그러나 우리나라 사람들은 황공망의 진본을 못 보았으니, 초학자들은 이 그림으로부터 그리기 시작해 볼 수 있겠다. 그러나 이 그림의 윗부분 반은 또한 신변불측(神變不測)하므로 관습적인 필묵으로써는 미칠 수 없다.[108]

---

105 金正喜, 앞의 책, 권8, 「雜識」, 149쪽. “元人作畵, 以枯墨起手, 漸次積墨, 未了之樹闒茸之山, 皆從天機得之.”

106 金正喜, 앞의 책, 권10, 「題小癡墨芭蕉」.

107 金正喜, 앞의 책, 권6, 「題石坡蘭帖後」. “近人如陳元素僧白丁若爪, 皆天趣流發, 尙可以尋得門逕.”

108 金正喜, 앞의 책, 권6, 「題彝齋所藏雲從山水幀」. “自董香光以來, 至於王烟客, 麓臺, 石谷諸人, 皆於大痴門徑, 深入秘奧, 然各以自家風致, 稍變面目, 成就一家, 此畵直從大痴, 不用己意, 毛髮畢肖, 如唐摸晉帖 …… 玄宰如羚羊掛角, 此畵如香象渡河. 東人不得見大痴眞本, 初學如從此畵入, 可以下手. 然此畵上一半, 又神變不測, 非筆墨蹊徑可及.”

위에서 쓰인 천기 · 신 · 기 · 신운 · 천취 등의 용어는 모두 리(理)처럼 언어로 전달할 수 있는 일상적인 인식의 영역 너머를 지시한다. ⑦에서 영양이 뿔을 나무에 걸어놓아서 땅에서 그 감각적인 자취를 찾을 수 없다는 표현은 남송대 엄우(嚴羽)의 『창랑시화(滄浪詩話)』에 나오는 유명한 구절로서 위의 개념들처럼 예술 작품에는 감각 자료와 이치로 구성된 일상적인 인식 너머의 영역이 있음을 단적으로 비유한 구절이다.

그런데 이들 어휘들은 중요한 차별점을 지닌 두 그룹으로 분류할 수 있다. 신 · 기 · 천기가 전통적으로 우주론에서 종종 쓰이는바 자연에 본래 존재하는 속성이라면, 신운이나 천취는 인간이 예술작품이나 기타 행위 등을 통해 만들어낸 인공적인 속성이다. 전자들(①~④)이 자연의 속성 내지 이에 근거한 자연미의 계열이라면 후자들(⑤~⑦)은 자연에 근거하지만 자연미와는 다른 인공미의 영역이자 개인에 따라 취향의 차이가 전자의 영역에 비해 두드러지는 영역이다.

①에서는 일반적인 자연의 원리에 따라 작가 역시 자신의 신과 기가 조화되게끔 해야 한다는 점을 언급했다. 신과 기는 인간을 포함한 자연의 속성이며 천기 역시 마찬가지라는 것이 ②에서 확인된다. 김정희는 작가가 자신의 몸의 천기를 맑게 하여 난의 천기와 통할 수 있다고 언급했다. 천기는 난이나 인간을 포함한 자연 만물에 내재해 있는데, 이하응(李昰應, 1820~1898)의 경우 그의 인품이 자연에 가깝게 맑고 오묘하여 난에 내재한 자연상태의 천기와 유사하므로 난을 잘 이해하고 그래서 사난(寫蘭)에도 뛰어날 수 있다는 것이다. 그 결과 천기는 그려낸 사물 형상의 구석구석까지 구현될 수 있다.(③) ④에서는 적묵법이 나무나 산의 거친 질감, 단단한 무게감과 같은 자연의

원칙과 현상[天機]을 표현한다고 언급했다.

반면 천취는 '취(趣)'라는 글자의 용례들을 살펴보면 자연을 따르지만 자연에 존재하는 속성은 아닌 것으로 보인다. 취라는 개념은 고대로부터 인간의 행위와 생각에 적용되었다.[109] 특히 인간의 마음에 대해서 어떤 가치를 숭상하거나 거부하는 의지[110] 혹은 취향을[111] 의미하며, 대상에 대해서는 언어 · 개념 바깥에 존재하는 미적 가치[112] 혹은 대상의 [미적] 정취를 가리키는 경우도 있다.[113] 김정희에게서 천취의 유무는 제대로 된 예술작품인지를 판단할 중요한 속성(⑥)으로 명시되었다.

⑤에서 신운을 언급했는데 신운은 명 · 청대 예술론에서 예술고유의 영역을 지칭하는 가장 보편적인 어휘이다. 그 의미는 앞서 2절에서 살펴 본대로 감각이나 지성에 포착되지 않는 예술미인 것이다. 고전문헌에서 신운의 의미는 늘 비유나 예시를 통해 지시되어 왔는데

---

109 『한어대사전』을 토대로 조사한 결과 취의 가장 오래된 용례들은 인간의 행위를 지시한다. 행위와 관련해서 많은 경우 추창(趨蹌)과 같이 빨리 움직여 나아감, 혹은 방향이 있는 진행을 의미한다. 예컨대 『詩經』 「棫樸」의 "아름다운 군왕이여, 좌우에서 달려오도다.[濟濟辟王, 左右趣之.]"에 대해 「毛詩傳」에서는 趣는 趨의 의미라고 했다. 이후 동한 시기의 『漢書』 「食貨志」上의 "백성들이 소가 적음을 고통스러워하였으니 (땅을 깊게 갈아) 윤택함에 미칠 수 없었다.[民或苦少牛亡以趨澤.]"고 했고 이에 대해 顔師古는 趨는 趣로 읽어야 하며 취는 이른다(及)는 뜻이라고 하였다.["趨, 讀曰趣. 趣, 及也."] 요컨대 취는 기본적으로 방향을 가진 운동이라는 의미를 지닌다.

110 『新唐書』, 「陳子昂傳」. "智者尙謀,愚者所不聽, 勇者徇死, 怯者所不從, 此趣向之反也."

111 蔡邕, 「陳寔碑」. "是以邦之子弟, 遐方後生, 莫不同情瞻仰, 由其模範,從其趣尙."; 趙翼, 『甌北詩話』, 「韓昌黎詩」. "蓋昌黎本好爲奇崛矞皇, 而東野盤空硬語, 妥帖排奡, 趣尙略同, 才力又相等, 一旦相遇, 遂不覺膠之投漆, 相得無間."

112 葉適, 「跋劉克遜詩」. "怪偉伏平易之中, 趣味在言語之外, 兩謝二陸不足多也."

113 南史』, 「蕭引傳」. "此字筆趣翩翩, 似鳥之欲飛."; 酈道元, 『水經注』 「江水」 二. "絶巘多生怪柏, 懸泉瀑布, 飛漱其間, 淸榮峻茂, 良多趣味."

⑦의 경우가 대표적이다. 이 구절에서 신운이라는 어휘는 직접 사용되지는 않았지만 영양괘각(羚羊掛角)이 그 의미를 지시한다. 영양괘각과 향상도하(香象渡河)는 각각 이치나 감각을 통해 얻을 수 없는 것, 그리고 굳은 노력을 통해 얻어진 것에 비유하는 표현이다. 김정희가 향상도하와 대비되는 영양괘각을 통해 동기창의 작품들을 특징짓고 아울러 동기창을 원매 · 왕사정과 함께 명 · 청대 신운에 뛰어난 작가로 꼽았다는 것을 염두에 두자면[114] 영양괘각은 신운의 영역을 지시하는 것이 분명해 보인다. 요컨대 ⑦에서는 신운이 필묵의 자취와 같은 감각너머에 있다고 제시했다고 정리할 수 있다. ⑤에서는 서로 감각적으로 어울릴 수 없는 추운 계절의 눈과 파초를 한 화면에서 잘 그려낸 사례를 통해 신운이 감각의 질서를 무시하고도 잘 포착될 수 있을 만큼 감각에 초월적이라는 점, 그리고 그 신운이 남종문인화의 시조인 왕유 이래 남종문인화의 정체성의 중요한 부분이라는 점을 명시했다. 신운이 자연미보다 예술미에 가까운 개념이라는 점은 바로 작가의 전제 조건에서 경험이 김정희에 의해 언급되지 않은 것으로부터 자연스럽게 얻을 수 있는 논리적 결과라고 할 수 있다.

그리고 김정희는 신운, 예술미를 강화하면서 이를 구현할 조형 방식의 폭을 넓혔다. 동기창에서 김정희까지 신운을 구현하는 기본적인 방법론은 서예의 필묵법을 회화 화면에 차용하는 것, 서화동필론(書畵同筆論)이었다. 그가 신운과 서화동필론 이 둘을 함께 중시했다는 것은 일견 매우 자연스러워 보인다. 둘은 형사와 거리두기를 표방하는 창작 목표와 방법론의 관계에 있기 때문이다. 물론 실제 사물의

114 金正喜, 『전집』 권4, 「與金君」 2. "至於漁洋隨園玄宰石庵, 又不必別立界限. 如能學透此四人者, 亦多乎爾."

형태와의 닮음[形似]은 작가가 얻은 감각 정보를 화면에 재현하는 회화 본연의 주요 기능이다. 따라서 본래 회화의 기능과 목표를 생각한다면 형사는 물론 사의와 반드시 대립적인 관계에 놓일 필요는 없지만 남종문인화는 둘을 상당한 긴장관계에 두는 방향으로 나아갔다.

동기창의 경우 필묵의 형사적인 기능을 약화시키는 데 서예적인 필묵법을 매우 유효한 방법론으로 제시했고 이는 누동화파로 넘어오면서 더욱 구체화되고 비중이 높아졌다. 이하에서 살펴보듯이 누동화파의 서예적인 필묵법에 대한 태도는 김정희에게 전달되었다.

서예의 필선을 회화에 차용하는 것이 화면을 훌륭하게 만든다는 관념은 당나라 장언원의 『역대명화기』부터 확인되지만[115] 그 차용을 문인화의 필수 조건으로 정식화한 것은 명말 동기창이다. 이전에 밝힌 대로 동기창은 대상의 외형과 그 감각성을 추구하는 것을 직업 화가의 세속적 타협[恬俗]이라고 비판하면서, 초서 · 예서 · 기자의 필획, 구부러진 철사[屈鐵]나 모래에 그은 선[畫沙] 같은 서예적 선묘 기법을 회화 화면에 적용할 것을 요구했다.[116] 이렇게 서예의 필선을 통해 형사를 약화시킴으로써 실제 대상과 화면 위 대상 형태의 일치, 그리고 그 일치를 인식하는 데서 오는 감각적 즐거움도 축소되고 반면에 의의 여지가 확대되는 것이다.

---

115 정혜린(2018a).

116 董其昌, 위의 책, 7항. "士人作畫, 當以草隸奇字之法爲之. 樹如屈鐵, 山如畫沙, 絶去甛俗蹊徑, 乃爲士氣. 不爾縱嚴然及格, 已落畵師魔界, 不復可求藥矣. 若能解脫繩束, 便是透網鱗也."; 董其昌, 같은 책, 19항. "畫無筆跡, 非謂其墨淡模糊而無分曉也. 正如善書者, 藏筆鋒如錐畫沙印印泥耳. 書之藏鋒在于執筆沈着痛快. 人能知善書執筆之法, 則能知名畫無筆迹之說, 故古人如大令今人如米元章趙子昂, 善書必能善畫, 善畫必能善書, 其實一事耳."; 정혜린(2018), 4장.

누동화파는 동기창의 서화용필동론을 계승하면서 경중 · 활삽 · 청탁에서 지나침의 기피, 적묵법[由淡入濃]과 장봉(藏鋒)의 중시,[117] 묵과 필의 조화와 같은 필묵법의 구체적인 규칙들을 남겼다.[118] 그리고 김정희는 누동화파를 이어 건필법과 적묵법 등을 중시하고 나아가 새로운 기법을 긍정하고 조선에 전파했다.

형사를 축소시키고 사의의 여지를 확장하는 데는 대상의 형상보다 필묵 자체를 주목하게 하는 서예의 필묵법이 매우 효과적이다. '문자향'과 '서권기'는 널리 알려져 있는 것처럼, 학문 · 서예가 회화 화면에 문인의 기운을 실현시키는 데 가장 우선적으로 고려되어야 할 방법임을 제시한 어휘들이다.[119] 구체적인 사례를 통해 살펴보자면 김정희는 진홍수(陳洪綬, 1599~1652) · 장도악(張道渥, 1757~1829) · 나빙(羅聘, 1733~1799)의 전서(篆書)와 주서(籒書)의 필법이 회화적 필법보다 뛰어나 문인화의 기운을 잘 드러냈다고 높이 평가했고, 김유근(金逌

---

117 "古人用筆,意在筆先,然妙處在藏鋒不露. 元之四家化渾厚爲瀟灑, 變剛健爲柔和, 正藏鋒之意也."

118 王原祁, 『雨窓漫筆』, 「論畵十則」, 2쪽. "用筆忌滑忌軟忌硬, 忌重而滯, 忌率而混, 忌明淨而膩, 忌叢雜而亂. 又不可有意著好筆, 有意去累筆. 從容不迫, 由淡入濃, 磊落者存之, 甛俗者刪之, 纖弱者足之, 板重者破之. 又須於下筆時, 在著意不著意間, 則觚棱轉折, 自不爲筆使. 用墨用筆, 相爲表裏."

119 '서권기(書卷氣)'라는 어휘는 왕원기에 의해 회화 화면에 드러난 시문, 서예적인 특징이라는 의미로 사용되었다.(王原祁, 『王司農題畵錄』上, 「丹思代作仿大痴」, 2쪽. ; 王原祁, 『麓臺題畵稿』, 「倣設色大痴」, 8쪽. "畵法與詩文相通, 必有書卷氣, 而後可以言畵."; 같은 책, 「送勵南湖畵冊十幅」, 9쪽. "畵雖一藝, 而氣合書卷, 道通心性. 非深于契合者, 不輕以此爲酬酌也.") 이후 누동화파를 계승한 鄒一桂(1686~1766)에 의하면, 서권기는 회화에 내재한 작가의 학문적 이력 혹은 이 학문적 이력으로 인해 회화가 갖는 품격을 의미한다.(『小山畵譜』下. "文人畵, 畵者文之極也. 故古今文人, 頗多著意. 張彦遠所次歷代畵人冠裳大半, 必其人胸中有書, 故畵來有書卷氣. 無論寫意工緻, 總不落俗.") 김정희 역시 두 어휘를 학문, 시문, 서예의 속성이 회화 화면위에 반영된 기운과 유사한 의미로 사용했을 것으로 짐작된다.

根, 1785~1840)의 묵죽(墨竹)에 대해 전서체로 형상화한 대나무의 큰 줄기와 팔분서로 형상화한 대나무 잎은 서예의 체세 그대로라고 매우 감탄했다. 김정희의 서화용필동론에 대한 신뢰를 명료하게 확인시켜 주는 대목이다(③).

남종문인화의 역사 중 김정희의 단계에서 주목할 만한 두 번째 측면은 경전처럼 받들어지던 서화동필론에서 나아가 붓을 쓰지 않고 손가락을 쓰는 방법을 포용했다는 점이다. 오히려 김정희는 손가락을 쓰는 지두법(指頭法)이 붓을 쓰는 방법보다 더 뛰어나다고 극찬하기도 했다. 김정희는 고기패(高其佩, 1660~1734)의 지두화를 일반적인 필묵법을 넘어 회화 기법에서 최종적인 깨달음의 경지[悟徹天龍一指禪]를 구현했다고 극찬했다.[120] 그는 허련의 지두화에 대한 평에서도 필묵법과 지두화의 차이를 불교의 경전과 경전 밖의 가르침[別傳 : 教外別傳], 쇠를 달구는 것과 같이 점진적 노력을 통해 뛰어남을 성취하는 것과 달을 가리키는 손가락의 차이로 비유하였다. 이 비유에서 전자들은 점진적이고 번쇄함을 그리고 후자들은 단번의 효율성을 함축하고 있다. 김정희는 지두화에 대해 필묵이 이룰 경지를 의외로 손가락을 통한 기이한 자취들을 통해 도달하니 마치 선적인 깨달음으로 세계가 전변하듯이 회화의 관습을 뒤집어 단번에 도달했다고 매우 격찬했다.[121] 요컨대 지두화는 남종문인화에서 사의와 형사의 거리를 서화동필론보다 훨씬 극적으로 구현한 기법인 것이다.

---

120 金正喜, 『전집』 권6, 「題高其佩指頭畫後」. "近世之高其佩朱倫翰, 尤其選耳 …… 大率以指代筆, 卽光陰互用之妙諦, 有能悟徹天龍一指禪, 可入指頭三昧也."

121 金正喜, 위의 책, 권10, 「題小癡指畫」. "爪迹螺紋是別傳, 離奇譎詭自天然, 若從畫裏參三昧, 卽取天龍一指禪 …… 變相百千到指頭 更圓尖硬健漫悠悠 點金標月應同趣."

이렇게 기법의 측면에서 김정희는 명말에서 청초에 이르는 남종문인화의 범위를 벗어났지만 그래도 그를 남종문인화의 계승자로 부를 수 있는 것은 그 포용력의 범위가 남종문인화의 경계를 넘지 않는다는데 있다. 단적으로 동시대 옹방강(翁方綱)은 남종문인화만 문인화의 정통으로 인정하지 않고 왕원기가 비판했던 금릉(金陵)의 화가들까지 예찬과 황공망의 정신을 계승했다고 높이 평가했지만,[122] 김정희는 청대 이후의 여러 화론서들을 섭렵했음에도 불구하고 금릉화파, 즉 '금릉팔가(金陵八家)'인 공현(龔賢, 1618~1689)·번기(樊圻, 1616~1694)·고잠(高岑, 1621~1691)·추철(鄒喆)·오굉(吳宏)·엽흔(葉欣)·호조(胡造)·사손(謝蓀) 등을 전혀 언급하지 않았다. 김정희가 누동화파를 이어 문인화의 정통성 수호에 긴장을 늦추지 않았다는 것을 엿볼 수 있다.

3) 남종문인화론에 입각한 비평의 새로운 양상

김정희는 경학, 문예, 서예에서 그랬듯이 최신의 정보를 갖추어 자신의 지식을 최신화시키는 데 주력했다. 그는 남종문인화의 주요 창작 이념, 미적 원리를 수립하는 데서 나아가 이 원칙들을 동시대 화가에 대한 비평에 적용했다. 이는 전통의 계승이기도 하지만 새로운 시대에 맞는 변모와 확장 즉, 고전에 대한 새로운 생명력 부여를 의미한다. 현존 문헌들을 통해 살펴보자면 김정희가 언급한 모범적인 화가들은 당대 왕유(王維)과 송대 거연(居然) 등으로부터 청대 누동화

122 정혜린(2016). 참조.

파, 그 외 석도(石濤, 1642~1707) · 진원소(陳元素, ?~?) · 백정(白丁)과 같은 유민(流民) 화가들, 양주팔괴(揚州八怪), 지두화가, 여성화가, 홍인(弘仁)을 계승한 신안파(新安派)의 소운종(蕭雲從, 1596~1673), 특정 화파로 분류되지 않는 전재(錢載, 1708~1793) · 주학년(朱鶴年, 1760~1844) · 오숭량(吳崇梁, 1766~1834) · 장심(張深, ?~?) · 장도악(張道渥, ?~?)까지 창작 성향이 매우 다양하며 이들의 활동연대는 당나라부터 김정희와 동시대까지 내려온다.[123] 그리고 조선에서는 이하응(李昰應) · 김유근과 같은 사대부 계층 외에도 전기(田琦) · 허련과 같은 여항(閭巷) 출신의 화가들도 포함된다는 점은 널리 알려져 있다. 이하에서는 김정희가 높이 평가한 중국 문인화가군에는 여성, 비(非) 한족(漢族) 출신 화가까지 포함된다는 점을 새로이 조명하고자 한다. 우선 김정희의 청대 만주족 화가들에 대한 다음의 언급은 이제까지 연구들에서 주목되지 않은 김정희의 비평관을 알려준다.

> 20년 전에 일찍이 만주(滿洲)의 왕공(王公) · 패륵(貝勒) 여러 사람 중 시와 그림에 뛰어난 사람들을 초록해 놓은 것이 있는데, 그 원본을 한양 집에서 찾아보도록 하였으나 어디에 박혀 있는지 알 수가 없었습니다. 그런데 좀먹은 상자 속에서 초록 목록이 적힌 찢어진 종이 한두 장을 발견해 검토해 보았습니다. …… 만주 사람들을 소홀히 해서는

123 金正喜, 『전집』 권3, 「答趙怡堂 冕鎬」 3 · 「與權彝齋 敦仁」 12 · 24 · 26 · 33 · 34 · 35 · 「與沈桐庵 熙淳」 1. ; 같은 책, 권5, 「與草衣」 13 · 「與人」. ; 같은 책, 권6, 「題趙熙龍畫聯」 · 「題石坡蘭卷」 · 「題石坡蘭帖後」 · 「題彝齋所藏雲從山水幀」 · 「題高其佩指頭畫後」. ; 같은 책, 권7, 「示雲句」. ; 같은 책, 권 8, 「雜著」, 146면. ; 같은 책, 권9, 「題姜若山-彝五-梅花障子歌」 · 「次韻答吳蘭雪藁」. ; 같은 책, 권10, 「題小癡墨芭蕉」 · 「題雲從山水幀」 · 「題羅兩峯梅花幀」 · 「走題金畫史千里 仿朱野雲荷鴨圖便面」 · 「送紫霞入燕」 등.

안 됩니다. 새효정(塞曉亭) · 몽문자(夢文子) · 영몽당(英夢堂) · 영몽선(英夢禪) 등은 모두 용과 호랑이 같아서 우열을 비교할 수 없습니다. 『화징록(畵徵錄)』과 『화림신영(畵林新詠)』에는 수록한 것이 퍽 많으나 이 네 사람과 같은 이들은 한 사람도 채록되지 않았으니 무슨 까닭인지 모르겠습니다.[124]

김정희는 위의 권돈인에게 보내는 편지에서 새이혁(塞爾赫, 1677~1747[125] · 몽린(夢麟, 1723~1758)[126] · 영렴(英廉, 1707~1783)[127] · 영화(英和, 1771~1840)와[128] 같은 만주족 출신 화가들이 『화징록(畵徵錄)』과 『화림신영(畵林新詠)』에 아깝게도 누락되었다고 지적했다. 이로부터 그가 뛰어난 만주족 화가들을 잘 알고 있었다는 점 외에 『국조화징록』과 『화림신영』을 읽었다는 점도 알 수 있다. 그렇다면 김정희는 과연 이들 만주족 화가에 대한 정보를 어디서 얻었을까.

---

124 金正喜, 『전집』 권3, 「與權彝齋」 15. "二十年前曾有鈔存滿洲王公貝勒諸人詩畵名勝者, 原卷使之搜覓京第, 而不知落在何處. 有鈔目敗紙一二片於蠹篋者檢之 …… 滿洲人有不可忽. 有如塞曉亭夢文子英夢堂英夢禪諸人, 皆如龍如虎, 不可方物耳. 畵徵錄畵林新詠, 蒐羅頗富, 有若四人者, 一不見採何哉."

125 塞爾赫. 자는 栗庵, 曉亭이고 호는 北阡季子이다. 徐珂의 『清稗類鈔』 중 '宗潢多嗜文學'에 의하면 그는 청 종실 시인이다. 저술로는 『曉亭詩鈔』가 있다.

126 夢麟. 西魯特氏, 자는 瑞占, 文子. 호는 謝山, 喜堂, 午塘, 耦堂 등. 蒙古正白旗人. 內閣學士, 江蘇學政, 鑲白旗蒙古副都統을 지냈다. 그 문하에는 錢大昕, 嚴長明 등이 있다. 저술로는 『紅梨齋集』, 『夢喜堂詩』, 『大谷山堂集』 등이 있다.

127 英廉. 성은 馮씨, 號는 夢堂. 『樞垣記略』 권17, 「題名三/滿洲軍機章京」에 의하면 영렴의 원명은 英華이고 자는 嶽峰, 滿洲鑲紅旗人이다. 관직은 直隸總督, 東閣大學士에 이르렀다. 시문서화에 뛰어났고, 저서에는 『夢堂詩稿』가 있다.

128 英和. 자는 定甫, 樹琴이고 호는 煦齋, 夢禪居士이다. 만주 正白旗人이고 德保의 아들이다. 도광 연간에 軍機大臣, 熱河都統을 지냈다. 장서로 유명하고 서예에 능하여 成親王, 劉墉 등과 이름을 나란히 하였다. 청대 필기류인 昭槤의 『嘯亭雜錄』 권9, 「啓功先生藏抄本」에 의하면 그는 회화에도 뛰어났는데 예찬의 풍모가 있었고 지두화도 매우 능하여 고기패 이후 일인자로 칭해지기도 했다.

이들 모두 옹방강과 친분이 있었다는 점을 단서로 잡아볼만하다. 옹방강은 새이혁이 소장한 글씨에 제발문을 써준 적이 있다. 영렴은 영화 · 몽린 · 옹방강 · 법식선(法式善, 1753~1813) · 전재(錢載, 1708~1793) · 시학렴(施學濂, ?~?) 등과 친분이 있어 함께 모임들을 가졌다. 옹방강은 영화가 소장한 〈하승비〉의 송대 탁본에 제발문을 써준 바 있고 영렴은 몽린을 위해 지두화를 그려주고, 법선식에게는 〈시감도〉를 그려주었는데 이 작품들에 옹방강이 제발문을 써 주기도 했다.[129]

아마도 김정희는 이들 만주족 화가들의 존재를 옹방강의 시문집을 통해 알게 된 것으로 짐작된다. 사실 조선인들에게 익숙한 장경(張庚, 1685~1760)의 『국조화징록(國朝畵徵錄)』의 경우 전체 수록된 450명의 화가 중 만주인으로 표기된 화가는 5명, 흑수(黑壽) · 당대(唐岱) · 망곡립(莽鵠立) · 동육수(佟毓秀) · 도청격(圖淸格)에 불과하다. 『국조화징록』은 청대 화가 450여 명에 대한 전기로 구성되어 있다. 화가의 약력 외에 각 화가의 양식과 화풍, 미적 특징 등을 비교적 상세히 기록하여 청대 화단을 살펴보는 데 가장 일차적인 자료라고 할 수 있다. 조선 문헌에서도 이미 18세기 말에 인용되었다. 박제가, 유득공에서 시작해[130] 19세기에 들어 신위(申緯, 1769~1845) · 성해응(成海應, 1760~1839) · 조희룡(趙熙龍, 1789~1866) 등도 『국조화징록』을 읽은 것으

---

129 翁方綱, 『翁方綱題跋手箚集錄』, 「跋小楷七種－寒曉亭樊雁齋藏本」. ; 沈津, 『翁方綱年譜』, 『복초재집』 제6책, "跋瑛君夢禪藏成化拓本夏承碑" ; 『復初齋詩集』 권46, 「又題夢禪子爲梧門作詩龕圖」. ; 『復初齋集外詩』 권11, 「夢禪爲頤園指墨種松書屋圖」. ; 英廉, 『夢堂詩稿』 권13, 「九日, 獨登借山樓, 簡覃溪, 耦堂」. ; 英廉, 같은 책, 권13, 「錢蘀石, 申笏山, 翁覃溪過敝廬看海棠」. ; 英廉, 같은 책, 권13, 「初冬, 簡蘀石, 覃溪」 등. 沈津, 『翁方綱年譜』 참조.

130 朴齊家, 『貞蕤閣集』, 「題文士敏畵卷」. ; 柳得恭, 『冷齋集』의 「孟永光百童圖歌」와 「金冬心五百斤油墨歌」.

로 보인다.[131] 현존하는 고판본 『국조화징록』 중에서 계명대 소장본은 유최관(柳最寬)이 소장하고 있던 것인데, 김정희가 1818년 10월 16일에 이를 읽고 표제와 독서 기록을 남긴 것으로 보아 김정희 역시 30대 중반 즈음 이 책을 보았다는 것을 알 수 있다.[132] 김정희는 조선인들이 더 이상 한족 외 만주족을 무시하지 말고 그들 중 뛰어난 화가들에 대한 정보도 갖출 것을 요청한 것이다.

한편 위 인용문에서 언급된 또 다른 화론서인 『화림신영』(3권, 보유(補遺) 2종)은 김정희가 〈난맹첩〉에서 언급한 여성 화가들에 대한 정보의 출처로 짐작되는 문헌이다. 『화림신영』은 이미 그 저자인 진문술(陳文述, 1771~1843)과 신위·홍현주의 교유 속에서 몇 차례 연구된 바 있고 〈난맹첩〉 속 글귀의 출처로 간략히 언급되기도 했다.[133] 이 글에서는 『화림신영』을 김정희를 중심으로 특히 김정희의 남종문인화관의 적용과 관련해 살펴보기로 한다. 『화림신영』은 저자 진문술의 「자서(自序)」에 의하면 그가 57세이던 1827년에 저술을 완성했다. 진문술의 활동자취를 살펴보면 『화림신영』의 특징과 김정희가 『화림신영』으로부터 여성 작가들을 인용한 이유를 이해하는 데 도움이 된다.

진문술은 절강 항주 출신으로, 화가 진홍수(陳洪綬)의 종제(從弟)였으며 가경(嘉慶) 연간 거인(擧人)이 되어 완원에게 인정을 받아 오랫동안 문예·학술 활동에 함께 했고 그의 막우(幕友)를 지내기도 했다.[134]

131 박철상(2017).

132 김정희의 문헌 중 『국조화징록』으로부터 인용된 내용에 관해서는 김현권(2010).; 박철상(2017). 참조.

133 박무영(2008).; 이현일(2009).; 김현권(2010), 302~305쪽.

그는 완원의 곁에서 왕창(王昶, 1725~1806)·손성연(孫星衍, 1753~1818)·오자(吳鼒, 1755~1821)·주위필(朱爲弼, 1770~1840)·오성란(吳省蘭, 1738~1810) 등 동시대 명사들과 교유했고[135] 활발한 시사활동으로 벌였다. 아울러 진문술은 중국문학사에서 원매(袁枚, 1716~1798)를 이어 여성들의 문학, 회화 활동에 참여하고 진작시킨 인물로 주목된다.[136] 김정희가 왜 그의 저술에서 여성 화가들의 정보를 얻었는지 짐작할 수 있는 대목이다.

내용을 살펴보면 진문술은 청대 초부터 저술시기까지 60여 년간의 시기를 대상으로 이전 회화기록에 등장하지 못한 300여 명의 화가를 기록하였다고 했다. 그러나 저술을 자세히 들여다보면 『국조화징록』과 수록된 화가의 인명이 상당히 겹치고 또 화가의 수는 「보유」에 수록된 화가들까지 더하면 모두 347명이다. 그중 박제가 등 '외이(外夷)' 화가에 대한 6항목, 다수의 여류화가와 화승(畵僧)이 포함되어 있다. 각 화가들의 항목에는 관력, 회화적 특징과 작품, 작가에 대한 주변의

---

134 陳文述, 『頤道堂文鈔』 권5, 「仲弟壽蘇事略」. "年十八, 入邑庠爲博士弟子, …… 又云復與余以詩賦同受知於學使今兩廣總督儀徵阮雲臺先生. 旣刊所作於試牘中, 及來撫浙, 復列姓字 於詁經精 舍題名之碑."; 진문술은 또한 1797년에는 완원이 『칠경맹자고문』을 편집할 때 교정을 보았다.(吳文溥, 陳鴻壽 등, 『定香亭筆談』 권4, 「刻七經孟子考文並補遺序」. "元督學兩浙, 偶于淸暑之暇, 命工寫刊小板, 以便舟車, 印成卷帙,諗於同志. …… 助元 校字者, 爲吳縣友人江鏐, 仁和廩生趙魏, 錢塘廩生陳文杰.")

135 阮元, 『揅經室四集』 권5, 「庚申/仲冬詣天竺復同孫蓮水韶, 吳山尊鼒, 汪芝亭恩, 李四香銳, 陳曼生鴻壽, 陳雲伯文述, 林庚泉道源, 焦里 堂循, 過靈隱蔬飯冒雪登西湖第一樓」. ; 陳文述, 『頤道堂文鈔』 권4, 「送齊北瀛太史費西墉給諫奉使冊封琉球詩序」. "昔歲在庚申, 修撰趙君, 中翰李君, 奉使冊封琉球世孫尙溫. 道出武林. 述與從兄曼生同在阮中丞琅嬛僊館承命賦詩. 中丞爲梓寄廈門,兩君載之封舟. …… 兩君抑又盛矣. 猶復采及蕭艾, 索我卮言. 不揣檮昧, 並爲喤引. 咸屬徵實之語,無取溢美之作."

136 陳文述, 『頤道堂文鈔』 권4, 「屈宛仙韞玉樓遺詩序」. "余旅食京華, 曾題妙繪."

평가, 화가의 7언 절구시가 덧붙여져 있다. 『화림신영』은 『국조화징록』에 비해 화가에 대해 포폄이 뚜렷하지 않은 면이 있지만 한편으로 여성화가나 기타 노비, 승려 화가까지 화가의 신분과 화파는 다양하다는 장점을 지닌다.

장문술은 『화림신영』을 조선의 신위와 홍현주(洪顯周, 1793~1865)에게 보냈고, 이 사실은 신위가 1832년에 이 저술을 받고 기록을 남겨둔 것으로부터 확인할 수 있다.[137] 『화림신영』은 이 두 사람으로부터 김정희와 그 주변으로 전달되었던 것으로 보인다. 김정희의 〈난맹첩〉에는 총 12명의 청대 여성 화가들이 등장하는데, 그중 악록춘(岳綠春)·구양정정(歐陽亭亭)·매선(梅仙)·장금추(蔣錦秋)·서비옥(徐比玉) ·황경원(黃耕畹)은 『화림신영』 권3에 수록되어 있다. 권3은 권1, 2와 달리 '규각(閨閣)'과 '잡화(雜畵)'의 소항목으로 구성되어 있고, 위 화가들은 '규각'의 항목으로 분류되어 있다. 그리고 도균초(陶筠椒)는 다른 남성 화가들과 함께 『화림신영보유』 권1에 수록되어 있고 운선(蕓仙)은 『보유』 중 '여진(女眞)'의 소항목 아래 분류되어 있고, 나머지 장신향(蔣茝香)·조소여(趙小如)·허소아(許小娥)·주상화(周湘花)는 『보유』 중 '규각'으로 분류되어 있다.

---

137 申緯, 『警修堂全藁』 冊十八, 「錢塘陳雲伯(文述) 有朝鮮二賢詩 自注曰 聞秋吟侍御誦申紫霞洪海居詩文而作 今年 并其所刻畵林新詠二冊 自馬敎習(光奎)所寄來 馬敎習言庚寅夏 蔣秋吟子(鉞)還浙鄕時 留書曰. 同里人陳雲伯先生 寄紫霞海居兩先生信件 乞轉致之 此書留於丁舍人(泰)舍人又歿 今春 始自馬敎習寄來 遠信浮. 屢經存歿 三年然後竟能入手 亦四海奇綠也 卽次原韻」. ; 같은 책, 책18, 「陳雲伯畫林新詠, 補入不佞墨竹及海居都尉墨菊, 各有小傳, 故卽次卷中原韻謝之」. 신위 등의 기록에 의하면 『화림신영』에 신위와 홍현주가 수록되었다고 하나 두 사람은 조선의 두 사람에게 보내는 별쇄본 『화림신영』에만 특별히 수록되었던 것으로 짐작된다. 현 규장각본에는 두 사람이 수록되어 있지 않다.(별쇄본의 가능성에 대해 조언을 주신 박철상 선생님께 감사드린다.)

그리고 현재 규장각에는 『화림신영』의 축소필사본인 『화림초존(畵林鈔存)』이 소장되어 있어 『화림신영』이 다시 김정희의 주변에 전달되었다는 점을 알려준다. 『화림초존』은 『화림신영』 중 99명의 작가와 그에 대한 정보를 거의 그대로 추려놓았는데, 책 말미의 필사자 기록에 의하면 필사자는 일명(逸名)의 '오은(贅隱)'이며 그는 김정희가 필사해둔 『화림신영』을 박영선으로부터 얻어 다시 필사했고, 필사연대는 '숭정후이백십육경신(崇禎後二百十六庚申)', 즉 1860년이다.[138]

김정희는 〈난맹첩〉 속 청대 여성화가 외에도 자신과 교분이 있었던 장요손(張曜孫, 1808~1863)의 두 여형제의 작품을 시로 읊은 바가 있다. 장요손은 장기(張琦, 1764~1833)의 아들이자 상주학파의 주요 인물인 장혜언(張惠言)의 조카이며 장추영(張縐英)과 장윤영(張綸英)이 그와 남매간이다. 장추영은 장기의 장녀로서 오정진(吳廷鉁, 1785~1849 : 후에 오찬(吳贊)으로 개명)의 부인이기도 한데 서화에 뛰어났다. 장기는 신위와 교류했던 인물이며[139] 장요손과 오정진은 모두 〈세한도〉의 제찬자로서 이상적의 막역한 청대 친구들이기도 하다.[140] 김정희는 장추영의 시 외에 이들 자매, 즉 장산영(張姍英)·장환영(張紈英)의 작품도 읽었다고 했다.[141] 이들 네 자매는 모두 시에 뛰어났고 자

---

138 贅隱, 『畵林鈔存』. "朴君聖初英善, 袖是此畵林一冊, 卽秋史金公正喜所嘗寫本也. 余乃臨其體騰書之, 醜婦之嚬, 安得無見笑於人也. 崇禎後二百十六年, 庚申中秋少晦, 贅隱書于京師敦泉之無量壽閣." 이 글에서 박영선은 역관 출신으로 修信使의 일원으로 일본에서 종두법을 배워 池錫永에게 전달했던 인물로 추정해 볼 수 있다. 그리고 후지쓰카 지카시는 일찍이 김정희의 『화림신영』 필사본을 본 적이 있다고 했는데(후지쓰카 지카시(2019), 448쪽.) 김정희의 필사본이 한 부였다면 아마도 오은이 박영선으로부터 전달받은 것과 동일한 필사본일 것이다.

139 李尙迪, 『蘭言彙鈔』, 31쪽.

140 정혜린(2019), 4장 참조.

신의 시집을 출판하거나 다른 이의 시집을 편집하기도 했다. 장추영은 장기의 넷째 딸로 김정희는 그가 그린 〈녹괴서옥도(綠槐書屋圖)〉를 감상하고 북조의 서법, 예서의 서법을 사용해 기이한 필법으로 그렸다고 찬탄했다.[142]

그런데 이들 네 자매는 청대 여성화가나 시인을 수록한 『국조화징록』이나 『화림신영』에서는 그 이름을 찾아볼 수 없다. 장요손이 이상적에게 자신의 여형제들의 시고(詩稿)를 조선에 퍼트려주기를 부탁한 바 있고 아울러 「녹괴서옥도」의 제시(題詩)를 부탁했던 것으로 미루어 보아[143] 이들의 시화 작품들은 장요손을 통해 얻었던 것으로 보인다.

또한 김정희는 위의 여성화가들 외에도 몇몇을 언급했을 정도로 청대 여성화가들에 관심이 있었다고 할 수 있다. 「학옥섬삼공도에 제하다[題郝玉蟾三公圖]」를 살펴보면 〈학옥섬삼공도쪽〉는 진소소(陳素素, 1657~?)의[144] 작품인데 김정희는 강절(江浙) 부근의 뛰어난 여성화가로 손운봉(孫雲鳳) · 정련(淨蓮) · 낙기란(駱綺蘭)[145] · 조정수(曹貞秀)[146] ·

---

141 金正喜, 『전집』 권10, 「題澹菊軒詩後」. "卄四品中澹菊如, 人功神力兩相於, 墨緣海外全收取, 讀遍君家姊妹書."

142 金正喜, 『전집』 권10, 「題張曜孫四姊綠槐書屋圖」. "閨藻天然古北碑, 更從隸法點波奇, 綠槐影裏傳家學, 龍虎雄强屬黛眉."

143 이상적, 『恩誦堂集』, 121쪽, 459쪽. ; 후지쓰카 지카시(1994), 488~491쪽.

144 陳素素. 호는 竹西女子, 別署는 二分明月女子.(吳綺, 『林蕙堂全集』 卷十八, 「紅鵝館小集贈陳素素校書」. ; 徐釚, 王百裏校箋 『詞苑叢談』 권9. ; 馮金伯, 『國朝畫識』 권17, 「陳素素」 참조.)

145 駱綺蘭(?~?). 자는 佩香, 호는 秋亭. 원매와 王文治의 시 제자. 사생에도 뛰어남. 저서에는 『聽秋軒詩稿』가 있음.

146 曹貞秀(1762~1822). 자는 墨琴, 自署는 寫韻軒. 曹銳의 딸, 王芑의 손녀며느리. 서화에 능함.

귀무의(歸懋儀)[147] 등 10명이 넘는 청대 여성화가들의 이름을 꼽았다. 대부분 『화림신영』에 등장하고 그중 손운봉·낙기란이 원매의 저명한 여제자들임을 감안하면,[148] 김정희는 이들의 명성을 『화림신영』 외에 원매의 『수원시화』를 비롯한 청대 개인문집들에서 얻었을 가능성도 높다. 김정희가 이처럼 청대 여성화가 집단에 큰 관심을 가지고 있고 상당한 정보를 입수했다는 점은, 청대 문인화가 남성뿐 아니라 여성들에게서도 널리 공유되고 있었고, 김정희 역시 이러한 점을 긍정적으로 받아들였다는 점을 확인시켜주며 아울러 19세기 중반 동아시아 문인화의 새로운 양상으로 주목할 만하다.

4. 맺음말

김정희는 19세기 전반 조선에서 청의 사상계와 예단에 가장 밝았던 인물로 꼽힌다. 물론 18세기 이후 조선 문인들은 지속적으로 청대 문물에 큰 관심을 보였지만 청대 문화를 통째로 체계화하려는 것은 아니었다. 김정희가 다른 문인들에 대해 갖는 차별성은 바로 광범한 정보를 체계화하는 데 있다. 이를 수용의 첫 번째 단계라고 한다면 두 번째 단계는 여러 유파를 절충하여 제3의 체계를 수립하는 데 있다. 두 단계의 수용절차를 가장 성공적으로 보여준 분야는 서예론일 것이다.

---

147 歸懋儀(1760?~1832?). 자는 佩珊, 호는 虞山女史. 원매의 시제자. 저서에는 『繡餘續草』, 『聽雪詞』 등.

148 王英志(2011).

김정희는 옹방강과 완원 양자 각각의 첩학사(帖學史)와 비학사(碑學史)를 조정하여 독자적인 중국 서예사를 구상했다. 이는 동시에 김정희가 옹방강과 완원과 다른 미적 원칙을 가지고 역사적으로 중요한 작가와 작품을 선정하고 해석하여 그 원칙의 흐름을 서술했다는 것을 의미하기도 한다. 김정희가 제시한 서예사의 흐름, 즉 한대(漢代)에서 왕희지와 북조의 서단의 독자적인 계승과 변화, 당대 구양수의 양 계열의 종합은 옹방강도 완원도 동의할 수 없는 중국의 서예사인 것이다. 물론 왕희지체의 미적 원칙의 선양과 그 영향력의 계보를 따르는 서예사의 서술은 옹방강의 것과 동일하다. 필자를 포함한 기존의 연구에서 완원이 김정희에게 영향력을 끼친 인물로 크게 주목했지만, 결코 김정희의 서예론에 '토대'를 제공한 인물은 아니라고 판단된다. 그는 완원에서 시작해 급격하게 세력을 얻은 숭왕관의 폐기에 동참하지 않았으며 완원이 주목한 골력(骨力), 주경(遒勁)한 힘의 역사를 첩학의 역사에 결합시켰고, 결과적으로 이 북조 이래 주경한 힘의 계열은 김정희가 구성한 서예사의 한 쪽 날개를 담당했다. 김정희는 옹방강과 완원이 내세운 미적 원리에 비해 각각 골력과 신운을 강화하는 방향으로 나아갔으며 후자와 관련해서는 옹방강은 크게 칭송하지 않은 유용을 대표이자 최고의 작가로 중국서예사에 편입시켰다.

김정희가 창작론에서 골력과 신운이 한 글자 혹은 한 작품 안에서 보다 선명한 명도 대비를 이루면서 강한 개성을 발휘하도록 방식을 선택했다는 것은 자연스러워 보인다. 많은 동시대인들은 그의 글씨의 개성을 괴이함 혹은 '기준괴특(奇雋瑰特)'이라고 부르기도 했다. 잡체 양식의 사용, 회화 기법의 채택, 즉흥성 등은 명도 대비를 효과적으로 구현하는 대표적인 기법이다. 이들은 청대 중반기 정섭(鄭燮)에 의해

과격하게 실험되었으며, 그런 의미에서 정통을 벗어난 대담함의 측면에서 김정희의 글씨는 정섭의 것에 근접하다고 할 수 있다. 그럼에도 김정희는 정섭의 서예론을 거론하지 않았다. 보다 정확히 말하자면 김정희가 정섭을 어떤 방식으로 수용했는지 구체적인 상황을 제시할 자료는 아직 발굴되지 않았다. 현존 자료에 국한해 최선의 추측을 하자면, 그는 정섭을 옹방강처럼 공개할만한 혹은 다른 서예가들에게 추천할만한 학문적 모범이 아니라 자성일가를 위한 최신의 기법의 측면에서 주목했을 것이다. 김정희는 정섭을 포함한 청대 비학과 첩학을 절충하는 흐름, 특히 그 기굴한 풍격을 학습한 후, 이를 바탕으로 금석기를 상당히 강화하고 글씨에 희로애락의 감정을 표현하는 등[149] 새로운 기법을 추가하여 자신만의 서풍을 창조하는 데 성공했다고 정리해 본다. 서예는 그가 최대의 정보를 종합하여 세운 새로운 이론을 스스로 실천한 분야라는 분야라고 할 것이다.

한편 회화론 분야에서도 김정희는 역시 중국의 특정 이론에 전적으로 의지하지 않았다. 그의 문인화론은 문인으로서 작가의 조건, 문인화의 계보를 의식하고 아울러 서화동필(書畵同筆)을 주장한다는 점에서 남종문인화론의 골격을 유지한다고 할 수 있지만, 동기창의 원본과 달리 창작이전 작가가 갖추어야 할 전제 조건 중 인격과 학식을 제외한 경험이 누락되고 이에 화면에서 형사(形似)의 여지가 줄고 사의(寫意)의 여지가 늘어난 동시에 자연미에 대해 예술미가 부각된 남종문인화라고 할 수 있다.

그리고 그는 자신이 이해한 남종문인화 이념이 학문적 체계를 갖

149 임창순(1985), 181쪽.

춘 화학(畵學)을 통해 실현되어야 함을 강력하게 요구하면서 조선에 남종문인화풍의 토대를 마련하고자 했다. 나아가 그가 문인화의 이념과 방법론에 충실하는 한 문인화가를 단지 남성 · 사대부 · 한족 · 문인에 국한시키지 않는 포용력을 보였다는 점도 주목할 만하다. 이는 그의 서예론 관련 유문들과 비교해 두드러지는 이론의 실천 방향이기도 하다. 서예는 당시까지도 여전히 문인 계층의 전유물인 반면 회화는 조선 후기 들어 뛰어난 여항 출신의 화가들이 존재했고 김정희는 더욱 화가의 저변 확대에 박차를 가했다. 그는 조선의 여항 출신 화가들의 문인화풍 창작을 적극 장려했다.

이제 새롭게 주목해야할 것은 그가 당시 중화문화를 수호하는 주체의 민족적 상대성, 즉 한족이건 만주족, 조선인 누구든 문화를 담지(擔持)할 역량이 있다면 문화의 주체가 될 수 있다는 문화적 분위기 속에서 만주족 화가들을 주목할 것을 요구하고 여성 화가들을 연구하고 높이 평가했다는 점이다. 그는 명말 동기창과 청초 누동화파의 '문인' 관념을 넘어 19세기 남종문인화의 저변 확대에 적극 동참하여 조선의 화단에 적용시키고자 노력했다.

參考文獻

董其昌, 『畵眼』(변영섭 · 안영길 · 박은화 · 조송식 옮김, 『董其昌의 화론-畵眼』, 시공사, 2003.).

蘇 軾, 『東坡全集』(中國基本古籍庫 전자판).

楊 翰, 『歸石軒畵談』(http://www.guoxuedashi.com / 影印本).

英 廉, 『夢堂詩稿』(http://www.guoxuedashi.com / 影印本).

吳文溥, 陳鴻壽 등 編, 『定香亭筆談』.

翁方綱, 『翁方綱題跋手札集錄』(中國基本古籍庫 전자판).

______, 『復初齋詩集』(中國基本古籍庫 전자판).

______, 『復初齋集外詩』(中國基本古籍庫 전자판).

______, 『復初齋文集』(中國基本古籍庫本전자판).

______, 『復初齋外集』(中國基本古籍庫本전자판).

______, 『石州詩話』(中國基本古籍庫本전자판).

______, 『蘇齋題跋』, 北京, 中華書局, 1991.

______, 西林昭一 譯註, 『翁方綱の書學-蘇齋筆記』, 京都 : 柳原書店, 1996.

阮 元, 『揅經室四集』(中國基本古籍庫 전자판).

______, 『揅經室集』, 叢書集成初編 V 2199, 中華書局, 1985.

______, 『石渠隨筆』, 中國基本古籍庫版(WEB SERVICE).

王時敏, 『王奉常書畵題跋』, 『續修四庫全書』 1065, 上海古籍出版社, 1995~1999.

______, 『西廬畫跋』, 『續修四庫全書』 1065, 上海古籍出版社, 1995~1999.

王原祁, 『王司農題畵錄』(『叢書集成續編』 第85冊), 上海書店出版社, 1994.

______, 『雨窓漫筆』(『叢書集成續編』 第86冊), 上海書店出版社, 1994.

______, 『麓臺題畵稿』(『叢書集成續編』 第86冊), 上海書店出版社, 1994.

張維屛, 『國朝詩人徵略』, 中國基本古籍庫版(WEB SERVICE).

鄭 燮, 『鄭板橋全集』, 濟南 : 齊魯書社, 1985.

『朱子語類』(中國基本古籍庫 전자판).

陳文述, 『頤道堂文鈔』(http://www.guoxuedashi.com / 影印本).
陳兆崙, 『紫竹山房詩文集』, 中國基本古籍庫版(WEB SERVICE).
鄒一桂, 『小山畫譜』(中國基本古籍庫 전자판).
黃庭堅, 『山谷集』(中國基本古籍庫 전자판).
金正喜, 『阮堂全集』 天 · 地 · 人, 과천문화원, 2005.
_____, 『藝林甲乙錄』(김영복, 「『예림갑을록(藝林甲乙錄)』 해제와 국역」, 『소치연구』 창간호, 소치연구회, 학고재, 2003.).
朴齊家, 『貞蕤閣集』(韓國文集叢刊本 vol.261), 民族文化推進會.
柳得恭, 『泠齋集』(韓國文集叢刊本 vol.260), 民族文化推進會.
申 緯, 『警修堂全藁』(韓國文集叢刊本), 民族文化推進會, 2002.
聱 隱, 『畵林鈔存』, 奎章閣所藏本.
李尙迪, 『恩誦堂集』(韓國文集叢刊 vol.312), 民族文化推進會, 2003.

간송미술관 편(1976), 『秋史名品帖』과 『別集』, 지식산업사.
국립중앙박물관 편(2006), 『추사 김정희 학예 일치의 경지』, 국립중앙박물관.
과천문화원 편(2007), 『秋史와 韓中交流-후지쓰카 기증 추사자료전 II』, 과천문화원.
藤塚鄰(1994), 박희영 역, 『추사 김정희 또다른 얼굴』, 아카데미하우스.
송원문화사편집부(1975), 『阮堂金正喜筆帖』, 松園文化社.
정혜린(2008), 『추사 김정희의 예술론』, 신구문화사.
_____(2019), 『추사 김정희와 한중일 학술교류』, 신구문화사.
최 열(2015), 『한국 근대미술의 역사 : 한국미술사 사전 1800~1945』, 열화당.
최완수(1976), 『金秋史硏究艸』, 지식산업사.
沈 津(2002), 『翁方綱年譜』, 中央研究員中國文哲研究所.
陳煒湛(1999), 『甲骨文簡論』, 上海古籍出版社.
趙君平 · 趙文成 編(2007), 『河洛墓刻拾零』, 北京圖書館出版社.

김병기(2006), 「秋史 書藝의 '韓國性' 試探-秋史 書論에 나타난 誤讀과 誤譯에 대한 澄清을 겸하여」, 『大東漢文學』 25.

_____(2010), 「秋史題跋 「題淸愛堂帖後」에 대한 고찰」, 『서예학연구』 17집.
김응현(1985), 「秋史 書體의 形成과 發展」, 『추사김정희』, 한국의 미 17, 중앙일보사.
김충구(2006), 「秋史 글씨에 나타난 通假字 연구」 (1), 『추사 연구』 3.
_____(2007), 「秋史 글씨에 나타난 通假字 연구」 (2), 『추사 연구』 5.
김현권(2010), 「김정희파의 한중회화교류와 19세기 조선의 화단」, 高麗大學校 박사학위논문.
나종면(2003), 「秋史의 書論」, 『東方學』 9집.
남상락(1995), 「김정희의 철학사상과 예술론 고찰」, 『大東文化硏究』 제30집.
모문방(2015), 「김정희(金正喜)와 연경(燕京) 문우(文友)의 화상(畵像) 교유(交遊) 및 그와 관련된 문제」, 『漢文學論集』 Vol.425.
박경희(2017), 「鄭燮과 金正喜 書畵의 怪美學 同異연구」, 성균관대학교 석사학위논문.
박무영(2008), 「18~19세기 중국여성예술가들의 소식과 조선의 반응」, 『한국고전여성문학연구』 17.
朴徹庠(2015), 「金追根과 金正喜의 交遊 및 書畵活動」, 『大東漢文學』 Vol.43.
_____(2017), 「추사 김정희의 『국조화징록』 수용에 대하여」, 『大東漢文學』 Vol.50.
사공홍주(2005), 「金正喜의 漢宋不分論과 藝術世界」, 계명대학교 박사학위논문.
徐坰遙(1978), 「金阮堂의 學藝와 存古精神」, 『韓國學報』 Vol.4.
이동국(2007), 「추사 금석문과 서예」, 『추사연구』 5.
_____(2009), 「추사 서예의 변화-Ⅰ·Ⅱ기를 중심으로」, 『추사연구』 7.
이현일(2009), 「조선 후기 경화세족의 이상적 여성상-신위(申緯)의 경우를 중심으로」, 『한국고전여성문학연구』 18.
임창순(1985), 「韓國書藝史에 있어서 秋史의 位置」, 『추사김정희』, 한국의 미 17, 중앙일보사.
정상옥(1984), 「阮堂 金正喜의 書法論: 論書書와 論書時를 中心으로」, 東國大學校 석사학위논문.
정혜린(2005), 「김정희 예술론의 연구: 명·청대 제 예술론의 절충을 통한 체계화를 중심으로」, 서울대학교 박사학위논문.

_____(2011), 「옹방강(翁方綱)의 서예사론(書藝史論)-해서(楷書)를 중심으로」, 『미학』 68.

_____(2013), 「추사(秋史) 김정희(金正喜)의 청대(淸代) 서파(書派) 수용과 절충」, 『미학』 73.

_____(2016), 「청대 문인화관의 쇄신-옹방강(翁方綱)을 중심으로」, 『인문논총』 73권 3호.

_____(2018a), 「오도자(吳道子)와 당(唐) 화론의 미적 기준의 변화」, 『미학』 84.

_____(2018b), 「북송대 문인화-사대부 문화의 시각화-소식(蘇軾)의 논의를 중심으로」, 『인문과학』 112.

_____(2019), 「19세기 중반 조선에 등장한 남종문인화론의 새 단계: 추사 김정희에 의한 관념적 예술미의 강화와 저변 확대」, 『인문학연구』 40.

최완수(1985), 「秋史實記-그 波瀾의 生涯와 藝術」, 『추사김정희』, 한국의 미 17, 중앙일보사.

최태형(1996), 「實學思想의 影響에 의한 秋史 書畵 硏究」, 조선대학교 석사학위논문.

한철희(1969), 「阮堂金正喜硏究 : 學問과 藝術을 中心으로」, 高麗大學校 석사학위논문.

호승희(1985), 「추사(秋史)의 예술론: 시(詩), 서(書), 화론(畵論)의 비교 고찰을 중심으로」, 『韓國漢文學硏究』 Vol.8.

朴東圭(2002), 「阮堂金正喜書法藝術硏究」, 南京藝術學院學位論文.

王祥北(2010), 「劉文淸公石庵手書楷草眞跡卷-看劉墉晩年的書法」, 『東方藝術』 08期.

王英志(2011), 「袁枚題『十三女弟子湖樓請業圖』二跋考」, 『中國社會科學報』 03.

朱愛娣(2002), 「陳淳書法硏究」, 南京藝術學院 석사학위논문.

周子琴(2009), 「劉墉書法對後世的影響」, 『科敎文彙』.

한국학술정보(KERIS) 제공 학술연구정보서비스(RISS : http://www.riss.kr.).

추사 김정희 시학과 실사구시

이철희 | 성균관대 대동문화연구원 수석연구원

1. 머리말
2. 추사에 대한 평가의 시각과 그 맥락
3. 명·청대 비평사의 쟁점과 추사의 시학
4. 옹방강과 완원에 대한 실사구시의 학적 대응
5. 맺음말

1. 머리말

필자는 추사(秋史)의 시론(詩論)으로 박사학위논문을 쓰면서 추사의 시론을 '실사구시(實事求是)의 시학'이라 칭한 바 있다.[1] 성령(性靈), 격조(格調), 신운(神韻) 등의 용어가 명·청대 비평사에서 시학의 핵심적 개념으로 등장하며 상호 경쟁적 유파를 형성하였던바, 대치국면이 조성되고, 첨예한 쟁점이 부각되어 있었다. 추사가 스승으로 인정했던 옹방강(翁方綱)도 '기리(肌理)'라는 새로운 개념을 기치로 내세우며 이 논쟁에 뛰어든 상태였다. 추사는 이 논쟁의 소용돌이에 휩쓸리지 않고 명·청대 비평사의 쟁점을 정리하는 단안을 제기했던바, 그것이야 말로 실사구시의 실천적 대응이라 평가한 것이다. 명대 비평사에서 첨예한 대립적 구도를 보여준 격조론과 성령론이 청대에서는 고증학이라는 새로운 지평 위에서 성령론, 격조론, 신운론, 기리론으로 대립하고 있었던바, 필자의 박사학위논문은 이 명·청대 4대 시론의 대치적 국면을 종합적으로 검토하면서 추사 시론의 분석을 시도하였다.

그 이후 적지 않은 시간이 흘렀으나, 추사 시학을 본격적으로 다룬 후속 논문은 아직 나타나지 않고 있다. 근래 서화(書畵)방면에서 많은 논문이 제출되고 있는 것과는 대조적이다. 그 가운데 추사의 예술론 전체를 다룬 정혜린과 이은혁은 명·청대 4대 시론(詩論)과 추사 시론의 관련성을 다룬 연구내용을 다루면서 몇몇 부분에 대해 문제를 제기한 바 있다. 추사가 과연 심덕잠(沈德潛)의 격조설을 수용하였는

1 이철희(2002).

가,[2] 또는 원매(袁枚)의 시인적 위상이나 부정적 평가에 대한 추사의 입장이나 신운설과 기리설의 차이에 대한 논의가 빠져있다는 문제 제기가 있었다.[3] 대체적으로 명·청대 시론에 접근하는 인식의 차이에서 비롯된 부분적 문제들인데 뒤에서 해명하고자 한다.

그동안 추사체(秋史體)나 금석고증학(金石考證學) 분야만큼 추사의 시학이 큰 주목을 받지 못한 것이 사실이다. 그러나 추사의 시학에서 드러나는 그의 학적 자세는 시학 자체만이 아니라 추사의 학술과 문예를 관통하고 있는 실사구시의 정신이고, 실사구시의 실천 과정과 성과를 가장 명확하게 보여주고 있다는 점에서 주목되어야 한다. 추사의 학문이 중국 학술을 대상으로 삼고 있다면, 그 수용과 대응의 방식이 시학에서 가장 구체적으로 드러나기 때문이다.

이 글에서는 추사의 실사구시 정신이 그의 시학에서 어떻게 구현되었는지, 또 시학에 실현된 실사구시의 구체적 결과물이 무엇인지를 조명해봄으로써 하나의 관념적 방법론이나 학문이념으로 논의되는 실사구시의 구체적 면모를 살펴보고자 한다.[4]

먼저 글을 시작하기에 앞서 그동안 추사 연구에 가장 기본적인 방향을 제공하였던 기존 연구와 그 연구 시각의 의미를 되짚어보고자 한다. 이 과정을 통해 추사연구의 기본적 맥락을 드러냄으로써 이 글을 비롯한 향후 연구의 연구사적 좌표를 분명히 하기 위해서이다. 그

2 이은혁(2007), 133쪽.

3 정혜린(2008), 30~131쪽.

4 이 글에서 명·청대 비평사와 추사의 시학 부분은 필자의 2002년 박사학위논문을 바탕으로 기술하였으며, 실사구시의 실천적 대응은 2014년 추사 김정희 선생 동상건립 및 세한도 탄생 170주년을 기념하는 국제교류 학술회의에서 발표한 「추사의 시학과 실사구시의 실천」을 인용하였다.

동안 진행되어온 추사에 대한 상반된 평가는 지극히 자연스러운 일이라 할 수 있다. 이런 평가가 가능했던 맥락을 살펴보는 일은 향후 추사를 이해하는 또 하나의 방안이 되리라 생각한다.

2. 추사에 대한 평가의 시각과 그 맥락

추사에 대한 평가는 그의 위상만큼이나 큰 편차를 보인다. 19세기 학술 문예계의 거장으로 칭송되지만, 그 구체적 내용과 의미에서는 상반된 평가가 혼재(混在)한다.

먼저 추사 연구의 선편을 잡은 후지쓰카 지카시(藤塚鄰)는 '청조학 연구의 제일인자'로 평가하였고,[5] 이후 국학이 발흥하면서는 실학자로 평가를 하며, 19세기 초 실학의 실증적 연구방법을 계승한 실사구시파의 대표자로 평해졌다.[6] 반면 서화계에서는 소위 '완당바람'이라 칭해지는 일대 변화를 이끌며 철저한 귀족 취미의 고차원적 이념미를 추구하는 문인화(文人畵)를 선도하여, 한국에서 뿌리 내린 진경문화(眞景文化)가 꺾이게 하였다는 평가를 받았다.[7] 이상의 평가는 추사 연구에서 가장 기초적 토대가 된다는 점에서 추사 연구사 검토의 핵심적 사항이라 할 수 있다.

---

5 藤塚鄰 저, 박희영 역(1975). ; 藤塚鄰(1938).

6 이우성(1970 ; 1982 재수록). 이후 인용하는 책과 쪽수는 이우성(1982)을 따른다.

7 이동주(1975)

1) 서화론(書畵論)에 대한 평가 : 진경문화(眞景文化) 쇠퇴 원인 제공설

서화계에서 가장 비중을 차지한 평가는 이동주, 최완수에 의해서 조선 후기 진경문화의 쇠퇴에 원인을 제공하였다는 설이다. 최완수는 추사의 서화관에 대하여 가슴 속에 청고고아한 뜻이 있어야 하며 그것이 문자향(文字香)과 서권기(書卷氣)에 무르녹아 손끝에 피어나야 한다는 지고한 이념미의 구현에 근본을 두고 있었다. 따라서 그의 감식안도 이와 같은 고답적인 문인 취미의 범주를 벗어날 수 없었다고 하였다.[8]

이동주가 “고도의 교양과 날카로운 감상안을 가진 사람만이 지닐 수 있는 이념미의 세계를 필선미(筆線美)와 묵색(墨色)으로 창설한다는 뜻이며, 중국에 있어서도 몇 사람의 고사 명인으로 대표되는 어려운 세계였다. 말하자면 철저한 귀족 취미였다. 이른바 흉중의 서권기, 또 고졸(古拙)과 담아(淡雅)라는 실로 고차원의 이념미는 한 사람의 천재로는 될지언정 남이 따르기는 적이 어려운 것이었다.”[9]라고 한 것을 참조하면, 추사의 예술적 지향은 범인이 추구할 수 없는 귀족과 천재만이 도달할 수 있는 초월적 경지로 표현하고 있다.

‘이념미’라는 것이 구체적으로 무엇을 의미하는지 명확하게 밝히고 있지 않지만, 추사가 말한 ‘청고고아한 뜻’이라든가, ‘문자향, 서권기’란 표현은 매우 고매하며, 일반대중과는 거리를 둔 듯한 인상을 주는 것은 사실이다.

---

8 최완수(1976 ; 204 재수록), 43~49쪽.

9 이동주(1996), 350~353쪽.

그러나 실상 인품과 학문이 내면에 축적되면 문예로 자연스럽게 발현된다는, 유가의 전통적 문예관을 강조한 표현이라고 할 수 있다. 그럼에도 범인이 범접할 수 없는 초월적인 것으로 설명한 것은 추사체가 주는 어떤 경이로움을 추사가 추구한 예술이념으로 추상화시켜 표현한 감이 없지 않다. 이것은 마치 추사체를 범접할 수 없는 천재적 작품으로 규정하고, 추사의 문예론을 일반대중은 불가능한 어떤 초월적 경지를 지향하는 듯 설명함으로써, 그의 독보적 경지가 오히려 아류만을 양상시켜 진경문화의 싹을 꺾고 19세기 문예가 퇴조하는 원인을 제공하였다는 논리를 펼치고 있는 것이다.

반면, 추사의 학술사적 위상에 대해서 최완수는 "단순한 예술가에 그치는 것이 아니라, 시대사조의 전환기를 산 신지식의 기수로서 새로운 학문과 사상을 받아들여 노쇠한 조선왕조의 구문화 체계로부터 신문화의 전개를 가능케 한 선각자이었음이 밝혀졌다. 그의 학문과 예술은 연원이 당시의 연경학계에 있었으니 소위 북학파의 거벽으로 청조의 고증학풍을 도입 저작(咀嚼), 이 땅에 신문화로 정착시키려 하였던 것이다."[10]라고 하여 문화적 전환을 인끈 선각자로 평가하고 있다.

서화사에 대한 평가와 학술사에 대한 평가 사이에 어떤 괴리감이 느껴진다. 양자 모두 중국의 새로운 사상조류가 조선에 흡수되며 이루어진 변화를 설명하고 있는데, 한쪽은 기존의 진경문화를 꺾어버린 반면, 다른 한쪽은 노쇠한 구문화에 신문화를 전개시켰다고 평가하고 있다.

10 최완수(2014), 23~24쪽.

최완수의 논의를 살펴보면, 조선 후기 문예사의 중심이 소위 진경문화에 있음을 확인할 수 있다. 그는 숙종부터 정조까지 125년간이 조선문화의 황금기로, 진경문화가 그 산물이라 주장하고 있다. 고려 말 성리학이 처음 우리나라에 들어와 조선전기 200년간 주도하였으나, "생경한 외래이념을 청산하려는 문화의 자존심이 상하에 팽배해진" 분위기에 부응하여 율곡(栗谷) 이이(李珥)에 의하여 조선성리학이라는 고유의 이념으로 완벽하게 뿌리를 내렸으며, 조선성리학이 집권세력인 서인(西人)과 노론(老論)의 이념이 되어 성리학적 이상사회의 건설을 추구하였다는 것이다. 이러한 흐름 속에서 우암 송시열이 정국을 장악하면서 "조선성리학이라는 고유이념을 뿌리로 하는 진경문화의 싹이 맹렬히 움터 오르기 시작한다."라고 하였으며, 병자호란 이후 서인정권이 주도하였던 북벌론과 대명의리론이 "민족적 자괴감을 보상해주기에 충분한 것이어서 상하의 전폭적 지지"를 받으며, 중원에서 멸망한 명을 이어 조선이 중화를 계승하여야 한다는 조선중화주의가 팽배해지면서, 조선이 중화라는 떳떳함으로 조선의 고유문화를 꽃피워냈다고 주장한다.[11]

그의 설명대로라면, 조선문화 황금기의 진경문화는 전적으로 율곡학파에 뿌리를 둔 서인-노론 집권층의 조선성리학이라는 고유이념에서 피어난 것이 된다. 실상 그의 진경문화론은 서인-노론 집권층의 사상적 이념인 조선성리학과 정치적 이념이 북벌론과 대명의리론으로 설명되고 있다. 사상이나 정치 이념이 어떻게 예술의 실체적 현상으로 나타나는지에 대한 설명은 구체적이지 않다. 해당시기인 17,

11 최완수(1998), 22~23쪽.

18세기 주요 작품을 남긴 인물 중 반청존명(反淸尊明)이 대표적 가문인 사계(沙溪) 김장생(金長生)이나 청음(淸陰) 김상헌(金尙憲)의 가문과 혈연, 학연으로 연결되거나, 우암(尤庵) 송시열(宋時烈) 문하의 인물들을 중심으로 논하고 있다.

> 조선이 곧 중화라는 조선중화주의가 조선사회 전반에 점차 팽배해 가기 시작하였다. 그렇지 않아도 율곡학파에서는 조선성리학을 바탕으로 문화전반에서 조선 고유색을 현양해오고 있었는데, 이제 조선이 곧 중화라는 주장을 떳떳하게 할 수 있게 되었으니 어찌 조선 고유문화를 꽃피워내는 데 조금이라도 주저할 리가 있었겠는가. ……
>
> 서포(西浦)와 삼연(三淵)은 모두 우암의 제자들로 서포는 사계의 증손이고 삼연은 청음의 증손자였으니, 이들이 문학으로 조선 고유색을 현양하는 일에 앞장서서 진경문화를 선도하는 것은 결코 우연한 일이 아니다. 우암은 사계와 청음의 학통을 모두 이어받고 있었는데, 이 양가는 병자호란 당시 순국충신을 배출한 명문가로 대청(對淸) 적개심이 골수에 박힌 집안이었다. …… 이로부터 양대 가문이 중심이 되어 진경문화를 선도해 가는데, 특히 삼연의 문하에서는 진경시의 대가인 사천(槎川) 이병연(李秉淵)과 진경산수화의 대가인 겸재(謙齋) 정선(鄭敾)이 배출되어 이들이 진경문화를 절정에 올려놓는 데 주도적인 역할을 해낸다. 겸재는 스승 삼연과 집우(執友) 사천이 진경시로 우리 산천의 아름다움을 거침없이 사생해내고 있었으므로 이를 그림으로 바꿔 표현하고자 하는 노력을 기울이는데, 이는 창강(滄江) 조속(趙涑)으로부터 비롯되었으나, 아직 이루어내지 못한 조선성리학파들의 숙제이기도 하였다. 마침 겸재는 그 숙제를 풀어내는 데 성공하였다.[12]

12 최완수(1998), 23~26쪽.

한 시대의 문화를 논하면서 비록 선도적 역할을 한 계보를 명시한 것이라 하지만 김장생, 송시열, 김창흡(金昌翕)으로 이어지는 서인 집권층의 사승관계로 설명하는 것은 문화현상을 매우 단선적 설명하고 있음을 보여준다. 진경문화론을 보다 자세하게 논의한 이태호의 경우는 '신분질서의 해체', '자본주의 맹아론' 등 "정치 경제적인 여건의 호전에 따른 지배권력층의 상승국면을 타고 사대부 지식인층 문화의 활성화가 뒷받침되었다."라고 하여 실학연구에서 제기된 요소들을 함께 거론함으로서 최완수의 논의를 보완하고 있다.[13] 결국 최완수가 진경문화를 조선성리학, 북벌론, 조선중화론 등으로 설명한 것은 당시 집권층 서인과 그들의 정치적 이념을 위주로 17, 8세기 문화현상을 설명하고 있음을 보여준다.

서인의 정치사상과 이념이 어떻게 실체적 진경문화로 구현되는지에 대해서는 설명이 명확하지 않다. 율곡학파 자체가 문화전반에 걸쳐 조선의 고유색을 현양해오고 있었고, 조선중화론의 대두로 보다 구체적으로 실현되었다는 것인데, 율곡학파가 현양해온 조선의 고유색이 무엇인지는 밝히고 있지 않다. 다만, 위 글에 앞서 말한 다음 글을 통해 유추해볼 수 있다.

> 어떻든 성리학의 발원지인 중국에는 없는 이런 고도한 신학설이 성리학의 발전 결과 조선에서 출현하였으니 이를 조선성리학이라 해야 할 것인데, 이 신사상이 장차 조선의 고유이념으로 뿌리내려 그 뿌리를 바탕으로 새로운 문화의 꽃을 피워 가리라는 사실은 이제 누구라도

---

13 이태호(1996), 24쪽. 진경문화론을 지지하는 정옥자, 유봉학, 이경구 등도 모두 사회경제적 요소를 거론하고 있다.

짐작할 수 있게 되었다."[14]

여기서 새로운 문화란 진경문화를 지칭하는 것으로 보이는데, 그렇다면 진경문화의 씨앗은 조선성리학의 고유이념이고, 조선성리학의 고유이념이 진경문화를 피워냈다는 일종의 순환논리를 드러낸다. 무엇이 조선성리학이 담지(擔持)한 조선의 고유문화인지 어디에서도 설명하지 않고 있다. 결국 조선중화주의가 조선고유의 색을 추동하였다는 논지는 양자 사이에 어떤 실체적 사실관계가 밝혀지지 않은 추론이라 할 수 있다.

최완수는 '진경산수화의 대성자'로 칭송한 겸재 정선이 어떤 경로를 거쳐 진경산수화를 창안했는지에 대하여, 그의 스승 김창흡과 동문인 이병연이 우리 산천의 진경을 읊은 것을 "그림으로 바꿔 표현하고자 노력"이라고 설명하고 있다. '진시(眞詩)'를 주장한 김창흡의 문하에서 진경문화의 시와 그림이 함께 산생되었다는 주장이지만, 시와 그림이 어떻게 연계되어 진경산수와 양식이 수립되었는지 구체적 설명이나 예증이 없다. 이 문제에 대하여 이태호는 다음과 같이 설명한다.

> 정선이 언제부터 실경(實景)을 그리는 일에 관심을 갖기 시작하였는지 또 어떤 연유로 해서 우리 자연에 심취하였는지 개인적 동기가 명확히 밝혀져 있지 않다. …… 다만 실경화의 시작이나 심취 계기는 화명(畵名)으로 관로(官路)에 들어선 만큼 당시 명사들과의 교유를 통해서 가졌던 시회나 계회의 기념화 제작 등 사회적 요구에서 출발하였을 것으로 추정된다."[15]

---

14 최완수(1998), 15쪽.

15 이태호(1996), 45쪽.

그는 최완수가 제기하였던 진경산수의 출발점에 대해 판단을 유보하고 있다. 정선이 관직에 나간 초기 궁중에서 활동하며 정선의 화풍이 형성되었다는 설을 제기하는데, 궁중 기록화나 어람용 산수화 등을 그리면서 실경을 다루게 되었고, 이것이 사대부 계층의 요구에도 응하게 되어 확산된 것이라고 판단한 것으로 보인다. 사승적 계보에 속했다는 이유만으로 정선의 진경산수가 삼연문하에서 산생하였다는 설명은 매우 자의적 논의라 할 수 있다.

서인의 정치이념이 어떻게 진경문화를 성취하였는가에 대해서 이경구는 좀더 의미 있는 논의를 전개한다. 농암과 삼연은 송시열 문하 출신이지만, '서울의 지적 분위기' 속에서 송시열의 성리설을 비판적으로 재구성하여 낙론(洛論)을 수립하였으며, 이들은 '자득(自得)'을 중시하여, 교조주의를 경계하였던바, '지금, 여기'의 현실을 강조하게 되었다는 것이다.[16] 이들이 문학에 있어서는 의고주의에 반대하여 고문부흥운동을 전개하였는데, 종래의 고문과 다른 점은 '지금, 이곳'을 반영할 것을 주장하며, 조선의 현실, 언어, 정감을 표현하였다는 것이다.[17] 이경구는 이어서 '조선이 중화이다'라는 사고의 변화로 진경문화가 이루어졌음을 다음과 같이 설명한다.

> 그동안 의리를 뿌리 삼아 기반을 마련해온 조선은 이제 문예를 꽃피울 차례였다. 농연(農淵, 농암(農巖)과 삼연-필자주)이 주도한 새로운 문풍은 문학에만 머물지 않고 새로운 문화적 분위기를 만들어내는 데 일조했다. 조선의 문물, 산천이 곧 중화라는 자부심에 기초해 문화가

16 이경구(2009), 246~258쪽.

17 이경구(2009), 260~261쪽.

꽃핀 것은 물론 농연만의 독점물은 아니었다. 조선의 어문, 역사, 지리 등에 대한 강조가 18세기 이후 쏟아져 나왔던 것도 그런 흐름의 연장선이었다. 다만 농연을 중심한 그룹은 자신들이 물려받은 성리학의 원칙을 지키며 문예 방면에서 새로운 조류를 만드는 데 큰 족적을 남겼다. 그들 주변에서 성장한 이병연과 정선 같은 이들은 조선의 정서가 담긴 미학에 천착했고, 각기 시문과 미술에서 이른바 진경문화의 전성(全盛)을 실현했다.[18]

대체로 최완수의 진경문화론을 따르면서, 진경문화가 서인 집권층만이 아니라 18세기 영정(英正)시대의 전반적 성취라고 설명하여 기존의 단선적 논리를 보완하고자 하였다. 그러나 조선중화주의가 명나라 멸망 이후에는 주자(朱子)가 제시한 중화를 조선에 실현하기 위해 노력하였고, 이후 조선의 재건을 경험하며 자신감을 회복하며 '조선이 곧 중화이다'라는 사고의 전화가 일어났다고 설명한다. 그런데 그가 말한 '조선의 문물, 산천이 곧 중화라는 자부심'을 살펴볼 수 있는 구체적 증거를 찾아볼 수 없다. 허태용 역시 중화계승의식에 대하여 "중화의 유일한 계승자로서 조선의 문화적 자부심을 강화하는 것으로 이어졌다."라고 하며, 상당히 자세한 증거 자료를 제시하였지만 대부분 중국의 중화주의의 계승에 따른 자부심이지, 소위 '조선의 고유색' 또는 '조선의 문물, 산천'에 대한 거론은 찾기 어렵다.[19]

그런데 이경구의 논의에서 주목되는 점을 농암과 삼연이 사상과 문학에 있어서 '지금과 여기'를 중시하는 관점을 강조하고 있는데, 이것이 바로 조선의 현재를 중심으로 삼는다는 점에서 진경문화를 견인

18 이경구(2009), 261쪽.

19 허태용(2009), 174~184쪽.

한 요인이 될 수 있기 때문이다.

> 시세(時勢)를 긍정하는 사고는 농암의 문학과도 일정한 연관이 있었다. 농암은 당대 문단에 젖어 있는 규범성을 비판하며 도문일치(道文一致)의 새로운 전범을 기획하였다. 그것은 고문이 구현하였던 구체적 정황, 현실에 대한 묘사 즉, 인간의 정감과 자연의 생동함을 적극 수용하자는 주장이었다. 그 주장은 현실 긍정의 시선이기에 시의(時宜)의 수용 인식과 뿌리가 같다. 현실의 정감과 생동함에 대한 포착은 인간의 자연성 곧 인심에 대한 긍정으로 나아갈 수 있었다. …… 그의 사유는 서인-노론이 새로운 상황에 대한 대응으로서의 기획이라는 점 그리고 원칙[주자학]의 유연한 재수립이라는 점에서 그 의의가 있다.[20]

이경구가 지적한 농암 고문의 특성은 조선 후기 서포 김만중으로부터 농암과 삼연은 물론 연암그룹에 이르기까지 주요하게 거론되는 '천기(天機)' 또는 '성령(性靈)'론의 내용과 일치한다. 여기에는 명말 공안파의 문학론이 영향을 미치는데, 공안파의 이단적 성격으로 인하여 제한적으로 수용되었지만, '진정(眞情)과 아속(雅俗)', '고(古)와 금(今)', '화(華)와 이(夷)'에 대한 상대적 인식론[21]을 제공함으로써 조선을 주체적으로 자각하는 문예론을 탄생시키는 데 자극을 주었다. 즉 명나라가 중화의 문화를 복구하기 위하여 제창하였던 '문장은 진한을 따라야하고, 시는 성당을 따라야한다[文必秦漢, 詩必盛唐]'의 강령을 답습하는 기존의 의고주의에서 벗어나 조선의 '지금, 여기'를 중심으로 문예를 창작하는 새로운 조류가 형성되었던바, 소위 진경시대로 칭해지

---

20 이경구(2008), 57쪽.

21 이기면(1993).

는 18세기 자유분방한 문예의 번성은 일정부분 이 흐름과 연관되어 있다.[22] 이경구는 농암과 삼연의 사상과 문학은 물론 진경문화를 선도하는 연결고리로 '지금, 여기'를 제시하고 있지만, 이 또한 "서인-노론이 새로운 상황에 대한 대응으로서의 기획"이라고 규정함으로써 진경문화를 서인-노론 집권층의 조선성리학과 조선중화주의에서 찾고자 하는 논리를 유지하고 있음을 확인할 수 있다.

2) 청조학술에 대한 평가 : 청조학 연구의 제일인자설

추사의 위상을 표현하는 말 중에 가장 대표적인 것이 '청조학 연구의 제일인자'란 평가이다. 이 말을 가장 먼저 제기한 사람은 후지쓰카 지카시(藤塚鄰)이다. 그는 추사를 '청조학 대성의 일인자', '청조학 조예의 일인자'라는 표현을 사용하였다. 이 평가는 오늘날에도 그대로 받아들이고 있다. 그러나 실체적인 뜻을 따져보면 좀 모호하다는 생각이 든다. 청조학을 연구의 대상으로 삼았으니, 중국을 제외한 한국, 일본, 베트남 등 타 국가 인물로서 청조학술에 가장 정통하다는 의미가 된다. 청조학술에 정통했다는 것이 과연 무슨 의미가 있는가? 그 실체적 의미를 음미해보면 추사는 청조학의 연구자, 학습자, 또는 전파자라는 의미로 읽힌다. 후지쓰카가 추사에 대해 '청조 학술의 핵심을 잡아'라는 표현을 자주 사용하듯이, 추사가 청조 학술에 해박하였을 뿐만 아니라 핵심을 파악하였다는 점을 특히 강조하고 있다. 핵심을 파악하여 전파하였다는 것이 후지쓰카가 생각한 추사의 능력이자

22 공안파가 조선 후기 문학에 끼친 영향에 대해서는 이지양(1999). ; 강명관(2007). 참조. 이철희(2008 ; 2009a ; 2012).

역할이라 할 수 있다.

후지쓰카가 평생을 연구하여 얻은 결론이라 할 수 있는 이 명제는 물론 후지쓰카의 시각에 의한 판단이다. 그는 원래 『논어(論語)』 연구로 박사학위논문을 쓰려했던 경학연구자였다. 스스로 "청조경학 연구를 평생의 목표이자 의무로 믿어왔다."고 밝히고 있다. 그런 그가 경성제국대학 중국철학과 교수로 부임하면서 한중 교류사의 많은 자료를 새롭게 접하던 중, 홍대용, 박제가 등으로부터 시작하여 추사에서 절정을 이루는 한중 교류사에 매력을 느끼게 되었고, 이러한 변화가 마침내 「이조에 있어서의 청조문화의 이입과 김완당(李朝に於ける清朝文化の移入と金阮堂)」이라는 박사학위논문으로 결실을 맺게 된 것이다. 따라서 그는 경학 연구자의 관점에서 추사를 바라보았다고 할 수 있다. 그의 논문을 살펴보면 한중 지식인 사이에 오고간 다양한 종류의 문헌자료를 다루고 있지만, 특히 그가 의미를 부여한 것은 경학자료였다. 학위논문의 심사보고서에서도 이점을 강조하여 다음과 같이 평하고 있다. "단지 조선의 금석학자로서만 알려져 있던 김완당이 실은 청조학술의 정수를 훤히 꿰뚫은 경학의 대가임을 입증하였다." 실로 후지쓰카에 의하여 추사는 서예연구가에서 경학의 대가로 인정을 받게 되었다는 것이다.[23]

한편 논문 제목에서도 드러나듯이 그의 관점은 청조문화가 어떠한 경로와 과정을 거쳐 조선에 수용되었느냐에 있다. 문화발전은 오로지 외부 선진문화의 접촉과 수용에 의해서만 가능하다는 문화 전파론의 인상을 강하게 풍긴다. '이입(移入)'이란 조선과 추사의 주체적 입장이

---

23 藤塚鄰 저, 박희영 역(1975), 서문 참조.

개입될 수 없는 개념이다. 일본인의 관점에서 한중 교류 관계를 바라보고 있는 것이다. 그는 국법으로 중국과의 교류가 차단된 일본과는 달리 조선은 조공의 형식으로 소통과 교류의 '혜택을 받은 환경'을 지니고 있었다고 말하였다. 또 "지금의 우리들까지도 그들의 행운을 부러워하지 않을 수 없다."고 고백하기도 하였다. 그는 오규 소라이[荻生徂徠]가 시바우라[芝浦]로 거처를 옮기면서 단 몇십 리라도 성인이 태어난 중국과 가까워졌다고 기뻐 소리쳤다고는 일화를 소개하고 있는데,[24] 그 역시 경학 연구자로서 중국과 단절된 일본 문화사에 상당한 콤플렉스를 느끼고 있었던 것으로 보인다. 이러한 일본인의 입장에서 옹방강과 완원(阮元)과 같은 석학의 최신 저서를 직접 받아 보았다는 사실 자체만으로도 대단한 의미가 있는 것이었다. 추사가 청조 학술에 대해 조선인으로서 어떠한 생각을 지니고 있었고, 또 당시 조선의 사회문화에서 어떠한 역할을 하였는지에 대해서는 관심을 두지 않았던 외국인이었던 것이다. 이러한 관점에서 나온 것이 바로 '청조학 연구의 일인자'라는 평가이다.

최근 추사의 한중일 학술교류를 연구한 정혜린은 청대 고증학에 대한 추사의 학술적 의의를 다음과 같이 말하였다.

> 이러한 연구를 통해 이룬 조·청 학술 교류사적 의미는 그가 중국의 내지와는 먼 이역에서 청대 고증학의 성과와 한계를 비평하고 내지의 학자들과 각자의 안목과 연구 성과를 교류하여 중화문화의 재건과 재생산에 함께 했다는 점에 있겠다.[25]

---

24 위의 책, 總說, 19쪽 참조.

25 정혜린(2019), 125쪽.

정혜린은 한중일 3개국 학자들이 교류, 소통한 내용을 ‘중화문화’라는 용어로 지칭한다. 기존에 18세기 유럽 학자들이 자신들의 학술교류를 ‘학식 공화국(Republica literaia)’이라 칭하였고, 또 근래 18세기 한중일 학술 네트워크를 ‘문예공화국’이라 지칭한 것[26]에 대한 대안으로 제기하는데, 삼국의 학술교류가 유럽과는 성격이 다르다고 밝혔던 바, 그로 인해 ‘학식’이나 ‘문예’가 아니라 ‘중화문화’라는 용어를 쓴 것으로 보인다.[27] 이에 대한 이유에 대하여 그 스스로는 중화관의 변천사에 따른 것이라고 말한다. 명청교체 이후 조선에서는 소중화 의식을 갖고 있었고, 18세기 이후에는『사고전서(四庫全書)』로 대변되듯이 만주족과 한족이 중화문화를 함께 소유, 실천하였으므로, 19세기 전반에는 학술교류를 통해서 자신들이 공유하는 중화학술에 기여하고 상호 협력하는 관계가 형성되어, 중화학계를 운영하는 동반자라는 의식을 발견할 수 있다는 것이다.[28] 즉, 추사는 소중화 의식에 의해 자신의 학문을 중화학술이라 인식하였고, 중화학계의 동반자로서 중화문화의 재건과 재생산에 함께 했다는 것이다.

후지쓰카가 추사를 청조학술 연구자로 평가한 것에 비교하면, 정혜린은 소중화인으로서 참여한 중화학술 연구자로 평가한 것이다. 곧, 청조학술, 즉 고증학을 중화학술(문화)로 교체하고, 조선인 추사를 소중화인 추사로 교체한 것이다. 또 연구자를 넘어 동반자라는 표현까지 씀으로써 인종과 지역을 초월한 존재로 결국 ‘보편문화로서의 중화문화’의 재건과 재생산에 협력했다는 것이다. 여기서 먼저 짚고 넘

26 정 민(2014), 5쪽.
27 정혜린(2019), 20쪽.
28 정혜린(2019), 20쪽.

어가야 할 것은 후지쓰카가 지칭한 청조학술 즉 고증학이 '보편문화로서의 중화문화'로 탈바꿈했다는 점이다. 사실 고증학은 한중일 삼국이나 각 학자마다 입장이 달라 유교처럼 '보편문화'라 칭할 수 없다. 그럼에도 '보편문화'라고 칭한 것은 바로 '중화'라는 개념을 사용하기 때문이다.

사실 중화라는 용어는 현재 중국의 전통문화라는 개념으로 사용되고 있다. 현재 중국에서 진행하는 중화연구에는 유교 뿐만 아니라 도교, 불교, 민속, 문물제도 등 중국의 다양한 인종과 문화가 중국이라는 국가를 이루어온 문화전통 전반을 중화로 칭하고 있다. 그럼에도 불구하고 한국학계에서는 중화를 유교의 보편문화라는 개념으로 사용하고 있는 경우가 적지 않게 발견된다. 현재 동아시아학을 두고 경쟁적 관계에 있는 각국의 학계가 향후 학술교류와 소통이 더 확대되는 과정에서 중화라는 개념이 야기할 혼동을 상상하면 당혹스럽기 그지없다.

그럼에도 불구하고 '중화'라는 개념을 사용하는 것은 앞서 진경문화를 논의할 때도 살펴보았듯이 소중화론 또는 조선중화론을 조선 후기 역사의 주요 이념이자 역사적 실체로 인정하기 때문이다. 대개 중화를 유교문명의 개념으로 사용하는데, 사실 유교라는 용어를 활용하여 표현할 수 있음에도 불구하고 중화라는 용어를 사용하기도 한다. 예컨대 '유교이념국가 건설' 대신 '조선중화주의의 실현'이라는 표현을 사용한다. 그러나 중화란, 유교문명과는 달리 '이적(夷狄)'이라는 대립개념 위에 존재한다. 조선이 중화를 자처하였을 때는 또 다른 이적과 대치하여 있음을 천명한 것이라 볼 수 있다.

이미 학계에서는 '조선중화주의'에 대한 논쟁과 쟁점이 진행되고 있어 여기서는 따로 논의하지 않는다.[29] 다만 조선중화주의가 추사의 평가에 연계되어 작동되어 왔으며, 이로 인하여 추사는 소중화인을 자처하게 되며, 추사가 연구한 학문은 종주국이 중국 중심주의의 부활을 내세우며 소환할 수 있는 중화학술이 되었다는 점은 지적하지 않을 수 없다.

3) 실학사에서의 평가 : 실사구시학파설

추사가 조선 후기 실학사에서 '실사구시파'의 대표자로 칭해진 것은 이우성에 의해서이다.[30] 기존의 사회개혁이나 기술발달을 추구하였던 '경세치용(經世致用)'과 '이용후생(利用厚生)'파와는 확연히 다른 성격을 지닌 학문으로서, 학문 그 자체가 목적인 고증을 위주로 하는 유파라고 칭하였다. 근대에 들오면서 유형원(柳馨遠), 이익(李瀷), 정약용(丁若鏞) 등 실증실용의 학문을 창도한 실학자들이 주목을 받으며, 실사구시의 학풍으로 칭해지기도 하였으나,[31] 추사는 큰 주목을 받지 못하였다. 일제의 식민지 논리에 대항하는 과정에서 조선 후기 성리학을 극복하며 대두한 새로운 학풍에 주목하였던바, 주로 경세적 실학이 조명을 받았다. 추사의 학문이 조선의 체제 개혁과 민족 주체성과 관련해서 큰 의미를 부여받지 못한 것이라 할 수 있다. 오히려 당시 화단에서 조선전위미술을 모색하던 길진섭, 김용준 등이 추사의 글씨로부터 근대적 가치를 발견하여 이후 미술비평계에서 추사를 근

---

29 계승범(2011). ; 우경섭(2012).

30 이우성(1970).

31 노관범(2018).

대미술의 출발점으로 삼는 흐름이 대두하기도 하였다.[32]

이러한 가운데 추사를 실학사로 끌어들인 것은 1933년에 『완당선생전집』에 서문을 쓴 정인보(鄭寅普)이다. 정인보는 추사의 성과를 설명하면서 다음과 같이 말하였다.

> 초서(草書)·예서(隸書)를 쓰기 좋아하고, 문사를 짓고, 경전의 고의(古義)를 고증하고, 금석문자를 변별하였으며, 서화를 평론함에 있어서는 종이 바탕이나 필묵 흔적의 진가(眞假)와 호부(好否)에 대해서 정밀하지 않은 것이 없었다.[33]

위 글에서 '경전의 고의를 고증하고, 금석문을 변별하며, 서화를 평론하였다.'라고 한 것이 바로 이우성이 실사구시파의 학문 경향으로 거론한 '경서 및 금석 전고의 고증'인 것이다. 정인보는 실상 고증학을 염두에 두고 말한 것이라 할 수 있다. 또한 정인보는 추사를 조선후기 학술사의 한 흐름과 연계시킨다.

> 문(文)을 숭상하고 고(古)를 상고하던 정조(正祖) 시대를 만나서는 『상서(尙書)』 고문(古文)에 관한 의문점을 발명함에 따라 사대부들이 점차로 그 은택을 입음으로써 석천(石泉) 신작(申綽)·다산(茶山) 정약용(丁若鏞)·아정(雅亭) 이덕무(李德懋)·정유(貞蕤) 박제가(朴齊家) 등 여러 경사(經師)들이 점차 정현(鄭玄)과 허신(許愼)에도 다가갔으니, 이것이 또 공의 앞길을 열기에 충분하였다.[34]

---

32 김울림(2006).

33 정인보(1995), 「阮堂先生全集序」, 金正喜 저, 임정기 역, 『완당전집』 1, 한국고전번역원, "喜書艸隸, 爲文辭, 考據經籍古義, 辨別金石, 平書畵, 楮素豪墨眞贋佳惡, 無不精透."

34 정인보(1995), 앞의 글, "値正廟右文稽古, 發尙書古文之疑, 士大夫浸漸膏澤, 石泉·茶山·雅亭·貞蕤諸經師, 駸駸駕鄭許, 又足以開公之先."

위 글에서 정인보는 추사 학문의 성립 배경으로 정조시대 학계의 변화를 거론하는데, 고문상서(古文尙書)의 진위문제를 특정하여 말하고 있다. 정조시대에 오면 『고문상서』를 위서로 판단한 청대 고증학을 일정 정도 수용하며 논의의 대상으로 삼았음을 뜻하며, 한편 고문상서를 하나의 주요 근거로 삼은 주자학의 구속에서 상대적으로 자유롭게 경학에 접근하였음을 뜻한다. 이러한 정조시대의 학문적 풍토 아래 소위 한학(漢學)이라 칭해지는 정현(鄭玄)과 허신(許愼) 등의 경전 주석학과 문자학에 상당한 조예를 지닌 신작, 정약용, 이덕무, 박제가 등이 추사를 선도하였다는 것이다. 정약용과 신작은 상서고문 진위문제의 핵심인 매씨상서(梅氏尙書)에 대한 심도 있는 토론으로 경학연구사에 의미 있는 자취를 남겼고,[35] 이덕무는 박제가에게 편지를 써서 젊은 시절 자신들의 공부는 "경사(經史)에 완전함을 기함이요, 책을 지어 담론한 것은 경제실용을 벗어나지 않았으니, 스스로를 정초(鄭樵)와 마단림(馬端臨)의 사이에 들어갈 생각이었다."라고 하였던바,[36] 정인보는 이점을 거론한 것이다. 이 계보는 당시 최남선 등에 의하여 실학자의 계보[37]를 형성하던 유형원, 이익, 정약용과는 다른 것으로, 즉 청나라 고증학 수용의 흐름을 반영해서 제시한 것이라 할 수 있다.

그러나 정인보는 이미 세간에 통설로 여겨지던 옹방강와 완원의 영향에 대해서 또 다른 측면을 강조하였다. 추사체가 옹방강과 완원

35 정약용 저, 실시학사경학연구회 편역(2000).

36 이덕무, 『青莊館全書』, 「雅亭遺稿」 권7, 「與朴楚亭」, "吾儕, 二十年前, 汎覽百家, 亦云富有, 畢竟歸趣, 卽全經全史, 而著書立言, 不出經濟實用間, 竊自付於漁仲貴與之間."

37 노관범(2018). 참조.

의 고증학으로부터 터득하였다는 설에 대하여 한위 육조의 서체를 규범으로 삼아 스스로 터득하여 경지에 이른 것임을 사람들이 알지 못한다고 하였고, 또 연행에서 옹방강, 완원과 교유하고 이후 편지왕래를 통해 학문에 진전이 있었다는 설에 대해서도 그보다 앞서 가정의 사우(師友)로부터 전수받은 것이 있다는 사실을 사람들이 알지 못한다고 하였다. 정인보는 국학연구에서 민족 주체성을 가장 중요한 가치로 삼았던바,[38] 추사의 예술과 학술이 전적으로 옹방강과 완원의 영향으로 평가되는 현상을 우려하고 있었던 것으로 보인다. 그러나 결과적으로 추사와 중국 고증학계와의 관계가 적극적으로 조명을 받지 못하게 된다.

결국 추사와 중국 고증학계와의 관계는 후지쓰카에 와서야 본격적으로 드러나게 된다. 후지쓰카는 추사와 청조 학계와의 관계를 보여주는 문헌자료를 대거 수집하였던바, 청대 고증학의 수용이라는 차원에서 정리를 하였다. 앞서 살펴본 바와 같이 '청조학 연구의 일인자'라는 결론에 도달하였다.

이후 후지쓰카의 자료를 바탕으로 국내학자로서는 처음으로 전해종이 추사와 청조 학술의 관계를 조명하였다.[39] 후지쓰카에 의하여 거론된 자료의 일부를 세부적으로 검토하여, 추사의 경학, 특히 실사구시설이 절충적 경향을 지니고 있다고 주장하였다. 청대 고증학자인 대진(戴震)이나 완원(阮元)과는 달리 한송불분(漢宋不分)론을 주장하여 결국 송학의 영향에서 벗어나지 못하였으며, 영정시대 실학자들과는

38 김진균(2010).

39 전해종(1964).

달리 경세치용의 경향도 매우 희박하다고 보았다. 특히 전해종은 추사가 국내 선배 학자들에 대한 평가에 적극적이지 않았고, 추사와 동시대나 후배들의 저술에서도 추사의 경학에 대한 언급이 많지 않다는 점을 지적하였다. 추사의 청대 학술 수용이 광범위하고 신속하여 다른 학자들이 대응하기 어려웠을 것이라고 나름대로 이유를 설명하고 있지만, 사실상 국내 학계와는 단절된 고고한 존재로 평가한 것이라 할 수 있다. 마치 이동주가 "고차원적인 이념미는 한 사람의 천재로는 될지언정 남이 따르기는 적이 어려운 것이었다."라고 평가한 것을 경학에 적용시켜 놓은 듯한 인상을 받는다.

> 약관에 입연(入燕)한 완당은 청대의 석학들과 면오(面晤)하여 그들은 찬탄케 하는 준재(俊才)였다. 그러나 한국의 정치적, 사회적, 문화적 풍토는 그 후의 완당으로 하여금 체계적인 경학연구의 성과를 거두게 하기 보다는, 그의 정력을 금석, 서예에 기울이게 하고 드디어 위와 같은 현실에서 벗어나 선불교(禪佛敎)에 정진케 한 것이 아닐까.[40]

전해종은 추사가 천재였음에도 불구하고, 경학 연구에서 성과를 거두지 못하고 금석과 서예로 방향을 틀어 결국 불교에 귀의하게 되었다고 보았다. 그 이유로 정치, 사회, 문화적 풍토를 들고 있다. 주자학이 국가 이념으로 강고하게 자리 잡고 있는 상황에서 정쟁에 휘말려 제주도로 유배를 가게 된 처지에서, 정치적 해석이 가능한 경학연구에 거리를 둘 수밖에 없음을 말한 것으로 보인다.

그런데 이우성은 보다 구체적 상황을 제기한다. 경세치용의 학문을

---

40 전해종(1964), 293쪽.

추구하던 성호(星湖)학파와 새로운 문학예술운동으로 혁신적 기풍을 조성하던 연암(燕岩)학파가 사교(邪教 : 서교(西教))를 빌미로 박해를 당하고 문체반정(文體反正)의 미명 아래 탄압을 받았던 정치사회 현실을 지적하였다. 전해종이나 이우성 모두 명말청초 대두된 경세치용의 실학이 청대 만주정권의 문자옥이나 대규모 문헌정비사업 등을 통해 시행한 사상통제로 현실과 담을 쌓은 채 고증학에만 몰두하게 되었다는 양계초(梁啓超)의 논리를 원용하고 있는 것으로 보인다.[41] 청나라 만주정권의 사상통제가 조선에서는 자유로운 경학 연구를 구속하는 정치, 사회, 문화적 풍토로 대체되고 있다.

그러나 이우성은 전해종에 비하여 추사에 대하여 보다 적극적 의미를 부여한다.

> 우리가 완당 김정희에 대해서 주목을 요하는 것은, 종래의 실학의 사상성과 사회개혁의 정열이 겉으로 보이지 않는 반면, 신행 실학사들의 실증적 연구방법을 계승하면서 민족문화에의 침잠을 통해서 주체적 인식을 선명히 하고, 금석, 전고(典故) 등에 대한 격조 높은 학문성을 보여주었다는 점이다.[42]

위 글을 전해종의 논점과 대비해보면 분명히 다른 시각을 보여준다. "실학의 사상성과 사회개혁의 정열이 겉으로 보이지 않는다."는 진술에는 그 내면에는 어떤 형태로든 실학 본연의 의의가 담겨있음을 뜻한다. 그리고 선행 실학자들의 실증적 연구방법을 계승하였다는 점은 정현과 허신 등의 경전 주석학과 문자학에 상당한 조예를 지닌 신

41 梁啓超(1923).

42 이우성(1970), 23쪽.

작, 정약용, 이덕무, 박제가 등이 추사를 선도하였다는 정인보의 논점을 이어받은 것으로, 한 발 더 나가 "민족문화에 침잠하여 주체적 의식을 선명히 하였다."고 하여 그 연계관계를 분명히 하였다. 조선인은 조선시를 써야 한다 주장한 연암 박지원이 보여준 민족 주체성과 『발해고(渤海考)』, 『사군지(四郡志)』, 『경도잡지(京都雜誌)』, 『고운당필기(古雲堂筆記)』 등 우리 민족의 역사와 문화를 고증적 방식으로 정리하여 중국 문인사회에도 전파시키려 했던 유득공의 저작[43]들은 추사의 진흥왕순수비 고증과 작가의 개성과 주체적 자각을 중시하는 성령설의 전파 등으로 이어졌음을 말한 것으로 보인다.[44]

뿐만 아니라, 이우성은 조선 후기 실학사상 추사의 위상에 관하여 두 가지 사항을 제기하였다. 첫째는 청나라 후기 금문학을 바탕으로 새롭게 경세학을 지향하였던 위원(魏源), 공자진(龔自珍) 등의 새로운 유파를 추사가 인지하고, 해양의 침략에 대한 방어체계와 서양제국에 대한 정보를 집대성한 위원의 『해국도지(海國圖志)』를 진정한 실사구시의 학문으로 인정하였다는 점이다. 둘째는 이상적(李尚迪), 오경석(吳慶錫) 등 중인층 제자들이 개화운동에서 활약함으로써 실학사상을 개화사상으로 연결하는 데 일정한 역할을 담당하였다는 점이다.[45] 이는 추사가 소위 학문을 위한 학문에 매몰되어 있지 않음을 시사하며, 서화분야에서 뿐만 아니라 조선 후기 사상사에서 추사의 위상을 정립하는 계기가 되었다.

---

43 유득공의 저작이 지닌 의미에 대해서는 이철희(2012). 참조.

44 유득공과 추사의 진흥왕순수비 고증의 연관성에 대해서는 박철상(2007). 참조. 추사의 성령설 전파에 대해서는 이우성(1980). 참조.

45 이우성(1980). 24쪽.

이우성이 서화나 경학 연구자에 비하여 추사의 실학자로서 정체성과 위상을 명료하게 제기할 수 있었던 이유는 앞서 거론한 여타 연구자들이 서화나 경학의 한 분야를 다룬 것에 비하여 이우성은 역사와 문학 연구를 병행하였기 때문으로 보인다. 사실상 추사뿐만 아니라 조선 후기 실학을 이해하는 데 문학 분야의 비중이 적지 않다. 경세치용이나 이용후생의 학문적 성과가 경학연구나 과학기술에 대한 이론에서 드러나기도 하지만 그 사상적 지향이 역사적 기록이나 문학작품으로 나타나기 때문이다. 실학자의 정체성이나 그들의 사상적 성향 역시 마찬가지이다. 이익의 『성호사설(星湖僿說)』, 박지원의 『열하일기(熱河日記)』와 옥갑야화(玉匣夜話)로 칭해지는 「호질(虎叱)」, 「양반전(兩班傳)」, 「허생전(許生傳)」 등 소설류, 다산 정약용의 애민시 또는 사회시로 일컬어지는 일련의 작품은 조선 후기 새로운 사상적 흐름을 그 어떤 분야보다 명료하게 보여주기 때문이다. 서화나 경학 연구에서는 이 뚜렷한 흐름을 포착하기는 어렵다. 추사의 실사구시파에서 민족문화와 주체적 인식의 문제를 제기하며, 중인층과 개화사상과도 연결될 수 있었던 것은 바로 문학 방면의 흐름을 주목할 수 있었기 때문이지 않았을까.

이상 오늘날 추사를 바라보는 시각에 가장 큰 영향을 끼친 기존 연구를 살펴보았다. 여기에는 상반된 두 가지 시각이 존재한다. 숙종이후 즉 조선 후기의 변화를 어떻게 바라볼 것인가라는 관점이다. 한편은 서인 집권세력의 조선성리학과 조선중화주의라는 이념을 중심으로 설명하려는 관점이고, 다는 한편은 서세동점의 세계사적 변화에 대응을 모색하며, 성리학으로부터 실학으로 전환되는 시대정신의 전환을 중심으로 설명하려는 입장이다. 이러한 맥락 위에서 우리는 우리민족 고유의 진경문화를 쇠퇴시킨 원인 제공자이거나 문화적 사대주의자로 평가하기도 하고, 동아시아의 사상적 변화에 가장 적극적으로 대응하여 실사구시의 학문사상을 확립하며 민족문화와 주체적 인식의 문제를 제기한 실학자로 평가하기도 하였던 것이다.

3. 명·청대 비평사의 쟁점과 추사의 시학

1) 추사 시학에 대한 기존 연구

시서화 등 예술론에 대해 추사는 어떤 전문적 저술도 남기지 않았다. 일반적으로 예술론은 단독의 저술이 아니라면 서문(序文)이나 제발(題跋) 등의 글에 나타나는데, 이러 종류의 글은 현재 『완당전집』에는 20여 편 정도 수록되어 있으며, 그 밖에 편지글이나 잡저(雜著) 또는 잡지(雜識)에도 수록되어 전한다. 잡저나 잡지에 전하는 글은 대개는 문집을 편집한 제자들이 편지글에서 절취하여 놓은 것이거나 일종의 독서노트라 칭할 수 있는 차기(箚記)의 글, 혹은 서화 작품에 직접 쓴 글을 모은 것이다. 워낙 적게 남은 유고를 가지고 스승의 온전한 문집을 만들려다보니 편법을 쓰기도 했던 것으로 보인다.

그런데 이 글 중에는 명·청대 비평사의 핵심적 쟁점에 대하여 단안(斷案)을 내린 두 가지 주장이 담겨있다. 첫 번째는 '성령(性靈)·격조(格調) 구비론' 또는 '성령·격조 재정론(裁整論)'이라고 칭한다. 사람이 저마다 지니고 있는 성정이나 재능을 뜻하는 '성령'과 역대 우수한 작가들이 수립한 고전의 전통적 형식과 격식을 뜻하는 '격조'는 서로 대립적인 관계가 아니라 상호 보완적 관계를 이룰 때 뛰어난 작품을 쓸 수 있으며, 보다 훌륭한 작품을 쓰기 위해서는 격정적 성향을 지닌 '성령'을 격조로 제어해야 한다는 주장이다. 두 번째는 두보(杜甫)와 왕유(王維) 중 누가 더 뛰어난 시인인가 따지는 우열론은 무의미하며 두 시인 다 시학사상 동등한 존재로 두 시인의 시정신은 결국 일치한다는 주장이다. 이 두 주장이 당대 비평사에서 갖는 의미를 이해하기 위해서는 명 · 청대 비평사의 전개와 그에 대응하여 국내에서 일어난 비평사의 변화를 살펴볼 필요가 있다.

추사 이전 시기라 할 수 있는 18세기 시문학사의 흐름은 전통적 격식을 추구한 '의고주의(擬古主義)'와 그에 반발하여 작가의 개성과 작품의 독창성을 중시하는 '반(反)의고주의'의 대두로 나타난다. 이러한 전개과정은 중국 문학사의 흐름과 그 궤를 같이하는 것으로, 당시 밀접했던 한중 관계가 문학사에 반영되고 있음을 보여준다.

중국에서는 명대 중기 전후칠자(前後七子)를 중심으로 문장은 『사기(史記)』와 『한서(漢書)』 등 진한시대의 글을 본받고, 시는 이백(李白)과 두보 등 성당시대의 시를 본받아야 한다는, "문필진한, 시필성당(文必秦漢, 詩必盛唐)"의 기치를 내건 의고주의 문학론이 대두하였다. 이들은 몽고의 통치로 붕괴된 중화문화를 복원하기 위하여 가장 강성하였던 진한시대와 성당시대로부터 문학의 전범을 찾아 그 전통적 형식과 품격을 추출하고 모방적 학습을 통하여 재현하고자 하는 문학론을 수립하였는데 그 핵심적 개념이 격조이므로 후대에 격조설(格調說)이라 칭하였다. 의고주의는 폭 넓은 지지를 얻으며 문단을 장악하였는데, 곧 이어 명대 후기에 등장하는 서위(徐渭), 이지(李贄), 탕현조(湯顯祖)와 공안파(公安派), 경릉파(竟陵派) 등 반의고주의자들에 의하여 모방과 표절의 문학이라는 거센 비판을 받게 된다. 반의고주의는 기존의 이념이나 고전적 격식을 거부하고 창작의 근원이 현재 자신의 내면과 개성에 있다는 문학론을 제창하였는데, 그 핵심적 개념이 성령이었으므로 성령설이라 칭한다. 상공업의 발전과 양명학의 흥기로 유가적 이념이 이완되고, 희곡·소설 등 민간문학이 홍행하면서 팽배해진 정감과 욕망에 대한 표현 욕구를 수렴한 반의고주의는 전후칠자를 대체하며 명대 후기 문단을 풍미하게 된다.

후대 비평가들은 명대의 비평사에 대하여 매우 부정적이었다. 전후칠자에 대해서는 모방과 표절의 문학으로, 공안파와 경릉파에 대해서는 이단적 사상에 물든 통속적 문학으로 비판하며, 결국 두 유파의 극단적 대립과 폐단이 명나라의 망국적 조짐이었다고 인식하였다. 그러나 두 유파 모두 교조적인 도학적 문학관에서 탈피하여 문학의 예술성과 독자성을 중시함으로써 문학론 자체를 크게 진전시켰다는 평가를 받기도 한다.

한편 19세기에 들어서면 한중 문인 교류가 확대되면서 18세기에 이미 수용된 왕사정(王士禎)뿐만 아니라, 심덕잠(沈德潛), 원매(袁枚), 옹방강(翁方綱), 오숭량(吳崇梁) 등 동시대에 가까운 문인들과 직간접적으로 교유하면서 양국 간 문인사회는 보다 밀접한 관계를 지니게 된다.

당시 청대 시학은 매우 복잡한 성격을 지니고 있었다. 명대 격조설로 대변되는 '의고주의자(擬古主義者)'들과 성령설으로 대변되는 '반(反)의고주의자'들의 대립양상은 청대 초기의 시단을 풍미하던 왕사정의 '신운설(神韻說)'에 대립하여 심덕잠의 '격조설(格調說)'과 원매(袁枚)의 '성령설(性靈說)', 옹방강의 '기리설(肌理說)'이 함께 등장하면서 상호 경쟁적 유파가 형성되었다. 청대 시학은 고증학을 발판으로 역대 시학을 종합·정리하며 형성되었는데, 이에 따라 상호 유사한 점도 많았지만 여타 시학의 편향성을 교정한다는 명분아래 대치국면을 조성하고 첨예한 쟁점을 부각시켰던 것이다. 오늘날 청대 시단의 유파를 '신운설', '성령설', '격조설', '기리설' 등 4대 시론으로 정리하는 것은 그들이 시학의 제요소를 각기 분할웅거(分割雄據)한 형국에서 취한 것이라 할 수 있다.[46]

청대 시학은 18세기 중기 왕사정의 '신운설'부터 점차 조선에 전파되더니 19세기 초에 이르면 청대 원매, 장사전(將士銓), 옹방강, 오숭량 등의 시론이 빠르게 전파되며, 때로는 명·청대 시단의 분쟁적 국면을 그대로 답습하는 양상이 나타나기도 하였다. 추사 문하에서 왕사정과 원매의 시학에 대한 논의가 펼쳐지기도 하였고, 원매나 장사전이나 옹방강 등 어느 일가의 시를 배우겠다고 나서는 일도 벌어졌다. 추사와 동생 김명희(金命喜)가 이들의 무모한 태도를 경계하는 내용의 시를 지었던 사실을 보더라도 당시 시단의 상황을 어느 정도 짐작하게 한다.[47] 추사가 내린 두 가지 단안은 17세기 이래 유입된 명·청대 비평론에 대한 조선 문인사회의 대응이라는 점에서 그 의미가 파악되어야 할 것이다.

이러한 맥락에서 추사 시론에 대한 연구 또한 청조 시론의 수용문제를 중심으로 전개되었다. 이우성은 추사가 원매의 성령설을 수용하여 당시 시단의 폐단을 노정하던 신운설과 격조설을 배격, 전통적 규

46 郭邵愚(1983).

47 이철희(2009b).

율과 질곡으로부터 자신을 해방시키려한 고무적인 시론을 제기한 것으로 평가하였다.[48] 신운설과 격조설에 대한 비판적 태도를 부각시키고, 성령설 수용에 전적인 의의를 부여하였는데, 당시 추사의 중인층 제자들에 의하여 적극적으로 개진된 '개개인의 인간적 자각'이 이조후기 문학사상 중요한 의미를 지닌다는 점을 부각시키기 위한 것이다. 이어 김혜숙은 '성령'을 내용범주로, '격조'를 형식범주로 대별하며 문학의 내용과 형식의 통일이라는 대원칙하에서 추사의 성령 · 격조 구비론을 규명하고자 하였다.[49] 그리고 내용과 형식의 통일체로서 이른바 '정신성'을 제기하였는데, 연구의 목적이었던바, 추사의 '거대한 정신체계'를 문학 원론의 관점에서 조명하였다. 그러나 스스로 밝히고 있듯이 청조 시론과의 관련성은 차후의 과제로 남겨놓고 있다. 이후 정우봉은 성령, 격조설과 신운설을 함께 다루며, 청조 시론에 대한 '비판적 종합화'라는 관점에서 접근하였다.[50] 성령설이 빠져들기 쉬운 '음방귀괴(淫放鬼怪)'함이나 신운설이 공허한 선리(禪理)로 경도되는 폐단에 대하여 '문자향(文字香)', '서권기(書卷氣)'로 대표되는 학예일치(學藝一致)를 주장하여 비판적 종합화를 꾀했다는 것이다. 비판적 종합화라는 추사의 주체적 수용자세가 부각되었다는 점에서 매우 의미있는 연구이다. 그러나 19세기 시론 전체를 다루는 논문이었기에 청조 시론과 관련하여 몇 가지 문제점을 노출하고 있다. 성령과 격조를 내용과 형식의 범주로 다룬다든가, 학예일치의 '학(學)'을 고증학에 국한시킨 것은 청조 시론과 학술의 본래적 의미와 거리가 있는 것이다.

48 이우성(1970).

49 김혜숙(1989).

50 정우봉(1992).

특히 추사가 신운설에 대한 폐단을 학문으로 보완하였다고 주장하면서도 그 이론의 바탕이 옹방강의 기리설에 있음을 간과하였다. 옹방강 시론과의 관계성에 대하여 김혜숙은 '유소입두(由蘇入杜)'론을, 이경수는 고증학적 시풍의 영향을 제기하였으며,[51] 이은혁은 추사의 학시론(學詩論)에 대하여 실사구시의 학문론이 관철되어 있으며, 옹방강의 시론에 바탕을 둔 독자적 시론으로 보았다.[52] 옹방강의 기리설을 전반적으로 검토하며 추사 시론과의 관계성을 밝히지 않았지만, 이를 통해서 추사가 청대의 대표적인 4대 시론을 모두 수용하고 있음을 확인할 수 있게 되었다.

2) 명 · 청대 4대 시론의 쟁점에 대한 단안

첫 번째 단안은 명대 의고주의와 반(反)의고주의의 대립에서부터 시작된 '성령설'과 '격조설'의 쟁점에 대한 것이다. 추사의 가장 친한 벗인 이재(彛齋) 권돈인(權敦仁)이 유배를 다녀와서 쓴 시고(詩稿)에 대한 서문을 쓰면서, 곤궁한 자의 시가 뛰어나다는 구양수(歐陽修)의 '시궁이공(詩窮而工)'설에 이의를 제기하여 부귀한 자가 궁해진 후에 시가 더욱 뛰어나다고 주장하며 다음과 같이 말하였다.

> 그러나 성령과 격조가 구비된 연후라야 시도(詩道)가 마침내 '공(工)' 해진다. 그렇지만 대역(大易)에 이르기를 진퇴득상(進退得喪)에 있어 그 '정(正)'을 잃지 않는다고 했다. 무릇 그 '정'을 잃지 않는다는 것은

51 김혜숙(1991). ; 이경수(1998).

52 이은혁(1999).

시도로써 말한다면 반드시 격조로써 성령을 재정(裁整)하여 음방(淫放)과 귀괴(鬼怪)를 면한 뒤라야 시도만이 공(工)해지는 것이 아니라 또 그 정(正)을 잃지 않게 된다. 하물며 진퇴득상(進退得喪)의 즈음에 있어서랴.[53]

추사는 먼저 '성령'과 '격조'를 모두 겸해야지만 시를 잘 지을 수 있다는 '구비론(具備論)'과 성령을 격조로 제어해야만 시의 바른 길이 열린다는 '재정론(裁整論)'을 주장한다. 사실 명대의 의고주의와 반의고주의의 쟁점은 '법고(法古)'와 '창신(創新)'에 대한 편향적 태도로 인식되었고, 이에 따라 양자의 폐단을 모두 비판하는 양비론(兩非論)이 이후 비평사의 주류를 이루었다. 그러나 추사는 그동안 전후칠자와 공안·경릉파로 인하여 부정적으로 인식되어오던 '격조'와 '성령'으로 시도(詩道)를 설명하고 있다. 특히 '성령'이 음방(淫放)과 귀괴(鬼怪)한 성격을 지니고 있어 '격조'로써 바로잡아야 한다는 '재정론'은 성령설을 제창한 공안파와 경릉파가 이단적 사상에 바탕을 두고 욕망의 표현에 거리낌이 없었다는 점을 염두에 둔 주장이라 할 수 있다. 그러나 이로 인하여 혹 추사가 '성령설'보다 '격조설'을 더 중시한 것으로 보기도 하는데, 이는 인간의 본성을 포괄하는 '성령'과 고전적 형식체제를 의미하는 '격조'의 본래적 속성을 밝혀 그 상호작용을 설명한 것이라 할 수 있다. 예컨대 오행설에서 불을 물로써 다스려야한다고 해서 불보다 물을 더 중시했다고 볼 수 없는 것과 같다. 이로써 17세기 중반 이후 모방과 표절의 시론이자 시 창작에 구속으로 치부된 '격조'와 전

---

53 金正喜, 『阮堂先生全集』 권6, 「題彛齋東南二詩後」. "然性靈格調具備, 然後詩道乃工, 然大易云, 進退得喪不失其正, 夫不失其正者, 以詩道言之, 必以格調裁整性靈, 以免乎淫放鬼怪, 而後非徒詩道乃工, 亦不失其正也. 況於進退得喪之際乎."

통의 파괴자나 이단과 타락의 상징으로 지목되던 '성령'이 추사에 의하여 시학적 본래의 의의가 재천명된 것이라 할 수 있다.

두 번째 주장인 왕유와 두보에 대한 동등론은 왕사정의 '신운설'과 옹방강의 '기리설'의 쟁점에 대해서 불이론(不二論), 즉 양자의 근본이 다르지 않음을 설파한 것이다. '신운설'과 '기리설' 사이에는 매우 미묘한 관계가 설정되어 있다. 왕사정이 제기한 '신운(神韻)'은 작가나 대상의 내면세계에 존재하는 '신(神)'이 작품에 발현되어 나타나는 여운의 미를 뜻하는데, 옹방강은 '신운'을 대신하여 '기리(肌理)'라는 개념을 제창하였다. '기리'는 '피부[肌]'와 '이법[理]'의 합성어로, 문학의 내용에 해당하는 유가의 이념과 문학의 형식에 해당하는 형식체제가 하나의 이법(理法)으로 합치되어 작품의 표면[肌]으로 드러나야 한다는 이념을 표명한 것이다.

옹방강은 왕사정의 '신운설'을 적극적으로 인정하며, "기리가 곧 신운이다"라고까지 말하면서도, 또 한편으로 첨예한 대립각을 세웠다. 왕사정은 송대 엄우(嚴羽)의 '묘오설(妙悟說)'을 계승하여 선가(禪家)의 깨달음의 경지로 시를 설명하였으며, 이백과 두보를 대신하여 시불(詩佛)로 칭해지는 왕유를 비롯하여 맹호연(孟浩然), 위응물(韋應物), 유종원(柳宗元) 등 소위 산수전원파로 칭해지는 시인을 시학의 모범으로 추대하였다. 이러한 '신운설'은 선가의 색채가 농후하다는 인식을 심어주며 편향적 시론이라는 비판을 받기도 하였다. 이에 대하여 옹방강은 선가적 표현방식인 묘오설을 대신하여 이법(理法)을 내세워 유가정신을 강조하고, 또 시에서 공자로 칭해지던 시성(詩聖) 두보의 지위를 복원시키는 한편, 송대의 소식(蘇軾)과 황정견(黃庭堅) 등으로 이어져 내려온 두보 시의 계보를 확립하고자 하였다. 옹방강은 '왕유'

대 ‘두보’, ‘묘오’ 대 ‘이법’, ‘허(虛)’ 대 ‘실(實)’ 등 대립각을 세움으로써 신운설을 기리설로 대체하고자 하였다.

『완당선생전집』의 잡지(雜識)에는 왕유와 두보로 상징되는 두 가지 대립적 시학에 대해 논한 글이 수록되어 있다.

> 왕유는 바느질 자리가 없는 천상의 옷이나 선녀가 뿌린 꽃과도 같아 많건 적건 막론하고 세간의 범상한 꽃으로써는 비유할 바가 아니며, 두보는 마치 토석과 벽돌을 땅으로부터 쌓아 올려 오봉루(五鳳樓)의 재목이 그 경중을 재량하여 이루어진 것과 같다. 그리하여 하나는 곧 신리(神理)요 또 하나는 곧 실경(實境)이 되며, 인자(仁者)가 보면 인(仁)이라 이르고 지자(知者)가 보면 지(知)라 이르는 것이며, 백성은 날로 써도 알지 못하는 것이다. 마치 하나의 문호를 각기 연 것 같지만, 우직(禹稷)과 안회(顔回)가 그 법이 한가지인 것과 같다. 분별과 동이(同異)를 논할 것 없이 능히 이 관문을 뚫고 난 연후라야 시에 대해 말할 수 있다.[54]

위 글에서 추사가 왕유와 두보의 관계를 ‘신리’와 ‘실경’ 등 대립적으로 말한 것은 실상 ‘신운설’과 ‘기리설’의 대치적 국면을 염두에 둔 설정이다. ‘천의무봉(天衣無縫)’, ‘천녀산화(天女散花)’는 왕사정이 강조한 ‘자연천성(自然天成)’의 경지를 선가의 용어로 표현한 것이고, 토석과 벽돌을 재량하여 쌓는 건축과정은 옹방강이 강조한 ‘이법’의 수련을 통해 도달하는 경지를 설명한 것이다. 이 양론의 대립에 대하여

54 金正喜, 앞의 책, 권8, 「雜識」, “王如天衣無縫, 如天女散花曼多曼少, 非世間凡卉所可比擬. 杜如土石瓦塼, 自地築起, 五鳳樓材稱劑其輕重, 以成之. 一是神理, 一是實境, 仁者見之, 謂之仁, 知者見之謂之知, 百姓日用而不知. 似若各一門戶, 然禹稷與顔, 其揆一也. 無用分別同異, 能透得此關, 然後可以言詩.”

추사는 왕유와 두보가 마치 대립하는 문호를 연 것 같지만 각기 보는 사람의 입장에 따라 달리 보일 뿐, 결국 하나의 길이라고 천명한다. 또 우직과 안회에 비유하는데, 요순(堯舜)시대 치세(治世)의 공적을 세운 우(禹)와 직(稷)과 빈곤 속에 자신의 학문을 즐기다 요절한 안회(顔回)가 각기 자신이 처한 환경과 운명에 따라 현저하게 다른 모양새의 삶을 살았지만, 두 사람 모두가 성현의 길을 따른 점에서는 같다는 것이다. 추사는 자제들에게 주는 시에서 당대 시학의 폐단을 거론하며 왕사정의 신운설과 옹방강의 시학은 유사한 것인데 조선에서는 이를 오해하고 있다고 한탄하였는데,[55] 위 글은 보다 분명한 논리로 그 오해를 불식시킨 것이라 할 수 있다.

오늘날 연구자들이 추사가 '성령'이나 '격조' 중 어느 한 쪽을 더 강조하였다고 하거나, 혹은 옹방강과 왕사정의 시학 중 어느 한 쪽의 입장을 지지하였다거나, 선가(禪家)나 유가(儒家) 중 어느 한 쪽이 추사 문예론의 사상적 핵심이라고 한다면, 이는 정확한 이해라고 할 수 없다. 추사는 각 유파가 상대적 우위를 차지하기 위해 조성한 쟁점으로 혼동되어오던 각 시학의 본지를 밝히고, 이를 통하여 그동안 분할웅거하던 명·청대 유파의 장벽을 타파하고자 하였던 것이다.

필자의 학위논문 이후에도 추사 성령설과 격조설에 대한 몇몇 이론이 제기되었다. 격조설이 심덕잠의 격조설이 아니라 옹방강이 제기한 격조설이며,[56] 원매에 대한 추사의 부정적 인식이나 또는 신운설과 기리설 사이의 상이점에 대해서 논의하지 않았다 것이다.[57] 먼저

---

55 金正喜, 앞의 책, 권9,「念以仲論詩卷, 又要一轉語, 近日末流之弊極矣. 率題如此, 只可收之巾箱而已」, "阮亭說神韻, 蘇米亦擧似. 東訛太猖被, 咄咄彼哉彼."

56 이은혁(2007), 133쪽.

추사가 제기한 격조와 성령의 용어는 시학의 주요 개념으로 인용한 것으로 이것이 반드시 심덕잠의 격조설이나, 원매의 성령설을 지칭하는 의미는 아니라고 본다. 그러나 그 의미 맥락을 이해하기 위해서는 명·청대 격조설과 성령설의 흐름을 파악해야 한다는 의미에서 명대 전후칠자와 공안파, 경릉파의 성령설을 함께 고찰한 것이다. 사실 격조설은 이은혁의 지적대로 옹방강의 「격조론」을 참조하였을 것으로 보이며, 옹방강이 다룬 격조설은 전후칠자의 격조설을 대상으로 쓴 글이다. 또한 성령과 격조설이 대립적으로 인식되기 시작한 것은 명대비평사에 대한 정리가 되면서이고, 청대 심덕잠과 원매의 쟁점이 추사에게 인지되었는지 여부는 확인할 수 있는 자료가 없다. 그런 점에서 추사가 거론한 성령설을 원매의 성령설로 국한시켜 '음방귀괴'함이 원매의 인격을 비판한 것이라는 주장은 근거가 불분명하다. 명대 공안파와 경릉파에 대한 조선 후기 지식인들의 비판적 평가를 고려하면 명대 성령설과의 연관성 속에서 지칭했을 가능성이 더 크다.[58] 또 원매를 전통적 시인의 계보에 넣지 않았다는 점을 문제 삼고 있는데, 추사는 옹방강의 기리설을 적극적으로 수용하고 그의 시를 학습대상으로 삼아 『담계적구(覃溪摘句)』를 편찬하기도 하였지만,[59] 옹방강도 시인의 계보에 넣지 않았다. 청대에서 왕사정과 주이존(朱彝尊)을 선정한 것은 청대초기의 시인들로 당대 시단의 정평이 내려진 상태였으므로 가능한 반면, 청대 중기의 인물인 원매는 시기적으로 가까워 고

57 정혜린(2008), 30~131쪽.

58 이철희(2008 ; 2009 ; 2012).

59 金正喜, 앞의 책, 권2, 「與申威堂觀浩(二)」. "不佞曾從覃詩之人人易解者, 倣摘句圖例, 拈錄近百句, 當一爲之奉覽也."

전적 시인으로 선정하기에는 적합하지 않다는 점도 고려해야 한다. 그리고 이미 추사가 원매가 고증학적 측면에서는 부정적으로 평가하였지만, 시 분야에서 그 위상을 인정하였음을 밝혔다. 원매를 비록 남녀지정(男女之情)의 시를 긍정하고, 여성 제자와 교유하는 등으로 인해 당대 시인들로부터 비판을 받기도 하였지만, 원매를 지지하는 인물도 적지 않아 청대 성령파가 따로 논의될 정도였다. 특히 추사와 동생 김명희와 교유하였던 오숭량은 원매를 스승으로 모시려 하기도 하였다[60]. 그러므로 추사가 그의 시를 유가의 도덕적 이념으로 판단하여 음방귀괴하다고 비판하였다고 보는 것은 문학을 단선적으로 판단한 결과라고 할 수 있다.

한편 신운설과 기리설의 차이에 대하여 논의하지 않았다는 점도 실상에 맞지 않는 지적이다. 필자의 학위논문에는 왕사정의 신운설과 그에 대립하여 쟁점을 부각시킨 옹방강의 기리설이 설명되어 있다. 당대 조선의 문단에서는 양자를 대립적으로 인지하고 있었고, 이에 대하여 추사는 양자가 비록 상반된 주장을 한 것 같지만 사실은 그 본질은 다르지 않다는 점을 천명하였음을 밝혔다.

3) 학시의 문경론

추사는 예술 전반에 걸쳐서 법과 그 법의 전승과정을 매우 중시하였다. 추사는 서도(書道)에 '일정하여 바뀌지 않는 법'이 존재하며, 이러한 법칙이 도장이 인주에 찍힌 자국처럼 변화하지 않고, 이 법의

---

60 이철희(2011).

전수를 통해 서도의 역사가 이루어졌다고 생각하였다. 따라서 서도의 근원과 역사적 변천에 대한 학문적 탐구가 없이는 서도의 완성을 기약할 수 없다고 여겼다. 문예사에 면면히 내려온 전통적 법식과 전승의 과정을 일차적으로 중시하였던 것이다.

시학에 있어서도 추사는 역대시인 중 도연명(陶淵明), 왕유, 두보 등 13명의 시인을 선정하여 시문학사의 전범으로 제시한다.

> 고금 시법이 도연명에 이르러 하나의 결혈(結穴)이 되고, 당의 왕유와 두보가 각기 하나의 결혈이 된다. …… 이상은(李商隱)과 두목 같은 이는 다 두보의 적파이며, 백거이가 또 하나의 결혈이 되어 그 광대교화(廣大敎化)의 명목에 부끄럽지 않다. 송의 소식과 황정견은 또 하나의 결혈이 되며, 육유(陸游)의 칠언근체는 고금을 통하여 능히 법을 확장시켰으며, 금(金)의 원호문(元好問)과 원(元)의 우집(虞集)이 또 하나의 결혈이 되는데 우집으로 말하면 성정과 학문이 합쳐져 일사(一事)로 하였다. 명나라 삼백 년에 와서는 하나도 족히 칭할 것이 없다가 왕사정(王士禎)에 이르러 역하(歷下)와 경릉(竟陵)의 퇴풍(頹風)을 깨끗이 쓸어버리고 또 하나의 결혈이 되었으니 부득불 추대하여 일대(一代)의 정종(正宗)으로 삼지 않을 수 없으며 주이준(朱彝尊)은 왕사정과 더불어 태화산(太華山)의 쌍봉이 아울러 일어난 것과 같으니 갑을(甲乙)을 논할 수 없다. 이 밖에는 다 방문(旁門)의 산성(散聖)일 뿐이다.[61]

61 金正喜, 「雜識」 권8, "古今詩法, 至陶靖節, 爲一結穴, 唐之王右丞, 杜工部, 各爲一結穴, 王如天衣無縫, 如天女散花曼多曼少, 非世間凡卉所可比擬. 杜如土石瓦塼, 自地築起五鳳樓材, 稱劑其輕重, 以成之. 一是神理, 一是實境, 仁者見之, 謂之仁, 知者見之, 謂之知, 百姓日用而不知. 似若各一門戶, 然禹稷與顔, 其揆一也. 無用分別同異, 能透得此關, 然後可以言詩. 李義山杜樊川, 皆工部之嫡波, 白香山, 又爲一結穴, 不媿其廣大敎化之目, 宋之蘇黃, 又爲一結穴, 陸務觀七言近體, 爲古今之能盡彀者, 金之元裕之, 元之虞伯生, 又爲一結穴, 虞則性情學問, 合爲一事, 有明三百年, 無一足稱. 至王漁洋, 掃廓歷下竟陵之頹風, 又能爲一結穴, 不得不推爲一代之正宗. 朱竹垞如太華雙峯並起, 又以甲

위 글에서 추사는 고금 시법의 결혈로 13가를 제시한다. 결혈이란 지기(地氣)가 모여 지맥(地脈)의 중심을 이루는 고산준령(高山峻嶺)을 지칭하는 말로서, 자성일가(自成一家)를 이루어 시문학사의 흐름을 계도(啓導)한 시인을 뜻한다. 기존 연구자 대부분은 특정 시인이나 시풍에 얽매이지 않기 위한 '광범위한 섭렵'을 목적으로 한 것이라고 파악하였다.[62] 그런데 광범위한 섭렵이란 말은 13가를 선정한 추사의 본의를 파악하는 데 다소 부족한 표현이다. 시가 선정은 선정자의 시문학사관과 취향에 따라 편차를 보이며, 비평가 사이에 중요한 쟁점이 되기도 하였다. 반면 이은혁은 추사의 시가 선정은 옹방강의 학시설을 따른 것으로 시서화 모두에 적용되는 실사구시의 학문방법론이 관통돼 있음을 논하였다. 추사 문경론의 핵심적 사안을 지적하였다고 볼 수 있다.[63] 그러나 옹방강의 문경론과의 차이나, 여타 국내 지인과의 토론, 그리고 추사가 선정한 시인들이 연계되는 계보 등에 대한 문제 등에 대해서는 보완이 필요하다.

추사의 시가 선정은 신위(申緯)와 신관호(申觀浩)가 애초에 다른 입

乙, 外此皆旁門散聖耳."

62 기존 연구자들은 추사의 학시론이 광범위한 섭취를 추구하였다고 논한다. 호승희는 "지식과 인품 위주의 시인"을 선정한 것으로 보았으며, 김혜숙은 "되도록 많은 시인과 여러 시대를 섭렵하지 않으면 시법의 정도를 찾기는 어렵다고 보며 이를 위하여 전범적 시인과 시사적 가치를 부여할 수 있는 시인들을 구체적으로 예시하였다"고 하였고, 정우봉은 "단순한 복고적 추수경향과 구별하여 특정 시풍이나 시인에 얽매이는 것이 아니라 전대의 시문 중 우수한 시인의 작품을 광범위하게 포용, 섭취함으로써 자기의 것으로 체질화하는 것이 올바른 학시의 방법임을 주장하였다. 擬古는 전대의 문학유산 중 특정한 유파의 작품만을 모방하고 그것을 절대시하는 태도임에 비하여, 復古는 전통적 문학 규범과 가치를 긍정하면서도 그것에의 집착과 매몰에의 경향을 벗어나 주체적 입장에서 전대의 우수한 문학작품을 폭넓게 수용하려는 태도이다"고 하였다.(호승희(1983). ; 김혜숙(1989). ; 정우봉(1992). 참조.)

63 이은혁(2007), 80~81쪽.

장을 지니고 있었던 듯 조언을 하는 내용이 남아 있다.[64] 추사가 선정한 시인들이 모두 전대의 시인과 사법연원(師法淵源)의 관계를 유지하면서도, 사법에 매몰되지 않고 자성일가를 이루었다는 점에서 추사가 주장한 성령 · 격조 구비론을 실천적으로 보여준 시인들이다. 동시에 왕사정과 옹방강이 왕유와 두보를 정점으로 제시한 사법연원의 관계를 지닌 인물들이라는 점에서 신운 · 기리 동질론이 관철된 시가 선정이라 할 수 있다. 추사는 명 · 청대 시론에 대한 조정론을 시가 선정이란 보다 실천적 방법을 통하여 제시한 것이라 할 수 있다.

추사는 13가 중 다시 두보의 경지에 오를 수 있는 시 학습의 대상자 7인을 선정하여 그 경로를 다음과 같이 논하였다.

> 이 삼가(三家 : 왕사정(王士禎), 주이존(朱彛尊), 사신행(査愼行)로부터 시작하여 원호문(元好問)과 우집(虞集)으로 나아가서 다시 소식과 황정견으로 거슬러 올라가는 것을 두보의 경지로 들어가는 준칙으로 삼는다면 공(功)이 이루어지고 소원이 성취되어 견불하는 데에 부끄러울 것이 없다고 이를 만합니다.[65]

---

64 추사의 시가선정은 신위와 신관호에게 영향을 끼친 것으로 보인다. 신위가 1820년 추사에게 보낸 시의 自註에 "내(신위-필자주)가 칠언율시의 전범적 시인을 직접 뽑으며, 애초의 두보, 백거이, 이상은, 소식, 원호문, 우집, 전겸익, 왕사정, 옹방강 등 十家를 추사에게 질정하니, 추사가 말하길, 전겸익은 외람되며 두목, 황정견, 주이존은 뺄 수 없다라고 하였다. 나는 詩道에 대하여 추사를 篤信하는 터라, 다시 12家로 정정하였다"고 하였다.(「臘十九, 兒子命準拜坡有詩, 秋史內翰甚激賞, 余又和之, 以示秋史」, 「碧蘆舫藁」 5, 『신위전집』, 527쪽 참조.) 또한 추사는 신관호에게 편지를 보내 "錢謙益에 이르러서는 기력은 대단히 크지만 끝내 天魔의 外道를 면치 못하여 가장 보아서는 안 될 것이니. 오로지 왕사정 주이존을 좇아서 착수하는 것이 좋습니다. 그리고 이보다 아래로는 또 査愼行이 있는데 그는 왕사정과 주이존 양가 이후로 문경이 가장 잘못되지 않은 사람입니다."고 하였다.(金正喜, 「與申威堂 觀浩 2」, 권2.)

65 金正喜, 앞의 책, 권2, 「與申威堂 觀浩 二」. "由是三家, 進以元遺山虞道圜, 溯洄於東坡

위 글에서 추사는 청대부터 시작하여 금원(金元)대를 거쳐 송대로 거슬러 올라가 당대의 두보에 이르는 단계적인 상향식 학습법을 주장하고 있다. 이와 같이 시학의 전승과정을 소급해 올라가는 수련과정은 서도의 수련에서도 동일하게 주장된다. 추사는 청대 옹방강과 유용(劉墉), 명대의 문징명(文徵明)과 동기창(董其昌), 그리고 송대와 당대를 거쳐 진대(晉代)의 왕희지(王羲之)의 경지에 도달하는 상향식 수련과정을 주장하였다.

이미 앞서 이은혁이 주장하였듯이, 추사는 상향식 수련과정을 설명하며 문경(門逕)을 통하지 않고는 당실(堂室)에 오를 수 없다는 표현을 쓰는데, 이 말은 실사구시의 학문관을 집약적으로 보여준다.[66] 성현의 도(道)가 존재하는 당실(堂室)은 한대(漢代) 경학의 훈고라는 경로를 통해서만 들어갈 수 있다는 것이 실사구시설의 핵심적 주장이다. 한대의 경학을 중시하는 것은 사설(師說)과 가법(家法)에 의거하고 있어 학문적 연원관계가 확실하기 때문이다. 추사는 「적천리설(適千里說)」에서 "천리 길을 가는 사람은 반드시 먼저 그 경로의 소재를 분변한 다음에야 발을 들어 놓을 곳이 생긴다."[67]고 하였는데, 경로란 학문의 요체인 사설과 가법이 전수되어 내려오는 길을 뜻한다.

시학의 과정을 실사구시의 문경론으로 설명한 추사의 주장은 18세기 '박학'에 근거한 백탑시사(白塔詩社)의 시학과는 분명한 차이를 보

山谷, 爲入杜準則, 可謂功成願滿, 見佛無怍矣."

66 金正喜, 앞의 책, 권1, 「實事求是說」. "竊謂學問之道, 旣以堯舜禹湯文武周孔爲歸, 則當以實事求是, 其不可以虛論遁于非也. 學者尊漢儒, 精求訓詁, 此誠是也. 但聖賢之道, 譬若甲第大宅, 主者所居, 恒在堂室, 堂室非門逕, 不能入也."

67 金正喜, 앞의 책, 권1, 「適千里說」. "今夫適千里者, 必先辨其徑路之所在. 然後有以爲擧足之地, 當其出門而行."

여준다. 백탑시사가 추구한 시학의 특성은 시 학습의 전범에 어떠한 제한이나 기준을 두지 않았다는 점에서 찾을 수 있다. 유득공은 "당시든 송시든 아니면 원시든 명시든 어떤 것은 취하고 어떤 것은 버림이 없이 수많은 작가를 종횡으로 공부하여 그 정수만을 취하는 데 뜻을 두었다."[68]라고 하였고, 이덕무는 『시경(詩經)』으로부터 중국 전시대의 시와 우리나라뿐만 아니라 안남(安南), 일본, 유구(琉球)의 시를 모두 섭렵할 것을 맹세하면서 "상하삼천년, 종횡일만리(上下三千年, 縱橫一萬里)에 안력이 미치는 바는 조금도 남기지 않아 스스로 양보하지 않겠다."[69]라고 하였다. 그리고 이 맹세를 실천하여 유득공은 중국과 우리나라 전시대의 시를 뽑아 초록하기도 하였다.[70] 또한 이덕무는 시학습에 대하여 벌이 꿀을 만들 때 꽃을 가리지 않는 것에 비유하였고,[71] 박제가는 문학을 다양한 음식의 맛에 비유하며 선(善)을 행하는 데에는 정해진 스승이 없다는 뜻을 지닌 『서경(書經)』의 "선무상사(善無常師)"라는 말을 인용하기도 하였다. 이러한 그들의 태도를 보면 그들이 추구한 시학은 '박학'의 열망에 근거하고 있으며, 어떤 선택의 기준이나 가치관이 고려되지 않고 있다고 말할 수 있다. 그렇기

68 柳得恭, 『古芸堂筆記』, 「檢書體」. "唐宋元明, 無適無莫 意在縱觀百家, 掇其精華而已."

69 李德懋, 『青莊館全書』 권7, 「與朴在(齊家)先書」. "上下三千年, 縱橫一萬里, 眼力所湊, 不遺錙錙, 自謂不敢多讓."

70 李德懋, 앞의 책, 권35, 「泠齋」조. "泠齋詩, 余以爲近世絶品, 有才有學, 無體不備. 博觀詩家, 自毛詩 · 離騷 · 古歌謠 · 漢 · 魏 · 六朝 · 唐 · 宋 · 金 · 元 · 明 · 淸, 以至三國 · 高麗 · 本朝, 傍及日本, 自爲選抄, 箱溢几滿, 日不暇給. 不惟其才妙絶, 其爲專門, 今世罕比."

71 李光葵, 「先考府君遺事」(이덕무, 앞의 책). "或問, 歷代詩, 何者最好. 曰蜂之釀蜜, 不擇花, 若擇花, 蜜不成, 爲詩亦猶是也. 當汎濫於諸家, 有所裁度, 則吾詩各具歷代體格, 今之人曰唐 · 曰宋 · 曰元 · 曰明, 各有所尙, 非言詩之鐵論也."

때문에 그들은 망국의 시풍으로 칭해지던 공안파와 경릉파에 대한 비판의 시선을 의식하거나 또 스스로 그 폐단을 경계하면서도, 그들의 시문집을 탐독하고 또 그 매력에 빠져들어 갔던 것이다.[72] 18세기 문학사가 생기있는 개성의 시대로 칭해지는 데는 그들이 이렇게 시의 감상과 학습의 길을 자유롭게 선택한 태도가 주요한 원인으로 작용한 것이라 볼 수 있다.

추사는 중국 시문학사의 수많은 시인 중 13명을 시학의 전범으로 선정하고, 두보의 시를 학습하여 자성일가를 이룬 7명의 계보를 밝힘으로써 '법고'와 '창신'의 합치를 시학의 원칙으로 제시한 것이었다. 이로써 19세기 조선의 문인지식인은 '박학'의 열정으로는 파악할 수 없었던 시학의 경로와 요체를 명확하게 인지할 수 있게 된 것이다. 이러한 추사의 시학은 명청 시론을 깊이 연구하고, 두보 중심의 시학적 계보를 정립시킨 옹방강의 시학을 참조한 것이지만,[73] 추사 스스로 스승인 옹방강을 그대로 따른 것은 아니라고 밝히고 있다. 앞서 살펴보았듯이 옹방강의 '기리설'에 대해서도 객관적 시각으로 다루었고, 또 시가 선정에 있어서도 옹방강이 선정한 11명과는 다소 다른 면모를 보여주고 있다.[74]

---

72 이철희(2012).

73 옹방강은 금석 고증학뿐만 아니라 시학분야도 깊이 연구하여 많은 성과를 남겼다. 특히 그의 「詩法論」, 「格調論」 上中下, 「神韻論」 上中下 등은 명 · 청 시론을 체계적으로 연구한 결과이며, 그가 주장한 '由蘇入杜'論, 즉 소식과 황정견 등 송대 시인으로 입문하여 두보의 경지에 도달한다는 이론은 조선에도 전파되어 큰 반향을 얻었다.

74 박철상(2004). 참조. 박철상은 옹방강의 『志言集』에는 唐, 宋, 金, 元代의 시인 11인 즉, 왕유, 두보, 한유, 백거이, 두목, 이상은, 소식, 황정견, 육유, 원호문, 우집 등이 선정되어 있다고 밝히고 있다.

그런데 실사구시설에서 강조하는 문경은 곧 실증적, 과학적인 훈고였으며, 그리고 이러한 문경을 통하여 들어가는 당실(堂室), 즉 성현(聖賢)의 도(道)란 궁극적으로 '궁행(躬行)'이라는 실천이었다. 추사가 문예론에서 중시한 문경의 목표 또한 이와 다르지 않다. 서도(書道)에서 소상원류(遡上源流)의 학습법을 통하여 도달한 경지는 왕희지의 서체가 아니라 전통적 고전미와 함께 강렬한 개성이 넘치는 추사체였음을 환기해야 한다. 마찬가지로 추사가 두보를 최종 목표로 입두론(入杜論)을 제시한 것 또한 명대 전후칠자와 같이 두보를 닮기 위한 것은 아니다. 두보에 의하여 완성된 시법과 법고창신으로 자성일가를 이룬 계승자들로부터 변화의 법을 터득하기 위한 것이었다. 이와 같이 추사는 시문학사에 관통되어 내려온 법과 그 유변을 철저히 익히는 실천적 학습과정을 통해서 '법을 초월한 창작의 자유'를 획득할 수 있다고 믿었던 것이다.

4. 옹방강과 완원에 대한 실사구시의 학적 대응

추사가 이와 같이 명청 비평사의 분쟁을 깊이 통찰하고, 그 폐단을 척결할 수 있는 단안을 주창할 수 있었던 원인은 어디에 있는 것일까? 한중 지식인 교류를 적극적으로 주도하며 청조학술에 대한 주요 정보를 빠르게 획득할 수 있었고, 특히 옹방강과 완원같이 청조학계를 대표하는 석학과 그 문하의 인사들과 직접 교류함으로써 수준 높은 안목으로 청조학의 정수를 파악할 수 있었던 여건에서도 찾을 수 있다.

여기서 한 가지 주목되는 점은 추사는 청대학술의 분파적 현상에 대하여 이미 간파하고 있었다는 점이다. 추사는 월정(月汀) 이장욱(李璋煜)에게 보내는 편지에서 "근일 이래로 명유(名儒)들이 무리지어 나와 옛 학문이 성대해지고 밝아져서 이천 년 이래 떨어진 실마리를 다시 정리할 수 있게 되었지만, 집마다 한 가지 설(說)이 있고 사람마다 한 가지 의(義)가 있어 문(門)마다 호(戶)마다 시시비비를 말하는 것도 오늘날 같이 심한 적은 없었습니다."[75]라고 하였듯이, 청대 학술의 가장 심각한 문제는 문호와 유파의 난립과 반목이라고 보았다. 추사는 청조학술의 나무가 아닌 숲을 보았던 것이고, 이러한 인식 아래 명청 비평사를 통찰할 수 있는 시각을 획득할 수 있었던 것이다.

이러한 인식태도는 청조학의 스승이라 할 수 있는 옹방강과 완원에 대해서도 견지하였다. 추사는 옹방강을 존사(尊師)로 여겼지만 추종자가 되지는 않았다. 이에 대해 추사는 다음과 같이 말하고 있다.

> 저 같은 자는 담계 옹방강의 글을 본 것이 5, 6종일 따름입니다. 그러나 대체를 보면 단옥재(段玉裁)와 유태공(劉台拱) 등 여러 공과 더불어 문로(門路)가 약간 다른데 단옥재와 유태공 등에 대하여 허여한 것은 없으며 혜동(惠棟)과 대진(戴震) 등 여러 공의 설에는 박정(駁正)한 것이 더욱 많습니다. 만약 단옥재와 유태공 등 제공에게서 견문하고 습숙(習熟)한 자라면 마땅히 눈이 휘둥그릴 것입니다. 그러나 이는 진실로 평심(平心)하여 서서히 연구해서 천추의 정평을 기다릴 일이며 오늘의 시비로써 그 고하를 평가해서는 아니 될 줄 압니다. 저는 담계 옹방강에게 습숙한 자이지만 실로 그렇다고 해서 다 곡순영종(曲徇影

75 金正喜, 앞의 책, 권5, 「與李月汀璋煜」. "近日以來, 名儒輩出, 古學昌明, 二千年來墜緒, 可復整理, 然家有一說, 人是一義, 門門戶戶是是非非, 又無如近日之甚."

> 從)하지는 않으며 자못 이동(異同)이 있는데 그 크게 다르고 감히 구동하지 않은 것은 『서경』의 금고문에 대한 일이며, 더구나 능정감(凌廷堪)의 『예경석례(禮經釋例)』 같은 것은 담계 옹방강이 허여하지 않는 것이나 저는 실상 기꺼이 읽고 있으며 혜동과 대진의 책도 자못 보기를 좋아합니다.[76]

이 글은 월정 이장욱이 동생 김명희에게 보낸 편지에서 단옥재, 유태공, 혜동, 대진 등이 모두 옹방강보다 수준이 높다고 평한 것에 대해 일종의 이의를 제기하는 내용에서 나온 것이다. 추사는 적극적으로 반론을 펴기보다 단정적 평가는 유보되어야 한다는 선에서 일단락을 짓고자 한다. 이 과정에서 추사는 옹방강의 학설을 추종하지 않고 그와 다른 입장을 지닌 부분도 있다고 밝힌다. 그 하나로 제시하고 있는 것이 바로 『상서』의 금고문 논쟁이다. 옹방강은 고문상서를 인정한 반면 추사는 인정하지 않았다. 이 문제에 대하여 추사는 『상서』 입문의 제일의(第一義)라고 강조하였던바, 끝내 옹방강의 관점에 동의할 수 없었던 것이다.

또 옹방강으로부터 배척을 받은 혜동과 대진의 저술에 매력을 느끼고 있다고까지 말한다. 이 정도라면 스승과 학문적 노선에 차이가 있음을 학계에 공표한 것이라 할 수 있다. 이어서 추사는 옹방강과 단옥재와 유태공의 학문을 모두 '존고(存古)'의 학문이라고 논한 뒤,

76 金正喜, 앞의 책, 권5, 「與月汀李璋煜」. "如不佞所見覃記, 只五六種而已. 概見之, 與段劉諸公門路稍異, 於段劉諸公無甚許, 如惠戴諸公之說, 則駁正尤多, 若從段劉諸公見聞習熟者言之, 宜其有瞠乎爾也. 此寔平心舒究, 以俟千秋之定評, 不可以今日是非, 第其上下也. 不佞於覃溪習熟者也. 寔不敢盡爲曲循影從, 頗有異同, 其大異而不敢苟同者. 爲書之今古文, 且如凌中子之禮釋例, 覃翁之所不許, 不佞寔喜讀之."

옹방강의 학문은 고(古)에 빠져있지 않으며[存古而不泥於古], 단옥재와 유태공은 고(古)에 빠져있다고[存古而泥於古] 대별하여 설명한다. 추사는 이러한 존고의 두 방식에 대하여 모두 '가의처(可議處)'가 있다고 하면서, 자신의 입장은 이 양자의 절충에 있다고 하였다. '가의처'란 전적으로 동의할 수 없음을 말한다. 추사는 학술적 입장에서만큼은 스승 옹방강에 대해 냉정한 비평적 거리를 유지하고 있었던 것이다.

이러한 비평적 태도는 시론에서도 적용되었다. 추사는 옹방강의 시학으로부터 큰 영향을 받는다. 신운설의 말단적 폐단을 교정, 보완하려는 기리설의 취지에 공감하였으며, 소위 '유소입두(由蘇入杜)론'이라 칭해지는 시학의 문경론을 지지하여 조선 후기 지식층 사이에 동파(東坡)열풍을 불러일으키기도 하였다. 옹방강은 금석고증학 분야에서 정평을 얻고 있지만, 사실 시학분야에서도 가장 정교한 연구를 수행하여 「격조론(格調論)」, 「신운론(神韻論)」, 「시법론(詩法論)」 등 가장 뛰어난 논문을 제출하였다. 이 논문에서 옹방강은 명·청대 유파의 대치적 관계양상을 예리하게 분석하였는데, 추사가 명·청대 비평사의 쟁점을 간파하는 안목을 확보하는 데 크게 영향을 끼쳤을 것으로 보인다. 그러나 옹방강이 기존의 격조설과 신운설의 폐단을 교정, 보완하며 새롭게 제창한 '기리'의 개념은 인정하지 않은 것으로 보인다. 추사는 옹방강과 왕사정의 시학이 매우 다른 것으로 알고 있는 조선 지식인들의 오해를 한탄하면서 "왕사정은 신운(神韻)을 이야기하고, 옹방강은 흡사한 것을 들어 보였네.(阮亭說神韻, 蘇米亦擧似.)"[77]라고

---

77 金正喜, 앞의 책, 권9, 「念以仲論詩卷, 又要一轉語. 近日末流之弊極矣. 率題如此, 只可收之巾箱而已.」

하였듯이, 기리설에 독자적 의의를 부여하지 않았다.

추사가 옹방강에 대하여 스승에 대한 존숭의 뜻을 표현하기도 하였지만, 또 그와는 반대로 스승과 합치하지 않는 독자적 노선을 밝히기도 하였다. 이와 같이 스승에게 종속되지 않을 수 있었던 데는 여러 가지 요인이 있겠지만 또 하나의 스승으로 칭해지는 완원의 존재를 주목할 필요가 있다. 추사는 제주도 유배시절 자신의 초상화에 쓴 글에서 옹방강의 "고경(古經)을 즐긴다.[嗜古經]"와 완원의 "남이 말한 것을 또 말하는 것은 하지 않는다.[不肯人云亦云]"가 자신의 반평생 삶이었다고 고백하였다.[78] 법고창신(法古創新)의 의미를 강조한 것인데 옹방강과 완원의 말을 빌려 표현했다는 점에서 두 사람을 동등하게 스승의 격으로 대하고 있음을 보여준다. 이상적이 만시(輓詩)에서 "해동의 통유라고 예전부터 추대하였으니, 북방의 옹방강, 남방의 완원과 다행히 동시대를 누렸다.[海國通儒舊見推, 北翁南阮幸同時.]"[79]고 하였고, 김석준(金奭準)도 "운대, 담계와 마음 통하여 사제의 연을 맺으니, 해내의 명성 만인이 칭송했네.[雲覃心證瓣香緣, 海內聲名萬人傳]"[80]이라고 하여, 옹방강과 완원을 이른바 양사(兩師)로 칭했다.

그러나 추사가 옹방강과 완원을 스승으로 인정하는 데는 시차가 있었던 것으로 보인다. 먼저 북경에서 귀국할 즈음 쓴 시를 보면 옹방강에 대해서는 "소재 문하에 판향을 받쳤다오.[蘇齋門下瓣香呈]"[81]라고

---

78 金正喜, 앞의 책, 권6, 「又在濟州時」. "覃溪云 : '嗜古經' 芸臺云 : '不肯人云亦云' 兩公之言, 盡吾半生, 胡爲乎海天一笠, 忽似元祐罪人."

79 李尙迪, 『恩誦堂集』 續集, 권3, 「奉輓秋史金侍郎」.

80 金奭準, 『紅藥樓懷人詩錄』, 「金秋史侍郎正喜」.

81 金正喜, 앞의 책, 권9, 「我入京與諸公相交, 未曾以詩訂契, 臨歸不禁悵觸, 漫筆口號.」

하여 사제의 연을 맺었음을 밝혔으나, 완원에 대해서는 광대한 학문의 영역에 대한 찬탄과 그가 차고 있던 골동품에 대한 기억을 회상하고 있다. 완원에 대해서는 사제적 관계를 표현하는 말은 쓰지 않았다. 사실 추사는 옹방강을 만나기 전부터 이미 사제의 연을 염두에 두고 있었던 것으로 보인다. 옹방강을 찾아가기 3일 전부터 옹방강을 앙모한다는 뜻을 지닌 '보담주인(寶覃主人)'이라는 별칭을 사용하였다. 그에 반하여 완원에 대해서는 연행 이전부터 이미 그 존재를 알고 초상화까지 소장하고 있었지만, 귀국 후 한참 시간이 지나서야 스승에 대한 존경의 뜻을 표현하였다. 완원으로부터 일본인 야마노이카나에(山井鼎)의 『칠경맹자고문보유(七經孟子考文補遺)』를 소개받은 일을 회고하며 "옛날에 완부자를 만나 보았을 때, 입 닳도록 정예하다 감탄하였다.[昔見阮夫子, 嘖嘖歎精詣]"라고 하였다.[82] 완원에 대하여 '부자(夫子)'란 존칭을 쓰고 있는 것은 옹방강과 대등하게 존경하고 있음을 드러낸 것이다. 귀국 후 완원이 주도하여 편찬한 『십삼경주소교감기(十三經注疏校勘記)』, 『황청경해(皇淸經解)』 등을 기증받은 뒤 직접 그의 학문을 확인하면서 스승으로 추인하게 된 것으로 보인다. 추사의 유고가 처음 정리될 때 타인의 글이 찬입된 경우가 많았는데, 후지쓰카가 일차적으로 정리해놓은 글에서 확인해보면 「해경(解經)」, 「태극즉북극변(太極卽北極辨)」, 「서파변(書派辨)」, 「격물설(格物說)」 등 대부분 완원의 글을 초록한 것이거나 완원과 관련이 있는 인물들의 글들이 차지하고 있다.[83] 그만큼 추사가 완원의 학문에 공감하며 초록하였음

---

82 金正喜, 앞의 책, 권9, 「仿懷人詩體 歷敍舊聞 轉寄和舶 大板浪華間諸名勝 當有知之者」

83 藤塚鄰 저, 박희영 역(1975), 499~528쪽.

을 보여준다. 추사는 중국에 두 명의 스승을 두고 있었던 것이다.

그러나 청대 학계에서 옹방강과 완원은 하나의 계보로 합치되기 어려운 점이 있었다. 두 사람은 모두 성(省)의 교육을 담당하던 학정(學政) 출신으로 문하에 자신이 선발한 지식인을 두고 학술활동을 주도하여 하나의 진영을 이루고 있었다. 이 두 사람은 직접 교류하며 친분을 나누기도 하였지만, 양 대 진영 사이에는 학문 노선의 차이에 따른 갈등이 존재하였다. 완원 문하의 진수기(陳壽祺)는 옹방강이 완원의 『십삼경주소교감기』와 단옥재의 『주례한독고(周禮漢讀考)』를 비난한 것에 대하여 장문의 편지를 써서 논박하였고,[84] 또 완원의 『황청경해』에는 옹방강의 저작이 단 한 편도 수록되지 않았다. 이에 대하여 완원의 아들 완상생(阮常生)은 옹방강이 금석학에 있어서는 일인자지만 경설은 그의 장점이 아니라고 해명했지만 아무래도 강남출신의 한학(漢學) 전문가들의 성향이나 학파의 갈등을 무시할 수 없을 것 같다.[85] 후지쓰카도 의문을 품은 듯 옹방강의 문하에 있던 능정감도 『교례당문집(校禮堂文集)』에서 옹방강의 경설을 단 한 마디도 거론하지 않았다고 부연설명을 하였다.[86] 능정감은 완원과 같은 양주출신으로 친밀한 사이였고, 그를 옹방강에게 소개시켜 준 인물이 완원이었다. 옹방강이 강서학정으로 재임하였을 때 막하에서 활동하였지만, 뒤에는 절강학정 완원의 막하에서 『주인전(疇人傳)』 편찬에 참여하였기 때문에 양주학파로 분류된다. 추사는 이장욱에게 보낸 편지에서 옹방강이 능정감의 『의례석례(儀禮釋例)』를 인정하지 않았다고 증언

---

84 藤塚鄰 저, 박희영 역(1975), 410쪽.

85 벤저민 엘먼 저, 양휘웅 역(2004), 232~234쪽 참조.

86 藤塚鄰 저, 박희영 역(1975), 410쪽.

하였는데, 이 또한 양 진영의 갈등 양상이라 볼 수 있다.

위 몇 가지 사실들은 완원과 옹방강의 양대 진영에 학문의 노선상 심각한 차이와 갈등이 존재하였음을 보여준다. 결국 추사는 하나의 계보로 합치할 수 없는 두 학자를 아울러 스승으로 받아들인 것이다. 이 점은 추사가 옹방강과 완원과의 관계를 계보적 사승관계로까지 인식하지 않았음을 시사한다. 추사는 옹방강의 경우와 같이 완원의 학설에 대해서도 주체적 자세를 취하였다. 추사의 서법에 대한 연구에 따르면 추사는 완원의 「남북서파론(南北書派論)」, 「북비남첩론(北碑南帖論)」 등을 수용하였지만, 완원과는 다른 경로로 서도(書道)의 근원을 제시하였다고 한다. 완원은 비학(碑學)과 첩학(帖學)을 대립시켜, '질(質) 대 문(文)', '고(古) 대 금(今)', '대자(大字) 대 소자(小字)', '석각(石刻) 대 법첩(法帖)' 등 두 계통으로 대별하고, 첩학에 대한 비학의 우위를 주장하였다. 그러나 추사는 북비(北碑)를 통하여 왕희지와 왕헌지(王獻之)의 법서(法書)로 나가야한다는 단계적 진입론을 주장하였다.[87] 완원에 의하여 이원화된 비학과 첩학을 추사는 상호 보완적 관계로 절충을 시도한 것이다.

이상의 논의를 보면 추사가 청조학술의 폐단이 문호와 유파의 난립과 반목에 있음을 간파할 수 있었던 배경에는 옹방강과 완원의 양진영 사이에서 몸소 갈등을 겪은 경험이 자리하고 있지는 않은가 하는 생각을 들게 한다. 추사가 옹방강과 완원, 어느 일가의 문인을 자처하며 학술사의 쟁점을 진영의 논리로 대응하였다면 옹방강의 시론을 넘어서고, 또 완원의 비학을 넘어서는 현실적 단안들을 천명할 수

---

87 박동규(2002), 92~94쪽 참조. ; 璋濤(2014). 참조.

없었을 것이다. 여기에는 추사가 중국학계와는 거리를 두고 있는 조선의 학자였다는 점도 고려해야 할 것이다. 비록 서신왕래가 지속되고 있었지만 청대 학파의 경쟁이나 논쟁에 직접 개입할 여지가 적었고, 상대적으로 자유로운 위치에 있었다고 할 수 있다. 흔히 추사가 청대 학계를 대표하는 석학 옹방강, 완원과 사제를 맺어 청조학술의 정수를 파악할 수 있었다고 말한다. 그러나 달리 생각해보면 상호 대립적 학술성향이 충돌하기도 하였던 두 스승을 깊이 있게 이해하면서 청조학술의 은밀한 내부를 엿볼 수 있었던 것이 아닐까. 또 추사는 사안을 보다 객관적으로 파악할 수 있는 거리를 유지하고 있었다. 추사가 청조학술에 해박하거나 정통하였다는 점보다 거대한 위용으로 다가서는 청조학술에 압도되지 않고 자신의 당당한 입장을 주장할 수 있었던 그의 의식세계에 관심을 둔다면, 추사가 두 스승으로부터 무엇을 수용했느냐보다 어떻게 대응했는가에 주목해야 한다.

5. 맺음말

필자는 종종 추사에 대한 원론적 질문을 받을 때가 있다. 추사를 실학자라 할 수 있는가? 이 질문의 밑바닥에는 실학이란 먹고사는 문제를 해결하는 것인데, 아무리 독창적 추사체라 하더라고 하나의 서체에 불과하고, 금석고증학이야말로 학문을 위한 학문에 불과한 것인데 현실과 무슨 상관인가란 의문이다. 즉 실사구시파가 실학의 범주에 들어가는 이유가 현실적으로 납득이 되지 않는 뜻이기도 하다. 여기에는 두 가지 해명이 가능하다.

첫째는 실학과 고증학의 관계이다. 16세기 중엽부터 17세기 서세동점(西勢東漸)의 세계사적 전환이 시작되면서 등장한 서양의 존재와 그들의 과학기술의 문명은 조선, 명나라, 일본의 지식인 사회에 충격을 주었다. 더욱이 명나라가 북방 이민족에게 멸망을 당하자 한중일 삼국의 사상계는 각국마다 구체적 양상을 따르지만 심성이기론의 주자학적 세계주의에서 방향을 바꾸어 실용·실증의 실학으로 전환하게 된다. 가장 먼저 명말청초 한족 지식인들은 명나라 멸망의 원인을 이기철학의 공소(空疎)함에서 찾으며, 경세치용의 실학으로 학술의 전환을 추진하였다. 조선 역시 임진·병자 양란을 겪으며 노정된 사회내부의 모순과 민의 사회경제적 요구에 경세치용의 실학으로 호응하였다. 이러한 사상적 전환은 경전에 대한 새로운 고증과 해석을 통해 검증과 정당성을 확보해야 하는 것이다. 따라서 경세치용의 실학은 기본적으로 고증학을 동반하게 되고, 고증학의 최종 목표는 경세치용에 있다고 할 수 있다. 그러나 청대 학술은 시대상황에 따라 고증학의 성격이 변모하기도 하였다. 한족 지식인에 대한 청조정권의 압박과 회유의 문화정책이 안착되었던 건륭(乾隆) 가경(嘉慶)의 시대에는 경세치용의 목표가 거세된 고증학, 소위 학문을 위한 학문이 성행하였으나, 도광(道光) 이후에는 아편전쟁 이후 노골화된 서양의 침범과 이에 대응하기 위한 과학기술의 요구가 절박해지면서 기존의 공소한 고증학을 반성하며 다시 실천과 시행을 위한 경세치용의 실학으로 전환이 이루어진다. 청대 말기 가장 혁신적 개혁을 주장한 공양학파가 『춘추공양전(春秋公羊傳)』에 대한 고증적 연구를 바탕으로 이루어졌다는 것만 보아도 경세치용의 실학과 고증학이 불가분의 관계임을 보여준다.

추사는 동시대 청나라 학자와 교유하였던바, 추사가 소통한 청대 학계는 건륭 가경 시대에서 도광시대로 넘어가고 있던 시기였다. 그러므로 추사가 다룬 고증학은 건가학풍을 대표하는 옹방강과 완원으로부터 공양학파를 개도한 위원과 공자진까지 걸쳐있었고, 이는 조선 내부의 어떤 다른 이유보다도 동시대에 소통하던 학술 교류의 흐름이라 할 수 있다. 그리고 추사가 위원의 『해국도지』를 실사구시의 최고 저술로 인정한 것은 조선의 해양에 양이선이 출몰하는 현실에 대한 대응이자 추사의 의식이 결코 현실 문제를 도외시 하지 않았음을 입증한다. 그러나 소위 건가학풍으로 칭해지는 고증학은 맹목적이고 현학적일뿐 어떤 현실적 시행이나 도덕적 실천과 단절되었다는 비판을 받기도 하였다. 이 비판은 청말 공양학파가 기존의 청대학계를 비판할 때 쓰는 논리이다. 또한 다산 정약용이 성리학, 문장학 등 5종 학문을 비판하며 훈고학을 비판할 때도 같은 논리였다. 다산은 훈고학이 "가까이는 마음을 다스리고 성품을 다스리는 것은 생각조차 않고, 멀리는 세상을 교도(敎導)하고 백성 잘 다스리기를 원치 않고 있다. 오직 자신이 널리 듣고 많이 기억하는 것과 시문(詩文) 잘 짓고 변론(辨論) 잘 하는 것만 자랑하면서 한 세상을 고루하다 깔볼 뿐이다."라고 하였다.[88]

그러나 이러한 논리는 고증학의 말단적 폐단을 지적하여 말한 것이라 할 수 있다. 사실 건가시대의 고증학은 극심한 경쟁 속에 이루어졌다. 고증작업이 출세와 입신을 위한 경쟁이었고, 자기 능력의 현

---

88 丁若鏞, 『다산시문집』 권11, 「五學論」. "邇之不慮乎治心而繕性, 遠之不求乎輔世而長民, 唯自眩其博聞强記宏詞豪辨, 以眇一世之陋而已."

시를 위해 치열한 저작활동에 골몰하였다. 남들이 안한 부분을 남들보다 먼저 선점하기 위해서는 보다 더 세부적이고 주변적인 곳으로 찾아들어갈 수밖에 없으니 불필요하고 자잘한 문제에 매몰되었다는 비판을 받게 된 것이다. 정치권력으로 벗어나 스스로의 학문적 능력으로 생계를 유지할 수 있는 전문적 학자군이 형성되는 과정의 불가피한 현상이라 할 수 있다. 그러나 당대의 실학은 모두 고증학을 기반으로 이루어진 것이었다. 흔히 집에 들어가기 위해서는 문을 통과해야하듯 고증은 바로 통과하지 않을 수 없는 관문이었다. 고증학은 학문 자체에 매몰되었다는 측면도 있지만 또 다른 한편에는 객관적 실증의 방법론으로 근대적 과학연구로 나갈 수 있는 토대가 되었다는 평가도 있다. 따라서 고증학은 경세적 실용의 학문과는 불가분의 관계이며, 청나라나 조선 후기 실학사 전개의 한 과정이었다.[89] 추사가 경세치용의 학에 직접 뛰어들지는 않았지만, 그 토대가 되는 학문방법론에 대한 인식을 정예화하는 역할을 하였다고 말할 수 있다.

두 번째는 추사가 제기한 문예론이 오늘날에는 예술분과에 속하는 것으로 현실과는 거리가 멀다고 생각할 수 있다. 그러나 시나 시학만 놓고 보더라도 전근대에는 가장 현실적인 문제였다. 전근대 지식인에게 시를 취미나 교양이 아닌 사회적 존재로서의 필수라고 할 수 있다. 과거 등 인재선발은 물론 모든 인적 소통이나 교유가 시로 이루어졌기 때문이다. 시를 통하여 그 사람의 재능, 감성, 인문적 지식, 역사관, 출처관, 미적 기준 및 인품 등이 전달되었다. 그러므로 이 소통 없이는 사대부 사회에 일원이 될 수 없는 것이었다. 그러므로 시

89 임형택(2018).

의 창작뿐만 아니라 역대 시인이나 시작품에 대한 평가나 창작 방법, 시단의 일화 등 시에 대한 모든 담론은 사대부 입장에서 보면 일상생활에서 시행되는 일용(日用)의 학이라 할 수 있다. 특히 추사시대에 오면 활발한 한중교류를 통하여 시서화의 문예나 금석, 고증 등에 대한 담론은 조선 내부에 국한 될 수 없었다. 청나라에서 유입되는 엄청난 정보에 대응해야 했고, 그 대응의 과정에서 한중 교류가 지속되었다. 당시 왕래하는 편지에는 서서화와 금석 고증에 대한 내용이 비중이 있었고, 이것이 당대 한중 지식인 교류의 실질적 매개물이었다. 청나라 학계에 대한 대응은 조선 문인사회를 움직이는 중요한 요인이 되어있었다. 그러므로 서서화와 금석 고증에 대한 담론은 개인적 취향이나 교양의 문제에 머물지 않고, 조선 문인사회의 입장에서는 대단한 현실적 문제였다.

또 하나의 질문은 추사가 학자로서 내세울 만한 저작이 있는가라는 질문이다. 사실 추사가 자신의 원고를 불태우기도 하여 추사의 학술적 성과가 온전한 문헌에 전하지 않은 것도 사실이지만, 추사의 문집에 적지 않은 중국학자의 글이 찬입되어 있다는 점은 이런 의혹을 낳기에 충분한 것이다. 현재 추사의 글로 알려진 것도 중국 쪽 글을 가져다 짜깁기 한 것일 수 있다는 가능성이 열려 있다. 사실 추사가 남긴 전문적 저작에 대한 기록은 없다. 옹방강의 권고로 『노례체흡지(魯禮禘祫志)』와 『의례금고문고(儀禮今古文考)』을 편찬하였으나, 아직 미완의 상태임을 말하였을 뿐 완성하였다는 말은 확인되지 않는다. 아마도 진흥왕순수비문을 고증한 『예당금석과안록(禮堂金石過眼錄)』이 현재까지 밝혀진 유일한 저작이라고 보아야할 것이다. 결국 저술은 없고 편지의 글만 남아 있는 셈이 된다. 이 편지의 글만 가지고 과연 그를 대학자로 인정하고, 그의 학문을 논할 수 있겠는가 의문은 어찌 보면 당연하다. 그러나 이 문제는 추사의 입장에서 생각해볼 필요가 있다. 추사는 이미 청나라 학계가 대단한 발전을 이룩하였지만 학파의 난립과 과열된 논쟁의 폐단이 있음을 냉철하게 인식하고 있었다. 뿐만 아니라 추사는 청대 경학연구를 집대성한 『황청경해(皇淸經解)』를 직접 보게 된다. 180종의 저술을 담은 1,400권의 방대한 분량이다. "남이 말한 것을 또 말하지 않는다."라는 완원의 명제를 학자적 삶의 지표로 삼은 추사가 과연 자신이 소유한 자료를 가지고 『황청경해』 속 저술을 능가할 수 있는 어떤 새로운 저술을 생각하는 것은 쉽지 않았을 수도 있다. 그런 점에서 경학에 대한 저술을 남기지 않은 것이 오히려 학자적 양심이자, 소신의 실천이라 볼 수 있다. 그렇다고 추사가 청대 학술에 압도되어 추종자가 되거나 주눅이 들어 있었던 것도 아니다. 청대학술의 조류가 조선 문인사회로 대거 유입되는 현실 속에서 추사는 하나의 통로이자 선각자로서 실사구시의 정신으로 대응하였던 것이다. 이 과정을 여실하게 보여주는 것이 바로 명·청대 비평사의 쟁점에 대해 제시한 단안이며, 이 단안이 말단적 논쟁에 빠져있던 조선 문단에 파급된 영향이다. 시학에 대한 저술을 남기지 않았지만 그에 못지않은 영향력을 미쳤다는 점에서 선각자로서 역할을 했다고 볼 수 있다. 학자로서 다산 정약용처럼 방대한 저술을 남길 수도 있지만, 추사처럼 당시 학계 현실에 필요한 최선의 정보와 정제된 판단을 축적하고 소통하는 것도 각자의 현실인식에 대한 대응의 차이라고 볼 수 있다.

끝으로 필자의 박사학위논문의 결론 부분을 인용하며 이 글을 마무리하고자 한다.

추사의 시론 또한 이러한 실사구시 정신의 실천이자, 그 결과물이었다. 추사는 엄격한 객관적 태도와 예리한 비판정신으로 대치국면과 쟁점으로 가려진 각 시론의 본의를 밝히고, 조정함으로써 주체적 입장에서 각 유파의 문호를 타파하였고, 시도원류(詩道源流)를 거슬러 올라가 위진기풍(魏晉氣風)의 '자연(自然)'과 '자유(自由)'의 창작세계를 제시하였다. …… 그럼에도 추사의 시론이 고답적 '문예일치'론으로 인식된 것은 추사가 학자적 관점에서 문예를 다루었기 때문으로 보인다. 추사는 시인이나 도학가 아니라 학자의 입장에서 시론에 임했던 것은 분명한 사실이다. 연암 박지원이 실학을 가지고 사농공상(士農工商)에 공헌하는 것을 사(士)의 임무로 인식했다면,[90] 추사는 실사구시의 학문으로 학술문화의 수준을 고양시키는 것이 자신의 임무라 자각했던 것이다. 추사에게 학술과 문화는 고답적이며 비현실적인 것인 것이 아니었다. 이과(李顆)가 "천하의 치란(治亂)은 인심의 사정(邪正)에서 나오고, 인심의 사정(邪正)은 학술의 명회(明晦)에서 나온다"[91]고 하였듯이, 명말청초 인사들은 명의 멸망원인을 학술문화로부터 찾았다. 추사 또한 학술문화가 사회정치를 반영하고 있으며, 또한 중대한 영향을 끼친다는 점을 역사를 통해 인식한 것이다. …… 추사에게 시론은 단순한 시론이 아니라 조국의 학술과 문화였으며, 자신의 현실에 주어진 가장 현실적인 문제였다. 진경시대 문예에 대한 추사의 비판은 조국의 후진성에 대한 자각이었고, 청조 시론의 수용과 조정에 심혈을 기울이며 고착된 오류와 편견을 바로잡는 것은 그가 감지하던 계세(季世)의 구제책이었던 것이다. 추사의 시론은 실사구시의 시학인 것이다.

---

90 이우성(1982), 68쪽.

91 李顆, 『二曲集』, 권13, 「匡時要務」. "天下之治亂, 由于人心之邪正, 人心之邪正, 由于學術之明晦"

參考文獻

자료

金正喜 저, 심호열 외 역, 『國譯 阮堂先生全集』, 한국고전번역원, 1996.

丁若鏞 저, 실시학사경학연구회 편역, 『다산과 석천의 경학 논쟁』, 한길사, 2000.

논저

강명관(2007), 『공안파와 조선후기 한문학』, 소명출판사.

계승범(2011), 『정지된 시간, 조선의 대보단과 근대의 문턱』, 서강대학교출판부.

이경구(2009), 『17세기 조선 지식인 지도』, 푸른역사.

이동주(1975), 『우리나라의 옛 그림』, 박영사.

_____(1996), 『우리 옛 그림의 아름다움』, 시공사.

이태호(1996), 『조선후기 회화의 사실정신』, 학고재.

정 민(2014), 『18세기 한중 지식인의 문예공화국―하버드 옌칭도서관에서 만난 후지쓰카 컬렉션』, 문학동네.

정혜린(2008), 『추사 김정희의 예술론』, 신구문화사.

_____(2019), 『추사 김정희와 한중일 학술교류』, 신구문화사.

최완수 외(1998), 『진경시대1,2』, 돌베개.

허태용(2009), 『조선후기 중화론과 역사인식』, 아카넷.

郭郘愚(1983), 『照隅室古典文學論集』, 上海, 上海古籍出版社.

_____(1988), 『中國文學批評史』, 臺北, 文史哲出版社.

梁啓超(1923), 『中國近三百年學術史』, 中華書局.

藤塚鄰 저, 박희영 역(1975), 『추사 김정희의 또 다른 얼굴』, 아카데미하우스.

벤저민 엘먼 저, 양휘웅 역(2004), 『성리학에서 고증학으로』, 예문서원.

논문

김울림(2006), 「秋史 인식의 진실과 허구 : (3) 추사연구 무엇이 문제인가」, 교수신문.

김진균(2010), 「성호 이익을 바라보는 한문학 근대의 두 시선-1929년 문광서림 판 〈성호사설〉에 게재된 변영만과 정인보의 서문 비교 연구」, 『반교어문연구』 28. 반교어문연구회.

김혜숙(1989), 「추사 김정희의 시문학 연구」, 서울대학교 대학원 박사학위논문.

______(1991), 「추사와 자하의 문학적 교유와 그 영향」, 『대동문화연구』 26, 성균관대학교 대동문화연구원.

노관범(2018), 「근대초기 실학의 존재론-실학 인식의 방향전환을 위하여」, 역사비평 2018년 1호, 역사비평사.

박동규(2002), 「阮堂金正喜書法藝術研究」, 南京藝術學院學位論文.

박철상(2004), 「추사가 편간한 『詩龕錄定杜少陵七言絶句』의 발굴과 그 가치」, 『서지학보』 28집, 한국서지학회.

______(2007), 「조선 금석학사에서 유득공의 위상」, 『대동한문학』 27, 대동한문학연구회.

우경섭(2012), 「중화주의에 대한 학설사적 검토」, 『한국사연구』, 한국사연구회.

이경구(2008), 「17세기 후반 농암 김창협의 탈속과 참여의식」, 『기전문화연구』 34, 경인교육대학교 기전문화연구소.

이경수(1998), 「秋史 金正喜의 淸代詩 受容」, 『한국한시연구』 6, 한국한시학회.

이기면(1993), 「袁宏道 性靈說 硏究」, 고려대학교 박사학위논문.

이우성(1970), 「실학연구사서설」, 『문화비평』 7, 8 ; 『한국의 역사상』, 창비, 1982년 재수록.

______(1981), 「金秋史와 中人層의 性靈論」, 『한국한문학연구』 제5집, 한국한문학연구회.

이은혁(1999), 「추사 김정희 시론 연구 (1)-청조 시학과 관련하여」, 『한국사상과 문화』, 16, 한국사상문화학회.

______(2007), 「추사 김정희의 예술론 연구」, 성신여자대학교 대학원 박사학위논문.

이지양(1999), 「18세기의 '眞'추구론과 性靈說」, 『한국한문학연구』 24, 한국한문학회.

이철희(2002), 「추사 김정희 시론 연구-중국시론의 수용과 조정을 중심으로」, 성균관대학교 박사학위논문.

_____(2004a), 「추사 김정희의 시문학에 나타난 고증학의 영향」, 『한국시가연구』 15, 한국시가학회.

_____(2004b), 「추사의 시학과 실사구시의 실천」, 『추사김정희선생 국제교류 학술회의』 발표집, 추사김정희선생기념사업회.

_____(2008), 「연암 박지원의 〈녹앵무경서〉에 담겨있는 비평적 의미(1)」, 『한문학보』 19, 우리한문학회.

_____(2009a), 「'靈慧'와 환상성에 대한 연암 박지원의 양면적 입장」, 『동방한문학회』 41, 동방한문학회.

_____(2009b), 「19세기 시학에 대한 산천 김명희의 인식」, 『추사연구』 7호, 추사연구회.

_____(2010), 「조선후기 '詩中有我'론 연구 序說」, 『대동문화연구』 69, 성균관대학교 대동문화연구원.

_____(2011), 「19세기 초 한중문학교류와 吳嵩梁」, 『대동문화연구』 73, 성균관대학교 대동문화연구원.

_____(2012), 「경릉파에 대한 조선후기 비평의 양상」, 『어문연구』 40권 1호, 한국어문교육연구회.

_____(2012), 「유득공의 연행과 동아시아 소통의 문학」, 『실학파 문학 연구』, 사람의무늬.

임형택(2018), 「19세기 사상사의 지도과 박규수」, 재단법인 실시학사 편, 『환재 박규수 연구』, 학자원.

전해종(1964), 「청대학술과 완당-완당의 경학에 대한 시론적 검토」, 『대동문화연구』 1, 성균관대학교 대동문화연구원.

정우봉(1992), 「19세기시론연구」, 고려대학교 대학원 박사학위논문.

최완수(1976), 「추사의 학문과 예술」, 『추사집』 해제, 현암사 ; 2014년 개정판에 재수록.

_____(1998), 「조선왕조의 문화절정기, 진경시대」, 『진경시대1』, 돌베개.

호승희(1983), 「추사 김정희의 문학연구」, 이화여자대학교 대학원 석사학위논문.

| 秋 史 |

추사 김정희와 청대 문인의 교류 및 영향에 대한 고찰*

유 정(劉婧) | 남서울대학교 교양대학 조교수

---

* 본 논문은 재단법인 실시학사가 주최한 실학연구 공동발표회(성균관대학교 600주년기념관 6층 첨단강의실, 2019년 6월 25일)에서 발표한 「추사 김정희와 청대 학인의 교류 및 영향에 대한 고찰」(『조선 후기 실학사의 재조명-추사 김정희 연구』 논문집, 115~145쪽.)을 수정하고 보완한 것이다.

1. 머리말

김정희(金正喜, 1786~1856)의 자는 원춘(元春)이며 호는 추사(秋史)·완당(阮堂)·예당(禮堂)·시암(詩庵)·노과(老果)·승설도인(勝雪道人) 등이다. 그는 당시 병조판서(兵曹判書)를 지낸 김노경(金魯敬, 호는 유당(酉堂), 1766~1837)과 기계유씨(杞溪兪氏) 사이에서 장남으로 태어나 큰아버지 김노영(金魯永) 앞으로 출계하였다. 순조 9년(1809) 추사 나이 24세 때 증광생원시(增廣生員試)에 장원급제하고 동년 12월에 동지겸사은부사(冬至兼謝恩副使)로 떠나는 생부 김노경을 따라 연경에 가서 대학자 옹방강(翁方綱, 1733~1818), 완원(阮元, 1764~1849) 등을 만나 사제(師弟)의 의리를 맺었다. 그 후 옹방강과 완원 및 그들의 주변 우인과 가족·제자를 비롯한 청인(清人) 학자와 평생 동안 학문적인 교류를 전개하였다. 순조 19년(1819) 추사는 문과에 급제하여 한림소시(翰林召侍)·규장각시교(奎章閣侍敎) 등을 역임했으며, 헌종 2년(1836) 4월에는 성균관대사성(成均館大司成)을, 7월에는 병조참판(兵曹參判)을 역임하였다. 헌종 6년(1840)에 윤상도(尹商度)의 옥사(獄事)에 연루되어 9년 동안 제주도에서 유배 생활을 보냈고, 철종 2년(1851) 7월 진종조천론(眞宗祧遷論)의 배후 발설자로 지목되어 북청에 2년간 유배되었다가 풀려났다. 철종 6년(1855) 이후 과천에서 은거생활을 하면서 학예와 학술에 몰두하다가 철종 7년에 세상을 떠났다. 시문집으로는 『담연재시고(覃揅齋詩藁)』(7권 2책(七卷二冊), 전사자(全史字), 1867), 『완당척독(阮堂尺牘)』(2권 2책(二卷二冊), 전사자(全史字), 1867), 『완당집(阮堂集)』(5권 5책(五卷五冊), 만향재 전사자(晩香齋 全史字), 1868), 『완당선생전집(阮堂先生全集)』(10권 5책(十卷五冊), 신조선사연활자(新朝鮮

社鉛活字), 1934) 등을 남겼다

추사는 청대 문인과의 교류를 통해 고증학, 금석학 등의 학풍을 적극적으로 받아들였으며, 경학과 금석학 및 서예 등에 일가를 이루었고, 조선 후기 북학의 종장으로서 일찍부터 국내외 학계의 주목을 받아오며 연구대상이 되었다.[1] 추사와 청대 가경(嘉慶)·도광(道光) 시기 문인들과의 교류에 대한 연구로 대표적인 것은 일본 학자 등총린(藤塚鄰, 1879~1948)의 『청조 문화 동전의 연구-가경·도광 학단과 이조의 김완당』[2]이다. 이 저술은 추사와 청대 문인 간에 이루어진 교류 과정을 실증 자료를 통해 상세히 다루고 있으며, 등총린 본인이 수십 년 동안 수집한 추사 관련 자료를 열거하고 고증하면서 진술하여 추사와 청대 문인들 간 교류의 내용을 상세히 고찰하였다. 이어 최완수의 『김추사연구초』[3]·『추사집』,[4] 정민의 『18세기 한중 지식인의 문예공화국』,[5] 박철상의 『나는 옛것이 좋아 때론 깨진 빗돌을 찾아다녔다』[6] 등의 저술, 박현규의 「해동금석문의 신 자료인 청 옹수곤 『비목쇄기』에 대하여」[7]·「상해도서관장 청 유희해의 정고본 『해동금

1 한국 학계의 秋史 金正喜에 대한 연구는 20세기 초 古書 收藏家의 秋史 遺物에 대한 蒐集, 60年代부터 현재까지 金約瑟, 金痒基, 李家源, 崔完秀 등 연구자의 秋史의 文學, 金石, 書藝, 佛教思想 등 방면에 대한 연구가 있으며, 일본 학계의 경우 今西龍, 藤塚鄰을 비롯해 秋史와 청대 학자의 교류, 經學과 金石 등에 대한 연구가 이루어졌다.

2 藤塚鄰의 『清朝文化東傳の研究-嘉慶道光學壇と李朝の金阮堂』(藤塚明直 編), 東京 : 國書刊行會, 1975. 이하 본문에는 '『清朝 文化 東傳의 研究』'로, 각주에는 '藤塚鄰(藤塚明直 編, 1975)'로 약칭함.

3 崔完秀(1976).

4 崔完秀(2014).

5 鄭珉(2014).

6 朴徹庠(2015).

7 朴現圭(1997), 83~105쪽.

석원』」,[8] 심경호의 「추사 김정희의 고증학」[9] 등의 논문에서는 추사와 청대 문인의 학연, 추사의 금석학 등을 논하면서 청대 개별 문인 간에 이루어진 교류의 일면을 부분적으로 다루고 있다. 이원석의 「조·청의 학술교류와 통학의 학술관-19세기 전반 양주학파와 추사 김정희」,[10] 필자의 「왕희손과 조선문인의 왕래척독에 대한 고찰」[11] 등의 논문에서는 추사와 양주학파의 학술 교류 과정에서 이룬 논쟁과 각자의 학술 태도를 고찰하였다.

상기 선행 연구를 통해 추사와 청대 문인들 간 교류의 실물 소개와 교류 내용을 어느 정도 파악할 수 있었으나 통시적으로 추사와 교류한 청대 문인의 규모와 상호 관계, 추사와 청인이 교류한 내용적 특징, 그들의 교류가 추사 개인에게 미친 영향, 추사가 청대 학단(學壇)에 미친 영향 등의 문제에 대해 아직 체계적인 연구가 이루어지지 않고 있다. 이에 본 연구에서는 선행 연구를 바탕으로 새로 조사한 추사 관련 척독 자료, 청인의 시문집에 수록된 추사 관련 문헌 자료 등을 통해 추사가 평생 동안 청인들과 교류하며 이룬 교류 내용과 특징 및 이러한 경험이 추사 개인의 학문과 예술에 미친 영향과 추사가 청대 학단에 미친 영향 등을 체계적으로 고찰하고자 한다. 이와 같은 연구를 통해 추사와 청대 문인들이 학예에 있어 이룬 교류의 구체적인 양상, 19세기 초·중반 한·중 양국 학술의 발전, 학맥(學脈)의 흥쇠(興衰) 등을 더욱 깊이 있게 이해할 수 있을 것이라 기대한다.

---

8 朴現圭(2001), 279~305쪽.

9 沈慶昊(2007).

10 이원석(2012), 273~318쪽.

11 劉　婧(2012), 39~63쪽.

2. 추사와 청대 문인의 교류 내용 및 특징

추사는 연행(燕行)을 통해 수많은 청대 문인을 만나 당시 청대 학예의 동향을 수시로 파악할 수 있었고, 이를 개인의 수학(修學)과 치학(治學)에 도입하여 더 높은 수준의 경지에 도달하였다. 추사가 이와 같은 교유 기회를 입을 수 있었던 연원을 거슬러 올라가면 다음과 같다. 추사의 선배 학자 담헌 홍대용(洪大容, 1731~1783), 김재행(金在行) 등 일행은 영조 42년(1766) 연경에 가서 항주(杭州)의 엄성(嚴誠)·반정균(潘庭筠)·육비(陸飛) 등과 친교를 맺었다. 그들이 교류하는 동안 주고받은 시문집으로는 엄성이 세상을 떠난 후 지인 주문조(朱文藻)가 편집한 『일하제금집(日下題襟集)』 등이 있고, 홍대용이 편찬한 연행기록 『건정동필담(乾淨衕筆譚)』 등이 있다. 그들이 군자의 도의로써 서로가 진정으로 이룬 우정은 동시대와 후세 양국 문인들에게 큰 감동을 주었다. 10년 후(1776) 조선 후사가(後四家) 중의 한 사람인 유득공(柳得恭, 1748~1807, 호는 영재(泠齋))의 숙부(叔父) 유금(柳琴)은 사가(四家)인 유득공·박제가(朴齊家, 1750~1805)·이덕무(李德懋, 1741~1793)·이서구(李書九, 1754~1825)의 시선집 『한객건연집(韓客巾衍集)』을 가져가 반정균과 그의 친구인 이조원(李調元, 1734~1802)에게 서문과 평점(評點)을 받았다. 이로써 후사가(後四家)는 청대 학단(學壇)에 인정을 받을 수 있었고, 청인은 조선 문인의 학예에 더 많은 관심을 갖게 되었다. 추사의 스승인 박제가는 연행을 통해 직·간접적으로 연경 학계의 문인들과 폭넓은 교류를 가질 수 있었으며, 옹방강과 완원 같은 거유(巨儒)와 교유하며 배울 기회도 얻을 수 있었다. 훗날 추사가 연행을 갔던 때는 스승인 박제가가 이미 세상을 떠난 후였지만 박제가의 옛 교우와 친분은 아직 청대 학단에 남아있었기에, 추사가 연경에 가서 청대 문인의 환대를 받을 수 있었던 것은 아주 자연스러운 일이었다.

추사는 연행 이래 근 50여 년 동안 청대 학단과 지속적인 교류 관계를 맺었다. 추사가 시기별로 만났던 청대 문인 및 그들이 교류한 내용에 대해서 본고에서는 다음의 자료들을 고찰해보았다. 등총린(藤塚鄰)의 『청조 문화 동전의 연구』(藤塚鄰(藤塚明直 編, 1975))에 수록된 청인들이 추사에게 보낸 서찰, 청인과 추사의 아우 김명희(金命喜, 호는 산천(山泉)) 등 조선 문인의 왕래 서찰인 『중사척독(中士尺牘)』과 『척독장거집(尺牘藏弆集)』, 청인이 추사의 제자 이상적(李尙迪, 호는 우선(藕船), 1804~1865)에게 보낸 서찰의 필사본 『난언휘초(蘭言彙鈔)』,[12] 조선과 청인의 시문집에 수록된 추사 관련 자료 등이다.

1) 1809년 12월부터 1810년 3월까지 추사가 연경에서 만난 청대 문인

등총린은 『청조 문화 동전의 연구』에서 추사가 북경으로 출발하여 그 곳에 머물다가 귀국한 주요 일정을 아래와 같이 고찰하였다.

---

12 李尙迪과 淸人들이 왕래한 서찰의 필사본은 『海隣尺牘』(미국 하버드대학 연경도서관 소장 필사본) 등 10여 종류의 傳寫本이 있다. 정후수 교수의 번역본인 『북경편지』(휴먼필드, 2017)는 『海隣尺素』를 底本으로 번역하였다. 轉寫本의 수록 편지의 수량과 내용이 차이가 많아 본 연구에서 한국학중앙연구원 장서각 소장 필사본인 『蘭言彙鈔』의 원문을 인용하여 번역하였다. 『中士尺牘』은 고려대학교 고서실 소장 原札帖, 『尺牘藏弆集』은 서울대학교 규장각 소장 필사본을 참고하였다.

1809년 10월 28일: 한양 출발.

1809년 12월 20일 경: 북경에 도착. 먼저 조강(曹江)을 만났다. 그들은 주로 법원사(法源寺)나 유리창(琉璃廠)의 오류거(五柳居)에서 만났다.

1810년 1월 26일: 이임송(李林松)의 진돈재(躔蠍齋)에서 서송(徐松, 호는 몽죽(夢竹)·성백(星伯))·주자인·유삼산 등을 만났다.

1810년 1월 29일: 옹방강을 만났다.(1월 중 추사를 만난 사람이 가장 많았고, 완원·주학년 등도 만났다.)

1810년 2월 1일: 법원사에서 송별잔치를 열었다.

1810년 3월 17일: 귀국함.

추사와 옹방강이 만났던 시기에 대하여 등총린은 1810년 정월 29일로 주장하였는데, 학계에서는 이에 대해 이견을 내고 있다. 최완수의 『추사집』,[13] 정후수의 『추사 김정희 논고』[14] 등에서는 모두 1809년 12월 29일로 주장하고 있으나 실증 자료를 제시하지 못하였다. 옹방강의 시문집 『복초재시집(復初齋詩集)』과 옹방강의 연보 정리본인 『옹방강연보(翁方綱年譜)』[15]에 수록된 추사 관련 내용을 보면 모두 1810년 정월 29일로 확인된다.

추사가 연경에서 만난 청인의 규모와 교류한 내용 등을 도표로 정리하면 아래와 같다.

---

13 崔完秀(2014).

14 鄭後洙(2008).

15 沈　津(2002).

〈표1〉 추사가 연경에 있는 동안 교류한 청인 일람표(1809.12~1810.3)

清人 生平	官職 經歷	治學	會晤場所 및 活動	備考
曹江 (1781~1837)[16] 字는 玉水, 號는 石谿. 上海사람임.	大理評事	詩文	雲間會館·五柳居書肆·法源寺에서 만남.	劉喜海(字燕庭)와 姻戚관계 있음. 1801년에 박제가를 만났고, 1807년에 남공철을 만나 시문집의 序를 썼음.
徐星伯 (1781~1848) 名는 松, 字는 星伯, 號는 夢竹, 直隸省 大興人.	全唐文館編纂·文穎館總纂.伊犁에 유배당했음.	地理, 方志	(1810)正月二十九日에 함께 蘇齋을 방문함.	覃溪的門生, 陳東之(名潮)의 門客임.
翁方綱 (1733~1818) 字는 正三, 號는 覃溪, 彝齋. 大興人.	文淵閣校理·武英殿繕寫四庫書分校官 등.	經學, 金石, 書藝, 詩學	石墨書樓에서 書畵拓本과 書籍 등을 감상함.	嘉慶六年(1801)에 박제가와 만났음.
翁樹培 (1764~1811) 字는 宜泉.	覃溪의 四子, 翰林院檢討임.	古幣	翁府. 藏書를 열람. 古幣를 감상함.	錢載(1708~1793, 字는 坤一, 號는 籜石)댁에서 長成했음.
翁樹崐 (1786~1815) 字는 星原·學承, 號는 紅豆山人·星秋霞碧之齋.	覃溪의 六子임.	金石, 歷史	翁府. 藏書와 拓本을 열람.	
阮元 (1764~1849) 字는 伯元, 號는 芸臺(又雲臺). 江蘇儀征人.	翰林院編修·內閣學士·兩廣과 雲貴 등의 總督 등. 道光十八年(1838)秋에 귀향감.	金石學	(1809)九月二十三日에 북경의 저택인 衍聖公邸에서 勝雪 차를 품평하고, 鴻寶四明元本 등을 감상함. 書冊 등을 기증함.	1790년 芸臺 27살에 유득공과 박제가를 만났고 친교를 맺었음.
朱鶴年 (1760~1844) 號는 埜雲,江南 泰州人.	覃溪의 門客임. 粉坊街的擬陶詩屋에서 기거함.	書畫	毛西河·朱竹坨兩翁立像圖 기증함. 正月二十六日에 李心庵的隱墩室가서 李心庵·徐夢竹(卽星伯)·翁星原·朱子仁·劉三山 등 같이 감상함.	覃溪와 阮芸臺 교류함. 紫霞와 교류함.
李林松 (1770~1827) 字는 心庵, 號는 易園. 河南商丘人.	戶部主事	訓詁, 考訂. 易學, 禮學	隱墩齋, 曾燠의 『邗上題襟集』을 열람.	曾燠(1760~1831), 字庶蕃, 一字賓谷, 爲吳蘭雪友人. 朴楚亭入燕時與賓谷相識.
劉華東	嘉慶六年(1801)	詩文	1810年 正月 二十六日에	

(1778~1841) 字는 子旭, 三山. 號는 三柳居士. 番禺人.	의 擧人임.		그림을 감상하고, 二月에 秋史를 위해 送別宴 열림.	
洪占銓 (1762~1812) 號는 介亭. 宜黃人.	覃溪의 門人임	詩文	賞書	李宗昉·朱士彦·朱珔·顧蓴·董桂新·梁章鉅와 同年의 進士임.
李鼎元 (1750~1805) 字는 和叔, 號는 墨莊·師竹齋. 四川綿州人.	嘉慶五年(1800)에 琉球에 갔고, 같은 해에 復命함.	詩文	法源寺欣賞『登岱圖』17	李雨村(1734~1803, 이름은 調元, 號는 杭塘)의 從弟임. 1801年에 朴楚亭과 柳惠風을 만났음.
金光悌 (1747~1812) 字는 汝恭, 號는 蘭畦임. 安徽英山人.	宗人府主事·內閣侍讀學士	詩文	宣武門外米市胡同. 家宴	1812년에 申紫霞가 방문함. 1812.12.12, 蘭畦離世.
金宜園, 金近園(勇)	宜園, 擧人. 金光悌之子		宣武門外米市胡同. 家宴	1812.11.28, 宜園離世.
譚光祥 (1776~1823) 字는 君農·蘭楣. 號는 退齋. 南豊人.	禮部主事	詩文	1810년 2월에 秋史의 餞別宴에 나옴.	
朱子仁, 劉三山		詩文		
18名				

추사가 연경에 머문 기간은 40여 일 정도였다. 위의 〈표1〉을 통해 추사가 연경에서 만난 인물과 내용적 특징을 아래와 같이 규명할 수 있다.

첫째, 추사가 만난 청대 인물은 약 18명으로 확인된다. 이 중 조강(曹江), 김광제(金光悌) 부자(父子)를 제외하고 다시 두 그룹으로 나눌 수 있다. 하나는 옹방강 부자와 그의 제자들이고, 하나는 완원 부자와

16 曹江의 生卒年에 대하여 朱則杰(2017)에서 고증한 바가 있다.

17 覃溪의 門人인 黃易이 그린 것임. 李鼎元이 黃易에게 부탁해서 그린 것이다. 黃小松(1744~1802), 名은 易, 號는 小松·秋庵이다.

그의 제자들이다. 상기 청대 인물은 서로 간 친교가 있거나 학연 관계가 있었다. 이정원(李鼎元)의 경우, 그는 조선 후사가의 시선집인 『한객건연집』을 평점(評點)해주었던 이조원(李調元)의 종제(從弟)이다. 이정원이 일찍이 친구 황역(黃易, 1744~1802, 호는 소송(小松))에게 부탁하여 『등대도(登岱圖)』를 그렸다. 박제가와 유득공이 입연(入燕)하였을 때 이 그림을 보여주었고 박제가에게 개인의 초상 『이묵장독행소조(李墨莊獨行小照)』를 선물로 주었으며, 추사도 그들의 저술을 알고 있었다. 연경에서 이정원이 추사에게도 『등대도』를 보여주었는데, 추사의 스승 박제가의 운사(韻事)도 이야기해주었다. 여기서 유의할 것은 황역은 옹방강의 제자로 반유위(潘有爲, 1743~1821, 호는 의당(毅堂))와 가장 친한 사이였다는 점이다. 또 반유위는 반정균의 동족(同族)이며, 북경에서 근무하였을 때 옹방강 문하에 자주 드나들었다.[18] 이를 미루어 보아 18세기 중후반 홍대용과 반정균 등 청대 문인의 교류는 19세기 초까지 이어졌고, 옹방강과 완원을 비롯한 연경의 학인권(學人圈)은 서로 밀접한 교류 관계가 있었으며, 조선 연행사와의 교류도 서로 계승관계가 있거나 공유(共有)관계가 있었음을 알 수 있다.

둘째, 추사에게 옹방강과 완원의 영향은 가장 크다고 할 수 있다. 추사의 제자 민규호(閔奎鎬)는 『완당선생전집』의 서문에서 아래와 같은 이야기를 하였다.

> 이에 앞서 판서공이 사신으로 연경(燕京)에 갈 적에 공도 따라 들어

18 潘有爲는 潘庭筠과 同族이며, 모두 覃溪와 交遊관계가 있다. 翁方綱의 시문집 『復初齋詩集』에 潘有爲와 교류한 시문이 실려 있다.

> 갔는데 이때 공의 나이는 24세였다. 당시 각노(閣老) 완원과 홍로(鴻臚) 옹방강은 모두 당세의 대유로서 큰 명성이 천하에 진동하였고 지위도 현달하여 선뜻 남들을 접견하지 않은 터였으나, 그들이 공을 한번 보고는 막역한 사이가 되었다. 그리하여 경의를 변론하면서 그들과 승부를 맞겨루어 조금도 굽히려고 하지 않았다. 완원이 『황청경해』를 찬술하였으나 중국의 여러 대가도 아무도 그것을 보지 못했는데, 이 때문에 특별히 공에게 먼저 초본(抄本)을 부쳐주었던 것이다.[19]

민규호가 말하였듯이 추사는 특히 옹방강과 완원의 관대를 받았다. 옹방강은 개인의 장서루(藏書樓) 석묵서루(石墨書樓)에서 추사를 보고 "경술 문장은 해동의 제일인자[經術文章海東第一]"라는 칭찬을 하였다고 한다. 또 남에게 잘 보여주지 않았던 송 · 원(宋 · 元) 비본(秘本)을 추사에게 많이 보여주었고, 개인의 찬술과 서예 작품 등도 선물로 주었다.[20] 석묵서루(石墨書樓)는 당시 북경의 명소(名所)로, 수만 권의 장서와 진완(珍玩)은 젊은 추사의 학지(學知)에 큰 충격을 주었을 것이다. 추사가 옹씨(翁氏) 부자의 학술에 대해 숭앙(崇仰)한 마음도 강해졌으며 개인의 치학(治學)의 지향도 더욱 높아졌을 것이다.

완원은 당시 상경(上京)한지 얼마 안 되어 사택 연성공저(衍聖公邸)의 태화쌍비지관(泰華雙碑之館)에서 추사를 대접하였다. 완원은 명차 용단승설(龍團勝雪)을 추사에게 대접하면서 개인의 장서와 진품을 보

---

19 金正喜, 『阮堂先生全集』(1934년, 연활자본) 卷首, 閔奎鎬序. "先是判書公使于燕, 公隨而入, 時年二十四. 阮閣老元, 翁鴻臚方綱, 皆當世鴻儒, 大名震海內, 位且顯, 不輕與人接, 一見公, 莫逆也. 辨論經義, 旗鼓當, 不肯相下. 是以阮元撰經解, 海內諸大家莫之見, 而特先寄公抄本也."

20 翁方綱이 秋史에게 보여준 서적이나 선물은 藤塚鄰(藤塚明直 編, 1975)에서 상세히 밝힌 바가 있어 여기서 일일이 논하지 않겠다.

여주었다. 또 개인의 편저 『경적찬고(經籍纂詁)』·『십삼경주소교감기(十三經注疏挍勘記)』·『연경실집(揅經室集)』·『태화이비탁본(泰崋二碑拓本)』 등을 추사에게 선물로 주었다.[21] 추사는 완원에게 조선에 유입된 당본(唐本)을 소개해주었다. 추사가 연행에서 옹방강과 완원을 만나게 된 일은 훗날 그들의 아들, 제자들과 지속적으로 교류할 수 있었던 가장 중요한 요인으로 볼 수 있다.

셋째, 추사가 연경에서 만난 인물 중 옹방강과 완원을 제외하면 대부분이 젊은 문인이다. 젊은 문인들은 학문 전공과 관심사도 다르고, 개인의 특장과 개성도 다양하였다. 추사는 귀국하기 전에 아래와 같은 한시를 지어 연경에서 만난 인연을 회상하였다.

> 내가 북경에 들어가 제공들과 사귀기는 했으나 시(詩)로써 우정을 다진 적은 없다. 돌아올 무렵 아쉬운 마음을 금할 수 없어 죽 내려 쓴다.(我入京與諸公相交, 未曾以詩訂契, 臨歸不禁悵觸, 漫筆口號.)

구이(九夷)에서 태어나 나는 참으로 촌스러워	我生九夷眞可鄙
중원의 선비들과 사귀는 것이 참 부끄럽다.	多媿結交中原士
누대 앞 붉은 해는 꿈속에도 밝아	樓前紅日夢裏明
소재 문하에서 삼가 제자의 예를 올렸다.	蘇齋門下瓣香呈
오백 년이 지난 이날에	後五百年唯是日
천만 인을 거쳐 선생을 뵈었다.	閱千萬人見先生
운대(芸臺)는 그림 속에서 본 그분이었으니	芸臺宛是畫中覩
경적의 바다이고 금석의 부고였다.	經籍之海金石府
흙의 변혁도 정관(貞觀)의 동(銅)은 삭하지 못해	土華不蝕貞觀銅

21 藤塚鄰(藤塚明直 編, 1975), 제5장 참조.

허리춤에 천 년 묵은 작은 비를 차셨다.	腰間小碑千年古
화도비(化度碑)는 진돈재에서 처음 보아서	化度始自䃺嶔齋
담계(覃溪)와 운대(芸臺)의 인연이 되었다.	攀覃緣阮並作梯
그대는 푸른 바다 고래 끄는 솜씨라면	君是碧海掣鯨手
나는 신령한 마음을 갖고 있다.	我有靈心通點犀
야운(野雲)의 오묘한 필치는 천하에 알려져서	埜雲墨妙天下聞
일찍이 해외에서 국죽도(菊竹圖)를 보았다.	菊竹圖曾海外見
더구나 옛사람은 밝은 달과 같은데	況復古人如明月
선생의 손끝에서 이내 나타났다.	卻從先生指端現
옹씨(翁氏) 집안 형제는 쌍벽을 이뤄	翁家兄弟聯雙璧
평생 고전벽(古錢癖)을 버리기 어려웠다.	一生難遣愛錢癖
영지는 뿌리가 있고, 예천(醴泉)은 근원이 있어	靈芝有本醴有源
질탕의 풍류는 격이 한층 높았다.	爾雅迭宕高一格
주덕송(酒德頌)을 지은 유령(劉伶)을 가장 사랑하고	最憐劉伶作酒頌(三山)
이따금 한 번씩 적중하는 서막(夢竹, 徐星伯)	徐邈聊復時一中(夢竹)
명문가의 자제 조옥수(曺玉水)	名家子弟曹玉水
가을 물을 정신으로 옥을 골수로 삼고 있다.	秋水爲神玉爲髓
담계(覃溪) 문하 고제(高弟)들은 지극히 맑고 진실해서	覃門高足劇淸眞
써 내린 장편 노래는 글귀마다 신이 담겼다.	落筆長歌句有神(介亭)
생각해 보면 처음 서로 만났을 때는	卻憶當初相逢日
만남만 있을 줄 알고 헤어질 줄은 생각지 못했다.	但知有逢不有別
내 이제 발길 돌려 만 리 길 떠나면	我今旋踵卽萬里
땅 모서리 하늘 끝 방 안에 있으리라.	地角天涯在一室
조물주의 교활한 농락이 밉기만 해,	生憎化兒弄狡獪
사람들은 둥근 걸 좋아하나 이내 이지러지는 걸 보인다.	人每喜圓輒示缺
연운이 눈앞을 지나고 눈이 발톱에 남아도,	煙雲過眼雪留爪
그 가운데 마멸되지 않은 것이 있다.	中有一段不磨滅
용뇌향(龍腦香)는 공작새의 꽁지로 뿌려[22]	龍腦須引孔雀尾

비파는 유빈철(蕤賓鐵)[23]과 어울린다.	琵琶相應蕤賓鐵
아스라이 사라지는 넋으로 이별할 뿐이나	黯然銷魂別而已
압록강 물 술을 빚어 술잔으로 말리리라.	鴨綠江水盃中渴

(김정희(金正喜) 『담연재시고(覃揅齋詩藁)』 권2)[24]

상기 시문에서 언급한 인물은 〈표1〉에 정리한 인물 중 김씨 부자를 제외한 인물이며 추사가 연경에서 만난 인물 중 가장 인상 깊은 사람들이다. 이들 중에는 경학의 대가인 옹・완 같은 스승이 있었고, 금석과 전벽(錢癖)에 빠진 옹씨 형제도 있었다. 또 그림을 잘 그리는 주학년, 시를 잘 짓는 홍점전, 술 잘 마시는 유삼산까지 그들의 애호와 성격도 다양하였다. 추사는 그들과 한 달간 어울려 한묵(翰墨)을 담론하였는데, 그들의 박학과 문재에 경도되었고, 그들의 각별한 대접과 베풀어 준 정에 고마워하면서도 심취하였다. 이로써 추사는 중원지사(中原之士)를 사귀고 싶었던 소원을 풀 수 있었고, 이는 이후 청대 문인과 지속적이고 열정적으로 교류할 수 있었던 계기가 되었다.

---

22 龍腦는 龍腦香을 말한다. 龍腦香은 龍腦樹로부터 採取한 芳香이 있는 無色透明의 板狀結晶이며, 香料의 調合原料, 또는 薰香・防蟲劑 등에 쓴다. 孔雀尾는 공작새의 꽁지이며, 중국 고대부터 황실로부터 여러 가지 상징적인 장식으로 애용되어 왔다. 그중에 翠尾의 부착력이 강해서 香料를 뿌린 다음에 부착하여 다시 보관할 수 있다. 중국 五代 花蕊夫人의 「歷代百美圖」에서 西蜀 宮苑의 사치스러운 생활을 묘사하는데, 황제의 행렬이 나오기 전에 미리 龍腦香을 뿌려 불결한 물체와 질병을 피할 수 있게 해주고, 황제의 행렬이 지나간 다음에 孔雀尾로 향료를 부착하여 다시 쓸 수 있게 보관한다는 이야기가 있다.

23 蕤賓鐵은 고대 동나무로 제작된 古琴이다. 蕤賓은 古樂 十二律의 하나이다. 또 蕤賓鐵響은 古琴을 연주하는데 技藝가 아주 뛰어나다는 뜻으로 사용된다. 唐나라 段安節의 『樂府雜錄・琵琶』에 관련 故事가 있다.

24 藤塚鄰(藤塚明直 編, 1975), 제1편, 제2장 참조. 한국어 번역은 추사박물관 번역본 299~231쪽을 참조하여 수정하였다.

2) 1810년부터 1822년까지 추사와 교류한 청대 문인

추사는 귀국 후 연경에서 만난 청대 문인을 회상하면서 그리워하였다. 특히 옹방강과는 망년지교(忘年之交), 옹수곤(翁樹崐)과는 금란지교(金蘭之交)를 맺어 서로 서찰과 서적, 예물을 보내 서로의 정을 베풀었다. 본 장에서는 등총린(藤塚鄰)의 저술에서 언급한 그들이 서로 주고받은 서찰, 새로 추가 조사된 관련 자료를 정리하고, 추사 귀국 후 10여 년 동안 서찰로 교류한 청대 문인을 다음의 일람표를 통해 살펴보겠다.

〈표2〉 1810.3.부터 1822.12.까지 추사가 교류한 청대 문인 일람표

<table>
<tr><th>發信日</th><th>發信者 / 受信者</th><th>內容 및 贈物</th><th>備考</th></tr>
<tr><td rowspan="2">1812.7</td><td>覃溪寄秋史</td><td>秋史生日(6월3일) : 歐陽修畫像, 黃山谷畫像.</td><td rowspan="2">同年七月에 申緯, 柳最寬, 李祖默 등 入燕.</td></tr>
<tr><td>秋史寄覃溪</td><td>覃溪生日(8월16일)禮物 : 淨寫佛經一部, 日刻秦嶧山碑拓本.</td></tr>
<tr><td>1812.1.24</td><td>星原寄秋史</td><td>贈題'紅豆山莊'匾額</td><td rowspan="2">1811.9.8, 宜泉離世.</td></tr>
<tr><td>1812.9.25</td><td>秋史寄星原</td><td>日本夾花扇</td></tr>
<tr><td>1813.2.3</td><td>星原寄秋史</td><td>元四賢天冠山題詠蘇齋重撫本. 次金秋史題畫韻</td><td rowspan="2">李景博, 沈斗室, 洪約軒, 金景林入燕. 1813년 2월에 星原과 만남.</td></tr>
<tr><td>1812.10</td><td>秋史寄星原</td><td>參尾茶一函 · 簡紙五十幅 · 色牋廿葉等禮物. 再疊扇頭原韻新詠</td></tr>
<tr><td>1815.1.19</td><td>星原寄秋史</td><td>麟角寺普覺國尊靜照塔碑拓本寫冊一部</td><td>1814.11.14, 引達出世.</td></tr>
<tr><td>1814.1.21</td><td>星原寄秋史</td><td>手簡和古刀二柄 · 碑刻釋文 · 補鄭史等相贈</td><td>1815.8.28, 星原離世.</td></tr>
<tr><td>1815年 秋</td><td>秋史寄覃溪</td><td>長信叩問諸經義, 贈人蔘三枝, 古硯一匣</td><td rowspan="2">1815.10~1816.10, 覃溪寄秋史信札4通. 經義指導.</td></tr>
<tr><td>1815.10</td><td>覃溪寄秋史</td><td>星原의 死亡消息을 알림. 蘇齋의 近況을 소개함. (1816)復初齋詩集 初印本을 기증함.</td></tr>
<tr><td>1816</td><td>曹玉水寄秋史</td><td>書札, 錢蘀石의 繪畫를 반환 요청함.</td><td>趙寅永入燕, 與劉燕庭定交.</td></tr>
<tr><td>1817.8</td><td>秋史寄覃溪</td><td>新羅鍪藏寺碑殘本</td><td rowspan="2">1818.1.27, 覃溪離世.
1817년, 秋史審定新羅眞興大王巡狩碑.</td></tr>
<tr><td>1817.10</td><td>覃溪寄秋史</td><td>蘇齋筆記第三冊. 經傳內容.</td></tr>
</table>

1818.1.22/1.29	葉東卿[25]寄秋史	芸臺著述問題. 贈書籍拓本禮物. 禮物單子[26]	2통 서찰.
1818.10	秋史寄葉東卿	秋史가 覃溪의 諸經附記·蘇齋筆記를 청함.	서찰은 1819년 1월 11일에 받음.
1819.1.11	葉東卿寄秋史	石印三枚,晶印一枚	
1819	周吉人[27]寄秋史	何瑞熊處收到所繪蓮花圖, 有覃溪題贊	覃溪門人, 秋史의 神交임.
1820年 冬至後二日	秋史寄周吉人	菊卷·古鏡·紙筆等禮物	1821년 2월 2일에 周吉人이 답신했음.
1820	秋史寄顧莼[28]	寄楹聯：直聲留闕下, 秀句滿天東	
1820.1.28	葉東卿寄秋史	孫淵如周易集解, 王懋竑雜著寫本, 論語附記二冊, 易附記七冊	東卿은 秋史의 서찰을 받고, 정월 28일에 쓴 답장, 禮單.[29] 10월 14일에 동경의 답장 있고, 예단[30] 있음. 추사가 보낸 『經說彙鈔』를 받았음.
1820.10.14	葉東卿寄秋史	書畵, 碑帖	
1821.1.28	曹玉水寄秋史	書札, 玉章五方. 여름에 書札을 보내고, 周吉人이 기증한 覃溪先生의 五言楹帖一聯을 전달함.	錢蘀石繪畫를 반환 요청함.
1821.2.2	周吉人寄秋史	杭州石屋洞蘇題一軸,覃谿夫子字一橫幅, 瘞鶴銘一大幅附攷一本, 祕書廿一種兩函,玉水書一, 玉印五方.	
		趙文敏書前後赤壁賦帖二冊, 蘇州印花素聯三副, 焦山鼎銘考一冊, 志言錄一本, 吉人書聯一副, 聽松廬詩二冊, 大筆一枝, 淵雅堂全集一函, 蘇齋楹帖.	
1822.1.23	周吉人寄秋史	寄贈劉端臨先生遺書二本, 覃溪夫子對聯一副, 覃溪重燕詩冊一本, 湘妃竹骨摺扇一柄, 白竹刻花骨扇一柄, 舊墨十六塊, 羊毫兼毫五支, 砑花詩箋 一百番, 貴州皮茶臺二枚, 松江手巾二條, 寶珍膏紅緞紅布各二貼.	1821, 1822년에 증물 명단 있음.

25 葉志詵(1779~1863), 字는 東卿, 號는 遂翁, 淡翁이며, 齋號는 平安館, 簡學齋, 怡怡草堂 등이다. 湖北 漢陽 사람이다. 書藝와 金石에 능통했고, 일대의 藏書家였다. 翁方綱과 劉墉의 門下生이다. 저술로는『識字錄』,『平安館詩文集』,『簡學齋文集』등이 있다.

26 1818년 1월 22일, 葉東卿寄秋史添附贈品單子：孔子見老子象石刻一紙, 孔謙碑一紙, 熹

〈표2〉를 통해 볼 수 있는 추사와 청대 문인들과의 교류 내용과 특징은 아래와 같다.

첫째, 추사는 귀국 후 매년 청대 문인과 서찰과 예물을 주고받았다. 특히 옹수곤(翁樹崐)과의 교류가 가장 많았다. 그러나 옹수곤은 1815년 8월에 갑자기 세상을 떠나 부친 옹방강과 주변의 친지, 또 추사에게 큰 충격을 주었다. 그 후 추사가 옹방강에게 위안과 조의를 표하며 자주 서찰과 예물을 보냈다. 그러나 3년이 안되어 1818년 1월에 옹방강도 세상을 떠났다. 옹방강은 생전(生前)에 그의 수제자 섭지선(葉志詵)에게 부탁하여 추사에게 통신하라고 하였다. 옹방강의 제자 주달(周達)도 추사에게 서찰을 보내 신교를 맺었다. 연경에서 만난 조강(曹江)도 추사와 지속적으로 교류하였다.

平碑一紙, 孔廟殘碑一紙, 禮器碑一紙 · 碑陰一紙 · 碑側二紙, 孔宙碑一紙 · 碑陰一紙, 乙瑛碑一紙, 饗廟碑一紙, 後碑一紙, 孔褒碑 一紙, 孔碑一紙, 石鼓文精拓本十紙, 音訓二紙, 秦篆譜一紙, 重摹石經殘字石一方, 山海經注一部, 郝蘭皐先生著.

27 周達, 자는 吉人, 號는 菊人이며 江蘇省 雲間 사람이다. 嘉慶 16년(1811) 會試로 북경에 가서 嘉慶 21년(1816)년부터 翁方綱의 문하생이 되었다.

28 顧蒓(1765~1832), 字는 希翰, 호는 南雅이며, 江蘇省 吳縣 사람이다. 嘉慶 5년(1800)에 擧人이 되고, 2년 후에 進士급제하였다. 吳嵩梁과 同年이다. 書畵와 文章에 능하여 당시 國事를 논하였는데 直言으로 천하가 흔들렸다. 秋史가 그를 흠모하여 楹聯을 써서 보내 친교를 맺었다.

29 1820년 1월 28일, 葉東卿寄秋史添附贈品單子 : 元人花卉山水直屛合錦, 汪文端 · 沈石田字畫合錦, 董文恪秋林晩照直屛, 董文恪書楹帖, 成邸楹帖, 文待詔蘭竹横幅, 錢文敏花卉横幅, 蘇齋經說 論語二卷 · 易七卷, 孫氏易解六冊, 列女傳補注四冊, 大戴禮注四冊, 蘇齋仿本十副, 團扇一握, 明磁筆閣一具座隨, 明宮詞香碟 一具, 紀文達公銘端硯一方, 紅蕉山館精造墨一匣, 蜜蠟舊印一枚, 詩境玉印一枚, 晶小印一枚, 竹根印 一枚, 共二十一事. 黃山兄 : 扇一握, 牙印三枚. 覃齋兄 : 扇一握, 石印一枚, 書一冊, 雜寫一卷. 芝山兄 : 扇一枚, 書一部 另交彝齋. 外,委寫扁四紙, 蘭花一卷.

30 1820년 10월 14일, 葉東卿寄秋史添附贈品單子 : 武梁祠畫象全分, 東方象讚二紙, 敦煌太守碑一軸, 衡方碑一紙, 吳梅村先生山水, 王蓬心先生山水, 張晴嵐學士花卉, 張司冠楹帖, 高且園指畫, 雋修羅碑.

둘째, 옹방강이 추사에게 여러 차례 서찰을 보냈는데, 이때 추사에게 개인 시문집인 『복초재시집(復初齋詩集)』과 청대에 출판된 경서 관련 저술도 보내주었다. 옹방강이 세상을 떠난 후에 제자 섭지선은 여러 차례 추사에게 경서, 금석 탁본 등을 보내주었다. 1820년 1월에 보낸 선물 단자를 보면 청대 『주역(周易)』을 연구한 대가 손연여(孫淵如, 1753~1818)의 『주역집해(周易集解)』, 주자학을 연구한 대가 왕무횡(王懋竑, 1667~1741)의 잡저사본(雜著寫本), 옹방강의 연구 저술 초본(抄本) 『논어부기(論語附記)』(二冊) · 『역부기(易附記)』(七冊) 등을 보내주었고, 주달도 여러 종류의 서적과 탁본을 보내주었다. 이와 같은 서적과 탁본은 추사의 수학(修學)과 치학(治學)에 큰 도움이 되었을 것이다.

셋째, 추사는 옹방강에게 『진역산비척본(秦嶧山碑拓本)』 · 『신라무장사비잔본(新羅鍪藏寺碑殘本)』을, 옹수곤에게 『인각사보각국존정조탑비척본(麟角寺普覺國尊靜照塔碑拓本)』 사본을, 섭지선에게 『경설휘초(經說彙鈔)』 등 조선의 귀중자료를 보냈다. 그들은 관심사가 같으므로 서로 서적과 금석, 서예 등 자료를 주고받으며 개인의 공력(功力)을 증진하였다. 특히 청대에 이르러 학단에서는 조선의 시문과 역사, 금석 등에 대한 관심이 급증하였다. 청인들은 조선 문헌자료를 얻어서로 전초(傳抄)하고 진장(珍藏)하였다. 또 추사는 지속적으로 청인에게 서적과 예물을 보내주었을 뿐만 아니라, 그동안 연경에 가는 신자하(申紫霞) 등 지인을 청인에게 소개해주었다. 연경 학단에 조선의 훌륭한 인물과 문물이 끊임없이 유입되자 청대 학예에는 조선풍이 불게 되었다.

3) 1823년부터 1839년까지 추사와 교류한 청인

추사는 연경에서 돌아온 10년 이후까지도 청인과 지속적으로 교류하였다. 아래 〈표3〉은 1823년부터 1839년까지 추사가 서찰로 교류한 청인의 내용과 특징이다.

〈표3〉 1823년부터 1839년까지 추사와 교류한 청대 문인 일람표

發信日	發信者/受信者	內容 및 贈物	備考
1823.1.23	葉東卿寄秋史	引達의 近況과 石墨書樓의 상황을 알림.	1822년 10월에 酉堂, 山泉, 金淸山, 吳大山의 入燕.
1823.1	引達寄秋史	引達은 祖父 覃溪의 經義攷補正一部, 粵東金石略을 보내옴.	
1822.10	秋史寄蘭雪[31]	手書 "蓮花博士, 梅隱中書"楹聯	蘭雪의 題詩.
1823年 春	曹玉水寄秋史	書帖, 茶, 藥.	
1824年 5月前	秋史寄蘭雪	蘭雪圖, 蘇齋圖臨本, 屬蘭雪題詩	
1824年 冬	蘭雪寄秋史	琴香閣畫梅(蘭雪夫人繪)	
1826.1.22	葉東卿寄秋史	書札. 段氏說文一部, 速香一餅, 天保屛四張, 張宋書畫屛一張, 尤貢甫荷花一張, 朱竹坨對一副.	
1826.10	秋史寄蘭雪	祝詩, 日本福壽鏡, 東蔘三兩.	蘭雪, 酉堂周甲.
1826.10	蘭雪寄秋史	金秋史書一封, 詩畫二幅, 扇二柄, 對一聯. 紀游圖冊小序十六首를 구함.	女婿陳硯孫(名世慶)贈近刻本集杜.
1827.10	秋史寄蘭雪	紀游圖佳詠十六首를 보냄.	
1827.1	葉東卿寄秋史	趙書千文冊, 明人岳陽樓圖, 朱文公石刻聯, 竹佩韘套.	정월 秋史의 서찰과 예물 받고 답장한 것임.
1827.1	秋史寄李月汀[32]	阮堂手書 "博綜馬鄭,勿畔程朱" 楹帖	정월. 申在植을 통해 전달됨.
1827.1.26	李月汀寄秋史	單芥舟先生의 白羊山房詩集을 보내 序를 구함. 廉泉手書楹帖, 張冬華手書, 藏玉林의 經義雜記를 기증함.	信中有鄙薄覃溪之言.
1828年 春	秋史寄李月汀	覃溪之說爲當을 强調하고, 段, 劉 등의 經說에 개인의 見解를 표함.	1818夏에 月汀이 받은 서찰임.
1828年 夏	李月汀寄秋史	秋史의 개인 經義 見解의 부분 인증.	秋史에 대한 답서.
1828年 春	蘭雪寄秋史	蘭雪詩文集三十卷, 夫人花卉一幅	
1829年 春, 夏	葉東卿寄秋史	봄에 芸臺의 文筆考를 기증, 가을에 蘇齋의 易附記 · 書附記 · 詩附記 ·	

		翁錢校正汗簡과 碑文拓本, 紙墨 등 기증함.	
1829.10	秋史寄阮小芸	皇淸經解의 完刻 상황을 알아봄. 芸臺의 兩浙輶軒錄·淮海英灵集 等의 書籍을 구함. '覃揅齋'區額을 구함.	小芸은 芸臺의 아들임.
1830.1	阮小芸寄秋史	贈焦循文集一部, 筆攷·兩浙輶軒錄·淮海英灵集 등 기증하고 평론함.	正月書信.
1830.1.17	李月汀寄秋史	陳·郝·汪·苗·劉等人的消息을 알림. 汪懷祖의 荀子校讎·廣雅疏證, 郝蘭皐 等人의 著書를 소개함.	秋史의 海東金石目錄 副本을 구함.
1830.1.20	葉東卿寄秋史	黃山元墨一合, 九合香四炷一合, 竹根合一枚, 銅筆格 一件, 信一封.	1830.1.24일에 서찰도 보냄.
1830.1	汪孟慈[33]寄秋史	廣雅一封, 公羊家言一封, 廣陵通典·述學(汪中)二封, 廣陵通典一封, 賞雨茆屋集(曾奐)一部, 仿宋本公羊一部, 婁光堂稿(張際亮)一部, 段墓志一冊.	葉東卿傳達.
1830.10.22	劉燕庭[34]寄秋史	秋史가 기증한 石碑二種을 받음. 阮雲臺의 皇淸經解를 받고, 조선으로 보낼 대책을 알아봄. 秋史에게 白石神君碑拓本을 보냄.	山泉에게 보낸 서찰에서 언급됨.
1831.8	秋史寄劉燕庭	書札, 妙香寺碑拓本을 보냄.	李藕船에게 皇淸經解를 傳達됨.
1831.1.28	劉燕庭寄秋史	皇淸經解를 轉交한 情況을 報告함.	此年底或明年春, 皇淸經解到達.
1832年 冬	阮賜卿寄秋史	賜卿의 孝經義疏補, 續寄完部二冊, 外又奉上歷代年表·讀書敏求記·列女傳各一部. 大雲山房集를 구하지 못한 것임을 알림. 學海堂集·校禮堂集을 기증함.	阮賜卿은 芸臺의 아들임. 冬書信. 算學啓蒙을 기증함.
1833	潘曾綬寄李尙迪	지난 10년 동안 秋史와 통신하다가 최근에 연락을 못 받아 걱정됨. 개인의 저술을 秋史에게 보냄.	
1834.1	葉東卿寄秋史	石墨書樓의 珍什 消息을 알림. 舊友의 消息, 陳古白의 畫蘭石卷, 先府君行述一冊, 孝行錄一冊, 篆書扁額 등을 보냄.	因雙親病故南歸三年返京. 昨冬吳蘭雪去世.
1837.1	汪孟慈寄秋史	孟慈의 尙友記와 부친의 先儒林年	道光七年(1827)부터 道光十

		譜(汪中年譜), 黃竹雲의 先慈詩篇을 보냄.	九年(1839)까지 秋史에게 보낸 書札 7통이 있음.
1837.1.14	汪孟慈寄秋史	皇淸經解의 未收書 問題, 僞古文尙書·河圖洛書를 소개함. 王懷祖의 書, 曾撫軍과 鄧廣文의 詩集을 보냄.	金酉堂(1837.3.30.)離世. 孟慈는 같은 해, 1월 24일에 藕船에게 보낸 서찰에서 秋史에게 드린 書聯 5幅 있다고 함.
1838.1.28	張仲遠[35]寄秋史	楹帖一副를 보냄. 秋史의 橫額을 구함.	1838년 8월에 阮元은 揚州에 내려가 隱居함.
1838.1.28	吳式芬[36]寄李尙迪	秋史의 書藝를 받아 古峭雅健이라 평함. 조선 石刻拓本을 청함.	1837년 6월에 보낸 서찰에서 秋史에게 통신 못했다고 했음.
1838.8.20	秋史(彝齋)寄汪孟慈	經學問題를 토론함. 汪孟慈가 裝幀한 墨緣海外冊子를 받음.	秋史는 徐鈞卿에게 算學啓蒙을 기증함.
1839.1.10	汪孟慈寄秋史	父親汪中의 遺蹟을 소개하며 江浙學壇의 諸名流 소개함.	
이 시기에 秋史가 朱茶堂, 吳山尊, 徐有壬, 張茶農, 徐鈞卿 등 淸代 學人도 書畵와 書冊 등의 교류를 하였음.			

31 吳嵩梁(1766~1834), 字는 子山, 號는 蘭雪, 晩號는 澈翁, 別號는 蓮花博士·石溪老漁 등이다. 江西 東鄕 新田 사람이다. 詩文과 書畵에 능하여 '詩佛'의 稱號를 얻었다. 嘉慶 5년(1800)에 擧人이 되었고, 國子監博士와 內閣中書를 역임하였다. 翁方綱의 詩弟子다. 著書는 『香蘇山館全集』·『粤遊日記』 등이 있다.

32 李璋煜(1784~1857), 字는 方赤, 또는 禮南, 號는 月汀이며, 山東 諸城 사람이다. 嘉慶 18년(1813)에 擧人이 되었고, 가경 25년 進士二甲 급제되었다. 刑部主事와 廣東布政史 등을 역임하였다. 經學과 金石에 精通하였다. 著書는 『月汀詩文集』·『說文系傳攷異』 등이 있다.

33 汪喜孫(1786~1848), 자는 孟慈, 호는 荀叔이고, 九世祖의 諱를 피하여 喜荀으로 고쳤으며, 중국 江蘇省 甘泉縣 출신이다. 汪喜孫의 아버지 汪中(1744~1794)은 당시 楊洲學派의 중심인물 중 한 명이었던 名儒였으나 불행히도 일찍 세상을 떠났다. 汪喜孫은 모친에게서 『小學』과 『四書』 등을 배웠으며, 아버지의 우인 鮑志道, 孫星衍 등의 경제적 도움과 가르침을 통해 학문적으로 크게 성장하였다. 汪喜孫은 嘉慶 12년(1807) 鄕試에 합격하여 擧人이 되었지만, 이후 8차례의 會試에 모두 실패하였고, 嘉慶 19년(1814)에 出資로 內閣中書가 되었다. 이때부터 汪喜孫은 아버지의 경세사상을 계승하여 벼슬길에 올라, 山東司兼河南司行走·湖廣司員外郎 등을 역임하였다. 1848년에 懷慶府 임소에서 과로로 세상을 떠났다. 汪喜孫은 학술 방면에서 아버지 汪中의 연구업적들을 정리 및 교감한 것 외에도, 『汪孟慈集』·『尙友記』·『抱璞齋詩集』·『汪氏學行

위 〈표3〉 1823년부터 1839년까지 추사가 교류한 청인 일람표를 통해 이 시기에 교류한 내용과 특징을 아래와 같이 알 수 있다.

첫째, 추사는 1823년부터 1839년 사이에 매년 청인들과 서찰과 예물을 주고받으며 지속적으로 교류하였다. 이 시기에 교류한 인물의 규모도 확대되었다. 그동안 추사의 부친 김노경, 아우 김명희, 지인 신재식(申在植), 제자 이상적(李尙迪) 등의 연행은 청인과의 교류 관계를 확충하였다. 특히 추사의 부친 김노경과 아우 김명희는 순조 23년(1823) 봄에 연경에 도착하여 청인 오숭량, 조강, 섭지선, 이장욱, 유희해, 주달, 장심 등과 교류를 시작하였다. 그중에 오숭량, 이장욱, 유희해, 왕희손은 추사를 경모(敬慕)해서 김명희 부자를 통해 추사와 통신을 시작하였다. 추후 청인 장요손(張曜孫), 오식분(吳式芬)은 이상적을 통해 서찰을 보내 교분을 맺었고, 지난 10년 동안 추사와 통신을 하였다가 연락을 못 받은 반증수(潘曾綬)도 이상적을 통해 서책을 보내주었다. 상기 인물들은 대부분 추사와 나이가 비슷하였는데, 시문, 서화, 경학, 금석 각 분야에 능통한 학자들로서 이들은 추사와 서찰을

記』 등의 개인 저술도 남겼다.

34 劉喜海(1793~1852), 字는 燕庭, 또는 吉甫이며, 齋號는 嘉蔭簃, 味經書屋 등이다. 山東 諸城 사람이다. 嘉慶 21년(1816)에 擧人이 되었고, 四川按察使와 浙江布政使 등을 역임하였다. 금석과 고서의 감정에 능통하였다. 저술로는 『長安穫古編』·『古泉苑』 등이 있다.

35 張曜孫(1808~1863), 자는 仲遠, 호는 復生이며, 江蘇省 陽湖 사람이다. 父親은 張琦, 伯父 張惠言은 모두 經術과 文詞에 능하여 해내외에 널리 알려졌다. 4명의 누이가 있었는데 모두 시문과 그림에 능하였다. 張曜孫은 秋史의 제자 藕船 李尙迪의 교류가 가장 많았다.

36 吳式芬(1796~1856), 자는 子苾, 호는 誦孫, 齋號는 雙虞壺齋. 道光 15년(1835) 진사급제하였고, 內閣學士, 江西太守를 지냈다. 금석문과 서예에 능하였으며, 편저로는 『寰宇訪碑錄』·『金石匯目分編』 등이 있다.

주고받으며 학술을 토론하거나, 시문을 수창하는 활동을 활발히 전개하였다.

둘째, 이 시기에 추사와 청인은 서로 서찰을 통해 학계의 상황을 알려주며 서적과 예물을 주고받았다. 1829년 가을에 섭지선은 옹방강의 『역부기(易附記)』·『서부기(書附記)』·『시부기(詩附記)』와, 옹전(翁錢)이 교정한 『한간(汗簡)』과 비문 탁본 등을 추사에게 보냈다. 1832년 봄에는 완원이 편찬한 『황청경해(皇淸經解)』(1400권, 180여 종)를, 1830년과 1832년에는 완소운(阮小芸)과 완사경(阮賜卿) 형제도 『문필고(文筆攷)』·『양절유헌록(兩浙輶軒錄)』·『회해영령집(淮海英灵集)』·『효경의소보(孝經義疏補)』·『학해당집(學海堂集)』·『교예당집(校禮堂集)』과 초순(焦循)의 개인 시문집 등 서적을 추사에게 보내주었다. 추사는 이 시기에 대량의 청대 서적을 소장하게 되었다. 추사는 받은 청대 서적들을 탐독하고 지우들과 토론하는 과정을 통해 개인 학문의 경지도 높은 수준에 이르게 되었다. 특히 추사의 벗인 권돈인(權敦仁, 1783~1859, 호는 이재(彝齋))과 함께 토론하여 청인 왕희손에게 보낸 서찰은 청대 학단에 큰 영향을 미쳤다. 나중에 왕희손이 받은 이 서찰은 『해외묵연(海外墨緣)』이라는 책자로 장정되어 조선에까지 화제가 되었다.

셋째, 추사가 청인에게 조선의 금석탁본, 서적 등을 보내어 청인이 조선 관련 서적을 편찬하는 데 도움을 주었다. 1831년에 추사는 유희해에게 조선의 『묘향사비척본(妙香寺碑拓本)』을 보내주었다. 유희해가 편찬한 『해동금석원(海東金石苑)』에도 추사가 금석탁본을 기증한 사실이 기재되어 있다. 또 추사가 『해동금석목록(海東金石目錄)』을 편집하는 소식은 청인에게도 알려졌다. 이장욱은 추사에게 서찰을 보내

『해동금석목록』의 부본(副本)을 보내달라고 하였다. 또 중국 『사고전서미수서제요(四庫全書未收書提要)』 중에 원나라의 주송정(朱松庭, 이름은 세걸(世傑))의 『산학계몽(算學啓蒙)』이란 저서는 이미 일서(佚書)가 되었는데, 추사가 연경에서 완원을 만났을 때 완원이 이 책을 찾고 있는 사실을 알고 귀국 후 곧바로 완원에게 조선의 번각본(1660년 전주부각본(全州府刻本))을 보내주었다. 완원은 제자 나명향(羅茗香, 이름은 사린(四璘))에게 시켜 다시 간행하라고 하였다. 나명향은 조선본 『산학계몽』에 의거해 다시 영조(影雕)하여 청 도광 19년(1839) 가을에 판각하였다. 이에 많은 청인들이 조선본 『산학계몽』을 탐내어 추사에게 청탁하기도 하였다. 추사는 1832년에 완원의 아들 완사경에게, 1838년 서균경(徐鈞卿, 1800~1860, 이름은 유임(有壬)) 등 우인에게 『산학계몽』을 보내주었다. 이로써 추사가 청대 학단의 학술 발전과 출판문화에 큰 역할을 해주었다는 사실을 알 수 있다.

4) 1840년부터 1856년까지 추사와 교류한 청인

1840년 9월 이후 추사는 제주도로 유배되었다. 그는 청인과 직접적 교류를 할 수 없었고, 주로 제자 이상적(李尙迪)이나 오경석(吳慶錫) 등을 통해 교류를 지속하였다. 추사가 간접적으로 청인과 교류한 기록은 이상적과 오경석 등이 청인과 교류한 척독 필사본 『난언휘초(蘭言彙鈔)』·『연경서간첩(燕京書簡帖)』[37] 등 자료에서 볼 수 있다. 이와 같은 관련 기록 자료를 근거로 1840년부터 1856년까지 추사가 교류한 청인의 상황을 아래와 같이 〈표4〉로 정리해보았다.

---

37 본 연구에서는 필사본 『燕京書簡帖』(개인 소장)을 참고하였다.

〈표4〉 1840년부터 1856년까지 추사와 교류한 청인 일람표

發信日	發信者/受信者	內容 및 贈物	備考
1840.12.15	張曜孫寄李尙迪	秋史의 書額을 청함. 부친의 詩文稿二部을 보냄. 한 부는 藕船에게, 한 부는 秋史에게 드림.	1840年 9月에 秋史가 濟州로 유배됨.
1845.1.7	張曜孫寄李尙迪	秋史가 耀孫의 家娣에게 보낸 書額을 받았음.	告知收領.
1845.1.30	張曜孫寄李尙迪	秋史에게 書札一封, 油紙包二個를 드림. 回書를 청함.	
1845.2.1	張穆[38]寄李尙迪	秋史의 令弟가 편집한 碑目을 鈔錄하여 보내달라고 함. 先祖의 文集二卌, 개인의 저술 圖譜一卌을 秋史에게 보냄.	1845年李藕船携帶歲寒圖入燕.
1845年 春	張穆寄秋史	詩書古訓과 顧亭林年譜을 보냄.[39]	
1845年 仲冬	栢葰[40]寄李尙迪	秋史先生의 手卷을 받았음.	
1847.2.9	王鴻[41]寄李尙迪	秋史先生의 隷書를 收領함.	
1849.1	呂佺孫[42]寄李尙迪	秋史의 楷隷를 收領함.	秋史放送歸京. 阮元離世.
1849.2.12	王鴻寄李尙迪	秋史의 草隷는 이미 石刻하여 拓本도 받아 드림.	
1850.4.8	潘曾瑋[43]寄李尙迪	(侄)潘祖蔭은 秋史의 楹聯을 청함	潘祖蔭은 동문환에게 추사의 그림에 제시를 부탁했음.
1851	劉喜海寄李尙迪	秋史와 山泉의 서찰을 받아서 기쁨.	
1853.1.17	周棠[44]寄吳慶錫	秋史의 墨蹟을 청함.	1851~1852 秋史가 北青으로 流配됨.
1853.7.10	朱錫綬[45]寄李尙迪	秋史의 楹聯, 麟角寺拓本을 받았음.	
1854.1	阮福寄李尙迪	부친의 年譜를 秋史에게 보냄. 秋史가 城外에서 거주하고 건강하다는 소식을 들었다고 함.	
1854.10.15	王鴻寄李尙迪	秋史가 요구한 鄭板橋의 畵를 구하지 못했음. 진품을 구하기 쉽지 않아 추후 구하겠다고 말함.	
1859.11.17	張曜孫寄李尙迪	秋史가 세상을 떠난 소식을 듣고 슬프다고, 詩와 挽章을 쓰겠다고 함.	1856年10月, 秋史離世.
1861.12.19	張曜孫寄李尙迪	1860.10.16의 서찰, 秋史의 墨蹟과 石刻을 받았다고 함.	
1862.7.24	王鴻寄李尙迪	秋史의 楹帖을 刻石하여 오래도록 전하고 싶다고 함.	

추사는 1840년 9월에 제주로 유배되어 청인과 직접 교류하기가 어려웠다. 이 시기에 청인 장요손(張曜孫), 장목(張穆), 왕홍(王鴻), 여전손(呂佺孫), 백준(栢葰), 반증위(潘曾瑋), 주당(周棠), 주석수(朱錫綬), 완복(阮福) 등은 이상적과 오경석을 통해 추사에게 서찰, 서적, 예물을 보내고 추사의 외로운 마음을 위로해주었으며, 또한 추사의 서예 작품을 청하였다. 1843년 1월에 여전손은 이상적에게 『대운산방문집(大雲山房文集)』(청(淸) 운자거(惲子居)의 문집) 4책 등을 보내주었는데, 이

---

38 張穆(1805~1849), 字는 石洲, 또는 石舟, 號는 季洩 · 惺吾 · 靖陽亭長 등이며, 山西 平定 사람이다. 道光 11년(1811) 貢生, 鄉試에 통과하지 못해 출세하지 못하였다. 顧炎武를 숭배하여 북경에서 사당을 차려놓고 祭祀를 지냈다. 역사와 지리지에 정통하였고, 저서로는 『蒙古遊牧記』 · 『月齋詩集』 등이 있다.

39 이와 같은 내용은 張穆의 시집인 『月齋詩集』에도 수록되어 있다. 『月齋詩集』 卷二. "爲朝鮮貢使李藕船尚迪題其師金秋史正喜所畵歲寒圖, 卽奉簡秋史慕中朝儀徵相公學, 故別署阮堂云. 乙巳正月二十五日." 詩注 : 穆以詩書古訓及亭林年譜寄阮堂.

40 栢葰(1795~1859), 字는 靜濤, 또는 聽濤, 號는 泉庄이며, 蒙古 正黃旗 사람이다. 道光 6년(1826) 進士에 오르고, 戶部尙書와 文淵閣大學士 등을 지냈다. 1844년 正使로 조선에 다녀갔다. 저서로는 『薛箖吟館詩存』 등이 있다.

41 王鴻(1807~1876), 1860년 이후 王鵠으로 改名하였다. 자는 子梅, 호는 槐蔭堂, 掃墨堂 등이다. 부친은 王大淮, 直隸 天津 사람이다. 1858년 青州 從事官, 1860년 무려 山東 聊城知縣을 맡았다. 시문과 그림에 능하였다. 그림은 「顧祠聽雨圖」 · 「碧樹聽蟬圖」 등, 시문집은 『喝月樓集』 등이 있다.

42 呂佺孫(1804~1857), 자는 堯仙, 호는 百甎硯齋이다. 강소성 陽湖 사람, 道光16년(1836) 진사에 오르고, 中丞을 지냈으며, 何紹基 등과 가까웠다. 저서로는 『秦漢百甎考』가 있다.

43 潘曾瑋(1818~1886), 字는 寶臣, 또는 季玉, 號는 玉泉, 또는 玉洤이다. 潘世恩의 四子, 潘曾綬의 아우, 潘曾瑩의 胞弟이다. 道光 23년(1843)에 鄉試에 합격한 후 科學를 포기하고 經世之學에 몰두하였다. 저서로는 『自鏡齋文鈔』 · 『東海記』 등이 있다.

44 周棠(1806~1876), 字는 召白, 또는 少白, 號는 蘭西이며, 浙江 紹興 사람이다. 光祿寺署正을 지냈다. 그림과 篆刻에 능하였다. 李尚迪과 吳慶錫 등 조선 문인의 교류를 많이 전개하였고, 그의 그림도 조선인의 환영을 받았다.

45 朱錫綬(1819~?), 자는 小雲, 또는 嘯篔, 호는 弇山艸人이다. 江蘇 鎭洋 사람이다. 저서로는 『疏蘭仙館詩集』 등이 있다.

상적은 『대운산방문집』과 계미곡(桂未谷, 이름은 복(馥))의 『만학집(晩學集)』을 스승 추사에게 보내드렸다. 추사는 일찍이 계미곡과 운자거의 학문을 잘 알고 많이 경모하였고 그들의 저술을 보고 마음으로 많은 위로를 받았다.[46] 이에 추사는 이상적의 성의에 감사하여 『세한도(歲寒圖)』를 그려주게 되었다. 1845년 봄에 이상적이 『세한도』를 연경에 가져가 청인의 제사(題辭)를 받은 것도 추사와 청인의 마음을 위로한 것으로 볼 수 있다.

1854년 추사가 과천에 가서 은거생활을 하는 동안 청인 왕홍에게 부탁해 정판교(鄭板橋)의 그림 진품을 부탁하였다. 1856년 추사가 세상을 떠나기 전까지 청인들과의 교류 관련 자료는 보이지 않는다. 장요손은 1861년 겨울에 이상적이 1860년 10월 보내준 서찰을 받고 추사가 세상을 떠난 소식을 알게 되었다. 많은 청대 우인이 추사를 추모하고, 왕홍을 비롯한 우인은 추사의 묵적(墨蹟)을 오래 전하도록 각석(刻石)하고자 하였다.

이로써 추사가 1809년부터 1854년까지 45년간에 걸쳐 청대 학단과 지속적인 교류를 전개하였다는 사실을 체계적으로 파악할 수 있다. 특히 앞 30년 동안 추사가 적극적으로 청인들과 학술과 문화를 교류하고 향유하였음을 알 수 있다. 1840년부터 추사는 제주도에서 9년간 유배 생활을 하였고, 1851년부터는 북청에서 2년간 유배 생활을 하였다. 과천에서 은거한지 얼마 뒤 추사는 세상을 떠나게 된다. 그런데

---

46 金正喜의 『阮堂先生全集』(1934年 鉛活字本) 卷三, 「書牘」(三十三)에서 추사가 『大雲山房文集』의 내용과 저자의 인품을 권돈인에게 소개하면서 극찬하였다. 또 권돈인이 소장하고 있는 『大雲藁』를 청하였다.

추사가 10여 년이나 되는 유배생활을 하면서도 제자를 통해 청인의 서적과 예술작품을 받을 수 있었고, 개인의 서예작품도 청인에게 보내 그들의 품평을 받았다. 다만 추사가 1840년 후에 청인과의 교류의 규모와 학예의 담론 수준은 앞 시대와 비교할 때 많이 떨어진 상태로 볼 수 있다.

한편, 1840년 후 청대 학단의 상황도 나빠졌다. 장요손은 이상적에게 보낸 편지에서 아래와 같이 말하였다.

> 도성(都城, 연경(燕京)을 말함)의 옛 친구들 중 절반은 먼 하늘 끝에 있습니다. '해객도(海客圖)'에 있는 사람 중 오직 여전손 · 여관손 · 조무견 · 반증위 · 반희보 · 풍계분 · 요복증 · 장목 등 열댓 사람만이 연경에 남아 있습니다. 그중에 벼슬을 하고 있는 사람은 서유임 안찰사 뿐입니다. 장수기 태수[莊衛生太守]는 고향으로 돌아갔고, 진경용은 리의(吏議)로 갔고, 반준기와 왕조은 휴가를 얻어 갔고, 조진조는 부모의 상을 당해 떠났습니다. 그중에 왕희손와 오찬은 세상을 떠났습니다. 어느 사이에 갑자기 바람처럼 흘러가고 구름처럼 흩어진 모습이 이와 같습니다. 옛날 술 마시고 놀던 풍경은 이미 현재가 아니고 옛날 일입니다. 만났다 흩어지는 느낌에 대해서는 우선 족하도 같은 것입니다.[47]

이로 보았을 때 추사의 운명은 청대 학단의 명수(命數)와 상당히 유사하다. 18세기 건륭(乾隆) · 가경(嘉慶)시기 청대 학술은 정성기(鼎盛期)에 달했다가 도광 20년(1840) 아편전쟁(阿片戰爭)이 발발하면서 쇠

---

47 李尙迪,『蘭言彙鈔』, 張曜孫이 李尙迪에게 보낸 己酉 十二月 十二日(1849.12.12)의 書札. "都中舊雨, 半在天涯. 海客中人, 惟蕘仙 · 星田 · 玉泉 · 補之 · 景亭 · 湘波 · 石州三五輩尙在春明耳. 其宦游者, 徐君卿廉使. 莊衛生太守, 歸田者. 頌南以吏議去, 順之 · 小珊以乞假去, 伯厚以憂去. 其歸道山者, 則孟慈 · 偉卿. 曾幾何時, 而遂風流雲散若此! 昔日燕游之地, 風景已非今昔. 聚散之感, 足下想同此懷抱也."

약기(衰弱期)에 들어서게 되었다. 19세기 중반부터는 서양열강의 침략위기와 청국 내부에서 태평천국(太平天國)의 반란으로 인해 청대 학단은 부국강병(富國强兵)을 위해 사상과 경제 개혁(改革)에 나서 실사구시(實事求是)의 학문에 몰두하지 못하게 되었다. 청대 건·가(乾·嘉)시기 학풍의 쇠미(衰微)에 따른 추사와 청대 학단의 학예 교류도 쇠락하였다.

3. 청인과의 교류가 추사에게 미친 영향

추사가 젊은 나이에 연경에 가서 학술 대가 옹방강과 완원을 만날 수 있었던 것은 실로 행운이라 할 수 있다. 옹방강과 완원은 건·가(乾·嘉)시기 학술이 발전한 정성기(鼎盛期)를 거쳐 많은 학술성과를 이루어낸 학자였다. 특히 옹방강은 석묵서루(石墨書樓)에 수만 권의 진귀한 서적을 수장하고 있었고, 완원은 많은 경서(經書) 자료를 수장하여 문하 제자들과 간행 활동을 하고 있었다. 추사는 옹·완 스승을 직접 만나 그들의 장서를 보고 두 경사(經師)의 치학(治學) 이야기를 직접 들었으며 또 그들의 아들, 제자와 학예 교류도 빈번히 하였다. 이는 자연스럽게 개인의 학술과 예술의 경지를 높여주었다. 청인과의 교류가 추사 개인에게 미친 영향을 구체적으로 고찰하기에 앞서, 이를 반대했던 조선 학단의 견해를 대략적으로 살펴보도록 하겠다. 추사의 시문집을 정리하면서 서문을 쓴 후학(後學) 정인보(鄭寅普)는 아래와 같은 이야기를 하였다.

공은 어려서 특이한 병부(秉賦)를 타고난 데다 유당공(酉堂, 김노경(金魯敬)의 호)이 넓은 식견으로 실사구시의 학문을 함으로 말미암아 가정에서 이미 부친의 학문을 받았던 것이다. 그리고 글을 숭상하고 옛 도를 상고하던 정조 시대를 만나서는 『상서(尙書)』 고문에 관한 의문점을 발명함에 따라 사대부들이 점차로 그 은택을 입음으로써 석천(石泉, 신작(申綽)의 호) · 다산(茶山, 정약용(丁若鏞)의 호) · 아정(雅亭, 이덕무(李德懋)의 호) · 정유(貞蕤, 박제가(朴齊家)의 호) 등 여러 스승들이 급진적으로 정(鄭) · 허(許)를 능가하였으니, 이것이 또 공의 앞길을 열기에 충분하였다. 공이 약관 시절에 사신 가는 부친을 따라 연경에 가서 옹방강 · 완원과 교유하고 그 후로는 그들과 서신 왕래를 한 것이 매우 번다하였다. 그리하여 세상에서는 그 사실만 보고서 마침내 그의 학문이 여기에서 얻어진 것이라고 여기고, 일찍부터 가정과 사우들로부터 전해 받은 것이요, 그들을 힘입어서 얻은 것이 아니라는 것은 알지 못한다. 대체로 학문의 본원을 깊이 터득한 공에 대하여 한갓 서예와 고증학만을 중시하는 것은 또한 얕은 것이다. 그러나 그 서예와 고증학에 대해서도 다만 막연히 중시할 뿐이요, 그 진가를 능히 알 사람이야 몇이나 되겠는가.[48]

정인보는 추사 개인의 천질(天資), 부친과 스승 박제가의 가르침을 강조하고, 추사의 성취는 청대 문인의 힘을 입어서 얻은 것이 아니라고 판단하였다. 그러나 추사가 학예에 있어 높은 성과를 거두었던 원인에 대해 여러 방면으로 고찰할 필요가 있다. 물론 그의 천자(天資)

48 金正喜, 『阮堂先生全集』(1934年 鉛活字本) 卷首, 鄭寅甫序. “公幼挺異禀, 父酉堂公閎識求是, 在家固已承藉父學. 値正廟右文稽古, 發尙書古文之疑, 士大夫浸漸膏澤, 石泉 · 茶山 · 雅亭 · 貞蕤諸經師, 駸駸駕鄭 · 許, 又足以開公之先. 弱冠, 隨父使燕, 交翁 · 阮嗣後, 往復至繁. 世見其然也, 遂以爲自此得之, 不知其早傳自家庭師友, 不待是而後得也. 夫以公之深契本原, 徒以書藝考據重, 抑淺矣. 於其書與學, 亦第漫然重之, 其能得其眞者, 幾人哉!”

와 가승(家乘), 스승의 훈도(訓導), 동문(同門)과의 절차(切磋) 등 역시 관련성이 없지 않으나, 그중 추사와 청대 학자의 교류가 가장 큰 요인으로 작용하였다고 할 수 있다. 그렇다면 추사의 수학(修學)과 치학(治學)이 구체적으로 어떤 방식으로 청인 사우(師友)의 힘을 입어 이루어졌는지에 대해 살펴보도록 하겠다.

1) 서찰(書札)을 통한 수학(修學) 및 치학(治學)

추사와 청인의 교류는 주로 서찰 왕래, 서적과 예물 기증 등의 방식으로 진행되었다. 서찰은 개인의 근황과 학계의 상황 등에 관한 정보를 알려주는 내용 외에 가장 중요한 특징은 옹방강 · 섭지선 · 왕희손 등 청인과의 학술에 대한 토론이다. 청대 건 · 가(乾 · 嘉)시기에 문인들이 서찰을 통해 학술을 논쟁한 것은 이미 보편화되었다. 옹방강 · 왕희손 등 18세기 후반부터 19세기 전반까지 청인의 문집에는 많은 '서독(書牘)' 작품이 수록되어 있었다. 서독(書牘)에는 사우(師友)와 제자들 간의 학문 토론 내용이 아주 체계적이고 상세하게 담겨 있다. 양계초(梁啓超)는 『청대학술개론(淸代學術槪論)』에서 "이와 같은 서찰은 모두 심혈을 기울인 창작품으로 사실상 저술로 보아야 한다. 이러한 풍조는 다른 시대에도 존재했으나 청대 때 가장 홍성하였다."[49]고 주장하였다. 마찬가지로 비슷한 시기의 조선에도 이와 같은 현상이 나타났다. 서찰을 통한 학문 토론의 중요성과 효과에 대해 강조한 조선 후기 실학자 이익(李瀷, 호는 성호(星湖), 1681~1763)은 『서

49 "此類函札, 皆精心結撰, 其實卽著述也. 此種風氣, 他時代亦間有之, 而淸代爲獨盛.", 梁啓超(夏曉虹 校點本, 2004), 187쪽 ; 劉婧(2012), 58쪽, 재인용.

독승면론(書牘勝面論)』에서 아래와 같이 상세히 논하였다.

> 무릇 학문을 하는 데는 연속되는 공부를 중히 여기는 것이다. 혹 한 번이라도 중단이 있게 되면 정신이 새어나고 성의가 흩어져 없어질 것이니, 어떻게 학문의 깊은 뜻을 뚫어볼 수 있겠는가? 벗끼리 서로 도와주는 것은 함께 모여서 학문을 강론하는 것보다 나은 것이 없다. 그러나 퇴계(退溪)는 말하기를 "가슴 속에 가득 차 있는 의심나고 어려운 것에 대해서는 반드시 서로 만나서 질문하고픈 마음이 있지만, 만나고 나면 말로 형언할 수 없고 3일이나 5일만 지나면 마음과 입이 서로 응하지 않는다." 하고 또 말하기를 "얼굴을 대해서 강론하는 것이 좋기는 하나 항상 뜻을 다하지 못하니, 의문 난 것을 뽑아 기록하여 친구에게 보내서, 전일한 마음으로 자세히 상고하는 것만 못하다." 하였으니, 그 뜻이 참으로 옳다. 대개 말이란 하기는 쉬우나 흔적이 없고, 편지란 세심하게 생각해서 상고함이 있으므로 깊은 경지에 이를 수 있다. 만나는 때는 적고 헤어져 있는 때가 많으니, 나날이 의문 난 것을 주워 모아 문자(文字)를 만들어서 서로 되풀이해가며 토론한다면, 자주 중단되는 걱정을 면할 수 있을 것이다. 그러므로 "헤어진 뒤에 무한한 토론이 있다."는 것이다. 이는 유학자들이 마땅히 알아야 할 일이다.[50]

상기 내용은 성호(星湖) 이익(李瀷)이 퇴계(退溪) 선생의 주장과 개인의 견해를 종합해서 취한 것인데, 즉 문인에게 서독(書牘)은 면론

---

50 『書牘勝面論』, 李瀷의 『星湖僿說』 권7, 『人事門』. "凡爲學, 貴乎工夫接續, 一或間斷, 精神漏泄, 誠意消散, 如何能透看底蘊? 朋友麗澤, 宜莫如盍簪講訂然. 退溪則曰 : "滿腹疑難, 必有相見質問之心. 及其見之, 不能形扵言, 至三五日, 心與口不相應." 又曰 : "面論雖好, 恒未盡意, 不如抄寫寄示, 可以專意細考." 其意良是, 盖口談易發, 而無迹. 書牘愼思, 而有考其道, 可以深造也. 逢時少, 而別時多, 日日提掇合成文字, 反覆商訂, 則可免十寒之憂矣. 故曰 : "別後有無限合商量也", 此爲儒術者之所當知."(한국고전종합DB 수록 원문과 번역문을 참고하여 斷句와 번역문의 착오를 수정하였다.)

(面論)보다 더 중요하고 반드시 필요한 것이라는 점이다. 추사는 1810년 연경(燕京)에서 돌아와 청인에게 매년 서찰을 보내 학술을 토론하였는데, 특히 옹방강에게 여러 학술 문제를 고문(叩問)하곤 하였다. 추사가 옹방강으로부터 받은 서찰 중 1815년부터 1817년까지 확인되는 것은 5통이다. 등총린(藤塚鄰)은 『청대 문화 동전의 연구』 중 "옹담계(翁覃溪)의 연경(研經) 지도(指導)"에서 모두 4통의 서찰을 소개하면서 옹방강이 추사의 경학 견해와 타인의 경학 저술에 대한 비판, 경학 공부와 연구의 방법 등에 대해 면밀하게 지도하였고, 관련 서적까지 기증해주었다고 하였다.[51] 당시 옹방강은 84세 고령이었으니 경학을 평생 동안 연구해온 경험과 방법의 정수(精髓)를 추사에게 가르쳐주었다고 말할 수 있다. 30대 초반인 추사에게 있어 이는 아주 중요한 학문 지침으로 활용되었을 것이다.

1837년 전후 추사가 청인 왕희손과 왕래한 서찰을 통해 그들이 체계적으로 경학 관련 내용을 토론하였음을 알 수 있다. 현재까지 확인된 자료는 추사가 왕희손에게 보낸 서찰 1통, 왕희손이 추사에게 보낸 서찰 4통이 있다. 추사가 1836년에 왕희손에게 보낸 답신에는 왕희손의 경학 견해에 대한 칭찬과, 자신의 금석과 고증학을 통한 중국 경전의 비판 태도를 표하였다.[52] 나머지 4통은 등총린(藤塚鄰)의 『청대 문화 동전의 연구』에서 소개되었는데 1837년 1월 24일과 1839년 1월 10일에 보낸 2통, 그 외의 2통의 발신 시기는 기재되어 있지 않아 1838년에 보낸 것으로 추측되고 있다.

---

51 藤塚鄰(藤塚明直 編, 1975), "翁覃溪의 研經指導" 참조.

52 과천 추사박물관 편(2009), 79쪽.

왕희손이 추사와 왕래한 서찰의 내용을 통해, 그가 학문적으로 논술한 내용을 아래 세 가지 방면으로 나누어 보았다. 첫째, 왕희손의 음운학 · 천문산술 · 상서고금문 · 삼가시 · 고문정종론 · 교수지학 · 남북서파론 등에 관한 각종 문제가 제기되어 있다. 이와 같은 문제에 대한 개인의 입장을 표하기 위해 그는 추사에게 『주자고문서의(朱子古文書疑)』, 『고문상서소증(古文尚書疏証)』 등의 경서를 보냈고, 『춘추(春秋)』 · 『공양(公羊)』, 고염무의 『일지록(日知錄)』, 손성연(孫星衍)의 『상서소(尚書疏)』, 단옥재(段玉裁)의 『상서찬이(尚書撰異)』, 완원이 주편한 『황청경해(皇淸經解)』 등 관련 서적을 소개하였다. 둘째, 추사와 같은 시기의 청인 학자와 그들의 저술을 소개하였다. 왕희손이 완원의 『상서찬이』, 『명서(命書)』, 『선유림연보(先儒林年譜)』, 개인의 『상우기(尚友記)』를 보내며 열독할 것을 권하였다. 또한, 청나라 학단의 학술 동향을 추사와 그의 아우 김명희, 추사의 제자 이상적, 우인 권돈인 등 지인에게 소개하면서 개인의 학술 주장을 표명하고자 하였다. 셋째, 왕희손은 고염무 · 옹방강 등의 명사와 당시 신근학사 라사림(羅士琳), 위원(魏源) 등을 언급하며 다양한 각도에서 여러 명류(名流)의 모습을 바라보고 있었다. 그는 학문적으로 '경명행수(經明行修)'와 '통경치용(通經致用)'의 주장을 강조하는 동시에 '한송일통론(漢宋一統論)'의 소견을 서술하였다. 왕희손은 추사와 추사 주변 사람들에게 청대 학단의 학술 동향과 개인의 학문관(學問觀)을 의도적이며 구체적으로 전개하여 전달하였음을 알 수 있다.[53]

추사는 지인 권돈인과 관련 학술 토론 내용을 상의해서 왕희손에

53 이와 관련한 연구로는 劉婧(2012)이 있으며, 여기서 보완하여 인용하였다.

게 서찰을 보냈는데, 이것이 바로 청대 학단에서 큰 주목을 받았던 『해외묵연(海外墨緣)』이다. 이 서찰은 권돈인의 이름으로 왕희손에게 보냈다. 그러나 추사의 『완당선생전집』 권5에 「대권이재여왕맹자서(代權彝齋與汪孟慈書)」가 수록되어 있다. 등총린(藤塚鄰)은 상기 서찰의 초고를 발굴한 것으로 보아 추사가 참여하였던 것이 분명하다. 추사가 작성한 「대권이재여왕맹자서」에서 개인의 음운학 · 천문산술 · 상서고금문 · 삼가시 · 고문정종론 · 교수지학 · 남북서파론 등에 대한 견해, 『황청경해』 · 『고문상서소증』 등 경서에 대한 문제점의 제시, 고염무 · 옹방강 등 명사의 경학 주장에 대한 질의, 당시 신근학사 라사림 · 위원 등에 대한 평판 등을 통해 추사의 성숙한 학술 경지와 객관적인 학술 비판 태도를 엿볼 수 있다.

2) 청인 전적(典籍)의 초록(抄錄) 및 찬술(撰述)

초서(抄書)는 고인들이 책을 읽다가 베껴 쓰는 행위이다. 책을 베끼면서 암기하거나 중요한 글귀가 있으면 메모 해놓고 나중에 반복연습하기도 하였다. 또 개인의 저술을 작성하는 데 참고자료로 활용할 수 있었다. 초서(抄書)의 형식에는 주로 '전초(全抄)'(책의 전부를 필사함)나 '적록(摘錄)'(책의 일부, 아니면 중요한 글귀만 필사함)의 방법이 있다. 초서(抄書) 중 가장 많이 알려진 것으로는 바로 소동파가 『한서(漢書)』를 3번이나 필사한 이야기다.[54] 소동파를 숭앙한 옹방강은 서

54 宋代 학자 陳鵠(1174~1224, 字는 西塘)의 筆記小說 『西塘集耆舊續聞』에 기록된 것으로, 蘇東坡가 黃州에 유배되었을 때의 이야기다. 어느 날 지인 朱載上이 찾아갔는데, 오랫동안 기다리고 나서야 東坡가 나왔다. 朱載上이 무엇을 하시고 계시냐고 물었더

예를 연습하거나 경서를 저술할 때 부지런히 초록(抄錄)하였다. 옹방강의 '제경부기(諸經附記)'와 『소재필기(蘇齋筆記)』(16권)는 모두 경사자집(經史子集)에 관한 연구의 필록(筆錄)이다. 완원은 서원(書院)을 개설하고 유생을 가르치는 데 정요(精要)를 초록(抄錄)하고 반복 연습하는 독서법(讀書法)을 강조하였다. 추사는 옹방강, 완원을 비롯한 청인 사우(師友)와 교류하면서 관련 서적을 많이 베끼면서 개인의 공부(工夫)와 연마(硏磨)에 많은 힘을 썼다. 또 청인과 학술 토론하면서 청인의 저술 내용을 인용하고, 또 기증 받은 서적과 서화에 서(序)·발(跋)을 작성하는 데 있어 청인의 학술 견해를 재인용하였다.

추사의 초서(抄書) 흔적은 후인이 편찬한 『완당집』(1868년 印本)과 『완당선생전집』(1934년 印本)에 잘못 수록된 몇 편의 문장에서 찾아볼 수 있다.[55] 즉 『완당집』 권2에 수록된 「태극즉북극변(太極卽北極辨)」은 완원의 『연경실일집(揅經室一集)』 권2에 수록된 문장이다. 『완당집』 권2에 수록된 「서파변(書派辨)」은 『연경실삼집(揅經室三集)』 권2에 수록된 「남북서파론(南北書派論)」이다. 추사는 1810년 연경에서 완원을 만났을 때 완원의 『연경실집』을 받아 조선에 돌아갔다. 그때부터 완원의 저술을 읽고 베끼면서 연구한 것 같다. 『완당선생전집』 권1에 수록된 「변(辨)」은 청인 능정감(凌廷堪, 이름은 차중(次仲))의 『교예당

니 東坡는 『漢書』를 抄錄하고 있어 늦게 나왔다며 미안하다고 답하였다. 朱載上은 東坡 선생과 같은 聰敏한 사람은 한번 읽으면 평생 잊지 않는데 抄錄할 필요가 뭐가 있냐고 하였다. 이에 東坡는 全抄와 摘抄를 3번이나 하고 나서야 마침내 모두 외울 수 있었다고 하였다. 朱載上이 집에 돌아가 아들에게 東坡 선생 같은 資質을 갖고 있는 天才도 이렇게 열심히 독서하는데 일반 資質을 가진 사람이 열심히 독서하지 않으면 되겠냐고 하였다. 東坡의 讀書法은 宋元 이래 學人의 모범이 되었다.

55 藤塚鄰(藤塚明直 編, 1975)에서 "阮堂集과 阮堂先生全集 編纂의 誤謬를 訂定함"에 대해 상세히 논한 바가 있어 여기서는 일일이 논하지 않겠다.

문집(校禮堂文集)』 권23에 수록된 「여호경중서(與胡敬仲書 癸丑夏)」이다. 능정감은 완원의 친구이며, 아들인 소운(小芸)의 스승이기도 하였다. 그는 군경(群經)을 관통하였는데 특히 삼례(三禮)의 식견에 초묘(超妙)해서 당시 학계의 인정을 받았다. 추사는 연경에 가서 능정감의 이야기를 많이 들었는데, 귀국한 후 그의 경서 저술을 집중 공부하면서 관련 논술을 초록(抄錄)해서 연구에 참고하였던 것 같다. 이와 같은 사실을 통해 추사가 청인들과 교류하면서 그들의 저술을 공부의 일과(日課)로 삼아 초록(抄錄)하면서 연구한 것으로 볼 수 있다.

추사가 찬술한 서(序)·발(跋)문이나 설(說)·고(攷) 등 문장을 통해 청인의 영향을 받은 여러 사실을 엿볼 수 있다. 가장 대표적인 문장은 추사의 「실사구시설(實事求是說)」이다. 이 문장은 완원의 「의국사유임전(擬國史儒林傳)」[56]에 나온 구절을 인용하고 결론적으로 "학문하는 길은 반드시 한나라 학풍과 송나라 학풍의 경계를 나누지 않아야 하고, 정현(鄭玄)과 왕필(王弼)·정호(程顥)·정이(程頤), 그리고 주희(朱熹)의 단점과 장점을 비교할 필요가 없으며, 주희(朱熹)와 육구연(陸九淵)·설선(薛瑄)·왕수인(王守仁)의 문호(門戶)를 다툴 필요도 없다. 다만 심기(心氣)를 고르고 고요하게 하여 넓게 배우고 힘써 실행하면서 오로지 '실제 있는 일에서 올바른 이치를 찾는다'는 이 한마디 말을 기본으로 이를 실행하면 좋겠다."[57]는 학문 방법론을 세웠다. 이는 완원이 지향하는 훈고·문자·음운을 포함하는 소학(小學)으로의

---

56 阮元, 『揅經室一集』 권1.

57 金正喜, 『阮堂先生全集』(1934年 鉛活字本) 권1. "故爲學之道, 不必分漢宋之界, 不必較鄭王程朱之短長, 不必爭朱陸薛王之門戶. 但平 心靜氣, 博學篤行, 專主實事求是一語, 行之可矣."

실증적 연구, 학파와 문호(門戶)을 배제한 경전(經傳) 연구, 다양한 회통론(會通論)을 통하여 광범위한 학술을 체제화한 '통학(通學)'의 주장과 같은 맥락이다. 또 추사의 '실사구시' 주장은 옹방강이 경학 연구 방법론으로 추구하는 "마융·정현을 널리 종합하고, 정이와 주희를 배반하지 말라.(博綜馬鄭, 勿畔程朱.)"는 '한송절중론(漢宋折中論)'과 같은 취지이다. 추사는 「실사구시설」을 찬술하고 개인의 치학(治學) 주장을 표방했을 뿐만 아니라 개인의 재호(齋號)를 '실사구시재(實事求是齋)'라 명명하였다. 이는 완·옹 이경사(二經師)의 영향을 받은 것으로 볼 수 있다.

3) 시문선집(詩文選集)의 편집(編輯) 및 연독(研讀)

시문을 공부하기 위해 명가(名家)의 시문전집이나 선집(選集)을 열독하고 외우는 것은 일반적인 습득 방법이다. 선집(選集)은 "정화(精華)를 취하고 정교하지 않은 것을 버린다."라는 장점이 있다. 선집은 시문을 널리 유통시키는 역할을 하고, 문인에게는 학시(學詩)의 교재가 된다. 현재까지 밝혀진 추사가 편찬한 시문 선집으로는 『복초재적구(復初齋摘句)』·『어양정화록(漁洋精華錄)』·『시암록정두소릉칠언절구(詩盦錄定杜小陵七言絶句)』 등이 있다.

『복초재적구』는 추사가 1830년 전후에 옹방강의 시문집 『복초재시집』의 일부 한시를 선별하여 편집한 시선집이다. 옹방강의 시문집 『복초재시집』은 여러 번 간행되었는데 초간본 66권은 1793년에 나왔다. 1816년에 옹방강이 추사에게 아들 옹수곤이 사망한 소식을 알려주면서 개인의 시문집 초간본 62권만 보내주었고, 그 뒤 4권은 새로

인출할 것이라고 알려주기도 하였다. 그 후 옹방강의 제자 이언장(李彦章, 1794~1836)은 『복초재시집』의 속인본 70권을 1845년에 간행하였다. 추사가 『복초재적구』를 편집하는 데 사용한 저본(底本)은 옹방강이 보내준 62권 본이며,[58] 100여 구(句)를 선별하여 편집하였다. 추사가 『복초재적구』를 편집한 이유와 목적은 그가 쓴 발문에 잘 드러난다. 곧 "담계의 시는 산처럼 바다처럼 높고 깊으며 질후함을 스승으로 삼는데, 감방과 정미함에 있어 둘 다 오묘함을 다하였고, 2천 년 동안 금석에 관한 고사와 7만 축 서화의 원류가 또한 70~80%를 차지한다. 이에 대해 깊은 식견이 있는 사람이 아니라면 읽기 어려운 게 당연하다. 읽더라도 무슨 말인지를 이해하기 어려울 것이다. 그런데 어떻게 이 난관을 통과하여 그 오묘한 경지에 다다를 수 있겠는가?"라는 문제의식을 갖고 "적구도의 고사를 모방하여 7언 근체시 100여 구(句)를 써서 담계의 시를 읽고자 하는 사람들에게 보인다. 모두 사람들이 쉽게 보고 쉽게 알만한 것만 뽑았다."고 하였다.[59] 추사는 『복초재적구』를 편집하는 동시에 『복초재시선(復初齋詩選)』 등 옹방강의 시문선집도 편집하였는데, 이를 통해 추사가 지속적으로 옹방강의 시문집을 연독하고 연구하였음을 짐작해볼 수 있다.

『정화선존(精華選存)』은 추사가 청대 초기 시단을 대표하는 왕사정

58 翁方綱의 『復初齋詩集』 62卷本은 현재 서울대 규장각에 소장되어 있다. 권40부터 권62까지 翁方綱이 朱墨으로 批點하였다고 藤塚鄰(藤塚明直 編, 1975)에서도 언급한 바 있다.

59 "覃詩山海崇深, 質厚爲師, 酣放精微, 兩極其妙. 二千年故實, 七萬軸書畵源流, 又居其七八, 匪有深於是者, 宜其難讀, 讀之寔不知爲何語, 又何以透到其妙境也. …… 今錄七言近體詩百句, 倣摘句圖故事, 以示願讀覃詩者, 皆從人之易見而易知者拈取." 상기 발문은 朴徹庠(2009)을 재인용한 것이다.

(王士禛, 1634~1744, 호는 완정(阮亭))의 『어양산인정화록(漁洋山人精華錄)』에 실린 칠언율시(七言律詩) 23제 23수, 칠언절구 147제 265수를 뽑아 편집한 선집이다. 이 선집의 부록에는 왕사정과 동시대 시인인 전문(田雯, 1635~1704)의 칠언절구 21제 25수로 구성된 '윤하칠절(綸霞七絶)'과 송대 소식(蘇軾)·진관(秦觀) 등 시인의 사(詞) 32수를 선별한 '미인향초(美人香草)'가 함께 수록되어 있다.[60] 왕사정은 청대 시단의 맹주로 그의 신운설(神韻說)은 청인의 시문 창작에 많은 영향을 끼쳤다. 왕사정의 『어양산인정화록』은 조선 후기에 유입되었다. 조선 후사가(後四家) 중의 박제가·이덕무·유득공은 어양(漁洋)의 시를 연독하고 평론하였는데, 어양시(漁洋詩)의 차운시(次韻詩)를 짓기도 하였다. 추사의 부친 김노경도 어양(漁洋)의 차운시(次韻詩)를 지었는데, 왕사정의 시문집은 일찍이 그의 집안에 들어간 것으로 보인다.[61] 그런데 추사가 『정화선존』을 편집하는 데 사용한 저본은 옹방강이 추사에게 보낸 『어양산인정화록』으로 판명되었다. 이 저본은 현재 한국학연구원 장서각에 소장되어 있으며 추사의 장서인도 찍혀 있다. 옹방강의 시학은 황숙림(黃叔琳, 1672~1756, 자는 곤포(崑圃), 호는 연재(硯齋))에게 배웠고, 황숙림은 바로 왕사정의 문인이다. 옹방강은 일찍이 왕사정을 사숙하고 그의 시학을 공부하면서 왕사정의 시문집을 비점(批點)하여 『옹비어양산인정화록(翁批漁洋山人精華錄)』·『복초재왕어양시평(復初齋王漁洋詩評)』 등을 저술하였다. 옹방강은 왕사정

---

60 『精華選存』의 구성과 주요 내용은 이철희의 「『精華選存』 해제」(해외한국학자료센터 DB)에서 상세히 소개한 바가 있다. 『精華選存』의 選別 자료 來源과 秋史가 이 시선집을 선별하여 편집한 배경 등에 대한 연구는 劉婧(2016), 115~123쪽에서 고찰하였다.

61 金魯敬의 『酉堂詩鈔』(日本, 靜嘉堂文庫藏本)에 「次漁洋詩韻」이 수록되어 있다.

의 신운설(神韻說)을 계승하면서 기리설(肌理說)을 개창(改創)하였는데 당시 청대 시단에 큰 반향을 일으켰다. 추사는 옹방강의 시문을 연독하면서 그가 숭상한 어양(漁洋)의 시학을 체계적으로 공부하였음을 알 수 있다. 『정화선존』은 바로 추사가 어양시(漁洋詩)를 배우는 과정에서 편집한 학시(學詩)의 교재(敎材)라 할 수 있다.

『시암록정두소릉칠언절구(詩龕錄定杜小陵七言絶句)』는 추사가 1821년 전후에 두보(杜甫)의 칠언절구(七言絶句) 35제 100수를 선별하여 편집한 선집이다.[62] 옹방강은 추사를 만난 후 학시(學詩)의 문경(門徑)을 개인의 시문집이나 서찰을 통해 추사에게 가르쳐주었다. 옹방강이 세상을 떠난 후 그의 제자 섭지선은 『소재수필(蘇齋隨筆)』·『지언집(志言集)』[63] 등 저술을 정리해 추사에게 보내주었다. 옹씨(翁氏)의 기리설(肌理說)의 핵심은 '학인지시(學人之詩)'인데, 그 경로(徑路)는 바로 명(明)·원(元)·송(宋)·당(唐)을 거슬러 그 정점에 두보를 두었다. 두시(杜詩)를 '만법귀원처(萬法歸原處)'를 삼고, 두시(杜詩)의 원류(源流)와 정변(正變)을 깊이 연구해야만 시에 대해서 말할 수 있다는 것이다. 옹방강은 소동파를 많이 숭배했는데 '유소입두(由蘇入杜)'를 창도하며, 평생 동안 두보의 시를 체계적으로 연구하였다. 현재까지 밝혀진 옹방강의 저술인 『옹비두시(翁批杜詩)』·『두시부기(杜詩附記)』[64]는 모두 옹방강이 평생 동안 두보의 시를 연구한 결과이다. 그 외에 옹

62 『詩龕錄定杜小陵七言絶句』의 書誌 사항과 秋史가 이 시선집을 편집한 經緯 및 문제점은 朴徹庠(2004)에서 상세히 고찰한 바가 있다. 여기서 일일이 서술하지 않겠다.

63 『志言集』, 日本 : 『山本書店古書目』, 第三八號, 翁方綱의 手稿本으로 기재되어 있다.

64 翁方綱이 저술한 『翁批杜詩』·『杜詩附記』의 原稿本은 현재 臺灣師範大學도서관에 소장되어 있다. 賴貴三 교수의 整理本인 『翁方綱「翁批杜詩」稿本校釋』(臺灣 : 里仁書局, 2011)이 있다.

방강은 20대부터 왕사정의 두보에 대한 연구 시론을 집약하여 『어양두시화(漁洋杜詩話)』·『어양평두적기(漁洋評杜摘記)』 등 두시(杜詩) 관련 연구 저술을 편찬하였다. 옹방강 시론(詩論)의 영향을 받은 추사가 개인의 학시(學詩) 과정에서 두보의 시를 연구하다가 『시암록정두소릉칠언절구』를 편집한 것임을 알 수 있다.

추사는 연행을 통해 옹방강을 직접 만나 그의 개인 시문 관련 저술, 옹씨(翁氏)가 시학을 공부한 시학(詩學) 관련 저작들을 직접 접할 수 있었고, 그의 시론을 연구하는 데 여러 시선집을 편찬한 사실을 알 수 있었다. 또한 추사가 옹방강의 제자 섭지선, 오숭량과 왕래한 서찰과 기증한 서적을 통해 추사가 청대 시학을 적극적으로 수용하였음을 알 수 있다.

4. 청대 시단(詩壇)에 있어 추사의 영향

앞에서 언급한 바와 같이 추사는 청인들과 교류하면서 조선과 일본의 고서, 탁본 등 자료를 청인에게 제공하였다. 이를 통해 추사가 청대 학술과 문화 발전에 큰 기여를 하였다는 사실을 알 수 있다. 추사 역시 옹방강 등 청인과의 교류를 통해 개인의 학예의 경지도 상당히 높였음을 알 수 있다. 그렇다면 추사의 문학과 예술 작품이 청대 시단(詩壇)에 어떤 영향을 주었을까? 또 청인이 어떻게 추사를 평가하였을까? 이 점을 밝히기 위해 추사의 한시 작품이 청대 시단에 전파된 상황, 청인들의 추사에 대한 평가 등을 정리하여 아래와 같이 살펴보겠다.

1) 청대 시단에 유입된 추사의 한시

추사는 생전에 개인의 시문집을 간행하지 않아 개인의 시문작품이 조선 내에서 많이 유통되지 않았던 것으로 보인다. 추사는 청인과 교류하면서 일부 제화시(題畵詩), 차운시(次韻詩)를 지인에게 보내주었는데, 이와 같은 시문 자료의 일부는 후대 간행된 추사의 시문집에 수록되었으며, 일부는 청인이 편찬한 역대 시선집에 수록되었다.

(1) 추사가 청인에게 보낸 제화시(題畵詩), 차운시(次韻詩)

추사의 한시 작품 중 일찍이 청인의 주목을 받은 것은 그의 스승 박제가의 연행 때 청인에게 보여준 아래의 시다.

개연히 한 생각 일으켜	慨然起別想
사해에서 지기를 맺고 싶네.	四海結知己
마음 맞는 사람을 얻게 된다면	如得契心人
그를 위해 목숨을 바칠 수도 있겠네.	可以爲一死
연경에 명사가 많다 하니	日下多名士
부럽기 그지없네.	艶羨不自已[65]

청인 조강(曹江)이 추사의 이 시문을 보고 그의 재주와 지향을 많이 탄복하였으며 연경에서 추사를 반갑게 대접하였다. 추사가 연경에서 돌아와 청인들과 지속적으로 교류하자 청인들은 시문집이나 서화를 보내 추사의 제시(題詩)를 요청하였다. 청인 오숭량이 순조 25년(1825) 3월 25일에 자신의 회갑(回甲)을 기념하여 「기유십육도(紀遊十六圖)」

---

65 藤塚鄰(藤塚明直 編, 1975), 81쪽.

를 제작하고 추사의 제시(題詩)를 부탁하였다. 추사가 바로 「제오난설송량 기유십육도 병서(題吳蘭雪嵩梁 紀遊十六圖 並序)」를 지어 오숭량에게 보내주었다. 오숭량은 순조 28년(1828) 정월 26일에 추사에게 보낸 서찰에서 아래와 같이 추사의 시문을 칭찬하였다.

> 추사 선생 각하께. 사신이 와서 전해준 답장과 기유도(紀游圖)의 아름다운 16수의 제시는 간결하고 오묘하고 가히 세상에 전할 것입니다. 벽에 걸어두었는데 읽은 이들마다 모두 칭찬을 아끼지 않습니다. 정말 감사합니다.[66]

청인 장요손(張曜孫)은 누이의 그림과 시문집을 추사에게 보내 그의 제시를 구하였다. 추사는 「제장요손사자녹괴서옥도(題張曜孫四姊綠槐書屋圖)」·「제담국헌시후(題澹菊軒詩後)」를 지었고, 후에 서액(書額)을 써서 보내주었다. 장요손은 추사의 제자 이상적의 답신에서 아래와 같이 말하였다.

> 추사 어른께서 멀리서 저희 누이에게 서액(書額)을 보내주셨는데 훌륭한 필법이 중랑(中郎) 채옹(蔡邕)의 품격을 터득하였으니 가치가 매우 높아서 더욱 기쁘고 좋습니다.[67]

청인 장심(張深, 號는 茶農)은 도광 3年(1823) 봄에 연경에서 김노경과 김명희 부자를 맞은 한 사람이었다. 김명희를 통해 추사와 통신하

---

66 "秋史先生閣下. 使至奉到復緘及紀游圖. 佳詠十六首, 簡妙可傳, 懸之壁間, 誦者無不擊節. 感甚幸甚." 藤塚鄰(藤塚明直 編, 1975), 256쪽.

67 "秋史翁遠賜書額於家姊, 茂漪筆墨, 得中郎品題, 身價益重, 尤爲欣忭." 李尙迪, 『蘭言彙鈔』, 張曜孫의 乙巳 人日(1845.1.7.) 書札.

게 되어 추사의 그림과 제시를 종종 청하였다. 도광 7년(1827) 정월 17일에 김명희에게 보낸 서찰에게 이렇게 요청하였다.

> 저의 집 이름은 '괴근소축(槐根小築)'인데, 귀하 형님 추사 선생의 편액(扁額)을 얻는다면 영원히 만족할 것입니다. 얻은 것이 이미 많아 어찌 다른 데서 다시 바라겠습니까. 다만 이 집은 저에게 객사와 같으나 3일 간 잠을 잔 그리움으로 정이 없을 수 없습니다.[68]

추사가 '괴근소축(槐根小築)' 편액(扁額)을 써주었을 뿐만 아니라 그림도 그려 제시(題詩)까지 보내주었던 것으로 보인다. 추사의 시문집에 실린 시문인 「작괴근소축도, 기장차농. 도작설의(作槐根小築圖, 寄張茶農. 圖作雪意)」로 확인할 수 있다. "장심(張深)은 답신에서 추사의 「설옥도(雪屋圖)」 한 점은 원나라 화가의 정신 체통을 터득하였습니다. 원령(元靈)의 화책(畵冊)은 명현(明賢)에 아주 근접하니 감사드립니다."[69]라고 극찬하였다.

(2) 청인이 편찬한 역대 시선집에 수록된 추사의 한시

추사의 시문과 제화시(題畵詩)가 청인에게 보내지면서, 비슷한 시기에 청인이 편찬한 시문선집에 수록된 경우도 있다. 현재까지 조사한 결과 청인 부보삼(符葆森)[70]이 편찬한 『국조정아집(國朝正雅集)』에

---

68 "敝廬槐根小築, 得令兄秋史先生一額, 便足千古. 所得已多, 何敢復有他冀, 第此廬於吾終如傳舍, 而三宿之戀, 不能無情." 藤塚鄰(藤塚明直 編, 1975), 437쪽.

69 "妙繪雪屋一圖, 極得元人神體, 元靈畫冊, 絶近明賢. 拜謝拜謝." 藤塚鄰(藤塚明直 編, 1975), 439쪽.

70 符葆森(1805~1854)의 자는 南樵, 당호는 寄心, 寄鷗이다. 江蘇省 江都市 사람이다. 咸豊 6년(1856)에 과거 시험 차 연경에 올라와 崇實의 食客이 되어 陶樑, 朱琦, 葉名

추사의 「제정서백화산누도(題程序伯畵山樓圖)」가 수록되어 있는데, 이 그림의 제화시(題畵詩)는 서세창(徐世昌)의 『만청이시회(晩晴簃詩匯)』에도 수록되었다.[71] 『국조정아집』은 부보삼이 청초부터 청나라 중엽까지의 시가를 선록한 시선집이다. 모두 100권이고, 청대 건륭 1년(1736)부터 함풍 6년(1856)까지 120년 동안에 창작된 시가를 수록 대상으로 삼았으며, 편찬 당시 생존했던 시인의 작품도 포함시켰다. 권1은 청 황실 제왕 출신의 시가이고, 권2~권99는 청대 문인과 기타 문인으로 구성되어 있다. 시인은 총 2천여 명이며, 수록된 시는 8천여 수이다. 권99에 조선 문인 10명의 한시 32수를 수록하였는데, 추사의 작품은 「제정서백화산누도」만 수록되어 있다.[72] 이 시는 추사의 개인 시문집 『완당선생전집』에도 실려 있다.

「제정서백화산누도」는 추사가 정서백(程序伯)[73]과 교류를 하면서 정서백의 그림인 「산루도(山樓圖)」에 붙인 제시(題詩)이다. 정서백은 가정(嘉定) 사람으로, 당시에 이름 난 시인이자 화가인데 특히 수묵산수(水墨山水)를 잘 그렸다. 그는 조선 문인의 문집인 『해객소전(海客小傳)』을 편찬한 정조경(程祖慶)[74]의 아버지이다. 정조경은 추사의 제

澧, 王拯, 蔡壽祺, 董文渙 등 당대의 碩學들과 교유하였다. 저서로는 『寄鷗館詩稿』·『寄心盦詩話』·『國朝正雅集』 등이 있다.

71 『國朝正雅集』, 「題程序伯畵山樓圖」. “幾疊迂癡畫裏山, 樓邊腕底碧斕斑. 煙雲供養無量壽, 青眼相看萬里間.” 상기 한시는 秋史의 시문집 『阮堂先生全集』(1934년 鉛活字本)도 실려 있는데, 詩題는 「爲畵山作」, 首聯은 “幾疊礬頭輥點山, 樓前腕底碧般般.”로 되어 있다. 어느 쪽에는 편찬하는 과정에서 시구를 고친 것으로 짐작된다.

72 劉婧(2013), 162~163쪽.

73 程庭鷺(1796~1858), 字는 序伯, 號는 蘅鄉·篛庵이며, 嘉定 諸生이다. 程祖慶의 아버지이다. 그림에 능하고 저서로는 『以恬養智齋』 등이 있다. 淸人 蔣寶齡의 『墨林今話』 卷十八에 그의 小傳이 실려 있다.

74 程祖慶(?~1864), 자는 忻有, 호는 無礙, 稺衡 등, 齋號는 見古閣으로, 庭鷺의 아들이

자 이상적, 이상적의 아우 이상건(李尙健)과 밀접한 교류가 있었다. 정서백은 개인의 그림 「화산루(畵山樓)」를 추사에게 보내 주변 조선인의 제시(題詩)를 요청한 것으로 보인다. 『국조정아집』에 이상건과 같은 제목인 「제정서백화산누도」라는 시가 수록되어 있다. 주목할 만한 것은 『국조정아집』에 추사의 스승 박제가는 6수, 추사의 제자 이상적은 6제 7수, 추사의 벗 권돈인은 4수의 작품이 수록되어 있다는 점이다. 추사의 시가 많이 수록되지 못한 이유에 대해 정조경은 이상적에게 보낸 서찰에서 아래와 같이 설명하였다.

> 다시 말씀드리겠습니다. 강도(江都)의 남초(南樵) 부보삼(符葆森)이 심덕잠(沈德潛)의 『별채집(別裁集)』[75]과 같은 체예(體例)로 건륭 병진년(1736)의 시에다 지금까지의 시를 선별하여 『국조정아집』을 편찬하는데, 선생의 대작과 권돈인 상국(相國)의 작품은 이미 뽑혀 들어갔습니다. 권돈인의 시는 지난해에 부쳐준 병풍에 수록된 시에서 뽑았고, 추사의 시는 그의 문집을 찾아도 얻을 수가 없어서 간신히 「화산누」의 제시(題詩) 한 수만을 부남초(符南樵)에게 주었습니다. 이 책은 3, 4월 사이에 완성될 수 있을 것입니다. 그때에 저는 장차 도성을 벗어나 있을 것이니, 이다음에 수산(繡山, 孔獻彝의 호)에게 가서 찾으면 얻을 수 있을 것입니다. 아우 조경은 다시 절합니다. 우선(藕船) 어른 각하.[76]

다. 鹽官으로 지냈으며, 山水畵 · 隷書 · 篆刻에 뛰어났다. 著書는 『練川名人畵像』 등이 있다.

75 淸人 沈德潛(1673~1769, 號는 歸愚) 이 五朝의 시를 선별하여 편찬한 『五朝別裁集』을 말한다. 이 시선집은 唐詩 20卷 10冊, 宋詩 8卷 4冊, 元詩 8卷 4冊, 明詩 12卷 6冊, 淸詩 32卷 16冊으로 乾隆 20년(1755)에 간행되었다.

76 李尙迪, 『蘭言彙鈔』, 程祖慶의 丁巳 正月 二十有八日(1857.01.28)의 書札. "再啓者. 江都符南樵孝廉葆森, 以沈文慤別裁之例, 選乾隆丙辰宏博迄今之詩, 爲國朝正雅集. 大作及權彝齋相國之作, 均已選入. 彝翁詩從前年惠寄詩屛上錄出. 秋史翁覓其集不可得, 僅以寄題畫山樓一絶交符君. 此書三四月間可告成, 其時弟將出都, 他日可向繡山索之, 當

정조경이 말한 바와 같이 추사의 시문집은 구하지 못했고, 결국은 「화산누」의 제시(題詩) 한 수만 부보삼에게 주었다. 현존하는 『국조정아집』의 한시의 출처(出處)를 보자면, 박제가의 한시는 당시 청에서 유통된 『사가시』, 이상적의 한시는 당시 청에서 간행된 『은송당집』, 권돈인의 청에 전입된 『이재시집』에서 각각 뽑힌 것으로 보인다. 추사의 시문집이나 한시 작품이 청대 시단에 많이 유통되지 못했던 사실은 청인 동문환(董文渙, 1833~1877)이 편집한 『조선시록(朝鮮詩錄)』에 수록된 조선인의 시작을 통해서도 입증된다.

『조선시록』(또는 『한객시록(韓客詩錄)』으로 칭함)은 청인 동문환이 1861년부터 조선 문인들과 교유한 계기로 조선의 시문을 모아 편찬한 조선 시선집이다. 그는 1877년 세상을 떠나기 전까지 지속적으로 조선 시문 편찬 작업을 하였다. 동문환은 조선의 연행 사신들과 만나 시문을 주고받았으며, 『조선시록』을 편찬하기 위해 조선 사신에게서 받은 대량의 조선 시문집이나 단편의 시문 작품을 선별하였으며, 『국조정아집』에서 15수를 뽑아 『조선시록』에 수록하였다.[77] 동문환은 『조선시록』을 편집하면서 조선인 시문집 약 35종을 수집하였는데, 그 중 추사의 시문집은 보이지 않았다.[78] 동문환은 이상적과 밀접한 교류 관계를 맺었고, 이상적의 제자인 김석준(金奭準), 이용숙(李容肅), 최성학(崔性學) 등 조선 역관과 많이 교류하였으며, 그들을 통해 조선

可得也. 弟 祖慶 再拜 藕船兄丈大人閣下."

77 董文渙, 『硯樵山房日記』. "同治四年三月十五日. 撿南樵所選正雅集海客詩錄, 存十五首, 擬補入韓客詩錄也."(董文渙, 『韓客詩存』 李豫 點校本, 北京 : 書目文獻出版社, 1996), 334쪽.

78 劉婧(2013), 145~146쪽.

인의 시문을 많이 수집하였다.[79] 그러나 이상적이나 김석준 등은 추사의 시문집을 동문환에게 제공해주지 않았던 것으로 보인다. 20세기 초 청인 서세창(徐世昌)의 『만청이시회(晚晴簃詩匯)』[80](1927년경 간행됨) 권200의 조선 부분에는 조선 시인 54인의 시 108수가 수록되어 있는데, 이 중 추사의 한시는 1수만 수록되었다. 이 시는 바로 『국조정아집』에서 옮겨온 것이다.

이상으로 추사가 청인에게 보낸 개인의 시문과 제화시(題畵詩), 및 청인이 편찬한 역대 시선집에 수록된 추사의 한시 작시 상황을 살펴보았다. 추사의 회화와 서예 작품은 항상 제시(題詩)나 제사(題辭)가 수록되어 하나의 작품으로서 청인에게 보내졌던 것으로 파악되었다. 이와 같은 선물용 작품은 대부분이 청인 개인이 소중히 수장하여 널리 유통되지 못하였다. 이것은 청대 역대 시선집에 추사의 시문 작품이 많이 수록되어 있지 않은 가장 큰 원인이라 할 수 있다.

2) 추사 회화와 서예에 대한 청인의 평가

추사는 청인과 교류하는 과정에서 청인의 수많은 서적, 탁본, 서화 등의 예물을 받았다. 동시에 추사도 상당량의 조선 서적과 탁본, 개인

---

79 劉婧(2005).

80 『晚晴簃詩匯』는 晚淸時期의 정치문인 徐世昌이 同僚 문인들과 함께 淸代 문인의 시를 선별해서 편찬한 시문선집이다. 이 선집은 淸代 문인의 방대한 양의 시가 수록되어 있어 淸代 시가총집이라는 의미에서 『淸詩匯』라고 불리기도 한다. 이 시문집은 모두 200권으로 총 6,159명 27,420수의 시가 실려 있다. 이 선집의 마지막 권에 54명 95제 108수의 조선시문이 수록되어 있다. 구체적인 내용은 劉婧(2013), 175~194쪽의 『晚晴簃詩匯』 一節을 참고 바란다.

의 회화와 서예 작품을 청인에게 보냈던 것으로 짐작된다. 등총린(藤塚鄰)은 개인의 상기 연구 저술에서 일부 확인된 실물 작품을 소개하기도 하였다. 본 장에서는 추사가 청인에게 보낸 서화와 청인의 평가를 중심으로 몇 가지만 살펴보겠다.

(1) 1840년 이전 추사가 청인에게 보낸 서화 및 청인의 평가

추사는 청인을 위해 많은 회화 작품을 보내주었으며, 청인들도 다투어 추사에게 청탁하기도 하였다. 옹방강의 제자 주달(周達)은 늦게 상경하여 추사를 직접 만나지 못하였는데 조강 등 옹방강의 문하생을 통해 추사와 신교를 맺었다. 추사는 주달에게 그림과 서예 작품을 보내주면서 흠모의 마음을 표하였다. 주달은 추사의 인물됨과 학문에 경도되어 추사를 더욱 흠모하였다. 주달이 도광 원년(1820) 2월 2일에 쓴 서찰의 일부 내용은 아래와 같다.

> 보내주신 국권(菊卷, 국화그림 축) · 고경(古鏡) · 지필(紙筆)을 잘 받았습니다. 비록 추사의 얼굴을 보지 못했으나 이미 추사의 마음을 잘 비추고 있는 듯합니다. 멀리 계신 분의 정이 이토록 깊은데 어찌 감사하지 않겠습니까. 특히 거울은 형님께서 사용하시던 물건이니 우리 서로 얼굴을 보지 못했으나 천리 밖에서 마음을 보는 것이 추사와 대화하는 것 못지않습니다. 국권(菊卷)은 비단 위에 그림이 아름답고 또 형님께서 쓴 글과 글씨의 필법은 스승 옹방강과 매우 닮아서 삼가 보배로 지켜 잃지 않도록 가보로 진장할 것입니다. 종이와 붓 역시 뜻대로 휘둘러 쓰고 권축을 펴서 마음대로 따랐으니, 강령(江令)의 채색 붓과 장공(張公)이나 위공척(韋公陟)만이 지난 역사에서 아름다움을 독점할 수 없을 것입니다. 이 몇 가지 보배를 멀리 보내주었으니 추사가 어찌 이리 저를 아끼신단 말입니까.[81]

주달은 추사가 보낸 그림과 서예를 보고 추사의 필법이 옹방강과 닮았다고 평하였다. 젊은 추사는 당시 옹방강을 추앙하여 한참동안 옹방강의 필법을 연습하였던 것으로 보인다. 주달은 개인이 힘들게 얻은 옹방강의 서예 절구 "煙雲觀所養, 竹栢得其眞" 이라는 작품을 답례로 추사에게 보내주었고,[82] 옹방강의 필법을 임모(臨摹)하라고 당부하였다.

청인 오숭량은 추사의 그림과 서예를 좋아하여 추사의 아우 산천(山泉)에게 보내는 서찰에서 추사의 그림을 요청한 사항도 종종 보인다.

> 일전에 이난경(李蘭卿) 시독(侍讀)이 있는 곳에서 추사의 난초 그림 한 폭을 보았는데, 소산(蕭散)하여 사랑스러웠습니다. 후일 저를 위해 '난설도(蘭雪圖)'를 그려 보내주실 수 있겠습니까?[83]

추사가 나중에 오숭량을 위해 난초 그림을 그렸는지에 대한 기록은 보이지 않으나, 추사가 그를 위해 '蓮花博士', '梅隱中書'의 영련(楹

81 "蒙菊卷 · 古鏡 · 紙筆之賜, 雖未見秋史之面, 已如照秋史之心矣. 遠人情重, 敢不拜嘉. 承賜古銅鏡, 乃吾兄自用之物, 兩人未面, 千里見心, 不啻時晤秋史矣. 至於秋華卷, 絹畫旣佳, 又重之以吾兄題墨, 筆法逼肖蘇齋, 謹當珍守不失, 以作家寶. 紙筆亦復揮灑如意, 舒卷從心, 江令彩毫, 張公陟里, 不得專美於前矣. 以此數珍, 郵筒遠寄, 秋史何愛我之甚耶." 藤塚鄰(藤塚明直 編, 1975), 267쪽.

82 "吾師覃溪先生, 晩歲不作楹聯, 故海內流傳絶少, 每以不得一聯爲恨, 迨先生歸道山後, 忽得此十字於故簏中, 尙未題款, 乃先生七袠以後書. 用筆雄秀, 不減唐人, 眞可寶也. 秋史酷好先生法書, 以此遠寄, 俾懸之坐右, 朝夕臨摹, 可見我兩人千里心交, 緣深翰墨, 而於先生之寸縑片紙, 珍重若此." 1822.1.23 周達이 秋史에게 보낸 서찰. 藤塚鄰(藤塚明直 編, 1975), 515쪽.

83 "向在李蘭卿侍讀處, 見畫蘭一幅, 蕭散可愛, 他日能爲僕作蘭雪圖見寄乎?" 藤塚鄰(藤塚明直 編, 1975), 239쪽.

聯)를 보냈던 기록은 전해진다. 비슷한 시기에 추사는 섭지선과도 교류를 하였는데, 섭지선은 산천(山泉)에게 보낸 서찰에서 추사의 서예를 청탁하였다.

> 귀하 형의 대소 대련첩 10폭과 행서 단관(單款)을 원합니다. 이는 모두 한묵(翰墨)의 자리에 함께 한 친구들이 몹시 구하고 있는 것들이니, 나누어주어 전해진다면 이 또한 예림(藝林)의 쾌거일 것입니다.[84]

추사는 우인의 청탁을 일일이 만족 시키고, 청인이 보내준 화첩(畵帖)이나 시문의 뜻을 취하여 그림을 그려 보내주기도 하였다. 청인 주위필(朱爲弼)[85]이 추사에게 화선면(畵扇面)을 보내주었는데, 추사가 선면(扇面)의 제시(題詩)를 보고 「송음감고도(松陰鑒古圖)」[86]를 그려 보내주었다. 주위필은 이 그림을 보고 크게 감동받아, 시를 지어 추사에게 답사의 뜻을 전하였다. 시문의 하련(下聯)을 보면 아래와 같다.

바람은 허명을 불어가고	風吹虛名去
칭찬은 고상한 그대를 번거로이 하였네.	讚歎煩高賢
나의 졸렬함을 비루하지 않고	不鄙余才拙
나의 학문이 전일하다고 말하였네.	乃謂余學專

---

84 "望令兄大小楹帖十副, 行書單款, 此皆同硯席諸友人所轉索者, 分贈流傳, 亦藝林快事也." 藤塚鄰(藤塚明直 編, 1975), 311쪽.

85 朱爲弼(1770~1840), 字는 右甫, 號는 茮堂(또는 椒堂). 浙江省 平湖 사람이며, 嘉慶十年(乙丑) 進士에 급제하여, 漕運總督을 역임하였다. 阮元의 門下生이다. 경학과 금석에 뛰어나다. 저술로는『蕉聲館詩集補遺』등이 있다.

86 「海東金秋史學士, 以余舊題八甎吟館所藏舊畫扇面詩意, 繪松陰鑒古圖以寄, 竝辨犧尊王・鄭兩說,賦此志謝」, 朱爲弼,『蕉聲館詩集補遺』卷三. 藤塚鄰(藤塚明直 編, 1975), 442쪽에서 논술한 바가 있다.

옛 글귀 한참 망각하였는데	舊句久忘卻
새 그림을 은혜로이 그려주었네.	新圖乃惠然
그림을 펼쳐 맑은 기운 일어나고	開縑淸颸發
큰 소나무 맑은 샘에 그림자지네.	長松蔭淸泉
주인과 손님이 마주 앉아 골동을 감정하고	主客坐鑒古
정이(鼎彝) 골동이 자리에 즐비하네.	鼎彝羅長筵
어렴풋이 옛 일을 떠올리고	恍然憶舊事
축으로 장정하여 서실에 걸었다네.	裝軸高堂懸
그대의 마음 씀의 후함에 감사하고	但感用意厚
금석처럼 깊이 새기기를 기약하네.	吉金期深鐫
희상(犧象)의 풀이를 논의한다면	若論犧象解
사고전서에 실려 이미 완전하다네.	四庫載已全

주위필이 추사에게 보낸 답사 시문을 보면, 둘이 연경에서 만난 정경을 회상하며, 금석과 골동을 감상한 모습을 생생하게 묘사하였다. 추사는 연경에 돌아와 항상 청인과의 만남을 그리워하며 서화와 시문을 주고받으면서 마음을 위로한 것으로 보인다.

추사의 회화와 서예를 흠모하는 청인이 많아지자 추사보다 한 세대 아래의 청인 사대부도 추사에게 친분 맺기를 청하였다. 추사의 제자 이상적의 청대 우인도 추사의 서예작품을 요청하였다. 1833년 7월에 이상적이 북경에 출사하였을 때 우인 의극중(儀克中)[87]에게 추사의

87 儀克中(1786~1837), 자는 協一, 호는 墨農, 또는 姑射山樵 등이다. 山西 太平 사람이다. 부친은 廣東鹽運使司知事라서 부친을 따라 廣東에서 활동하기도 하였다. 阮元과 협조하여 『廣東府志』를 편찬하였다. 書畵에 능하여, 1831년 조선 李尙迪을 위해 「苕岑雅契圖」를 그렸다. 그림으로는 「黃葉懷人圖」·「挑燈憶舊圖」 등이 있으며, 저술로는 『劍光樓集』 등이 있다.

서에 선물을 전달하였는데 의극중은 답신에서 아래와 같이 말하였다.

> 우선 형님 족하. …… 또 족하의 스승이신 추사 어르신이 써 주신 영첩을 받았고, 또 완사경이 있는 곳에 돌아와서는 족하의 예서 4자를 얻었으니 어찌 스승과 제자가 모두 이렇게도 다정하십니까. 멀리서 족하의 건강이 항상 좋고 저술이 날마다 넉넉하시기를 바랍니다. 목을 길게 늘여 동방을 바라보매 오직 사신 행차가 다시 우리나라를 비추어, 계속해서 묵연을 맺게 된다면 더욱 위로가 될 것입니다.[88]

의극중은 추사의 다정함에 감동하여 추사에게 종종 연락을 하였는데, 몇 년 후인 1837년 11월에 광동에서 근무하면서도 동료를 위해 추사의 글씨를 청하였다.

> 저와 같이 일하는 하방곡(何方穀)은 아는 게 많고 옛 것을 좋아하는데, 스스로 자기가 사는 곳을 '존고재(尊古齋)'라 이름 짓고 추사 선생의 예서 횡액을 얻고 싶어 합니다. 저도 또한 '소운려(溯雲廬)'라는 작은 귀퉁이 땅을 갈고 있는데 어머니의 묘를 백운산으로 향하게 하여 부모 생각하는 이 뜻을 마음에 새기고 싶으니, 아울러 간절히 추사 선생의 글씨를 받아 주셨으면 합니다.[89]

그러나 의극중은 그 다음 달에 갑자기 생긴 병으로 세상을 떠났다. 추사가 보내준 횡액(橫額)을 보지는 못하였을 것이다.

---

88 李尙迪, 『蘭言彙鈔』, 儀克中이 癸巳 新秋(1833.7)에 보낸 書札. "藕船詞兄足下. …… 又蒙尊師秋翁書贈楹帖, 復於阮賜卿處得隸書四字, 何賢師弟多情若是耶. 遙惟履候勝常, 譔著日富. 引領東望, 惟望客星重照敝邦, 再續墨緣爲更慰耳."

89 李尙迪, 『蘭言彙鈔』, 儀克中이 道光 十七年 冬至前三日(1837.11.19)에 보낸 書札. "敝同事何君方穀, 博雅好古, 自題所居曰'尊古齋', 欲求秋史先生隸書橫額. 弟亦有'溯雲廬'一區, 以先母墓, 向白雲山誌思親之義, 並懇代求秋翁也."

청인 장요손은 이상적과 일찍이 교우 관계를 맺었는데, 추사의 이름을 듣고 많이 흠모하였다. 1838년 정월에 이상적에게 서찰을 보냈는데 아래와 같은 내용이 전해진다.

> 추사 시랑은 오랫동안 사모하던 분입니다. 서예가 창고한 것은 정전(鼎磚)에서 나온 것으로 저의 재실 벽에 걸어 두고 직접 뵙는 듯이 여깁니다. 전에 보내드린 우리 집안 문집에 족하의 표지 글씨를 받지 못했는데 상자에 있던 것이 이미 비어 있어 다시 보내 드릴 수가 없습니다. 그러나 끝까지 이리저리 좋은 인편을 찾아 부치게 되면 족하께서 먼저 저 요손의 생각을 이루게 해주시기 바랍니다. 아울러 삼가 재실 이름인 '근언신호지거(謹言愼好之居)' 한 횡액을 요청하오니 보내 주시면 매우 고맙겠습니다. 추사 시랑에게 드릴 영첩 1부를 딸려 보내니 전달해 주시기 바랍니다.[90]

같은 해 11월에 장요손이 추사의 영첩을 또 받았는데 자신이 쌓인 그리움이 다 풀어졌다고 말하였다.

> 우선 인형 족하. 지난달에 이어서 족하의 편지를 받았고, 또 멀리서 보내 주신 인삼과 추사 시랑의 영첩까지 받으니, 여러 해 동안 쌓인 궁금증이 다 풀어져 매우 다행입니다. …… 추사 시랑에게도 대신 작은 뜻을 전해 주시기 바랍니다. 직접 답장 하지 못합니다. 11월 6일.[91]

---

90 李尙迪, 『蘭言彙鈔』, 張曜孫이 戊戌 正月 二十八日(1838.1.28)에 보낸 書札. "秋史侍郎, 久所嚮望. 法書蒼古, 出自鼎磚. 懸之齋壁, 以當謁晤. 惜前呈家集, 未達典籤, 行篋已空, 無可再致. 然終當蒐匯, 附良信奉貽. 足下先致鄙懷, 並'謹言愼好之居', 求書一橫額見寄. 幸甚幸甚. 坿呈秋史侍郎楹帖一副, 乞傳達."

91 李尙迪, 『蘭言彙鈔』, 張曜孫이 戊戌年 十一月 初六日(1838.11)에 보낸 書札. "藕船仁兄足下. 前月連奉手書並遠惠人蔘, 並秋史侍郎楹帖, 積歲相思, 得之頗解, 幸甚幸甚. …… 秋史侍郎乞代達微意, 不及專照. 十一月初六日."

(2) 1840년 이후 청에 유입된 추사의 서화 및 청인의 평가

추사는 헌종 6년(1840) 가을에 제주도로 유배를 당하였는데, 청인은 이 소식을 바로 받지 못하였던 것 같았다. 1840년 말에 장요손은 이상적을 통해 추사의 서에 작품을 청하면서 부친의 저술을 추사에게 기증하였다.[92] 헌종 9년(1843) 정월에야 장요손은 추사의 유배 소식을 들었고, 바로 이상적에게 서찰을 보내 그의 서글픈 마음을 표하였다.

> 추사 어른이 갑자기 먼 곳에 귀양을 가게 되었다 하니 매우 뜻밖의 일입니다. "도가 높을수록 훼방을 당한다."는 것은 참으로 예나 지금이나 마찬가지로 서글픈 일입니다. 저는 추사 어른을 간절히 사모하면서도 몇 년이 지나 한 번도 만나보지 못했으니 더욱 서글픈 일입니다.[93]

헌종 10년(1844) 3월에 추사가 「세한도」를 그려 이상적에게 보내주었다. 이상적은 10월에 동지사 일행을 따라 입연(入燕)하며 「세한도」를 가져갔다. 헌종 11년(1845) 정월 22일에 그는 옛 친구인 오찬(吳贊)[94]의 초대 잔치에 추사의 그림을 펼쳐 19명의 지인에게 보여주어 그들의 제찬을 청하였다. 청인들이 추사의 그림을 격찬하여 추사의 불운한 운명을 동정하며, 추사의 고결한 인품을 존경하는 마음을 제

---

92 李尙迪, 『蘭言彙鈔』, 張曜孫이 庚子年 十二月 十五日(1840.12.15)에 보낸 書札. "秋史侍郎書額, 轉求見寄爲幸. …… 先子詩文稿二部, 一送侍郎, 一送秋史侍郎."

93 李尙迪, 『蘭言彙鈔』, 張曜孫이 癸卯 正月 人日(1843.1.7)에 보낸 書札. "秋史翁忽遭遠謫, 殊非意料. 道高毁來, 眞古今同慨. 曜孫企慕有年, 未得一晤, 尤爲悵侘."

94 吳贊(1785~1849), 자는 偉卿, 호는 塔影樓, 江蘇省 常熟 사람, 道光 6년(1826)에 進士 급제하였고 刑部員外郎 등을 역임하였다. 張曜孫의 큰 누이의 夫君, 在京의 집인 留客納涼之館이 있다. 李尙迪과 친하였고, 그의 시문집 『恩誦堂集』(1848년 1월 발간) 발간을 주관하였다. 著書로는 『塔影樓詞』가 있다.

사(題辭)로 표하였다. 중국 역대 문인 중 송대(宋代)의 소식(蘇軾, 1037~1101)부터 청대의 기윤(紀昀, 1724~1805)과 유용(劉墉, 1720~1805)까지 수많은 사한(詞翰) 대가(大家)들이 유배를 당한 적이 있었다. 재주가 많고 정직해서 모함을 당한 것은 모두 잘 아는 사실이라 소식처럼 유배를 당한 문인은 오히려 후세 문인의 존경과 사랑을 받았다. 청인들은 추사의 유배 사실을 '기화(奇禍)'라고 말하였고, 추사의 청풍고결(淸風高潔)을 칭송하고 오래된 교제를 회고하거나 새로 알게 되기를 바라며 제사(題辭)로 칭찬하였다. 「세한도」를 위해 제사(題辭)해준 청인 16가(家)는 추사의 이름을 이미 잘 알고, 그의 학문 세계와 인품을 인정해주어서 가능하였을 것이다. 그래서 추사가 제주 유배 생활을 하는 동안 청인들은 추사에게 격려와 위로의 뜻으로 서적 등을 보내주면서 추사의 서예 작품도 간절히 청하였다. 아래는 청인 왕홍(王鴻)과 여전손(呂佺孫)이 이상적에게 보낸 서찰의 내용이다.

① 왕홍(王鴻) : 추사 선생의 예서를 받으니 모두가 감격스럽습니다.[95]

② 왕홍(王鴻) : 김추사 어른의 글씨로 관련이나 관액을 구해 주실 수 있다면 매우 고맙겠습니다.[96]

③ 여전손(呂佺孫) : 편지 한 장 얻은 것이 여러 성을 얻는 것보다 더 귀하다고 하였는데, 하물며 다시 거듭 해서 추사 시랑의 해서, 예서와 족하의 훌륭한 아우 건인(李尙健, 이상적의 아우)의 그림 부채까지 보내 주셨으니 말해 무엇 하겠습니다. 하루 종일 앉아서 마주

---

95 李尙迪, 『蘭言彙鈔』, 王鴻이 丁未 二月 九日(1847.2.29)에 보낸 書札. "秋史先生隸書, 咸佩盛誼, 心謝無已."

96 李尙迪, 『蘭言彙鈔』, 王鴻이 己酉 十二月 一日(1849.12.1)에 보낸 書札. "金秋史翁能代懇其款聯或款額, 幸幸."

보고 있으면 피로를 잊을 수 있어서 가슴 속에 품어 두고 차마 손에서 내놓을 수가 없습니다. 또 추사 시랑의 금석 탁본도 한꺼번에 보내 주실 수 있다면 또 한 번 금석 같은 우정을 거듭 맺는 방법이 되겠습니다.[97]

④ 왕홍(王鴻) : 김추사 어른, 그리고 난옹의 글씨와 그림은 모두 장황을 하여 귀중히 보관하였고, 신자하의 대나무 그림과 추사의 서예 작품은 내년에 돌에 새겨서 해내에 전파시킬 것입니다.[98]

왕홍의 서찰 중 주목할 만한 사실은 바로 "추사의 서예 작품은 내년에 돌에 새겨서 해내에 전파시킬 것입니다."라는 기록이다. 왕홍은 10년 후 이상적에게 보낸 서찰에서도 비슷한 이야기를 하였다.

요즘 추사와 형님의 영첩을 호상의 돌에 새겨 오래도록 전하고 싶습니다. 저는 먼저 선부모의 묘지를 새긴 뒤에 곧 뒤따라 손이 닿는 대로 각을 하여 완성하겠습니다.[99]

당시 왕홍은 산동에 재직하고 있었는데 그가 추사의 서예를 호상(湖上) 돌에 새겼는지 여부는 현재 확인하지 못하였다. 추사가 세상을 떠난 후 제자 이상적은 추사의 서화를 선물로 청인 정조경과 장요손 등에게 종종 보낸 것으로 보인다.[100] 추사의 그림과 서예를 받은 청대

---

97 李尙迪, 『蘭言彙鈔』, 呂佺孫이 己酉 春(1849봄)에 보낸 書札. "一紙之得, 珍於連城, 況復重以秋史侍郎之楷隸, 健人哲弟之畵箑, 竟日坐對, 可以忘疲. 置之懷裏, 不忍釋手. …… 再有秋史侍郎金石拓本, 若能一同惠寄, 則金石之交, 又多一重緣法."

98 李尙迪, 『蘭言彙鈔』, 王鴻이 辛亥 九月 卄四日(1851.9.24)에 보낸 書札. "金秋史翁, 茨翁, 蘭翁畵書俱已裝池珍藏. 申紫霞竹, 秋史書法, 明春泐石, 以傳海內也."

99 李尙迪, 『蘭言彙鈔』, 王鴻이 壬戌 七月 卄四日(1862.7.24)에 보낸 書札. "近欲將金秋史兄書楹帖, 刻石於湖上, 可傳久也. 將先刻父母墓誌, 後卽須手刻成耳."

문인은 나름대로 추사의 그림은 '소산가애(蕭散可愛)'이고, 글씨는 '창고(蒼古)'하다 등의 예술 평어로 평가를 하였다. 이를 통해 일부 청인이 만년의 추사를 서예가로 인식했음을 알 수 있다.[101]

또 앞에서 1840년부터 1856년 사이 추사와 청인들 교류한 상황을 통해 알 수 있듯이 당시 청인 반증위(潘曾瑋)가 이상적에게 보낸 서찰에서 조카 반조음(潘祖蔭)[102]이 추사의 영련(楹聯)을 청탁함을 전달하였다. 또 청인 동문환(董文渙)이 편집한 『한객시존(韓客詩存)』에 지인 반조음을 위해 추사의 그림에 시를 지었다는 기록도 있다. 동문환이 「반백인을 위해 조선 추사의 그림에 제시를 지었다」[103]라는 시를 지었는데 추사의 이 그림은 제목이 없고, 「세한도」와 비슷한 분위기를 담은 산수화이다. 동문환이 시를 지은 시간은 청나라 동치(同治) 11년(1872) 2월 21일이다. 이를 통해 당시 청인 반조음은 개인 받은 추사의 그림을 애장(愛藏)하면서 주변 우인의 제시(題詩)를 받은 사실을

---

100 李尙迪『蘭言彙鈔』, 張曜孫이 辛酉 十二月 十九日(1861.12.19)에 보낸 書札. "屢承雅惠, 媿何克當! 秋老畫及扇, 或因夫有欲炙之色而與之乎? 感謝之至." 李尙迪, 『蘭言彙鈔』, 程祖慶이 己未(1859)에 보낸 書札. "藕船仁兄大人閣下. 辛酉夏, 自京寄到庚申十月十六日手教, 並拜秋史侍郎墨蹟石刻及書法詩章."

101 이와 같은 논의는 정후수(2004), 136~137쪽에서 전개하였다. 유의할 부분은 청대 문인들이 모두 秋史를 서예가로 인식한 것이 아니라는 것이다. 秋史와 청인들과의 교류는 시기별로 내용도 다르고, 평가도 다르다.

102 潘祖蔭(1830~1890)의 자는 在鐘, 호는 伯寅, 또는 鄭盦이다. 吳縣 사람이며, 大學士 潘世恩의 손자, 內閣侍讀 潘曾綬의 아들이다. 咸豊 2년에 진사 급제했고, 編修와 工部尙書 등을 역임하였다. 당시 이름이 난 藏書家와 書藝家이며 經史와 金石에 능통했다. 潘祖蔭은 劉喜海, 李慈銘, 張之洞 등과 친했다. 저술로 『滂喜齋叢書』와 『攀古樓彝器圖釋』 등이 있다.

103 董文渙, 『韓客詩存』, 「爲潘伯寅題朝鮮金秋史畵」, "籬落滄海邊, 雲水合成路. 鳥外天不盡, 遠山低於樹. 一枕高窩眠, 鷗波夢迴處. 空谷蘊幽芳, 亭亭濯秋水. 不隨凡花媚, 能勿抱香死. 畫師亦何心, 廖落澹如此."

알 수 있다. 이와 같은 근거 자료를 통해 추사의 그림과 서예작품이 청나라에 들어가 전파된 일 단면을 엿볼 수 있다.

5. 결론

추사는 조선 순조 9년(1809)에 부친 김노경을 따라 연경에 가서 청대 고증학을 집대성한 대학자 옹방강과 완원을 만났고, 귀국한 후에도 옹·완의 가문과 제자와도 지속적으로 교류하면서 개인의 학문과 예술의 성과를 성취하였다. 동시에 추사의 학설과 시문·서예 작품이 청대 학단에 유입되어 청대 우인의 공명(共鳴)과 높은 평가를 받았다.

본 연구를 통해 추사와 청인 간의 교류와 그의 학예 성취 및 영향을 체계적으로 이해할 수 있었다. 그러나 추사와 청인의 교류, 추사의 학문과 성과를 파악하는 데는 여전히 많은 연구 여지와 문제점이 남아있다. 아래 두 가지의 사실과 문제점을 재고해볼 필요가 있다.

첫째, 추사가 청대 학단과 교류한 시기를 길게 설계할 필요가 있고, 그들의 교류 규모도 확대하여 파악할 필요가 있다. 그동안 학계에서 추사와 청인들과의 교류는 일반적으로 추사가 연경에 도착한 순조 9년(1809) 12월부터 그가 제주 유배를 당한 헌종 6년(1840) 9월까지로 인식하고 있다.[104] 본 연구를 통해 알 수 있듯이 추사는 제주 유배시기와 과천 거주시기에도 제자 이상적과 오경석 등을 통해 청인과 교

104 秋史가 燕行을 통해 淸人들과 30년 동안 교류를 전개하였다는 것이 학계의 通說이라고 할 수 있다. 藤塚鄰(藤塚明直 編, 1975)에서도 이와 같이 주장하여 濟州 유배 후 秋史와 淸人의 교류를 논의하지 않았다.

류를 진행하였다. 다만, 헌종 6년 이후의 교류는 이상적과 오경석이 받은 청인의 서찰을 통해서만 파악할 수 있고, 추사가 직접 주고받은 청인의 서찰이나 실물은 여전히 파악되지 않고 있다. 따라서 관련 자료의 조사와 연구도 요구된다.

추사의 근 반세기에 걸친 청인들과의 대규모 교류는 한중 교류사에 있어 아주 희소한 사례이다. 이와 같은 교류를 전개할 수 있었던 요인으로는 당시 조선과 청나라의 시대 배경, 추사의 선배와 스승의 연행(燕行) 경험과 주선(周旋), 추사의 주변 우인과 후배의 협력 등, 한 마디로 추사를 시대의 농조아(弄潮兒)로 귀결할 수 있지만, 그중 가장 중요한 것은 추사 자신의 의지(意志)와 병성(秉性)이라 할 수 있다. 추사는 일찍부터 스승 박제가 문하에 들어가 그의 영향을 크게 받으면서 청년시기부터 '사해결지기(四海結知己, 사해에서 지기를 맺고 싶다)'의 소원을 품고, "여득계심인, 가이위일사(如得契心人, 可以爲一死, 마음 맞는 사람을 얻게 된다면, 그를 위해 목숨을 바칠 수도 있겠다)"의 장지(壯志)도 지니고 있었다. 동시에 선배 홍대용과 스승 박제가의 청인과 교류한 범위와 성과의 미진한 부분도 제시해주었다. 추사는 권돈인에게 보낸 서찰에서 청인의 시문과 서화를 논하면서 아래와 같이 말했다.

> 우리나라 사람으로 연경에 들어가 교유가 성대했던 분으로는 매양 담헌(홍대용)을 먼저 칭도하는데, 그분이 이런 한묵(翰墨)의 소소한 일에도 이와 같이 소루하였으니, 이보다 큰일에 대해서야 또 어찌 논할 것이나 있겠습니까. 담헌 뿐만이 아니라, 비록 초정(박제가) 같은 분도 가는 곳마다(중요한 인물을) 많이 놓쳐 사람으로 하여금 몹시 개탄하며 애석히 여기게 합니다. 만주 사람들을 소홀히 여길 수 없습니다. 새효

정·몽문자·영몽당·영몽선 등 재주가 많은 사람은 모두 용이나 호랑이와 같아 누가 용이고 호랑이인지 식별할 수가 없습니다.[105]

추사가 제주 유배시기에 벗 권돈인에게 보낸 상기 서찰에서 청인의 시문과 서예를 논하면서 나온 이야기다. 추사는 선배 홍대용과 스승 박제가가 청인들과 교류하는 과정에서의 한계성을 지적하였다. 이러한 지적은 결코 선배와 스승을 경시하거나 비판하려는 것이 아니라 추사 자신의 성찰(省察)이었으며, 더 많은 성과를 이루기 위해 그동안 노력하였고, 당시 개인의 유배 처지를 한탄하였던 것이다. 또 서찰에서 추사가 20년 전에 개인이 중원의 인물과 많이 사귀었는데 그중에 만주의 새효정·몽문자·영몽당·영몽선 등과 알게 되어 그들이 서예와 시문에 뛰어나 남은 작품도 많다면서 권돈인에게 소개하였다. 이와 같은 사실을 감안하면 추사가 그동안 적극적으로 옹방강과 완원 일파를 주축(主軸)으로 교류하였을 뿐만 아니라, 만주 문인들과도 교류하였음을 알 수 있다. 이를 통해 추사가 청인들과 교류한 인물과 내용을 더욱 확대하여 파악할 필요가 있다.

둘째, 추사와 청대 문인들과의 교류를 통해 편찬한 저술, 추사와 청인들과 주고받은 서적과 서찰, 서예 작품을 조사하여 체계적으로 연구할 필요가 있다. 추사와 청인과의 교류는 19세기 초 연경에서 옹방강과 완원 일파를 만나고부터 본격적으로 시작되었다. 당시 청대 학

105 金正喜, 『阮堂先生全集』 권3, 『書牘』, 「與權彝齋·十五」. “東人入燕交遊之盛, 每先稱湛軒, 而其於翰墨小事, 如是疎甚, 又何論大於此者耶. 非徒湛軒, 雖如朴楚亭, 到處錯過, 令人嗟惜嗟惜! 滿洲人有不可忽, 有如塞曉亭·夢文子·英夢堂·英夢禪諸人, 皆如龍如虎, 不可方物耳.” 한국고전종합DB 수록 영인본과 번역문을 참고하여 斷句와 번역문을 수정하였다.

단은 강희(康熙) · 건륭(乾隆)의 문운 극성기를 지나서 고증학의 학풍이 이미 성숙하였던 시기였다. 추사는 옹 · 완 일파와의 교류를 통해 여러 방면에 걸쳐서 시 · 서 · 화는 물론 경학 · 금석의 학문에서 큰 성취를 얻었다. 추사의 경학은 옹방강의 '한송불분론(漢宋不分論)'을 근본적으로 따르고 있고, 완원이 주창한 '경세치용(經世致用)'의 학설과 방법론을 주창하였다. 추사가 경학과 금석에 있어 근본적으로 옹 · 완의 학문에 공감하여 성리학과 훈고학을 종합적으로 보아야한다는 절중론(折中論)을 부르짖음으로써 조선 성리학의 극단적인 획일주의에 방향 전환을 제시하였다.[106] 추사는 이와 같은 학문관과 논의를 그가 찬술한 「실사구시설」과 옹방강 등 청인들, 지인 권돈인 등과의 왕래 서찰에서 전개하였으며 그중에 개인의 저술도 청인에게 소개하였거나 보내주었다. 그러나 추사가 옹방강의 부탁을 받아 찬술한 『노례체겹지(魯禮褅祫志)』 · 『의례금고문고(儀禮今古文考)』[107] 등의 저술, 추사가 청대 문인에게 보낸 서찰, 청나라에 유입된 추사의 시문과 서예작품 등이 많이 발굴되어 있지 않아 추사의 학문을 깊이 연구하는 데 있어 자료적 한계가 있다.

또 추사의 한국 학술사와 한 · 중 학술교류사에서의 위치도 향상시킬 필요가 있다. 추사의 많은 학문 성과와 예술작품은 청인과의 교류를 통해 이루어졌다. 그러나 추사와 청인들과의 교류의 시기에 따라 교류의 내용도 달라졌다. 만년에 들어 추사의 청인과의 교류는 서화(書畵)에 치중되어 현재까지 중국 학계에서는 추사를 서화대가(書畵大

106 崔完秀(2014), 48쪽.

107 순조 28년(1828) 여름에 秋史가 淸人 李璋煜에게 보낸 서찰에서 자신이 『魯禮褅祫志』 · 『儀禮今古文考』를 纂輯하고 있다고 하였다. 藤塚鄰(藤塚明直 編, 1975), 340쪽.

家)로 인식하고 있다. 이로 인해 추사의 경사(經史)와 금석 연구는 소략한 실정이며 대체로 서화작품에 집중되었다. 이와 같은 현상은 학계의 옹방강에 대한 평가와 아주 유사하다. 옹방강은 생전에 시학이론 기리설(肌理說)을 제창하면서 개인의 시문집과 시화저술 『석주시화(石洲詩話)』 등을 간행하여 청대 시단(詩壇)에서 많은 영향을 받았다. 또한 옹방강은 서예에도 조예가 깊어 일찍이 '서법사대가(書法四大家)'[108] 일인자의 칭호를 받아왔다. 그러나 옹방강은 생전에 개인 저술인 '제경부기(諸經附記)' 등 경학 저서를 간행하지 못하였고 완원이 간행한 『황청경해』에도 수록되지 않았다. 또 옹방강이 세상에 떠난 후 석묵서루(石墨書樓)의 서적과 진품이 산실되어 그의 저술 원고본도 찾아보기 힘들었다. 최근에서야 미국 버클리대학 동아도서관에 소장중인 옹방강의 경학 저술 『옹방강경학수고오종(翁方綱經學手稿五種)』이 영인 출간되어 그의 경학 식견의 전모를 파악할 수 있게 되었다.[109] 이는 경학사에서 옹방강의 위치를 재평가하게 된 계기가 되었다.[110] 이처럼 추사 관련 경사·금석 등 학술 자료도 재발굴하여 추사

---

108 그 외의 書藝三家는 劉墉(1720~1805), 梁同書(1723~1815), 王文治(1730~1802)이다.

109 周欣平 主編, 『翁方綱經學手稿五種』, 上海: 上海古籍出版社, 2006. 翁方綱의 經學 手稿本인 『易附記』·『書附記』·『詩附記』·『禮記附記』·『春秋附記』, 즉 五種의 '諸經附記' 稿本이다.

110 翁方綱의 經學에 둘러싼 爭議가 동시대와 후대까지 전해왔다. 阮元이 편찬한 『황청경해』에 옹방강의 경학 저술을 채록하지 않았던 이유에 대해 阮小芸이 경학은 옹방강의 장점이 아니라[至於說經之書, 非其所長](藤塚鄰(藤塚明直 編, 1975), 395쪽)고 誤評하였다. 이러한 비평은 당시의 경학자 사이에 상당히 많이 있었던 것 같다. 대표적인 인물은 李慈銘(1830~18940)인데, 그가 『越縵堂日記』, 「經義考補正」에서 옹방강의 說經을 욕설적으로 공격하였다. 비슷한 시기에 王大隆은 옹방강의 『書附記』 稿本을 읽고 李慈銘의 편견을 비판하였다.(王大隆, 『蛾術軒篋存善本書目』, 「庚辛稿」 권1.) 20세기 초 胡適은 『戴東原的哲學』에서 阮元의 경학을 높이 평가하는 반면 옹방강의 경학을 아예 무시하였다.

의 학술성과, 추사의 학문과 청대 학술과의 연원(淵源) 등을 더욱 깊이 있게 연구할 필요가 있다.

마지막으로 다시 강조하자면, 추사와 청대 문인의 교류에 관한 연구는 아주 중요한 과제이며, 이 방면의 연구는 앞으로 한·중 문화교류사와 학술교류사를 규명하는 데에도 중요한 위치를 차지할 것으로 기대한다.

參考文獻

원전

金正喜, 『覃揅齋詩藁』, 朝鮮高宗四年, 全史字本.
______, 『阮堂尺牘』, 朝鮮高宗四年, 全史字本.
______, 『阮堂集』, 朝鮮高宗五年, 全史字本.
______, 『阮堂先生全集』, 新朝鮮社 鉛活字本, 1934.
______, 『精華選存』, 해외한국학자료센터DB, 동양문고 소장필사본.
______, 『禮堂金石過眼錄』, 국립중앙도서관 소장필사본.
______, 『歲寒圖』, 제주 추사관 전시영인본, 2015.
金魯敬, 『酉堂詩鈔』, 日本 : 靜嘉堂文庫 소장필사본.
金命喜, 『山泉古今體詩鈔』, 고려대학교 고서실 소장필사본.
李尙迪, 『恩誦堂集』, 清 同治三年刊本.
『蘭言彙鈔』, 한국학중앙연구원 장서각 소장필사본.
『燕京書簡帖』, 개인 소장본.
『尺牘藏弆集』, 서울대학교 규장각 소장필사본.
『海隣尺牘』, 미국 : 하버드대학 연경도서관 소장필사본.
李 瀷, 『星湖僿說』, 한국고전종합DB 수록 원본과 번역본.
凌廷堪, 『校禮堂文集』, 清 道光九年刻本.
符葆森, 『國朝正雅集』, 清 光緒年間刻本.
徐世昌, 『晚晴簃詩匯』, 『續修四庫全書』 1629冊, 上海 : 上海古籍出版社, 2001.
王士禎, 『漁洋山人精華錄』, 清 康熙三十九年刻本.
阮 元, 『揅經室集』, 清 道光三年刻本.
吳嵩梁, 『香蘇山館詩集』, 清 嘉慶二十三年刻本.
______, 『香蘇山館詩鈔』, 고려대학교 고서실 소장필사본.
王 鴻, 『喝月樓詩錄』, 清 道光十九年刻本.
翁方綱, 『覃溪手札帖』, 국립중앙도서관 소장影印本.

______, 『復初齋詩文集』, 清 光緒四年刻本.

______, 『志言集』, 日本 : 『山本書店古書目』, 第三八號, 1972.

張　穆, 『㞐齋詩集』, 清 咸豊八年刻本.

汪喜孫(清), 『汪喜孫著作集』, 楊晉龍 編, 臺北 : 中央研究院文哲研究所, 2003.

張　鑑(撰), 『阮元年譜』, 黃愛平 點校本, 北京 : 中華書局, 1995.

李慈銘(淸), 『越縵堂日記』, 國家淸史編纂委員會 編, 楊州 : 廣陵書社, 2004.

陳　鵠(宋), 『西塘集耆舊續聞』, 孔凡禮 校點本, 北京 : 中華書局, 2013.

董文渙(淸), 『韓客詩存』, 李 豫 點校, 北京 : 書目文獻出版社, 1996.

藤塚鄰, 『淸朝文化東傳の硏究 -- 嘉慶道光學壇と李朝の金阮堂』(藤塚明直 編, 1975), 東京 : 國書刊行會.

沈　津, 『翁方綱年譜』, 臺北 : 中央研究院文哲研究所, 2002.

周欣平(主編), 『翁方綱經學手稿五種』, 上海 : 上海古籍出版社, 2006.

賴貴三, 『翁方綱 「翁批杜詩」 稿本校釋』, 臺北 : 里仁書局, 2011.

논저

과천 추사박물관 편(2009), 『金正喜與韓中墨緣』.

朴徹庠(2015), 『나는 옛것이 좋아 때론 깨진 빗돌을 찾아다녔다』, 너머북스.

劉　婧(2013), 『19~20세기 초 청대문인 편찬 조선한시 문헌 연구』, 보고사.

윤철규 외 역(2009), 『秋史金正喜研究-清朝文化東傳의 연구』, 과천문화원.

鄭　珉(2014), 『18세기 한중 지식인의 문예공화국』, 문학동네.

鄭後洙(2017), 『북경편지』, 휴먼필드.

______(2008), 『秋史金正喜論考』, 한성대학교 출판부.

崔完秀(1976), 『金秋史研究艸』, 知識產業社.

______(2014), 『秋史集』, 현암사.

梁啓超, 『清代學術概論』, 夏曉虹 校點(2004), 北京 : 人民大學出版社.

蔣　寅(2012), 『清代詩學史』, 北京 : 中國社會科學出版社.

胡　適(2010), 『戴東原的哲學』, 民國學術文化名著叢書本(2010), 長沙 : 岳麓書社.

金庠基(1956), 「金秋史의 一門과 吳蘭雪과의 文學的 交驩에 대하여」, 『李丙燾華甲論叢』.

金約瑟(1959), 「秋史의 禪學辨」, 『白性郁頌壽論文集』.

朴現圭(1997), 「해동금석문의 신자료인 청 翁樹崐 『碑目鎖記』에 대하여」, 『서지학보』 20권.

______(2001), 「上海圖書館藏 淸 劉喜海의 定藁本 『海東金石苑』」, 『서지학연구』 21권.

朴徹庠(2009), 「秋史 金正喜의 『復初齋詩集』 수용과 『復初齋摘句』의 편찬」, 『秋史研究』 제7호.

______(2004), 「秋史가 編刊한 『詩龕錄定杜小陵七言絶句』의 발굴과 그 가치」, 『서지학보』 제28호.

沈慶昊(2007), 「秋史 金正喜의 考證學」, 『秋史研究』 제5호, 추사연구회.

이원석(2012), 「朝 · 淸의 學術交流와 通學的學術觀-19世紀 前半 揚洲學派와 秋史 金正喜」, 『명청사연구』 38輯.

이철희, 「『精華選存』 해제」, 해외한국학자료센터DB.

______(2011), 「19세기 초 한중 문학 교류와 吳嵩梁」, 『대동문화연구』 73輯.

劉　婧(2012), 「汪喜孫과 朝鮮文人의 往來尺牘에 대한 고찰」, 『大東漢文學』 37輯.

______(2005), 「『海客詩鈔』 연구-傳抄本을 중심으로」, 연세대학교 대학원, 석사학위논문.

______(2016), 「朝鮮後期詩壇對唐宋詩學的宗尙-以金正喜的『精華選存』爲例」, 成都 : 『杜甫研究學刊』 129期.

鄭後洙(2004), 「秋史 金正喜에 청조 學人의 短評-『海隣尺素』를 중심으로」, 『동양고전연구』, 제21집.

全海宗(1963), 「淸代學術과 阮堂 : 완당의 경학에 대한 시론적 검토」, 『大東文化研究』, 제1권.

朱則杰(2017), 「淸代詩人生卒年叢考-以錢集選等江南地區詩人僞中心」, 無錫 : 『江南大學學報』, 人文社會科學版, 第16卷 第1期.

부록

- 추사 김정희 저술 및 관련 논문 · 자료 목록(2000년대)
- 추사 김정희 연보
- 『추사 김정희 연구』 집담회
- 찾아보기

추사 김정희 저술 및 관련 논문 · 자료 목록(2000년대)

■ 저술

『覃揅齋詩藁』, 활자본(전사자), 1867, 국립중앙도서관.

『阮堂尺牘』, 활자본(전사자), 1867, 국립중앙도서관.

『阮堂集』, 활자본(전사자), 1868, 일본 오사카 부립도서관.

『阮堂先生全集』, 신식연활자본, 1934, 국립중앙도서관.

『禮堂金石過眼錄』, 필사본, 국립중앙도서관 외.

『海東碑攷』, 필사본, 개인 소장.

『海東藝文攷』, 필사본, 개인 소장.

■ 편저

『覃溪摘句』(『復初齋摘句』), 필사본, 개인 소장.

『詩龕錄定杜少陵七言絶句』, 활자본(교서관인서체자), 고려대학교도서관.

『一鳴七截』, 필사본, 개인 소장.

『精華選存』, 필사본, 일본 東洋文庫 소장.

■ 단행본

유홍준(2002), 『완당평전』, 학고재.

정병삼 외(2002), 『추사와 그의 시대』, 돌베개.

김일근 외(2004), 『추사 한글편지전 세미나 논문집』, 우일출판사.

김일근(2004), 『추사 한글편지』, 우일출판사.

정후수(2008), 『秋史金正喜論考』, 한성대학교 출판부.

정혜린(2008), 『추사 김정희의 예술론』, 신구문화사.

박철상(2010), 『세한도-천년의 믿음 그림으로 태어나다』, 문학동네.

황지원(2010), 『김정희의 철학과 예술』, 계명대학교출판부.

양진건(2011), 『제주 유배길에서 추사를 만나다』, 푸른역사.

박철상(2015), 『나는 옛것이 좋아 때론 깨진 빗돌을 찾아다녔다』, 너머북스.
최완수(2017), 『추사 명품』, 현암사.
정혜린(2019), 『추사 김정희와 한중일 학술 교류』, 신구문화사.

■ 번역서

藤塚鄰 著, 과천문화원(2009), 『추사김정희 연구 : 청조문화 동전의 연구 : 한글완역본』.
최완수(2014), 『추사집』, 현암사.
정후수(2020), 『추사 김정희 시선집』, 최측의 농간.

■ 관련 전시도록 및 자료집

澗松文華 60(2001), 『秋史와 그 학파』, 한국민족미술연구소.
澗松文華 63(2002), 『秋史名品』, 한국민족미술연구소.
東山房 · 學古齋(2002), 『완당과 완당바람』.
과천문화원(2004), 『秋史研究』 1집.
과천문화원(2005), 『秋史研究』 2집.
과천문화원(2005), 『붓 천자루와 벼루 열 개를 모두 닳아 없애고』.
澗松文華 71(2006), 『秋史百五十周忌紀念號』, 한국민족미술연구소.
과천문화원(2006), 『추사글씨 귀향전』.
과천문화원(2006), 『秋史研究』 3집.
과천문화원(2006), 『秋史研究』 4집.
국립중앙박물관(2006), 『추사 김정희 학예 일치의 경지』.
제주특별자치도(2006), 『산은 높고 바다는 깊네』(추사 김정희 서거 150주기 특별전 도록).
과천문화원(2007), 『秋史派의 글씨』.
과천문화원(2007), 『秋史와 韓中交流-후지쓰카 기증 추사자료목록』 I-II.
추사박물관(2009), 『(秋史燕行 200주년기념)金正喜와 韓中墨緣』.
과천문화원(2010), 『海東金石零記』.
박철상(2010), 『추사를 보는 열 개의 눈』, 화봉책박물관.
이헌서예관(2011), 『어제밤 강가에 봄물이 불어나니(이헌서예관명품특선-추사유묵)』.
예산군(2013), 『추사의 묵적을 따라 걷다』(추사기념관 · 추사고택 유물 자료집).

추사박물관(2013),『추사의 삶과 교유』, 추사박물관학술총서 Ⅰ.

澗松文華 87(2014),『秋史精華』, 한국민족미술연구소.

추사박물관(2014),『秋史博物館』(개관도록).

추사박물관(2014),『추사가 보낸 편지』.

추사박물관(2014),『추사 글씨 현판』.

추사박물관(2014),『추사 김정희 암행 보고서』, 추사박물관학술총서 Ⅱ.

추사박물관(2014),『추사의 편지와 그림』, 추사박물관학술총서 Ⅲ.

수원박물관(2015),『삼사탑명 · 두륜청사』, 수원박물관학술총서 6.

제주특별자치도(2015),『세한도, 추사의 또다른 자화상』(제주 추사관 개관 5주년 기념 특별전).

추사박물관(2015),『다산과 추사』.

추사박물관(2015),『다산과 추사, 정벽 유최관』, 추사박물관학술총서 Ⅴ.

추사박물관(2016),『자하 신위의 학예와 추사 금석』, 추사박물관학술총서 Ⅶ.

추사박물관(2016),『자하 신위』.

추사박물관(2016),『추사 금석』.

추사박물관(2017),『추사 가문의 글씨』.

추사박물관(2017),『추사 가문 글씨의 위상』, 추사박물관학술총서 9.

제주특별자치도(2018),『장무상망』(제주 추사관 개관 8주년 기념 특별전).

추사박물관(2018),『추사 서화파』.

추사박물관(2018),『추사 서화파의 성격』, 추사박물관학술총서 11.

숭실대학교 한국기독교박물관 편(2019),『阮堂手札』.

과천시 추사박물관(2019),『추사서화파의 꽃』.

예산군 추사고택(2019),『추사 고택 종가유물 특별기획전』.

■ 학위논문

〈박사학위〉

차광진(2000),「秋史 金正喜의 書藝美學 硏究」, 성균관대학교 박사학위논문.

선주선(2002),「秋史 金正喜의 佛教意識과 藝術觀 硏究」, 동국대학교 박사학위논문.

이철희(2002),「추사 김정희의 시론 연구−중국 시론의 수용과 조정을 중심으로」, 성균관대학교 박사학위논문.

사공홍주(2005), 「金正喜의 漢宋不分論과 藝術世界」, 계명대학교 박사학위논문.
정혜린(2005), 「김정희 예술론의 연구 : 명 · 청대 제 예술론의 절충을 통한 체계화를 중심으로」, 서울대학교 박사학위논문.
이은혁(2008), 「秋史 金正喜의 藝術論 硏究」, 성신여자대학교 박사학위논문.
김현권(2010), 「김정희파의 한중회화교류와 19세기 조선의 화단」, 고려대학교 박사학위논문.
박정숙(2011), 「秋史 金正喜 書簡의 書藝美學的 硏究 : 한글 · 한문서간을 대상으로」, 성균관대학교 박사학위논문.
천금매(2011), 「18~19世紀 朝.淸文人 交流尺牘 硏究」, 연세대학교 박사학위논문.
김경순(2013), 「추사 김정희의 한글편지 연구」, 충남대학교 박사학위논문.
박철상(2014), 「조선시대 금석학 연구」, 계명대학교 박사학위논문.
변영문(2014), 「東坡와 秋史의 書藝 美意識 比較硏究」, 고려대학교 박사학위논문.
이필숙(2015), 「秋史 金正喜 書畵美學의 心學化過程 硏究」, 성균관대학교 박사학위논문.
진역영(2016), 「『古文尙書』에 대한 朝鮮時代 학자들의 認識과 考辨」, 고려대학교 박사학위논문.
강영주(2017), 「朝鮮時代 墨蘭畵 硏究」, 고려대학교 박사학위논문.
박세영(2017), 「추사(秋史) 서화(書畫)의 평생교육적 의미 탐구」, 이화여자대학교 박사학위논문.
김울림(2018), 「18 · 19세기 동아시아의 소동파상 연구 : 청조 고증학과 관련을 중심으로」, 홍익대학교 박사학위논문.
서명주(2018), 「秋史 金正喜의 流配期 정서와 茶思想 연구」, 목포대학교 박사학위논문.
전가람(2018), 「추사 김정희 시론 연구」, 전북대학교 박사학위논문.
종천회(2019), 「金正喜 畫派의 揚州八怪 受容 樣相 硏究」, 연세대학교 박사학위논문.

〈석사학위〉

박금속(2000), 「秋史 金正喜의 書法藝術論 硏究」, 경상대학교 석사학위논문.
최영숙(2000), 「추사 김정희 회화에 관한 연구 : 문인화를 중심으로」, 경남대학교 석사학위논문.
유장용(2001), 「秋史 金正喜의 書畵思想과 韓國 文人畵에 끼친 영향에 관한 연구」, 홍익대학교 석사학위논문.

장아영(2001), 「秋史 金正喜의 墨蘭畵 硏究」, 경기대학교 석사학위논문.

홍동의(2001), 「金正喜의 書藝術論 硏究」, 조선대학교 석사학위논문.

김경순(2002), 「秋史 金正喜의 한글 簡札 書風 硏究」, 원광대학교 석사학위논문.

성윤제(2002), 「秋史 金正喜의 文人畵에 대한 硏究」, 한국교원대학교 석사학위논문.

임종현(2002), 「秋史 金正喜의 漢隷 受容에 關한 硏究 : 西漢隷를 中心으로」, 경기대학교 석사학위논문.

최인옥(2002), 「秋史의 文人畵 精神에 關한 硏究」, 경희대학교 석사학위논문.

하대식(2002), 「秋史 金正喜의 實學思想에 나타난 敎育哲學的 特性」, 경성대학교 석사학위논문.

권경록(2003), 「19세기 학시론 연구 : 홍석주와 김정희를 중심으로」, 동국대학교 석사학위논문.

김홍길(2003), 「秋史 金正喜의 隷書硏究」, 원광대학교 석사학위논문.

김범수(2004), 「秋史 金正喜 書體論 硏究」, 경기대학교 석사학위논문.

김춘희(2004), 「秋史 金正喜의 繪畵로 본 藝術世界」, 대구카톨릭대학교 석사학위논문.

원기춘(2004), 「秋史의 書論에 對한 批評的 考察」, 성균관대학교 석사학위논문.

유영복(2004), 「秋史 金正喜의 隷書 淵源에 대한 硏究」, 원광대학교 석사학위논문.

서동진(2005), 「조선후기의 문인화 연구 : 추사 김정희, 우봉 조희룡, 소치 허련 중심으로」, 대구대학교 석사학위논문.

연동희(2005), 「추사 김정희의 제화시 연구」, 인하대학교 석사학위논문.

육팔례(2005), 「秋史 金正喜의 楷書硏究」, 원광대학교 석사학위논문.

이호순(2005), 「秋史 金正喜의 文人畵 硏究」, 경희대학교 석사학위논문.

이병도(2005), 「秋史 金正喜 한글 書簡에 나타난 造形性 硏究」, 대전대학교 석사학위논문.

김유미(2006), 「秋史 金正喜 作品에 나타난 사의성 硏究」, 동아대학교 석사학위논문.

안명옥(2006), 「金正喜의 書藝意識과 不定形 書藝 硏究」, 대전대학교 석사학위논문.

양선규(2006), 「조선시대 시 · 서 · 화의 정신과 사상 연구 : 완당 김정희를 중심으로」, 한남대학교 석사학위논문.

오명숙(2006), 「추사 김정희의 차문화 연구」, 성신여자대학교 석사학위논문.

김연희(2007), 「秋史 金正喜의 書畵 硏究 : 實學思想의 影響을 中心으로」, 경기대학교 석사학위논문.

손준호(2007), 「秋史 金正喜의 書畵 硏究」, 경남대학교 석사학위논문.

이기은(2007), 「金正喜의 歲寒圖와 墨蘭圖에 관한 硏究」, 충남대학교 석사학위논문.
최미경(2007), 「朝鮮時代 後期의 墨蘭圖 硏究 : 金正喜, 李昰應, 閔泳翊의 墨蘭圖 中心으로」, 수원대학교 석사학위논문.
신미연(2009), 「金正喜의 歲寒圖에 나타난 文人畵的 特性」, 충북대학교 석사학위논문.
신복순(2009), 「秋史 金正喜의 書藝美意識-隸書·行書 中心으로-」, 수원대학교 석사학위 논문.
오유자(2009), 「조선후기 사대부의 書·畵속에 나타난 차문화 연구 : 다산과 추사를 중심으로」, 원광대학교 석사학위논문.
황수환(2009), 「秋史 金正喜의 思想과 秋史體 硏究」, 전남대학교 석사학위논문.
박철상(2010). 『추사 김정희의 금석학 연구 : 역사고증적 측면을 중심으로』, 계명대학교 석사학위논문.
이숙자(2010), 「추사 김정희의 한문간찰 연구 : 유배 이전 시기를 중심으로」, 대전대학교 석사학위논문.
허미경(2010), 「秋史 實事求是 精神의 書藝美學的 解釋」, 성균관대학교 석사학위논문.
권미희(2011), 「조선말기 문인화의 조형성에 대한 연구 : 추사 김정희일파를 중심으로」, 한국교원대학교 석사학위논문.
이버금(2011), 「秋史 金正喜 書藝의 儒家美學的 硏究」, 성균관대학교 석사학위논문.
장원준(2011), 「秋史 金正喜 藝術思想의 포스트모던적 硏究」, 성균관대학교 석사학위논문.
노재준(2012), 「秋史 金正喜의 晩年期 삶의 詩的 形象化 樣相 硏究」, 공주대학교 석사학위논문.
양은숙(2012), 「秋史 金正喜의 師弟關係에 對한 濟州敎育史的 意味」, 제주대학교 석사학위논문.
김윤주(2013), 「秋史 金正喜의 論書詩 硏究」, 경기대학교 석사학위논문.
김지영(2013), 「추사 김정희의 산수화에 관한 연구」, 전북대학교 석사학위논문.
박민자(2013), 「秋史 金正喜의 書藝世界 硏究 : 濟州 流配時期의 작품을 중심으로」, 수원대학교 석사학위논문.
최미옥(2013), 「추사 김정희의 예술론과 『난맹첩』」, 조선대학교 석사학위논문.
김유리(2015), 「추사 김정희의 차 생활에 대한 연구」, 성균관대학교 석사학위논문.
박지영(2016), 「추사 김정희의 문인화 연구」, 호남대학교 석사학위논문.
조명숙(2016), 「추사 김정희의 서법예술에 관한 연구」, 호남대학교 석사학위논문.

항정남(2016), 「秋史 金正喜의 詩文學에 나타난 美意識 研究」, 중앙대학교 석사학위논문.

왕건우(2017), 「金正喜와 蘇軾의 流配詩 比較研究」, 중앙대학교 석사학위논문.

김미순(2018), 「추사 김정희의 서 · 화세계에 대한 연구」, 수원대학교 석사학위논문.

최지윤(2018), 「추사 김정희의 문인화의 조형세계 연구 : 문자향과 서권기를 중심으로」, 수원대학교 석사학위논문.

〈일반학술논문〉

박현규(2000), 「중국에 유통된 조선 金正喜 編撰本《東古文存》」, 『동방한문학』 18권.

금동현(2001), 「金正喜 文藝理論의 認識論的 基盤과 美學的 性格」, 『한국한문학연구』 27권.

고연희(2002), 「19세기에 꽃 핀 花卉의 詩 · 畵: 金正喜와 그 一派를 중심으로」, 『한국시가연구』 11권.

박철상(2002), 「『완당평전』, 무엇이 문제인가?」, 『문헌과해석』 21호.

백인산(2002), 「秋史 金正喜의 『蘭盟帖』 研究」, 『동양미술사학』 3호.

유준필(2002), 「19세기 文 관념의 한 국면: 金正喜 文論의 역사적 의의 탐색 試論」, 『대동문화연구』 41권.

지두환(2002), 「秋史 金正喜의 易學思想」, 『한국사상과 문화』 16권.

김영복(2003), 「『藝林甲乙錄』 해제와 국역」, 『소치연구』 창간호.

김현권(2003), 「秋史 金正喜의 산수화」, 『미술사학연구』 240호.

옥영정(2003), 「秋史家의 藏書에 관한 一考」, 『書誌學報』 27호.

정혜린(2003), 「金正喜의 淸代 漢宋折衷論 수용 연구」, 『한국문화』 31호.

조규백(2003), 「秋史 金正喜의 濟州島 流配漢詩文에 담긴 문학세계 탐색-중국문인 蘇東坡와 관련하여-」, 『중국연구』 32권.

김울림(2004), 「추사 김정희(1786~1856)와 蘇東坡像」, 『추사연구』 창간호.

박철상(2004), 「秋史가 編刊한 『詩龕錄定杜小陵七言絶句』의 발굴과 그 가치」, 『서지학보』 28.

서근식(2004), 「秋史 金正喜의 易學思想 研究」, 『동양고전연구』 21권.

신창호(2004), 「秋史 金正喜의 工夫論-「人才說」과 「實事求是說」의 人間觀과 學問觀-」, 『동양고전연구』 21권.

안외순(2004), 「秋史 金正喜와 실학사상의 관계에 관한 재고찰」, 『동양고전연구』 21권.

이동국(2004), 「추사체의 형성과정과 성격에 관한 소고」, 『추사연구』 창간호.
이철희(2004), 「추사 김정희의 시문학에 나타난 고증학의 영향」, 『한국시가연구』 15집.
이충구(2004), 「추사 김정희의 문자 인식」, 『추사연구』 창간호.
정성희(2004), 「추사 김정희의 천문과학관-서양천문학 수용과 관련하여-」, 『추사연구』 창간호.
정후수(2004), 「秋史 金正喜에 청조 學人의 短評-『海隣尺素』를 중심으로」, 『동양고전연구』, 21집.
이태호(2004), 「秋史 金正喜의 果川시절 行蹟과 그 후손」, 『미술사연구』 18호.
김경순(2005), 「秋史 金正喜의 한글簡札과 漢文書藝와의 相關性」, 『서예학연구』 7호.
김용태(2005), 「玉垂 趙冕鎬를 통해 본 추사 김정희」, 『대동한문학』 23집.
김월성(2005), 「秋史 金正喜의 藝術觀과 佛教의 영향」, 『어문연구』 33권 2호.
김진돈(2005), 「전북지역 소재 추사 금석문 연구」, 『추사연구』 2호.
박현규(2005), 「김정희 관련 중국 자료 拾遺」, 『추사연구』 2호.
이동국(2005), 「과천시절 추사글씨의 특징」, 『추사연구』 2호.
이철희(2005), 「추사 김정희의 유희적 시세계」, 『한국한문학연구』 35권.
임민혁(2005), 「秋史 金正喜의 禮說」, 『온지논총』 13권 1호.
정후수(2005), 「秋史 金正喜의 北京 內 交遊 場所」, 『동양고전연구』 23호.
황정수(2005), 「추사 김정희 초상화에 대한 소견」, 『추사연구』 2호.
김병기(2006), 「秋史 書藝의 '韓國性' 試探-秋史 書論에 나타난 誤讀과 誤譯에 대한 澄淸을 겸하여」, 『大東漢文學』 25집.
김윤조(2006), 「秋史 金正喜 산문 연구」, 『대동한문학』 25권.
김현권(2006), 「秋史 金正喜의 繪畫觀 형성과 변화: 詩論과의 관계와 清代 畫論의 수용을 중심으로」, 『대동한문학』 25권.
박철상(2006), 「추사 김정희의 裝潢師 劉命勳」, 『추사 김정희: 학예 일치의 경지』.
박현규(2006), 「청 문사의 金正喜 「歲寒圖」감상과 眞迹本 밖 題贊詩」, 『대동한문학』 25권.
부영근(2006), 「秋史 金正喜의 濟州 流配詩 考察」, 『영주어문학회지』 11권.
안외순(2006), 「추사 김정희家의 家禍와 윤상도 옥사」, 『추사연구』 4호.
유호선(2006), 「추사 김정희 시문학의 불교적 재인식」, 『추사 김정희: 학예 일치의 경지』.

이동국(2006), 「추사체의 帖 · 碑 혼융의 경계-한중서예사 전개맥락을 중심으로-」, 『추사연구』 4호.
이수경(2006), 「김정희의 회화와 서화평에 대한 소고」, 『추사 김정희 : 학예 일치의 경지』.
이철희(2006), 「秋史 詩에서 '數'의 활용과 그 美的 의미」, 『대동한문학』 25권.
이철희(2006), 「추사 시 속의 飮食男女」, 『추사연구』 4호.
이충구(2006), 「추사 글씨에 나타난 通假字 연구」, 『추사연구』 3호.
임형택(2006), 「한국 실학사에서 金秋史와 그의 美의식」, 『추사연구』 4호.
사공홍주(2007), 「阮堂 金正喜의 文人精神과 〈不二禪蘭〉의 藝術史的 位相」, 『서예학연구』 10호.
심경호(2007), 「秋史 金正喜의 考證學」, 『秋史研究』 5호.
원용석(2007), 「추사 김정희와 전각」, 『추사연구』 5호.
이동국(2007), 「추사의 금석문과 서예」, 『추사연구』 5호.
이수미(2007), 「〈歲寒圖〉에 내재된 조형 의식과 粧潢 고성의 변화」, 『美術資料』 76호.
이은혁(2007), 「秋史 書論 研究-門徑論을 中心으로」, 『한문고전연구』 14.
이완우(2007), 「추사 김정희의 隸書風」, 『美術資料』 76호.
이충구(2007), 「추사 글씨에 나타난 通假字 연구(2)」, 『추사연구』 5호.
조평환(2007), 「秋史 金正喜의 流配書簡에 나타난 濟州의 生活情緒」, 『동방학』 13호.
최영성(2007), 「秋史 金石學의 再照明-史的 '考證' 문제를 主眼目으로-」, 『동양고전연구』 29호.
최현우(2007), 「추사 김정희의 서화작품에 나타난 바른 집필법 고찰」, 『추사연구』 5호.
김영복(2008), 「歲寒圖 跋文考」, 『추사연구』 6호.
심경호(2008), 「추사 김정희의 서독에 담긴 사유양식과 정신세계에 대한 일 고찰」, 『어문논집』 58집.
원용석(2008), 「秋史 金正喜와 篆刻」에 대한 再論, 『추사연구』 6호.
고재식(2009), 「秋史 金正喜 印章 一考」, 『추사연구』 7호.
박철상(2009), 「秋史 金正喜의 『復初齋詩集』 수용과 『復初齋摘句』의 편찬」, 『秋史研究』 7호.
이동국(2009), 「추사 서예의 변화- I, II기를 중심으로-」, 『추사연구』 7호.
정은주(2009), 「金正喜의 燕行과 書畫交流」, 『김정희와 한중묵연(도록)』.
최경춘(2009), 「秋史 金正喜의 學問論」, 『동양한문학연구』 28호.

김갑기(2010), 「秋史의 「送紫霞入燕十首幷序」攷-秋史의 近世文學史的 位相 定立을 위하여-」, 『한국사상과 문화』 54호.

김령매(2010), 「金秋史와 蘇東坡의 詩論 비교 고찰 : 靜悟 지향의 作詩法을 중심으로」, 『우리문학연구』 30호.

고재식(2010), 「한나라 윤주비(尹宙碑) 탁본의 전래에 관한 소고」, 『추사연구』 8호.

김병기(2010), 「秋史題跋 『題淸愛堂帖後』에 대한 고찰」, 『서예학연구』 17집.

박철상(2010), 「추사 자료의 정리 현황과 향후 과제」, 『추사연구』 8호.

박철상(2010), 「치원 황상과 추사학파의 교유」, 『다산과 현대』 3호.

이동국(2010), 「추사체의 성격과 19세기 조선서예-추사체 형성과정 Ⅲ · Ⅳ기의 첩(帖) 비(碑) 영향관계를 중심으로-」, 『추사연구』 8호.

최현우(2010), 「추사 김정희의 난초그림 필법분석-서화용필동법에 의한 삼전법(三轉法)을 중심으로-」, 『추사연구』 8호.

김규선(2011), 「새로 발굴된 추사 김정희의 암행보고서」, 『한민족문화연구』 38집.

김상엽(2011), 「예림갑을록(藝林甲乙錄) 화루(畵壘) 8인을 통해 본 추사의 회화관」, 『추사연구』 9호.

김병기(2012), 「秋史 題跋「題歐書化度寺碑帖後」의 문제점 考察」, 『대동한문학』 37호.

김만일(2012), 「秋史 金正喜의 尙書 今古文論과 僞書考證」, 『태동고전연구』 28권.

유 정(2012), 「汪喜孫과 朝鮮文人의 往來尺牘에 대한 고찰」, 『대동한문학』 37집.

윤동원(2012), 「秋史 金正喜의 舊藏書目錄 考察」, 『디지털도서관』 65권.

이원석(2012), 「朝 · 淸의 學術交流와 通學的學術觀-19世紀 前半 揚洲學派와 秋史 金正喜」, 『명청사연구』 38집.

조민환(2012), 「한국사상(韓國思想)(철학(哲學)) : 추사(秋史) 김정희(金正喜)의 동국진체(東國眞體) 서가(書家) 비판(批判)-왕희지(王羲之)에 대한 인식을 중심으로-」, 『한국사상과 문화 』 62권.

고재식(2013), 「추사 김정희의 인장 자료 개관」, 『추사의 삶과 교유』(추사박물관학술총서 Ⅰ).

김병기(2013), 「추사-동파 상연(相連)의 서예사적 의미와 2종 「동파화상(東坡畵像)」 문제점 분석」, 『추사의 삶과 교유』(추사박물관학술총서 Ⅰ).

김윤조(2013), 「추사 論書詩 드러난 예술경계」, 『한문고전연구』 27집.

김윤주(2013), 「秋史 論書詩의 藝術境界」, 『서예학연구』 22호.

김현권(2013), 「추사 김정희 一家의 宦路와 서풍」, 『한국실학연구』 26호.

박철상(2013), 「추사 김정희의 저작 현황 및 시문집 편간에 대하여」, 『대동한문학』 25집.
박철상(2013), 「추사 김정희 장서의 특징」, 『추사의 삶과 교유』(추사박물관학술총서 Ⅰ).
안외순(2013), 「추사 김정희와 윤상도 옥사, 그리고 정치권력」, 『동방학』 28호.
정혜린(2013), 「추사(秋史) 김정희(金正喜)의 청대(淸代) 서파(書派) 수용과 절충」, 『한국미학회지』 73권.
정혜린(2013), 「金正喜의 일본 古學 수용 연구」, 『한국실학연구』 26집.
고재식(2014), 「《천관산제영(天冠山題詠)》 탁본의 전래와 추사 김정희 일파의 수용」, 『추사의 편지와 그림』(추사박물관학술총서 Ⅲ).
박철상(2014), 「추사 김정희 간찰(簡札)의 정리방안 모색」, 『추사의 편지와 그림』(추사박물관학술총서 Ⅲ).
김광욱(2015), 「秋史 金正喜의 書藝精神論에 대한 考察」, 『서예학연구』 27호.
구사회, 김규선(2015), 「黃裳의 秋史家와의 교류와 시적 형상화」, 『동양고전연구』 25집.
모문방(2015), 「金正喜와 燕京 文友의 畵像 交遊 및 그와 관련된 문제」, 『漢文學論集』 42권.
박철상(2015), 「金逌根과 金正喜의 交遊 및 書畵活動」, 『대동한문학』 43집.
박철상(2015), 「김정희의 제주 유배지를 방문한 초의(草衣)가 남긴 성과」, 『삼사탑명 · 두륜청사』(수원박물관학술총서 6).
박철상(2015), 「정벽(貞碧) 유최관(柳最寬)의 연행(燕行)과 교유(交遊)」, 『다산과 추사, 정벽 유최관』.
박현규(2015), 「조선 金正喜가 청 翁樹崐에게 보낸 《高麗史鄭道傳》」, 『중국어문학』 69호.
이완우(2015), 「정벽가(貞碧家)의 추사(秋史) 필적」, 『다산과 추사, 정벽 유최관』.
이필숙(2015), 「秋史 金正喜 '性靈論'의 陽明心學的 의의」, 『양명학』 42호.
전상모(2015), 「추사 김정희 예술에 나타난 『유마경』 수용의 흔적」, 『양명학』 41호.
전상모(2015), 「추사 김정희 '學藝 일치의 경지'에 대한 비평적 고찰-'怪'에 대한 견해와 평가를 중심으로-」, 『서예학연구』 26호.
정은주(2015), 「1812년 진주겸주청사행과 한중묵연-자하 신위와 정벽 유최관을 중심으로-」, 『다산과 추사, 정벽 유최관』.
고재식(2016), 「추사 김정희 문하의 전각가-전재 김석경, 소산 오규일, 소정 한응기-」, 『자하 신위의 학예와 추사금석』(추사박물관학술총서 Ⅶ).

김광욱(2016), 「秋史 金正喜의 書藝形態論에 대한 考察」, 『서예학연구』 29호.
김기완(2016), 「옹방강과 추사 일파를 통해 본학통의 시각적 계보화-〈秋林讀書圖〉를 중심으로-」, 『한국한문학연구』 64호.
서근식(2016), 「추사 김정희(秋史 金正喜)의 「실사구시설(實事求是說)」 재고찰」, 『퇴계학과 유교문화』 59호.
이필숙(2016), 「추사 김정희 書畵의 禪家美學的 考察」, 『동아시아불교문화』 25호.
장승희(2016), 「'괴(怪)'와 '졸(拙)'로 본 추사 김정희의 철학적 인간학」, 『충남대학교 유학연구』 34권.
한 동(2016), 「19세기 秋史와 中人 제자의 원매 시학 수용 연구」, 『한국민족문화』 58호.
한해혈(2016), 「《阮堂尺牘》의 文藝美」, 『한자한문교육』 39호.
김병기(2017), 「秋史 「不二禪蘭圖」의 詩 · 書 · 畵契合性 연구」, 『동양예술』 37호.
박세영(2017), 「문화적 문해로 본 추사(秋史) 서화(書畫)의 교육적 가치 탐구 : 불이선란도(不二禪蘭圖)를 중심으로」, 『문화예술교육연구』 12권 3호.
박철상(2017), 「추사 김정희의 『국조화징록』 수용에 대하여」, 『대동한문학』 50집.
박철상(2017), 「『노설첩(砮舌帖)』」, 『민족문화연구』 76호.
윤기성(2017), 「秋史의 圓嶠 書論 批評에 대한 考證學 基準 評價의 문제」, 『한문학보』 36권.
김광욱(2018), 「秋史 金正喜의 學書方法論에 대한 考察」, 『서예학연구』 32호.
문정자(2018), 「秋史 金正喜의 書派觀과 藝術審美理想의 特性」, 『서예학연구』 33호.
박세영(2019), 「현대 중국의 추사(秋史) 김정희(金正喜) 이해」, 『인문연구』 89호.
서근식(2019), 「북학파의 『주역』 해석 방법론 연구 2, 秋史 金正喜와 근기남인과의 대비를 중심으로」, 『민족문화』 53권.
윤기성(2019), 「圓嶠에 대한 秋史의 批評과 東國眞體 개념논쟁」, 『인문학연구』 57호.
정창권(2019), 「추사가 한글편지에 나타난 남성들의 살림참여 양상」, 『국어문학』 70호.
홍성민(2019), 「유배(流配)에서 자적(自適)으로 : 추사 김정희의 유배생활과 무아의 경계」, 『유교사상연구』 77호.
박철상(2020), 『신발굴 秋史 金正喜 燕行資料 三種의 의미』, 『대동한문학』 62집.
윤치부(2020), 「추사 김정희의 제주 유배 한시 시어 고찰」, 『한국시가문화연구』 45권.

2000년대 들어 추사 김정희 연구 논문이 급격히 증가했다. 이는 2002년에 간행된 유홍준의 『완당평전』이 큰 역할을 했다고 할 수 있다. 이 책은 많은 문제점을 내포하고 있어 저자 자신이 절판시켰지만, 김정희 관련 학계의 외형적 성장에 기여한 것은 분명하다. 이와 함께 과천, 제주도, 예산에 김정희 관련 박물관이 건립되어 전시회 개최 및 도록과 자료집을 간행한 점 역시 김정희 연구에 큰 도움을 주었다. 또 2006년에는 김정희 서거 150주기를 추모하는 전시가 여러 곳에서 열리면서 김정희 연구는 더욱 활기를 띠게 되었다. 한편, 후지쓰카의 『청조문화 동전의 연구』가 다시 번역되면서 이를 인용한 관련 논문 또한 다수 출현하였다. 하지만 이들이 논문의 질을 높인 것은 아니었다. 양은 늘었지만 주목할 만한 논문이 일부에 불과한 것도 사실이다. 새로운 시각을 제시하거나 새로운 자료를 발굴하여 쓴 논문은 일부에 불과하고, 기존의 내용을 제목만 바꾼 데 불과한 논문도 상당수에 이른다. 해외에서 김정희 연구는 여전히 초보적 수준에 머물러 있다. 국내 논문들을 인용 없이 반복하는 경우가 대부분이다. 이런 이유로 본 김정희 관련 논문 및 자료집의 목록 작성은 다음 기준을 적용하였다.

○ 2000년부터 발표 또는 간행된 논문 및 자료집을 대상으로 하였다.
○ 학술논문 형태의 글만 수록 대상으로 삼았다.
○ 단순히 김정희 관련 내용이 일부 포함된 경우는 제외하였다.
○ 해외에서 발행된 논문집 등에 수록된 것은 제외하였다.
○ 모든 논문 및 자료는 연대순으로 배열했으며, 동일한 해에 발표된 글은 저자의 가나다순으로 배열하였다.
○ 『東古文存』(『天壤閣叢書』收錄, 光緖十二年刻本)과 『東籬耦談』(金正喜 撰/金敬淵 記, 『仰視千七百二十九鶴齋叢書』收錄, 光緖六年刻本)은 근거 부족으로 김정희 저작 목록에서 제외했다.

(박철상(한국문헌문화연구소장) 정리)

추사 김정희 연보

서기	나이	간지	김정희	관련인물
1786	1	병오	▸6월 3일 : 충남 예산군 용산(龍山) 월궁(月宮)에서 출생 • 어머니 유부인(兪夫人)께서 회임한지 24개월 만에 낳았다고 하는데, 이 이야기는 후대에 만들어진 게 아니라 김정희 생전에 유포된 이야기임.	■ 12월 18일 : 옹방강 6남 옹수곤(翁樹崐) 출생 ■ 10월 15일 : 초배(初配) 한산(韓山) 이씨(李氏) 출생 • 부친 : 이희민(李羲民)
1787	2	정미		
1788	3	무신		■ 9월 20일 : 동생 김명희(金命喜) 출생
1789	4	기유		
1790	5	경술		■ 박제가, 유득공 2차 연행 • 완원(阮元), 손성연(孫星衍), 기윤(紀昀), 나빙(羅聘), 이병수(伊秉綬), 철보(鐵保), 장문도(張問陶) 등과 교유함
1791	6	신해		
1792	7	임자		
1793	8	계축		
1794	9	갑인		■ 7월 18일 : 동생 김상희(金相喜) 출생
1795	10	을묘		
1796	11	병진		
1797	12	정사		■ 7월 4일 : 양부(養父) 김노영(金魯永) 사망 ■ 12월 26일 : 조부 김이주(金頤柱) 사망
1798	13	무오		

1799	14	기미		
1800	15	경신	▸한산(韓山) 이씨(李氏)와 혼례	■6월 28일: 정조 사망
1801	16	신유	▸모친 기계(杞溪) 유씨(兪氏) 사망	■박제가, 유득공 3차 연행에서 옹방강(翁方綱)과 교유 ■9월 16일: 박제가 종성으로 유배
1802	17	임술		
1803	18	계해		
1804	19	갑자		■2월 24일: 박제가 해배(解配)
1805	20	을축	▸2월 20일: 초배(初配) 한산 이씨 사망 •묘소: 월성위 묘 우록(右麓) 경좌(庚坐)	■10월: 박제가 사망 ■10월 13일: 김노경 문과 급제 ■김유근(金逌根) 진사시 입격(3등 16위)
1806	21	병인	▸재종숙(再從叔) 김노겸(金魯謙) 부채에 묵란(墨蘭)을 그림 •당시 김정희는 현란(玄蘭)이란 호를 썼음.	■8월 1일: 양모(養母) 남양(南陽) 홍씨(洪氏) 사망
1807	22	정묘		
1808	23	무진	▸계배(繼配) 예안이씨(禮安李氏)와 혼례	■희원(希園) 이한철(李漢喆) 출생
1809	24	기사	▸10월 24일: '고요행객(古遼行客)'이란 이름으로 연행 사실을 알리는 편지를 '광산전사(匡山田舍)'로 보냄. 사행이 28일에 출발하지만, 자신은 과거 일 때문에 11월 1일에 출발한다는 사실도 알림.(唱榜을 기다린 듯함) ▸10월 28일: 동지사 사폐(辭陛) 후 출발 ▸11월 1일: 김노경 자제군관으로 연행 출발 ▸11월 9일: 생원시 입격(1등 4인) 발표	■9월 30일: 김노경 호조참판 ■10월 28일: 김노경 동지 부사(副使)로 연행 •정사 박종래(朴宗來), 서장관 이영순(李永純) ■소치(小癡) 허련(許鍊) 출생

			• 창방(唱榜)하는 날에 순조가 '생원·진사 빠짐없이 들어왔느냐?' 고 묻자 조홍진(趙興鎭)이 '김정희 한 사람만 출방(出榜) 전에 그 아버지 부사(副使) 행렬을 따라갔기 때문에 반주인(泮主人)이 와서 백패(白牌)를 받아갔다.'고 대답함. ▸ 12월 24일 : 연경 도착	
1810	25	경오	▸ 1월 26일 : 이임송(李林松)의 진돈재(躔●齋) 방문함. 여기서 주학년이 〈모서하주죽타이선생상도(毛西河朱竹垞二先生像圖)〉 선물함. ▸ 1월 29일 : 주학년이 김정희 부채에 그림 그려줌. ▸ 1월 말경 : 옹방강의 소재(蘇齋) 방문 • 옹방강에게 '유당(酉堂)', '보담재(寶覃齋)' 편액 요청함 ▸ 2월 1일 : 김정희 전별연 열고 주학년이 전별도 그려줌 • 참석자 : 揚州 阮芸臺(阮元), 松江 李心菴(李林松), 宜黃 洪介亭(洪占銓), 南豊 譚退齋(譚光祥), 番禺 劉三山(劉華東), 大興 翁星原(翁樹崐), 英山 金近園(金勇), 綿州 李墨莊(李鼎元), 揚州 朱野雲(朱寉年) ▸ 기타 연행 중 사건 • 완원(阮元) 초상화에 제지 씀. • 주학년의 〈제연도(祭硯圖)〉에 배관기 쓰고 '庚午春日 勾竹會士朝鮮寶覃齋金正喜書'라 관지함. • 완원의 서적 기증 : 『경적찬고(經籍纂詁)』, 『십삼경주소교감기(十三經注疏校勘記)』, 『연경실집(揅經室集)』	■ 3월 17일 : 김노경 일행 귀국 복명(復命) ■ 김유근 문과 급제(을과 4위) ■ 김명희 진사시 입격(3등 56위)

1811	26	신미		■1월 10일 : 홍만섭(洪萬燮)이 〈제연도(祭硯圖)〉에 배관기 씀. ■6월 6일 : 김노경 예조참판 ■9월 8일 : 옹방강 4남 옹수배(翁樹培) 사망
1812	27	임신	▸1월 : 옹방강 김정희를 위해 '시암(詩龕)' 편액 써 보냄. ▸1월 : 옹수곤이 김정희를 위해 '홍두산장(紅豆山莊)' 편액 써 보냄. ▸7월 : 〈자하입연전별시(紫霞入燕餞別詩)〉 씀 ▸옹방강 80세 생일에 불경을 써 보내 축수(祝壽)함	■1월 : 조용진(曺龍振) 옹방강 방문 ■5월 26일 : 김노경 형조참판 ■7월 6일 : 왕세자 책봉 ■7월 18일 : 신위(申緯) 진주겸주청사(陳奏兼奏請使) 서장관으로 연행 •정사 이시수(李時秀), 부사 김선(金銑) •유최관(柳最寬) 동행 ■8월 16일 : 옹방강 80세 생일 ■9월 28일 : 신위와 유최관이 옹방강 방문함. •신위가 『시고주동파선생시(施顧註東坡先生詩)』에 배관기(拜觀記) 씀. ■12월 6일 : 신위 귀국
1813	28	계유	▸2월 3일 : 옹수곤이 〈원사현천관산제영소재중모본(元四賢天冠山題詠蘇齋重摹本)〉 보내옴. ▸2월 : 유최관(柳最寬)이 옹방강의 축수를 위해 정벽암(貞碧庵)에서 김훈(金壎)에게 〈무량수불(無量壽佛)〉을 그리게 하고, 김정희에게 그 사연을 적게 하여 옹방강에게 보냄. ▸6월 24일 : 〈반포유고습유서(伴圃遺稿拾遺叙)〉를 씀.	■1월 23일 : 심상규(沈象奎)가 박선성(朴善性)과 함께 옹방강 방문하여 『시고주동파선생시』에 배관기 씀. ■4월 16일 : 김한태(金漢泰) 옹방강 방문 ■김상희 진사시 입격(3등 67위) ■권돈인 문과 급제(병과 6위)
1814	29	갑술		■1월 14일 : 옹수곤 아들 옹인달(翁仁達) 출생

1815	30	을해	▸초의(艸衣)와 교유 시작함 ▸10월 11일 및 14일 : 옹방강이 김정희에게 편지를 써 보냄	■8월 28일 : 옹수곤 사망 ■10월 24일 : 조인영(趙寅永) 자제군관으로 연행 •유희해(劉喜海)와 교유 ■10월 27일 : 초의가 김정희에게 처음으로 편지 보냄
1816	31	병자	▸1월 25일 : 옹방강이 김정희에게 편지를 써 보냄 ▸윤 6월 : 〈이위정기(以威亭記)〉 현판 씀(심상규 지음) ▸7월 : 김경연(金敬淵)과 〈북한산진흥왕순수비〉 찾음. ▸〈실사구시설(實事求是說)〉 지음(12월 이전) ▸옹방강 서적 기증 : 『복초재시집(復初齋詩集)』, 『석주시화(石洲詩話)』, 『통지당경해목록(通志堂經解目錄)』	■11월 8일 : 김노경 경상감사
1817	32	정축	▸4월 : '송석원(松石園)' 석각(石刻) 글씨 씀 ▸4월 하순~5월초 : 보름간 부산과 경주 답사 •신라 진흥왕릉 고증 •분황사 화정국사비부(和靜國師碑趺) 찾아 고증하고 각자(刻字) 남김. •문무왕비 비편 발굴 •무장사비 비편 발굴 및 각자 남김(4월 29일) ▸6월 8일 : 조인영(趙寅永)과 〈북한산진흥왕순수비〉 68자 심정(審定)하고, 측면에 글자를 새김. ▸가을 : 김경연의 동리서당(東籬書堂)에서 김유근과 함께 금석문자 1천권을 읽음.	■7월 12일 : 서자 김상우(金商佑) 출생

			▸10월 27일 : 옹방강이 김정희에게 편지를 써 보냄	
1818	33	무인	▸봄 : 〈상촌선생비각기사(桑村先生碑閣紀事)〉 현판 씀(김노경 지음) ▸6월 : 〈가야산해인사중건상량문(伽倻山海印寺重建上樑文)〉 짓고 씀 ▸10월 16일 : 『국조화징록』에 제지(題識) 씀. •묵연암(墨緣盦), 묵연거사(墨緣居士), 시암(詩盦)이라 관지함. ▸옹방강 서적 기증 : 『소재필기(蘇齋筆記)』 1책(권1~권3) ▸섭지선(葉志詵) : 서적 기증 : 『산해경주(山海經注)』(학의행(郝懿行))	■1월 27일 : 옹방강 사망 ■12월 26일 : 김노경 이조참판
1819	34	기묘	▸1월 23일 : 춘도기과(春到記科) 제술(製述) 부(賦)로 1등을 차지하여 전시(殿試)에 직부(直赴)됨. ▸4월 30일 : 문과 급제(교지발급일 기준) •병과(丙科) 제9인(第九人) ▸윤 4월 1일 : 순조가 전교를 내려 월성위 봉사손이 등과했으므로 월성위 부부의 사당에 승지를 보내 제사를 지내게 하고, 제문은 예문관에서 짓도록 함. ▸윤 4월 1일 : 순조가 월성위(月城尉) 봉사손(奉祀孫) 김정희에게 사악(賜樂)하라는 전교 내림. ▸윤 4월 4일 : 가주서(假注書)를 삼음	■1월 25일 : 김노경 공조판서 ■3월 29일 : 김노경 예조판서 ■5월 20일 : 김노경 세자가례도감제조 ■5월 29일 : 김노경 좌부빈객 ■8월 3일 : 양자 김상무(金商懋) 출생
1820	35	경진	▸1월 28일 : 섭지선 서적 기증 『주역집해(周易集解)』(손성연(孫星淵)), 『왕백전잡저(王白田雜著)』(왕무굉(王懋竑)), 『논어부기(論語附記)』(옹방강(翁方綱)), 『역부기(易附記)』(옹방강(翁方綱)), 『열녀	■9월 5일 : 김노경 홍문관 제학 ■10월 12일 : 김노경 우빈객 ■홍선대원군 이하응(李昰應) 출생

			전보주(列女傳補注)』, 『대대례주(大戴禮注)』 ▸ 4월 : 하양현감(河陽縣監)으로 떠나는 이태승(李台升)에게 전별시 지어줌. ▸ 아들 상우(商佑)를 위해 『동몽선습(童蒙先習)』 필사함. ▸ 10월 17일 : 한림(翰林) 선발 도당(都堂) 회권(會圈)에서 선발 ▸ 10월 19일 : 한림소시(翰林召試) 입격 ▸ 11월 8일 : 검열(檢閱)	
1821	36	신사	▸ 6월 10일 : 설서(說書) ▸ 『시암록정두소릉칠언절구(詩盦錄定杜少陵七言絶句)』이 무렵 편간 추정	■ 6월 4일 : 김노경 이조판서
1822	37	임오	▸ 주달(周達) 서적 기증 : 『유단림선생유서(劉端臨先生遺書)』	■ 1월 17일 : 김노경 대사헌 ■ 2월 10일 : 김노경 형조판서 ■ 윤(閏) 3월 22일 : 김명희(金命喜), 이만용(李晩用), 오창렬(吳昌烈), 창석(蒼石) 지재원(池在源) 등이 김노겸을 따라 금강산 여행을 함. ■ 윤(閏) 3월 23일 : 김노겸이 금강산 유람길에 장천별업(長川別業)에서 쉬고 있던 김노경을 만남. ■ 9월 10일 : 김노경 예문관 제학 ■ 10월 20일 : 김노경 동지정사(冬至正使), 김명희 자제군관 연행 • 김선신(金善臣), 오창렬(吳昌烈) 동행 ■ 12월 29일 : 권돈인 갑산 유배
1823	38	계미	▸ 8월 5일 : 규장각 대교(待敎), 홍문관정자(弘文館正字)	■ 김노경 · 김명희 : 오숭량(吳嵩梁), 이장욱(李璋煜), 등전밀(登

			▸가을 : 권돈인의 〈허천소초(虛川小草)〉에 발문 지음 ▸섭지선 서적 기증 : 『맹자부기(孟子附記)』	傳密), 유희해(劉喜海)와 교유 ■3월 17일 : 김노경 귀국 ■3월 20일 : 김노경 이조판서 ■3월 25일 : 권돈인 해배 •권돈인은 4월 2일에 소식 받음. ■8월 14일 : 김노경 공조판서 ■8월 20일 : 김노경 우참찬 겸 우빈객
1824	39	갑신	▸1월 6일 : 부수찬(副修撰) ▸3월 13일 : 겸사서(兼司書) ▸6월 5일 : 별겸춘추(別兼春秋) ▸12월 9일 : 사서(司書) ▸12월 22일 : 수찬(修撰) ▸김기상이 발견한 창림사 출토 유물들을 보고 발문을 남김. ▸반증수(潘曾綬)에게 〈애화입골수(愛畵入骨髓), 결교개노창(結交皆老蒼)〉 영첩(楹帖)과 〈역오려(亦吾廬)〉 팔분서(八分書) 써 보냄.	■2월 하순 : 경주부윤 김기상(金基常)이 창림사터 석비(石碑)에서 발견된 후 흩어진 『무구정광대다라니경』, 「국왕경응조무구정탑원기」 등을 찾아 모본(摹本)을 만들고 발문을 씀. ■3월 1일 : 김노경 한성판윤 ■12월 10일 : 김노경 형조판서 ■이조묵(李祖默) 『나려임랑고(羅麗琳琅攷)』 간행함.
1825	40	을유	▸1월 16일 : 헌납(獻納) ▸1월 21일 : 부사과(副司果) ▸3월 17일 : 문학(文學) ▸4월 19일 : 〈교함경감사이존수서(教咸鏡監司李存秀書)〉 제진(製進) ▸5월 17일 : 부교리(副校理) ▸10월 25일 : 부사과(副司果) ▸10월 30일 : 부수찬(副修撰) ▸11월 9일 : 〈교수원유수김이교서(教水原留守金履喬書)〉 제진(製進) ▸11월 25일 : 장령(掌令) ▸12월 3일 : 정언(正言) ▸12월 18일 : 부응교(副應教) ▸12월 30일 : 교리(校理) ▸제난설기유십육도시첩(題蘭雪紀遊十六圖詩帖) 짓고 씀	■1월 22일 : 김노경 대사헌 ■2월 8일 : 김노경 예조판서 ■3월 15일 : 김노경 판의금부사 ■3월 21일 : 김노경 홍문관 제학 ■7월 27일 : 김노경 병조판서 ■이상적 역과(譯科) 1등 1인 입격(入格)

			▸섭지선 서적 기증 : 『段氏說文』(陳煥)	
1826	41	병술	▸2월 16일 : 응교(應敎) ▸6월 24일 : 충청우도 암행어사 •비인현감 김우명(金遇明) 봉고파직 ▸7월 22일 : 겸필선(兼弼善) ▸8월 4일 : 종부정(宗簿正) ▸8월 12일 : 집의(執義) ▸11월 2일 : 응교(應敎)	▪3월 25일 ; 오숭량 회갑 ▪6월 22일 : 김노경 판의금부사 ▪12월 17일 : 김노경 회갑
1827	42	정해	▸2월 26일 : 사간(司諫) ▸5월 17일 : 사인(舍人), 의금부(義禁府) 검상(檢詳) ▸9월 9일 : 보덕(輔德), 통정(通政) 가자(加資) ▸10월 4일 : 예조참의(禮曹參議) ▸이장욱에게 〈박종마정(博綜馬鄭), 물반정주(勿畔程朱)〉 써 보냄 ▸장심(張深)에게 〈괴근소축(槐根小築)〉 편액(扁額) 써 보냄 ▸왕희손 서적 기증 : 『술학(述學)』(왕중(汪中)) ▸이장욱(李璋煜) 서적 기증 : 『백양산방시집(白羊山房詩集)』(단개주(單芥舟))	▪1월 4일 : 김노경 병조판서 ▪2월 18일 : 효명세자 대리청정 ▪2월 20일 : 김노경 판의금부사 ▪6월 25일 : 김명희 금부도사(禁府都事) ▪9월 : 김명희 공조좌랑(工曹佐郞)
1828	43	무자	▸2월 15일 : 병조참의(兵曹參議) ▸4월 11일 : 겸보덕(兼輔德) ▸오숭량 서적 기증 : 『향소산관금체시초(香蘇山館今體詩鈔)』	▪6월 24일 : 김명희 창녕현감(昌寧縣監) ▪7월 2일 : 김노경 평안감사 ▪완원 『황청경해(皇淸經解)』 1400권 판각 완성
1829	44	기축	▸봄 : 섭지선 서적 기증 『역부기(易附記)』(옹방강(翁方綱)), 『서부기(書附記)(옹방강(翁方綱)), 『시부기(詩附記)』(옹방강(翁方綱)), 『완씨문필고(阮氏文筆考)』(완원(阮元)), 『연경실집(揅經室集)』(완원	▪이상적 1차 연행(1829.10.27~1830.3.24.) •정사 유상조(柳相祚), 부사 홍희근(洪羲瑾), 서장관 조병귀(趙秉龜)

			(阮元)), 『옹전교정한간(翁錢校正汗簡)』 ▸6월 : 아우 김명희 및 조수삼과 함께 평양 유람함. ▸8월 : 〈문사저영서(文史咀英序)〉 글씨 씀(朴宗薰 撰) ▸효명세자가 지은 〈홍두원십영(紅豆園十詠)〉 현판 글씨도 이 무렵에 쓴 것으로 추정됨.	
1830	45	경인	▸12월 23일 : 이상적(李尙迪)이 용호(龍湖,용산)로 추사 방문 ▸〈고구려고성석각(高句麗故城石刻)〉 고증 ▸유희해에게 〈소단림(小丹林)〉 제액(題額) 써 보냄 ▸섭지선 서적 기증 : 『광아(廣雅)』, 『공양가언(公羊家言)』, 『광릉통전(廣陵通典)』(왕중(汪中)), 『상우묘옥집(賞雨茆玉集)』(증환(曾煥)), 『루광당고(婁光堂稿)』(장제량(張際良)) ▸왕희손(汪喜孫) 서적 기증 : 『방송본공양(倣宋本公羊)』	■2월 2일 : 유희해(劉喜海)가 조인영에게 편지를 써서 『해동금석존고』 서문 요청함 ■3월 24일 : 이상적 1차 연행 귀국 ■5월 30일 : 효명세자 사망 ■8월 27일 : 김우명 상소 올려 김노경 공격 ■8월 28일 : 윤상도 옥사 ■10월 8일 : 김노경 고금도 유배 ■10월 29일 : 유희해가 김명희에게 편지를 보내 완원(阮元)의 아들 완상생(阮常生)이 맡겨둔 『황청경해』를 찾아가라는 소식 전해옴
1831	46	신묘	▸〈선우씨족보서(鮮于氏族譜序)〉 글씨 씀(金逌根 撰) ▸유희해가 김정희에게 편지를 보내 『해동금석원(海東金石苑)』 서문 요청함.	■이상적 2차 연행(7.22~12.11.) •정사 홍석주(洪奭周), 부사 유응환(兪應煥), 서장관 이원익(李遠翊)
1832	47	임진	▸이상적이 유희해가 보관중인 『황청경해』 가져옴 ▸진극명(陳克明)에게 〈함의당(咸宜堂)〉 편액(扁額) 써 보냄 ▸완복(阮福)에게 〈완씨가법(阮氏家法)〉 편액(扁額) 써 보냄	■2월 19일 / 9월 7일 : 김정희가 김노경 송원(訟冤) 격쟁(擊錚)

1833	48	계사	▸완복 서적 기증 : 『효경의소보(孝經義疏補)』(완복(阮福)), 『역대연표(歷代年表)』, 『독서민구기(讀書敏求記)』, 『열녀전(列女傳)』	■8월 30일 : 김정희가 김노경 송원(訟寃) 격쟁(擊錚) ■9월 22일 : 김노경 해배
1834	49	갑오	▸8월 이전 : 함경도관찰사 권돈인에게 편지를 보내 진흥왕순수비에 대해 고찰한 초고 상태의 『비고(碑攷)』가 있음을 알림.	■6월 14일 : 주학년(朱隺年) 사망 ■11월 3일 : 순조 사망 ■오숭량(吳嵩梁) 사망
1835	50	을미	▸윤6월 20일 : 우부승지(右副承旨)	■7월 : 김노경 판의금부사 ■12월 7일 : 권돈인 진하사겸사은 정사
1836	51	병신	▸4월 6일 : 성균관 대사성 ▸5월 20일 : 동춘추(同春秋) ▸5월 20일 : 가선(嘉善) 가자(加資) ▸7월 10일 : 병조참판 ▸10월 : 〈송취미태사잠유시첩(送翠微太史蹔游詩帖)〉 글씨 씀 ▸11월 8일 : 성균관 대사성	■2월 19일 : 김상희 금부도사 ■6월 19일 : 김명희 강동현감(江東縣監) ■이상적 3차 연행(10.16~1837. 3.17.) •정사 신재식(申在植), 부사 이노집(李魯集) 서장관 조계승(趙啓昇)
1837	52	정유	▸왕희손 서적 기증 : 『상우기(尙友記)』(왕희손(汪喜孫)), 『선유림연보(先儒林年譜)』(왕희손(汪喜孫)) ▸『난맹첩(蘭盟帖)』 제작 추정(1837~1840)	■3월 30일 : 김노경 사망 ■이상적 4차 연행(4.20~8.15.) •정사 김현근(金賢根), 부사 조병현(趙秉鉉), 서장관 이원익(李遠益)
1838	53	무술		■8월 : 소치 허련 월성위궁 방문
1839	54	기해	▸5월 25일 : 형조참판 ▸12월 1일 : 초의(艸衣)에게 편지를 보내 허련(許鍊)으로 인해 초묵법(焦墨法)을 터득한 사실을 알림. ▸〈옥산서원(玉山書院)〉 편액 씀 ▸소치 허련이 김정희 방문하여 『백운산초화고(白雲山樵畵稿)』 공부함.	■7월 16일 : 권돈인 이조판서 ■10월 21일 : 조인영 우의정 ■12월 22일 : 의빈도사(儀賓都事)
1840	55	경자	▸6월 22일 : 동지부사 ▸7월 11일 : 동지부사 刊去	■6월 22일 : 영유현령(永柔縣令) ■7월 4일 : 권돈인 형조판서

			▸8월 20일 : 소치 허련 예산 향저로 김정희 방문 ▸8월 20일 : 예산 향저에서 나포되어 서울로 압송 ▸9월 4일 : 제주도 대정현 위리안치 전교 내림 ▸9월 : 유배도중 남원에서 〈모질도(耄耋圖)〉 그림 ▸9월 하순 : 해남(海南) 이진(梨津) 도착 ▸대흥사 〈무량수각(無量壽閣)〉 편액 씀 ▸9월 27일 : 제주 화북진(禾北鎭) 도착. 민가에서 머무름. ▸9월 28일 : 제주성에 들어가 아전 고한익(高漢益) 집에 머무름. ▸10월 1일 : 제주성에서 대정현으로 출발. •군교(軍校) 송계순(宋啓純) 집에 거처 마련함.	■7월 10일 : 윤상도 옥사 재론 •김홍근 상소-김노경 탄핵 ■7월 12일 : 김노경 삭탈관작 ■8월 11일 : 윤상도 능지처참 ■8월 28일 : 김양순 심문중 사망 ■12월 17일 : 김유근 사망
1841	56	신축	▸2월 : 소치 허련 제주로 김정희 방문 ▸2월말 : 권돈인이 1월 10일에 쓴 편지를 보고 김유근의 사망 소식 들음. ▸「위고문십육언설(僞古文十六言說)」을 지어 이원조(李源祚)와 논쟁을 벌임. •정확한 일자는 알 수 없으나 이원조가 제주목사로 재임하던(1841.1월~1843.4월) 시기로 추정됨.	■1월 16일 : 권돈인 이조판서 ■4월 22일 : 조인영 영의정 ■이상적 5차 연행(10~1842.3.) •정사 이약우(李若愚), 부사 김동건(金東健), 서장관 한복리(韓宓履)
1842	57	임인	▸11월 13일 : 계배(繼配) 예안이씨(禮安李氏) 사망 •홍주(洪州) 노은동(魯隱洞) 상리(上里)에 초장함. ▸11월 14일 : 예안이씨(禮安李氏) 사망 사실 모르고 안부 묻는 편지 씀.	■11월 11일 : 권돈인 우의정 ■이상적 6차 연행(1842.10.19~1842.3.30.) •정사 이최응(李最應), 부사 이규팽(李圭祊), 서장관 조봉하(趙鳳夏)

			▸12월 15일 : 부인 예안이씨(禮安李氏) 부고 받음 ▸〈영모암편배제지발(永慕庵扁背題識跋)〉 글을 짓고 씀	
1843	58	계묘	▸7월 : 소치 허련 제주로 김정희 방문 ▸초의(艸衣) 제주로 김정희 방문 •〈연담탑비명(蓮潭塔碑銘)〉 짓고 씀 ▸이상적이 『만학집(晩學集)』과 『대운산방문고(大雲山房文藁)』 보내줌.	■2월 28일 : 김교희(金敎喜) 사망 ■8월 25일 : 헌종비 효현왕후(孝顯王后) 사망 ■10월 26일 : 권돈인 좌의정
1844	59	갑진	▸이상적이 『황조경세문편』 보내줌. ▸7월~8월 : 〈세한도〉 완성	■이상적 7차 연행(1844.10.26~1845.3.28.) •정사 이정응(李晸應), 부사 권대긍(權大肯), 서장관 윤찬(尹穳)
1845	60	을사		■1월 13일 : 오찬(吳贊) 집에서 연회 개최함. •17명이 모여 〈세한도〉 감상 ■5월 11일 : 권돈인 영의정
1846	61	병오	▸6월 3일 : 회갑 ▸화암사 〈시경루(詩境樓)〉, 〈무량수각(無量壽閣)〉 편액 쓰고 〈오석산화암사상량문(烏石山華嚴寺上樑文)〉 지음.	■오경석(吳慶錫) 역과(譯科) 입격(入格)
1847	62	정미	▸봄 : 소치 허련 제주로 김정희 방문	■이상적 8차 연행(1847.10.27~1848.3.28.) •정사 성수묵(成遂默), 부사 윤치정(尹致定), 서장관 박상수(朴商壽)
1848	63	무신	▸12월 7일 : 해배	
1849	64	기유	▸4월 20일 : 예산의 묘전병사(墓田丙舍)에서 『장포산첩(張浦山帖)』에 제지 씀. ▸6월 : 허련, 전기를 비롯한 14명의 서화가를 회루(繪壘), 묵진(墨陣)으로 나누고 이들의 작품에 품평을	■6월 6일 : 헌종 사망 ■11월 27일 : 완원(阮元) 사망함.

			해줌. 이 품평을 정리하여 기록한 것이 『예림갑을록(藝林甲乙錄)』. ▸8월~9월 : 노호(鷺湖, 노량진) 노홍루(老紅樓)에서 편지 씀 •일휴정(日休亭)에서 머물렀다고 함 ▸10월 : 옥적산방(玉笛山房)에서 〈계첩고(禊帖攷)〉 씀 ▸은해사(銀海寺) 편액 〈불광(佛光)〉, 〈대웅전(大雄殿)〉, 〈보화루(寶華樓)〉 글씨 씀	
1850	65	경술	▸6월~12월 : 삼호(三湖) 또는 삼묘(三泖, 麻浦)에서 편지 씀.	
1851	66	신해	▸2월 7일 : 유상(柳湘)이 삼십육구정(三十六鷗亭)에서 〈세한도〉 서문과 제영을 베껴 씀. ▸7월 22일 : 북청 유배 •김명희, 김상희 방축(放逐) 향리(鄕里)	■7월 13일 : 진종조례론으로 영의정 권돈인을 강원도 낭천현(狼川縣)에 중도부처(中途付處) 시킴. ■7월 23일 : 오규일(吳圭一)은 고금도(古今島), 조희룡(趙熙龍)은 임자도(荏子島)에 정배(定配) ■10월 12일 : 권돈인 순흥(順興) 유배
1852	67	임자	▸8월 13일 : 해배 ▸8월 : 〈황초령진흥왕순수비이건기(移建記)〉 씀(윤정현 지음) ▸〈진흥북수고경(眞興北狩古竟)〉 편액 씀 ▸10월 : 해배 후 과천에 거주함	■8월 14일 : 권돈인 해배 ■김석준(金奭準) 역과(譯科) 입격(入格)
1853	68	계축	▸과천에 거주함	■이상적 9차 연행(1853.3.20~9.19.) •정사 강시영(姜時永), 부사 이겸재(李兼在), 서장관 조운경(趙雲卿)
1854	69	갑인	▸10월 : 김석준(金奭準)과 개운사(開雲寺) 선방(禪房)에 10일 노닐고 돌아옴.	

			• 승려 화능(華楞)이 따라감. ▸『완염합벽첩(阮髯合璧帖)』 씀	
1855	70	을묘	▸ 6월 : 김석준에게 벼루를 선물함. • 명문(銘文)은 예서(隸書)로 '之出宮之田嗟乎壬辰今三百年 阮堂' 15자 이고, 글씨는 위철규(魏鐵虯)가 새김. ▸〈백파율사비(白坡律師碑)〉 짓고 씀 ▸〈효자김기종정려비(孝子金基鍾旌閭碑)〉 짓고 씀 ▸〈효자김복규정려비(孝子金福奎旌閭碑)〉 짓고 씀	
1856	71	병진	▸ 5월 : 〈해붕대사화상찬(海鵬大師畵像讚)〉 씀 ▸ 봉은사 〈판전(板殿)〉 편액 씀 ▸ 10월 9일 : 조희룡(趙熙龍)이 김정희 사망 1일전에 과천으로 김정희 방문. • 의사는 맥이 끊어진 지 사흘이 됐다고 했지만, 부채에 글씨를 쓰는데 획은 예전과 같았다고 소치(小癡)에게 쓴 편지에서 언급함. ▸ 10월 10일 : 과천 하손전사(下潠田舍)에서 사망 • 묘는 예산(禮山)의 용산(龍山) 왕자지(旺子池) 건좌(乾坐) • 권돈인이 예서(隸書)로 묘지명 씀	
1857		정사	▸ 4월 : 권돈인이 〈추사선생진상찬(秋史先生眞像贊)〉 짓고 씀.	■ 4월 3일 : 김노경 복관 ■ 10월 25일 : 김명희 사망
1858		무오		■ 1월 7일 : 권돈인 연산현(連山縣) 중도부처 ■ 4월 14일 : 권돈인 사망 ■ 4월 15일 : 권돈인 방송(放送) 전교 내림.

				■ 이상적 10차 연행(1858.10.26~1859.3.20.) • 정사 이근우(李根友), 부사 김영작(金永爵), 서장관 김직연(金直衍)
1859		기미		
1861		신유		■ 김상희 사망
1867			▸『담연재시고(覃揅齋詩藁)』, 『완당척독(阮堂尺牘)』 간행	
1868			▸『완당집(阮堂集)』 간행	
1914		갑인	▸ 1월~2월 : 김준학(金準學)이 〈세한도〉를 새롭게 장황함.	
1934			▸ 김익환이 『완당선생전집(阮堂先生全集)』 간행	
1937			▸ 김정희 묘를 초배(初配) 정부인 한산 이씨 묘소에 합장함. • 계배(繼配) 예안 이씨도 이장하여 세 분을 합장함. ▸ 9월에 묘비 세움 • 김승렬(金承烈)이 짓고 씀.	
1949		기축	▸ 윤7월 : 〈세한도〉에 이시영(李時榮), 정인보(鄭寅普) 발문 씀. ▸ 12월 5일 : 〈세한도〉에 오세창(吳世昌) 발문 씀.	

작성 : 박철상(한국문헌문화연구소장)

『추사 김정희 연구』 집담회

- 일시 : 2020년 1월 10일 오후 2시~오후 5시
- 장소 : 재단법인 실시학사 회의실
- 참석자 : 조병한, 박철상, 정혜린, 유정, 이철희

| 秋 史 |

정혜린 '추사(秋史) 김정희(金正喜) 연구' 집담회를 시작하겠습니다. 제가 오늘 사회를 맡게 되었습니다. 먼저 이번 연구를 기획한 이철희 선생님으로부터 연구 기획의 배경에 대한 이야기를 들어보는 것으로 시작하면 어떨까요.

이철희 예. 재단법인 실시학사의 《실학연구총서》는 2012년 『성호 이익 연구』로부터 시작하여 지난 해 『청장관 이덕무 연구』까지 총 15권이 출간되었습니다. 실학파 인물로는 12명의 실학자를 다루었습니다. 반계(磻溪) 유형원(柳馨遠)으로부터 담헌(湛軒) 홍대용(洪大容), 연암(燕巖) 박지원(朴趾源), 다산(茶山) 정약용(丁若鏞)으로 해서 혜강(惠岡) 최한기(崔漢綺)까지 주요인물은 한 번씩 모두 다룬 셈이니, 추사가 가장 늦게 연구에 착수한 셈입니다. 추사는 모르는 사람도 없지만 아는 사람도 없다는 말이 생겨날 정도로 접근하기 쉽지 않은 대상입니다. 조선을 넘어 중국 쪽까지 섭렵하지 않으면 파악하기 어렵죠. 추사는 당시로서 국제적 인물인지라, 중국 연구자와 함께 연구를 하는 것이 기대되었지만 추사를 전적으로 다룰 중국학자를 찾기 어려웠고, 또 여러 가지 제약으로 공동연구의 기획이 쉽지 않았습니다. 다행히 중국학자인 유정 선생이 한국에 와 계셔서 이번에 함께 연구를 진행하게 되었습니다. 기획에서 가장 중시한 것은 그동안 추사에 대한 여러 평가와 논의들을 정리하는 작업이 선행되어야 한다는 점입니다. 그래야 추사의 연구의 현 단계를 성찰하고 향후 나갈 방향이 모색할 수 있기 때문이죠. 그래서 각 분야에서 한·중 양국 관계사를 연구해온 연구자를 모시고 기존 연구 성과에 대한 평가 작업을 해보자 한 것입니다.

고증학(考證學)은 조병한 선생님, 금석학(金石學)은 박철상 선생님, 서화론(書畫論)은 정혜린 선생님, 한·중 지식인 교류는 유정 선생님, 그리고 시학(詩學)분야는 제가 맡았습니다.

정혜린 그럼 각자 이번 연구에서 주요하게 다룬 문제가 무엇인지 간단히 소개하는 것이 좋을 듯합니다. 이철희 선생님이 먼저 시작하셨으니 계속 이어서 말씀해주시죠.

이철희 추사의 시학은 명(明)·청(淸)대 성령(性靈), 격조(格調), 신운(神韻), 기리(肌理)설 등 4대 시론의 쟁점을 다루고 있습니다. 그러나 제가 2002년도 추사의 시론으로 박사학위를 쓸 때에는 성령, 격조, 신운이라는 용어의 개념을 중심으로 연구가 되었고, 기리설로 칭해지는 옹방강(翁方綱)의 시학은 '유소입두(由蘇入杜)' 즉 소동파(蘇東坡)를 통해 두보(杜甫)에 들어간다는 문경론(門徑論)에 대해서만 거론되어 있는 정도였습니다.

명·청대 4대 시론의 쟁점을 본격적으로 다루기 시작한 것이 저의 학위논문인데, 아마 왕사정(王士禎)의 신운설과 옹방강의 기리설의 쟁점에 대해 논한 것은 제가 처음이라고 생각합니다. 이 쟁점들에 대하여 추사가 스승인 옹방강의 이론을 비롯하여 어느 한 쪽 이론에 빠지지 않고, '실사구시(實事求是)'의 방법론으로 대응하였음을 설명하고자 했습니다. 실사구시라는 학문적 방법이나 이념이 실체적으로 드러나는 것이 바로 추사의 시학이라고 본 것이죠. 그 이후 시간이 꽤 지났는데도 정혜린 선생님이나 이은혁 선생님이 예술론 전체를 다루면서 몇 가지 문제점을 지적하신 것 외에는 추사 시론을 전문적으로 다룬 다른 연구자의 논문은 거의 없는 편입니다. 그래서 저는 이번 기획을 통해 추사의 위상을 논한 몇몇 주요 논제의 연구사적 맥락을 살펴보고, 그러한 맥락 위에서 추사의 시학이 갖는 의미를 되짚어보고자 하였습니다.

조병한 저의 글은 '김정희의 고증 경학과 실학'이란 주제로 조선 후기 경학과 청조 중국의 고증학 간 교류와 그 역사적 의미를 조선 실학의 전개라는 배경 속에서 다루었습니다. 청조 고증학을 본격 수용한 추사는 그가 박제가(朴齊家)의 제자였던 데서 알 수 있듯이, 18세기 후반에 출현한 북학파(北學派)의 사상을 계승해 19세기 전반기 후기 북학을 대표하는 학자 중 하나라 할 수 있지요. 따라서 그를 통한 청조 고증학의 깊이 있는 수용이 우선 북학의 사상 및 조선 후기 경학의 발전과 어떤 역사적 맥락에서 관련을 갖는지 이해하는 것이 핵심입니다. 또한 북학이 이용후생(利用厚生)이란 기술경제면에서 조선 실학의 첨단에 위치한 만큼 북학파의 계승자인 추사의 고증학이 실학과 갖는 역사적 연관성과 상이점을 추적할 필요도 있습니다. 제 논문은 추사의 고증학적 경학이 실증적 학문 방법에서 실학 사조에 속하며 경세적 의식과도 단절되지 않았음을 논증한 것입니다.

추사가 수용한 청조 고증학은 중국의 사상사에서 매우 영향력 있는 주류 학파에 속했어요. 양계초(梁啓超)의 견해로는 선진(先秦) 제자백가, 남북조 · 수 · 당의 불교, 송 · 명 주자 성리학과 함께 중국사의 4대 학파로 거론된 적이 있지요. 한대 금고문(今古文) 경학, 위 · 진 · 남북조의 노장학[현학(玄學)]이나 명대 양명학, 명말 청초 및 청말 경세학도 빠뜨릴 수 없는 중요 학풍이지만 고증학에 이를 능가하는 역사적 의미를 부여한 데는 그만한 근거가 있었어요. 주자·양명의 형이상학적 성리학 전통에 반대한 고증학은 선진(先秦) 성인의 시대에 가까운 한대의 훈고(訓詁) 경학으로 복귀함으로써 유교문화의 원형인 공맹(孔孟)의 유학을 부흥시키려는 일종의 '르네상스'적 복고주의 고학(古學)의 의미를 갖고 있어 주자 송학(宋學)에 대립하는 한학(漢學)이란 별칭으로 널리 알려져 있습니다. 그러나 청조 고증학은 한의 훈고학 주석 중심의 경학의 단순한 부활이 아니라 음운·문자학[소학(小學)] 및 천문·수학, 금석학과 판본·교감 등 각종 문헌학을 통해 '실사구시'라는 학문의 전문 방법을 개발한 점에서 독자적 청대 학문이라 할 수 있어요. 그런 측면에서 볼 때 도덕·정치 중심의 유교 역사에서 비교적 지식 중심의 학풍을 형성한 것이 청대 고증학이었고, 유교 학풍 가운데서는 근대의 합리적 지식주의와 방법론에 가장 근접한 것으로 생각됩니다. 물론 그것은 인문적 고전 문헌학에 치중함으로써 서유럽의 근대 과학적 방법론에 도달하지 못하고, 유교적 문화 원형을 극복하지 못해 우주론·세계관에서 치명적 한계가 있습니다. 말하자면 진정한 근대 르네상스와 계몽주의로 연결될 혁신과 개방성에 이르지 못했다는 것이지요. 그래도 고증 학풍은 19세기 말부터 근대 서구 과학을 수용하는 인문학적 토양으로 작용해 20세기 초반 중국의 국학(國學)을 형성하는 토대가 된 역사적 공헌이 있음을 잊어서는 안 됩니다.

조선 경학사에서 추사의 고증학 수용이 갖는 역사적 의미는 고대의 육경(六經)으로 회귀하려는 조선 후기 경학 사조에서 사서(四書) 중심의 주자학적 경전 해석과 분명한 경계선을 그었다는 점에서 확인할 수 있지요. 이념에 지배된 독단적 해석에 반대하는 주지(主知)적 방법론이 고증학의 방법이며, 청조 고증학계에서 제창한 한·송 절충론은 송학과 구별되는 한학의 방법론적 권위를 수립한 기초 위에서 주자학 이념의 보완을 모색한 학풍이었습니다. 또한 경학에서 나타난 '경세치용'의 실학이란 것은 공허한 이념이 아니라 고대 경전의 사실에서 성인의 의미를 찾는 고학으로 출발한 것입니다. 저의 사상사 연구는 출발점이 학부 시절 당시 우리 역사학계의 실학논쟁에 큰 영향을 받은 것인데, 그 점에서 이 연구는 저에게도 중요한 의미를 갖기도 합니다. 추사의 경학과 고증학 수용을 논하는 데는 18세기 중엽 이후 영·정조 시대의 실학 사조에서 이익·정약용 등 근기 남인계와 아울러, 그것과 실학의 양대 학파를 이루던 홍대용·박지원 등 노론계 경화사족 중심의 북학파와의 관련과 차별성을 이해하는 것이 중요할 것입니다. 이들 실학의 특징적 학풍으로 주로 거론되는 것이 한우근(韓㳓劤) 선생의 견해가 대표하듯 '경세치용'이며, 북학파는 이우성(李佑成) 선생의 견해와 같이 '이용후생'이 그 특색임은 널리 인정되는 사실입니다. 그런데 18세기 이래 청조 고증학이 문헌고증이라는 학분 자체에 몰입된 결과 정치적 실용성을 상실했다는 비판적 관점은 고증학을 실학으로 연결시키는 데 장애가 될 것이라는 문제가 있지요. 실제 19세기에 중국의 국내외 위기가 박두함에 따라 주자학계를 중심으로 그 같은 비난의 세론이 형성되었고, 명말청초의 경세 유학이 부흥해 19세기 중엽 이후 양무(洋務)·변법(變法)의 개혁사조가 유력해진 것도 역사적 사실입니다.

그러나 청대 고증학은 원래 명말 청초에 경세학의 학문적 방법으로 발전했으며, 그것이 '학문적 경세'로서의 경세학을 좀 더 전문적인 학문으로 확립시킨 동인의 하나였던 사실에 유의할 필요가 있어요. 18세기에 청조의 정치적 사상 탄압이었던 문자옥(文字獄)을 배경으로 고증학이 경세학과 일시 분리되어 가면서 '방법으로서의 학문' 자체가 독립적 학파를 성립시킬 정도로 심화, 발전하게 되었던 것인데, 고증학이 보인 정치와의 거리는 정치적 소외에 따른 시대적 부작용이기는 하지만 경세학과의 본질적 대립은 아니었습니다. 비록 '실사구시'란 구호가 18세기 완원(阮元) 등 후기 고증학계에서 문헌 연구의 학문 방법에 치중한 구호로 출현하기는 했지만 전문적 고증학의 실증적 방법으로서 이미 실학의 주요 요소가 될 뿐 아니라 원래 '실사'의 함의가 현실로 전환이 가능한 것이었지요. '경세치용'과 함께 '실사구시'를 실학의 양대 요소로 처음 제시한 것은 실학논쟁 시기 전해종(全海宗) 선생의 학설이었습니다. 그가 실학의 한 개념으로 『논어』의 '수기치인(修己治人)'을 지적하기도 했지만 이는 불교나 노장사상과 대비해 원시유교가 갖는 도덕정치 이념으로서 유학의 일반적 성격이지 명말 청초의 중국이나 조선 후기의 전문적 실학의 특성을 규정하는 개념으로 적용할 수는 없어요. 시대적 구체성이 부족한 개념이라는 말이지요. 시대의 구체성에 적응하는 현실적 학문의 기초로서 지식의 전문성은 매우 중요하고 서유럽 문명의 과학은 그 궁극적 발전의 결과로 볼 수 있어요. 추사의 고증학 수용이 북학파에서 갖는 역사적 의미에 관해 말씀드리면, 추사를 통해 북학은 청조의 물질적 기술을 도입한다는 '이용후생'의 단계로부터 중국 문명의 핵심인 유교 경학이라는 정신문화의 수용으로 한 단계 더 심화되었다는 사실입니다. 청조 건륭제 시대의 국가적 '사고전서' 편찬사업이 진행되던 시기에 연행사를 통해 북학파나 조선 후기 경학에서 수용한 청조 고증학에 관한 지적 수준은 아직 초보적이고 피상적 수준에 그쳤던 것으로 보여요. 19세기 초반 추사의 고증학 수용에서 학문과 문예의 차원에서 조선과 중국의 문화교류는 고도의 수준에 이르러 근대 이전의 최종 단계에 진입했다고 할 것입니다. 이상이

제가 다룬 논문 주제의 요지입니다.

박철상 저는 이번에 김정희의 금석학 중에서 『예당금석과안록(禮堂金石過眼錄)』만을 전문적으로 분석했습니다. 김정희의 금석학은 '서법고증'과 '역사고증' 두 측면에서 봐야 합니다. 저는 석사논문에서 김정희의 역사고증 금석학을 다뤘지만, 정작 『예당금석과안록』에 대해서는 깊이 다루지 않았습니다. 그것은 이전의 김정희 금석문 연구가 『예당금석과안록』에 집중되어 있었기 때문이었습니다. 그리고 박사 논문에서는 조선시대 금석학 전반을 다루느라, 다시 『예당금석과안록』을 다루지 않았습니다. 그래서 이번에는 『예당금석과안록』만을 제 입장에서 정리하고 싶었습니다. 『예당금석과안록』에 관한 모든 것을 정리했다고 할 수 있겠습니다.

정혜린 저는 이번에 추사의 서화론을 담당했습니다. 서예론 분야에서는 추사가 청대 첩학(帖學)과 비학(碑學)을 절충시켰다고 일반적으로 이야기 되는데, 제 글에서 이 논의를 좀 더 심화시키려고 노력했습니다. 첩학에 관해서 이제까지 알려진 대로 추사가 옹방강의 서체를 기반으로 하지만 첩서체의 중요 창작 원리인 신운(神韻)에 관해서 유용(劉墉)을 배웠다는 점을 이번 글에서 새롭게 주목했습니다. 또 골기(骨氣)를 중시하는 비학에 관해서는 완원이 주장한 금석학의 서체를 학습하여 양자를 절충시켰다고 봅니다. 그간 추사와 옹방강의 관계가 경학, 시 등등 여러 모로 주목되는 바람에 청대 유용과 추사의 관계는 학계에서 별로 주목되지 못했다고 봅니다. 그런데 첩학에 관해 추사는 분명 유용이 신운을 최고로 구현했다고 말하거든요. 신운은 서예뿐 아니라 시, 회화에서 공통적으로 중시되는 핵심적 가치라는 데서 주목해야한다고 봅니다. 그리고 첩학과 비학에 기괴함을 더하는 데서 정섭(鄭燮)의 영향력도 무시할 수 없다고 봅니다. 추사가 정섭의 서예론이나 작품에 대해 논한 글이 별로 남아있지는 않습니다만, 명말이래 잡체(雜體)형식이라든가, 한 작품 내에서 글자들이 분방하면서 조화를 이루는 것, 오른쪽이 아닌 왼쪽부터 글씨를 쓰는 것 등 모두 정섭을 빼면 이해되지 않는 부분이라고 봅니다.

당시 기괴하다고 비판받으면서도 기괴함을 고수하는 데서 엿볼 수 있지만 추사를 보수적이라고 이야기하기는 어렵죠. 추사가 중국을 배워야 한다고 주장한 것도 창작을 논하기 이전에 일단 체계적인 학습이 필요하다는 말이었거든요. 서예론 분야에서 뚜렷한데 추사는 실제로 매우 혁신적인 창작 경향, 이론들을 중국에서 들여왔고, 이는 회화론에서도 마찬가지라고 봅니다.

이번에 추사의 회화론을 다시 들여다보니 남종문인화론을 구성하는 명제들이 동기창의 것과 다르다는 게 보이더군요. 추사가 회화 학습의 체계화를 거듭 강조하면서도 한 번도 작가의 경험을 강조하지 않았다는 점이 눈에 띄었습니다. 바로 동기창 이래의 남종문인화론을 보다 관념화시킨 중요한 단서일 것 같습니다. 그러면서도 추사는 한편으로 지두화법같은 혁신적인 기법이나 석도같은 기이한 화풍의 화가도 칭송하고, 또 창작계층에 관해 기존의 '한족 남성 문인'이라는 남종문인화의 전통적 창작 주체를 만주족, 여성, 여항 계층으로 확대시켰습니다. 물론 어디까지나 이 새로운 주체들이 문인화의 정통성을 유지하는 한에서라는 단서도 분명합니다. 이런 점들을 이번 논문에서 이야기했는데요, 당연한 말이기도 합니다만 추사는 보수와 혁신, 한 마디로 평가할 수 없는 복합적인 인물이라는 점을 새삼 깨달았습니다.

유 정 저의 연구 제목은 「추사 김정희와 청대 문인과의 교류 및 영향에 대한 고찰」입니다. 개인적으로 추사에 대해 많은 관심을 갖고 관련 공부를 해왔습니다. 그동안 추사의 제자 이상적과 김석준, 최성학 등 역관 계층과 청대문인의 교류 문헌을 중심으로 연구해왔습니다. 역관 계층은 청대문인과 많은 교유관계를 맺었고, 그들의 교유 과정에서 추사의 서찰과 예물을 전달해주거나 다른 지인을 소개해주는 경우도 많았습니다. 그래서 관련 자료를 검토하면서 추사 관련 자료도 보게 되었습니다. 이번에 추사와 청대문인의 교류를 체계적으로 정리하려고, 특히 선행연구에서 다루지 못한, 추사와 청대문인의 시기별 교류 내용, 추사가 제주 유배 시기 청대문인과 교류한 새 자료, 양국 문인 교류가 추사 개인에 끼친 영향, 추사가 청대 문단에 끼친 영향 등 이 셋 부분의 내용을 중점으로 연구의 취지를 정했습니다.

선행 연구에서 주로 추사가 청대 문인 개인과의 교류, 또 경학과 금석 분야에 대한 연구가 진행되어 있습니다. 대표적인 성과는 일본학자 후지쓰카 지카시의 『清朝文化東傳の硏究-嘉慶道光學壇と李朝の金阮堂』(東京 : 國書刊行會)인데, 추사의 제주 유배 이전의 내용을 다루었습니다. 이번 연구를 통해 추사의 유배 후 10여 년 동안 청대 문인과의 교류 자료도 조사했고, 추사의 제자 이상적과 오경석을 통해 추사와 청대 문인들 간에 교류한 사실도 알 수 있었습니다.

또 추사와 청인들과의 교류를 통해 추사 개인의 수학(修學)과 치학(治學)의 경로, 추사가 개인 학습을 위해 편찬한 여러 서적, 청인을 위해 조선 서적을 보내준 내용도 구체적으로 확인할 수 있었습니다.

정혜린 각 선생님들이 어떤 내용의 논문을 쓰셨는지 확인을 해보았습니다. 그러면 본격적으로 추사 연구에서 함께 논의할 문제를 한번 이야기해 보죠.

이철희　추사 연구에서 가장 문제가 되는 것은 자료가 아닐까합니다. 아시다시피 추사는 글을 많이 남기지 않았고, 그의 문집인 완당집 자체도 제자들이 편집하면서 왜곡된 부분이 있습니다. 자료 부족과 왜곡을 어떻게 극복하면서 연구하느냐가 하나의 큰 관건이라고 생각합니다. 서예 분야에서는 특히 작품의 진위 문제가 가장 큰 문제이지 않습니까. 작품의 진위문제에 휩싸이면 논리의 근본이 무너지니까요. 들리는 말에 의하면 논문심사 때에도 진위문제로 곤란을 겪는 경우가 있다고 합니다.

박철상　예, 진위문제는 정말 어렵습니다. 그렇기 때문에 학위 논문의 경우에도 위작을 인용하는 경우가 종종 있습니다. 추사의 서화만이 아니라 그의 수택본의 경우도 상황은 비슷합니다. 제가 이전에 추사의 장서에 대한 글을 쓴 적이 있는데, 기존의 논문을 인용할 수가 없었습니다. 그분들이 인용한 장서의 진위 여부를 확인할 수 없었기 때문이었어요. 추사 인장의 진위는 인주로도 확인이 가능합니다. 추사의 인주는 색깔이 달라요. 주로 중국 인주를 사용했는데, 추사의 수택본 중에는 수십 방이 찍힌 경우도 있습니다. 그런데 인주 색깔은 여러 가지에요.

이철희　왜 색깔이 다른 거죠.

박철상　한 번에 찍은 게 아니라, 여러 번 찍은 겁니다. 작품에서 제일 속이기 어려운 게 글씨하고 인장입니다. 작품의 진위문제는 이제 이런 것까지 살펴보아야 하는 거죠. 실제로 나중에 찍은 것들이 많기 때문에 이제는 우리가 이런 문제까지 고민해야 된다는 거죠.

이철희 추사의 자료는 옛날보다 더 확장되고 있는 것 같습니다. 박철상 선생이 발굴하셨죠? 추사가 두보의 칠언절구를 선집한 『시암록정두소릉칠언절구(詩盦錄定杜少陵七言絶句)』나 왕사정의 시를 선집한 『정화선존(精華選存)』 등 추사가 편찬한 자료들이 새로운 연구 자료로 활용되고 있습니다.

조병한 몇 종이나 됩니까?

이철희 많지는 않아도, 박 선생님이 발굴한 것만도 서너 종 됩니다.

박철상 예. 몇 종이 있기는 한데, 문제는 무엇이 편저인가 하는 겁니다. 단순히 베껴 놓기만 했다면 편저라고 할 수 없고, 단순한 초록입니다. 본인의 의도가 들어가 있어야 편저라 할 수 있는 것이죠. 편저와 초록을 구분할 필요가 있습니다. 『두소릉칠언절구』는 두보의 시중에서 절구(絶句)만 100수를 뽑은 것인데, 두보와 관련된 책이 그렇게 많아도 추사가 만든 것 말고는 이전에 없던 것입니다.

이철희 확실한 자신의 시학적 지향을 보여주는 것이라 할 수 있는 것이죠.

박철상 예. 추사의 확실한 지향점이 명확히 드러나 있습니다. 또 『담계적구도(覃溪摘句圖)』는 옹방강의 시 100구만 뽑아서 만든 겁니다. 옹방강의 시집이 방대하여 수십 권이나 되는데, 거기서 뽑아서 만든 것입니다. 옹방강의 시세계를 조선의 문인들에게 유통시키고 싶었던 것입니다. 이런 것들은 확실하게 편저입니다. 이밖에도 초록한 책들도 꽤 있는데 이런 것들은 편저로 볼 수 없는 것들입니다.

이철희 워낙 추사 자료가 없다보니 이러한 편저들도 중요하게 다루어지고 있는 것 같습니다.

박철상 예, 경학 같은 경우 그런 자료가 있으면 꽤 중요하죠. 『소재문(蘇齋文)』은 이재(彛齋) 권돈인(權敦仁)이 편찬한 것입니다. 이 책은 옹방강의 문집에서 고증학과 관련된 것만 뽑은 것입니다. 따라서 이런 자료는 저술이냐 여부를 떠나서 의미가 있죠.

이철희 또 추사가 소장한 책들. 주로 추사의 장서인이 찍힌 책들도 요즘 추사 연구의 새로운 자료로 활용됩니다. 이런 것들을 보면 초기 자료 부족의 한계가 여러 가지 방면으로 돌파구를 마련하고 있는 것으로 보입니다. 앞으로 이런 자료가 얼마나 더 나올 것으로 보십니까?

박철상 다산(茶山)의 경우를 살펴볼 필요가 있다고 생각합니다. 일제강점기에 다산의 저술 500권이 간행되었고, 최근에는 10년 동안 국가 지원을 받아서 정본화 사업을 하였습니다. 국내외에 흩어져 존재하는 이본들을 다 모아서 정리를 했어요. 이 과정에서 굉장히 중요한 자료들이 나옵니다. 그간 다산의 저술로 알려졌었는데, 알고 보니깐 다른 사람의 저술로 밝혀지기도 하고, 어떤 것은 저술이 아닌 줄 알았는데 저술로 확인되는 것도 있습니다. 다산의 경우는 저술이 워낙 많아서 가능한 이야기인데, 추사의 경우는 편지가 중요합니다. 지금 편지 실물이 대단히 많이 남아 있습니다. 다산의 편지는 제가 직접 작업을 하였습니다. 문집에 220편정도 실려 있는데, 제가 120여 통의 실물 편지를 모아 별도의 책으로 엮었습니다. 이들은 모두 문집에 실려 있지 않은 겁니다. 추사의 경우는 『완당척독』이 나오고, 일제 강점기에 『완당선생전집』이 출간됩니다. 이 문집에 빠진 것이 지금 더 많이 있습니다. 도서관에 수두룩하고, 요즘 경매에 가보면 처음 본 간찰들이 많이 있습니다. 이런 것이라도 정리 된다면 몇 백통 될 것 같습니다. 엄청난 정보가 될 거라고 생각이 됩니다.

조병한 후지쓰카 저술에서도 추사가 중국학자들과 주고받은 편지가 적어도 수백 통은 될 터인데, 지금 어딘가에 있을 거란 이야기가 나옵니다. 국내 학자들과 왕래한 편지로 아직 정리되지 않은 것도 그렇게 많다는 것인가요?

박철상 청나라 문인들과 조선 문인들이 주고받은 편지는 후지쓰카가 상당 부분 수집하여 정리하였죠. 그 밖에도 상당수가 현전하고 있습니다. 그에 비하면 김정희의 미정리 편지는 훨씬 많죠. 제가 본 것만 해도 대충 100통이 넘습니다. 최근에 숭실대 기독교 박물관에서 김정희 간찰첩 하나를 간행하였습니다. 20여 통이 수록되어 있는데, 제주도 유배시절에 보낸 겁니다. 여기에 실린 편지는 추사가 겸인에게 보낸 것이 아닌가 하는 생각이 듭니다. 이런 부류의 간찰들이 아주 많습니다. 여기저기 흩어져 있어 이런 것을 정리하는 것도 중요합니다. 추사와 다산의 경우는 다르긴 하지만, 다산은 정리가 되어 있고, 다산 집안에서 후원하고 끌고 가는 힘도 있었지만, 추사의 경우는 상황이 다른 듯합니다. 연구자들의 결속력도 약하고, 집안은 직계가 없어서 나서서 주도할 분도 없는 듯합니다.

조병한 그래요. 추사 연구가 후지쓰카에 의해서 시작되었다고 말할 수 있지요?

정혜린 왜 우리나라 사람들이 연구하지 않았는지 후지쓰카도 의아해했던 것 같습니다.

이철희 우리나라에서는 추사 연구를 누가 시작했다고 할 수 있죠?

박철상 우리나라 경우 누구부터 시작했다 말할 수 있는 것이 아닙니다. 필요에 의해서 조금씩 이야기했을 뿐이죠.

조병한 전해종 선생은 추사에게 미친 청조 고증학자들의 수용 범위를 추적하기 위해 추사 전집의 문장과 장서목록을 분류하는 데 중점을 두었지, 그 경학과 사상의 내용을 다룬 것은 아닙니다.

정혜린 최남선의 경우도 조금 언급하지 않았나요? 추사를 직접 다룬 것은 아니지만. 최남선은 추사의 자료도 소장하고 있었고, 추사 금석학에 대한 연구물도 좀 남기긴 했습니다.

박철상 일제 강점기 때 일제 침략의 당위성을 연구하기 위해 고대사 연구가 필요했고, 고대사 연구를 하다가 추사와 연결이 되었죠. 그러면서 최남선을 포함해 몇몇 인물들이 추사를 다루었죠.

정혜린 김용준 선생님도 문인화와 관련해 추사에 조금 관심을 가졌습니다.

박철상 오늘날 기준으로 보자면 논문이라고 보기 어려운 글들입니다.

정혜린 일제강점기에 지금처럼 전문학술지가 없었고 학자들이 쓴 글은 대부분 잡지나 신문에 쓴 기고문이 대부분이겠죠. 논증을 바탕으로 학술적인 완성도를 기대하자면 아무래도 전해종, 최완수 선생님을 그 시작으로 주목해야할 것 같습니다.

박철상 최완수 선생님은 좀 다른 것 같아요, 원래 불교 연구하시던 분인데 간송미술관으로 가시면서 쓰신 것이라, 일본책의 영향을 많이 받았습니다. 후지쓰카가 초기에 추사 연구를 해 놓다보니깐 우리나라 사람들도 다 후지쓰카의 글을 보게 되었죠.

조병한 그 당시 서유럽과의 관계가 단절된 조선의 국제환경으로서는 근대학문을 일본에서 만큼 잘 배울 수 있는 통로가 없었습니다. 중국에서 독립운동에 종사한 학자들도 있었지만 근대적 학문을 하고 해방되면서 우리 학계의 주류가 된 분들은 대부분 일본의 영향을 받아 실증적 근대학문을 시작한 것 아닌가요. 일본의 영향은 국가의 입장에서 부정의 대상이 되었지만, 문화는 국가 문제와는 구분되는 의미가 무언가 있다고 생각됩니다.

정혜린 어쨌든 당시에 현대적인 의미에서 추사를 제대로 공부한 선배 한국인 연구자가 없는 상황에서 최완수 선생님이 추사에 관해 한국어로 전문적으로 연구하고 번역하면서 추사학을 개척한 공은 대단하죠. 그리고 지금 생각해보면 후지쓰카의 연구와 관련해 조심스러운 부분도 있죠. 제가 최근에 출간한 『추사 김정희와 한중학술교

류』는 자료의 측면에서 후지쓰카의 『청조문화의 동전연구(淸朝文化の東傳硏究)』에서 큰 도움을 받았습니다. 그런데 제가 공부하면서 의아했던 부분이 있었는데, 후지쓰카는 왜 추사가 청조의 학술을 제대로 알고 받아들였다는 것을 칭송하면서도 추사가 청조 학술성과를 그대로 받아들이지 않았고, 또한 조선의 학문에 적용·응용하려했다는 점에 그다지 관심을 두지 않았을까 하는 부분이었습니다. 후지쓰카가 이런 이야기를 하지 않았다는 것이 상당히 미묘한데, 후지쓰카 개인의 학문적 능력이 열등해서가 아니라, 제국의 지식인이라는 시대 상황을 벗어나기 힘들었기 때문이 아닐까라고 생각을 합니다.

박철상 저도 동의합니다. 또 하나 후지쓰카 입장에서 왜 동점(東漸) 연구까지만 하였을까? 그 이야기잖아요. 결국은 추사가 저술이 없기 때문이라고 봅니다.

정혜린 예, 그렇죠.

박철상 저술, 여기서 막힌 거예요. 왜냐하면 방금 말씀하신대로, 실증적으로 해야 하는데 이것이 내가 설명할 수 있지만 무의미하다는 것을 알아요. 추사 이야기가 아니라 내 이야기가 되거든요. 여기서 내가 한 발자국 더 나가면 결국은 나도 내 이야기를 하는 꼴이 된다는 것을 본인도 너무 잘 알았던 거죠. 그리고 문제는 조선에서는 청조문화를 안 받아들였는데, 추사는 받아들였다, 어찌 보면 여기까지가 후지쓰카가 공부한 끝이 아닌가 생각합니다. 그것을 너희들이 안하니깐 내가 받아 가겠다, 옹방강의 학문이 추사에게 넘어갔던 것처럼, 추사의 학문을 자기가 가져가겠다는 생각이었던 것 같습니다.

정혜린 추사에게 자신의 관점을 가지고 독자적으로 쓴 글이라고 할 만한 글들이 적기는 하지만 분명 존재하기는 했는데 후지쓰카에게 간과된 거죠. 이런 문제와 관련해서 근본적으로 일제 강점기 일본학자들의 조선학이라는 큰 학문적 환경을 함께 생각해야 할 것 같습니다. 당시에 후지쓰카는 지나학(支那學)에서 출발했잖아요. 근대에 일본이 중국을 얕보면서 지나학이라 부른 것인데, 거기서 한국학 또는 조선학은 무슨 의미를 가지고 있었을까. 이마니시 류(今西龍)와 같은 조선학을 총괄하던 일본 관변학자들에게서 뚜렷이 드러나는데 일본 학자들의 한중일 관련 학문 프레임은 기본적으로 조선은 중국의 것을 들여오고 모방하는 데 끝냈고, 자기네들은 이것을 가져다 개조하였고 대표적인 성과가 양명학이다 라는 게 아닐까 싶습니다. 일본이 중국과 조선을 넘어 동아시아를 다스릴 제국으로 성장했다는 점을 정당화하는 전사(前史)를 창조하는 건데, 후지쓰카는 물론 이러한 논의에 적극적으로 가담한 인물은 아니지만 어쨌든 일본학자들의 근대 한중일 고전학의 담론을 부정하지 않았고 그만큼 당시 일본의 동아시아학의 분위기와 떼어놓기는 어려울 것 같습니다.

박철상 그런 점에서 분명한 한계를 지니고 있죠.

조병한 일본의 동양학이 형성된 역사적 배경과 이념적 내용을 분석한 책, 『일본 동양학의 구조』[스테판 다나카]의 번역본이 있지요, 그것을 보면 일본은 제국주의 강대국이 되고자 하는 열망 속에 서양과의 경쟁국면에서 아시아 문명을 대표한다는, 일본 주도의 동양학이란 것이 출발한 것입니다. 근대 일본의 성공을 배경으로 과거 중국과 인도를 묶은 '동양'이란 개념을 발명하고 일본이 지도하는 하나의 문명권을 설정한 것이지요. 서양에 대항하는 아시아주의를 내걸고 아시아를 침략한 일본 제국주의를 문명론으로 정당화하는 데 동양학이라는 근대적 학문이 이념적 도구로 동원되었다는 것을 알 수 있어요.

이철희 제가 생각하기에 만약에 후지쓰카가 경학을 전공하지 않고 문학이나 예술을 전공하였다면 좀 달랐지 않았을까 생각합니다. 물론 일본 학자로서 근본적인 시각과 한계도 분명하겠지만, 사실 추사가 경학 쪽에 저술이 없으니, 중국에서 온 것까지밖에 할 수 없었던 것이 아닐까합니다.

정혜린 작은 언급들이 있는데 안 본 것도 있습니다. 의도적이라고 말하기 어렵겠지만.

박철상 이런 점이 있습니다. 추사와 청대문인이 주고받은 서찰의 내용을 들여다보면 청대 학술은 내가 이 정도를 알고 있어 라고 이해의 수준을 설명하는 정도지, 여기에 자신의 새로운 생각을 붙여 강하게 자신의 의견을 피력한 것은 안 보입니다. 또 우리나라에서 추사가 그럴 수밖에 없었던 것은 제주도에 유배 가 있을 때 이원조(李源祚)하고 상서(尙書) 위고문(僞古文) 논쟁을 합니다. 그 당시 이원조가 반박하는 글을 보면 추사의 것은 남아 있지 않지만 이원조의 문집에 남아 있는 글은 살벌합니다. 어떻게 이렇게 까지 말할 수 있을까 할 수 있을 정도입니다.

조병한 학문적 내용이 논쟁에 많이 들어 있습니까?

박철상 "인심유위, 도심유미, 유정유일, 윤집궐중(人心惟危, 道心惟微,

惟精惟一, 允執厥中.)" 16자의 진위 논쟁에 대한 것입니다. 추사가 쓴 글에 대하여 이원조가 한마디로 나는 고증학을 잘 모르지만 '추사 당신 글 똑 바로 읽어' 이런 식으로 정말 심하게 썼습니다. 제가 수소문에서 찾아보려 몇 번 부탁했는데 안 되었습니다. 그 집에 있을 가능성이 있거든요. 그의 문집에 실려 있으니까요.

정혜린 청대 금고문 논쟁에서 염약거, 혜동, 완원과 같은 일급의 학자들은 위고문설을 주장했는데 다산 정약용은 위고문이라고 할지라도 그 내용이 훌륭하니 그냥 받아들이자고 했고 신작이나 성해응도 비슷한 태도를 취했습니다. 제가 조사한 바로는 당시에 추사만 위고문은 조작된 것이니 받아들일 수 없다는 견해를 취했죠.

박철상 우리나라에서는 그 문제가 주자학에서 대단히 중요합니다.

정혜린 그럼요.

조병한 조선은 주자학의 배타적 전통이 워낙 강해서 고증학 등 유학의 다른 학파를 전적으로 인정하기 어려운 것이 자연스런 경향으로 보입니다. 그렇기는 하지만 고증학이 이룩한 학문 방법에 대해서는 이념과는 별개로 수용할 필요가 있었지 않았을까요?

정혜린 그렇습니다.

조병한 『전집』을 읽어보니 추사의 경학에서 가장 주목한 것이 고문상서 논쟁입니다. 그 다음에 방법론으로는 '실사구시', 한·송 절충이 있고, 이런 주제들이 고증학 시대를 대표하는 것들입니다.

청조만 하더라도 중국에서 도달한 유교문명의 마지막 지점에서 발달한 학문이 고증학이었고, 그러한 학문적 시도를 조선에서 처음으로 이해한 사람이 추사였으니, 그것만 해도 인정을 받을 만하지 않을까요? 그 다음 단계가 독자적 저술이 나올 단계인데요.

박철상 그런데 거기서 그 16자 가지고 논쟁을 하다 두들겨 맞은 겁니다.

정혜린 사문난적 취급을 받은 거라 할 수 있죠.

박철상 본인이 이와 관련된 글을 남길 수 없었던 것입니다. 생각을 해보세요. 그래도 편지를 보낼 때는 친해서 보냈겠지만 그렇게 심한 답장이 왔으니. 그러니 그와 관련해서 글을 남길 수 없었던 것이죠.

조병한 추사가 자신의 글을 많이 폐기처분했다는 것은 사실일까요?

박철상 예. 그것은 문집에 실린 전기에 두 번에 걸쳐 태웠다는 이야기가 실제로 나오고 있어 맞다고 봅니다. 실제로 말년에는 거의 스님처럼 삽니다. 상유현(尙有鉉)의 〈추사방현기〉라는 글을 보면 어느 날 봉은사를 찾아갔더니 연비(燃臂)를 하면서 거의 스님처럼 사는 모습이 나옵니다.

이철희 물론 강고한 주자학의 억압적 분위기도 작용했지만 인간적으로 생각해보면 사실 『황청경해』라는 문헌을 봤을 때, 추사가 평생 학문적 지향을 말한 완원의 "남이 한 말을 내가 안 한다",

즉 창의성을 강조했는데, 추사 자신이 또 경학에 대해 저술을 해봤자 아무 의미가 없다고 생각하지 않았을까? 『황청경해』를 본 뒤 제주도의 열악한 상황에서 그것을 능가하는 무언가를 저술해보겠다는 생각 자체를 아예 단념했을 거라고 봅니다.

조병한 『황청경해』는 방대한 고증학 총서로서 『사고전서』 이후의 편찬사업에서 압도적인 규모였는데요.

이철희 차라리 다산 정약용처럼 보지 못했다면, 뭔가 좀 해보겠다는 생각을 했을 텐데, 그것을 본 이상 더 많은 자료를 바탕으로 다른 이야기를 할 수 있어야 했는데.

정혜린 고문상서 진위에 대해서 추사가 이야기하거든요. 청조에서도 내로라하는 학자들도 다 결말을 못 내고 견강부회하는데, 내가 거기에 한 숟가락 얹을 필요가 없다고.

유 정 추사의 저술에 대해 구체적으로 얘기할 필요가 있습니다. 시기와 교류한 청대문인에 따라 추사가 작성한 경학과 금석학 관련 저술도 다릅니다. 추사가 옹방강과 교류했을 때 옹방강의 제의를 받고 『노례체흡지(魯禮禘祫志)』를 저술했고, 순조 28년(1828) 여름에 추사가 청나라 이장욱(李璋煜)에게 보낸 서찰에서도 자신이 『노례체흡지』·『의례금고문고(儀禮今古文考)』를 편찬하고 있다고 했습니다. 이 저술은 추사가 제주 유배 가기 전에 이미 완성한 것으로 볼 수 있습니다. 옹방강이 세상을 떠난 후 추사가 이 저술을 옹씨 집에 안 보내주었던 것 같고, 이 저술은 조선 내에서도 유통시키지 않았던 것으로 보입니다. 이렇게 된 까닭은 당시 청과 조선 내부의 학술 논쟁, 양국 간의 학술 교류 분위기와 관련이 있는 것 같습니다. 예를 들어, 청산 김선신이 청나라에 가서 왕희손과 한학과 송학을 갖고 논쟁을 벌었는데, 왕희손의 공격을 많이 받았습니다. 그래서 김선신이 너무 소심해서 왕희손하고 절교를 하였죠. 왕희손의 서신을 받아도 답글도 보내주지 않았습니다. 왕희손은 추사의 동생 김명희에게 편지를 보내서 김선신 같은 사람이 어찌 편지 한 통도 보내주지 않느냐, 서운한 마음을 표했습니다. 왕희손은 인성이나 학문적으로도 아주 정직하고 엄격한 사람인데 조선 지인에게 여러 차례 서찰과 책도 보냈고 학문적인 토론을 했습니다. 그중에 추사와 가장 잘 통했고, 제가 볼 때 조선사람 중 추사처럼 실사구시에 입각해서 실증하는 사람이 많지 않았습니다. 김선신 같이 자기주장 강하고 남의 공부하는 것을 인정하지 않는 그런 사람도 있고, 교유하면서 아예 결별하는 사람까지도 있었습니다. 이와 같은 사건도 생기니 추사가 개인의 경학 저술을 남에게 쉽게 보여주지 않았을 것 같습니다.

박철상 추사가 김선신 이야기를 합니다. 김선신은 한마디로 말해서 잘 모르는 사람이라고.

정혜린 그 사람은 주자학자입니다.

유 정 청대 학자는 보편적으로 주장하는 것은 '화이부동(和而不同)'인데, 즉 화목하게 교류하는 데 학문적으로 의견이 같지 않아도 상관없다는 것입니다. 왕희손도 이와 같은 의견을 얘기했는데.

박철상 그 당시 주자학자들 논조가 다 비슷합니다.

이철희 추사는 이미 옹방강과 완원의 갈등, 학파 간에 갈등이 존재한다는 것을 알고 있었습니다. 그 사이에 잘못 끼어들었다가는 곤란하다는 생각에서 조심스럽게 대응했을 것입니다.

조병한 추사 자신의 고증학적 관심이 청조 고증학 내부의 학계 동향과 밀접한 관련이 있을 텐데요.

유 정 완원의 『황청경해』에 옹방강의 저작이 들어가지 않은 것도 당시 옹방강의 경학저술이 간행되지 않았고, 또 간행을 주관한 완원의 제자가 옹방강의 경학을 잘 몰라서 나온 이야기입니다. 당시 대부분의 청대학자가 옹방강의 경학을 무시했고, 심지어 옹방강이 조선사람과 교류한 것까지 공격했습니다. 그중에 이자명(李慈銘)이라는 청대 학자가 있는데, 개인의 『월만당일기(越縵堂日記)』에서 옹방강을 비판했지요. 추사도 그런 사실을 알고 있었을 것입니다. 『황청경해』의 간행은 완원의 제자가 주관했고, 이 문제를 갖고 완원과 옹방강 사이에 갈등이 있다고 말할 수 없습니다.

박철상 중국에서는 당시에 옹방강이 그렇게까지 인정을 받은 상황이 아니었습니다.

정혜린 그렇죠.

유 정 왜냐하면 옹방강의 저작이 수고본으로 되어 있어 남에게 잘 보여주지 않았습니다. 그런데 그 당시 옹방강의 수고본을 봤던 사람도 있었습니다. 왕대륭(王大隆)이라는 사람이 개인 문집에서 옹방강의 수고본 『서부기(書附記)』를 보고, 옹방강에게 탄복하면서 이 자명을 비판했습니다.

박철상 옹방강도 그것을 안보여 줍니다. 『소재필기』도 1~3권만 보냈고, 나머지는 후에 섭지선(葉志詵)이 보내주었습니다. 아직 정리가 안 되었다고 안 보내준 것입니다.

유 정 중국에서 20세기 초반까지 옹방강에 대해 제대로 연구하지 못했습니다. 호적(胡適)은 『대동원의 철학[戴東原的哲學]』에서 완원의 경학을 높이 평가하는 반면 옹방강의 경학을 아예 무시했습니다. 가장 중요한 원인은 그 당시 호적도 옹방강의 저술을 보지 못해서 옹방강의 학문을 잘 몰라서 그랬던 것입니다. 대만에서 60년대부터 옹방강의 저술을 정리하기 시작했고, 중국 내륙에서 최근 10년에야 옹방강의 학술자료를 정리하면서 연구를 시작했습니다. 옹방강의 경학과 금석학 자료는 그동안 많이 흩어져서 자료의 수집과 정리도 쉽지 않았습니다.

이철희 옹방강이 근대에서 가장 주목 받은 것은 곽소우(郭紹虞)의 문학비평 분야라고 생각합니다. 그가 청나라 시학을 4대 시학으로 분류 정립하는데, 그 후 중국비평론에서 곽소우의 이론은 기본적 근간이 되어 전개됩니다. 그런데 이 4대 시학의 수립이 옹방강의 시론에서 큰 영향을 받습니다. 격조, 성령, 신운, 기리(또는 시법) 등 곽소우의 4대 시학의 개념과 상호 이론적 관계성은 바로 옹방강의 「격조론(格調論)」, 「신운론(神韻論)」 등에서 의거하고 있습니다.

유 정 옹방강의 시문집은 일찍이 간행되었고 영향력도 많이 발휘되었습니다. 옹방강은 기리설(肌理說)을 제창하면서 많은 시제자를 키웠습니다. 옹방강의 시학에 대해 많은 연구가 진행되었지만, 호적(胡適)의 경우 경학에 대해 몰랐을 때라 그랬던 것입니다. 그리고 앞에서 이철희 선생께서 완원과 옹방강 사이에 갈등이 있다고 말씀하셨는데, 실제적으로 두 분의 사이가 아주 친했습니다. 완원은 옹방강과 30년 가까이 나이 차이가 있고 후배로서 북경에 처음 올랐을 때 옹방강의 도움을 많이 받았습니다. 나중에 완원이 여기저기 많은 관직을 역임하면서 가는 곳마다 탁본이나 자료를 수집해서 옹방강에게 보냈습니다. 옹방강의 시문집과 연보(年譜)에 두 사람의 교류 기록이 많습니다.

이철희 둘 사이는 친했는데, 완원의 제자들이 옹방강을 인정하지 않았다 말씀이시죠.

박철상 실상 『황청경해』가 나올 때까지 아직 옹방강의 저작이 정리가 안 되었기 때문이죠.

유 정 옹방강의 저작이 정리가 안 된 원인도 있고, 완원의 제자나 아들 완소운(阮小芸)은 옹방강의 경학을 잘 몰라 그렇게 오판(誤判)한 것입니다. 완소운이 추사에게 보낸 서찰에서 옹방강이 경학을 못한다는 이야기를 했는데, 완소운이 옹방강의 깊은 학문을 몰라서 한 말이지, 그의 아버지 완원도 그런 말은 감히 못했을 것입니다.

정혜린 옹방강이 상당히 면밀하고 꼼꼼한 학자죠. 양주학파의 능정감이라든가 상주학파의 장혜언같은 사람은 고대의 경전 텍스트를 고증하는 것을 넘어 주나라 때 실제로 이러저러한 제도와 의례가 있었다고 그림으로 그려 넣었거든요. 이런 과감한 연구 방식에 대해 옹방강은 대단히 비판적이었습니다.

이철희 너희가 보았느냐? 뭐 이런 입장이었군요.

정혜린 옹방강은 엄밀하게 텍스트주의입니다. 우리가 다가갈 수 있는 것은 텍스트인 것이지 당신처럼 그렇게 옛날 실제로 이러한 예제(禮制)가 있었다는 것은 확인할 수 없다, 이런 태도인거죠. 그래서 능정감에 대해서 옛날에 자기에게 배웠지만 어리석은 글을 쓰는 그는 내 제자가 아니다라고 말합니다. 옹방강은 '성도통혈지리'(性道統絜之理)와 '밀찰조석지리'(密察條析之理)라는 낯선 새로운 개념들을 이야기하는데 사실 이 두 개념은 주자 형이상학에서의 이일(理一)과 분수(分殊)의 기능을 담당합니다. 아직 제대로 공부를 못해봤습니다만 주자학에서 가져와 용어만 바꾼 것이지 사실상 주자학이라고 해야 하는 게 아닌가 싶습니다. 이 문제뿐 아니라 금고문 논쟁에서도 위고문 텍스트를 내용상 계승하자는 태도도 그렇고, 옹방강은 주자학을 극복하는 청대 새로운 조류를 받아들이기 힘들었던 사람입니다. 그래서 엄밀한 텍스트주의자로서 존중받을만한 점이 분명히 있는데도 『황청경해』 내에 저술이 편입되지 못하고 결국 시대에 뒤쳐진 이류학자로 평가받았다고 생각됩니다.

조병한 당시 고증학이 압도하던 청조 학계의 사조를 보면 『사고전서』 편수관이던 옹방강은 완전 고립되어 있었지요. 마찬가지로 고립되어 고증학계와 논쟁 끝에 편수직을 사직한 동성고문파의 문장가 요내란 인물도 있어요. 두 사람의 공통점은 요내는 고문을 하면서 주자학 이념을 옹호했고, 옹방강의 경학도 주자학을 옹호하지만 고증학을 무시하는 것은 아니었던 점에서 넓은 의미로 한·송 절충론에 속한다고 볼 수 있습니다. 그런데 완원 등 고증학의 주류는 주자학을 기반으로 고대로 들어가기보다 한대 경학이나 소학 등 방법을 출발점으로 삼아서 고대로 올라가 주자학 이념을 보완한다는 차이가 있었지요. 다 같이 한·송 절충론의 범주에 넣더라도 이런 방법론의 차이 때문에 완원은 주자학에 부분적인 수정을 할 수 있는 사람이었고, 옹방강이나 요내 같은 경우는 그럴 수 없었다고 할 수 있습니다.

박철상 옹방강의 글을 읽다보면 고증학자들의 문제점을 자주 비판합니다. 이런 것이죠. 우리가 단순히 글자의 뜻을 알려고 책을 보는 것이 아니라, 독서라는 측면에서 책을 봐야한다는 것이죠. 그러니 옹방강의 입장에서는 고증학에 빠진 사람들이 한심했던 것입니다. 너무나 쓸데없는 일에 평생을 투자한다고 생각했죠. 그래서 옹방강은 '부작무익(不作無益)', 쓸데없는 일을 하지 말라는 말을 고증(考證)의 제1원리로 제시합니다. 고증학은 필요한 것을 고증하는 것이지, 왜 쓸데없는 것을 고증하느냐는 겁니다. 그렇게 하면 평생 고증을 해도 다 할 수 없다는 것입니다.

조병한 예를 들어 주자학의 이념을 대체할 만한 것이 없는 조선의 상황에서 고증학이 주자학의 이념을 동요시킬 위험성에 대해 비판한 것이겠지요.

박철상 옹방강은 부정을 하면서도 받아들이는 것 같아요. 이 책을 제대로 읽기 위해서 필요한 것을 고증하란 것이지, 고증을 위한 고증은 아니라고 본 것입니다.

정혜린 고증을 위한 고증을 벗어난 사람들을 한·송 절충론이라고 이야기합니다. 완원도 그렇고 추사 문집에 찬입된 글을 보면 단옥재와 완원이 인(仁)에 대해 논한 글들이 있는데 두 사람 모두 맹자가 그 이전 『시경』, 『의례』 등에서 인(仁)을 실천적으로 논한 것을 의미를 바꾸어 마음 안에 있는 것으로 추상화시켰다는 걸 지적하거든요. 그리고 조선에서도 맹자의 성선설을 비판하는 완원의 논의를 들여오기가 어려웠을 것이고, 그래서 추사는 분명 이 맹자의 성선설에 대한 비판론의 가치를 주목하면서도 이에 관련된 글을 쓴다든가 해서 조선에 설파하지 못했던 것은 아닌가 짐작해 봅니다. 결국 추사는 주변에 학술적으로 교류할만한 학자군이 없었다는 거죠. 차후 면밀하게 검토할 문제지만 청에서는 많은 고증학자들을 배양할 사회적 인프라가 있었고, 조선에는 없었다는 점을 생각해 볼 필요가 있습니다. 대진, 능정감 같은 다수의 청대 고증학자들은 여러 막부나 서원를 떠돌면서, 관직생활을 하지 않고 학문으로 생계를 꾸렸던 경험이 있는 인물들입니다. 전문학자 생활을 했던 거죠. 또 청 관료들도 조선의 관료들과 달리 학문적 업적을 가지고 승진할 기회가 있었구요. 청대 이들 학자들이 여유롭게 학자 생활을 했던 것은 아니지만, 전문적 학자들이 존재할 사회적 기반이 있었던 것은 분명하죠. 반면에 조선에서는 그렇게 한가하게 관직에서 벗어나 학문을 위한 학문을 할 학자군이 길러질 만한 기반은 존재하지 않았습니다. 그래서 추사가 우리나라에서 공부를 공유할 수 있었던 사람이 없었던 것입니다.

박철상 그런 인물들이 조금은 있었습니다. 성해응이라든가, 이런 인물이 우리가 지금까지 이야기했던 것을 글로는 써 놓았습니다. 그런데 문제가 뭐냐 하면, 이 사람들의 글을 보고 있으면 글만 옮겨 놓은 것이라는 겁니다. 초록을 해놓은 것이라 어떻게 이해해야 할지 난감합니다. 서유구의 『임원경제지』의 경우도 상당 부분 중국의 것을 가져다 초록을 해놨는데, 이것을 수용이라 해야 할지, 아니면 자기 학문을 박학으로 포장하기 위한 것으로 보아야할지 난감합니다. 추사는 이런 사람들을 절대 인정하지 않았다고 봅니다. 그러나 유득공의 저작은 추사가 모두 열람합니다. 추사는 그 독창성을 인정하고 학문적으로 수용합니다. 유일하게 수용한 인물이 유득공일 것입니다.

정혜린 금석학에 한정된 것이죠.

박철상 예. 그렇습니다. 유득공이 대단한 것은 틀림없습니다. 그의 것을 가져다 추사가 자신의 학문 연구에 큰 영향을 받았죠. 이덕무의 경우는 그냥 유약한 문인입니다. 박제가 같은 경우는 사실 사상가라 할 수 있죠. 경학을 하기는 했지만 깊이 있는 연구를 했다고 보기는 어렵습니다. 그러나 유득공은 확실히 자기 이야기를 하고 있었습니다.

이철희 유득공이 가장 학술적이란 말씀이죠.

박철상 그런 점에서 보면 추사는 주변에 이재 권돈인하고, 김유근과 셋이 만났는데, 김유근은 문인의 기질밖에 없었습니다. 인장이라든가, 그림이라든가. 이 분야 외엔 별 관심이 없었습니다.

정혜린 경학에 대해 그나마 가장 많은 대화를 나눈 인물이 권돈인이죠.

박철상 예. 권돈인은 수암 5대손입니다. 수암 권상하의 직계니까 그것만으로도 권돈인이 가진 위상은 대단했습니다. 권돈인하고 연결되어야 어느 정도 힘이 생깁니다.

조병한 지금 말씀하신 것이 중요합니다. 중국 과거제나 신사(紳士) 연구 등 저술이 꽤 많이 나와 있어요. 명나라 후기부터 과거 경쟁이 치열해서 학문적 저술이 위축되고 학문이 실용을 떠나 공허해져 실학풍이 일어난 것은 조선과 공통된 사조였어요. 그 실학풍의 한 갈래인 고증학은 오히려 강남이 중심이고 거기서 북경으로 전파되어, 조선 연행사절도 북경에 가서 강남 사대부를 만나지 않았습니까? 18세기 청조 고증학 시대에는 벼슬하지 못하고 학문에 몰입하는, 거의 전문적인 학자층이 굉장히 광범위하게 분포했는데, 조선의 경우는 너무 벼슬이 소수 문벌에 집중하고, 관직을 독점한 문벌 자제들이 공부에 몰두하기는 어려웠지요. 지방 선비는 어떤가 하면, 선진적 학문이 수도의 경화세족에 너무 집중되어 있고, 지방 선비는 낡은 주자학에 갇혀 있어 벼슬을 못해 한가해도 주자학의 수준을 넘어선 공부를 할 조건이 안 되었던 것으로 보입니다.

이철희 고증학에서 전문적 학자층의 형성은 매우 중요한 문제입니다.

조병한 예. 18세기에 이미 과거를 통해 벼슬을 못하면 저술로 사회적 명성을 얻으려는 사고방식이 출현했어요. 신사의 생활방식에 대한 연구도 나와 있지만, 과거시험에 실패한 사람들이 먹고사는 방식으로 최하가 사숙을 여는 것이고, 그 위에 서원에서 산장이 되거나 강의를 맡든지, 지방관들이 자신의 명망을 위해 고용한 문학막료가 되어 출판사업에서 일하는 것이었지요. 19세기에는 이 막료제도가 더욱 성행했는데, 행정 등 실무 막료 뿐 아니라 실무에는 아무 쓸모없는 문학하는 사람도 많이 데리고 다녔어요.

박철상 우리나라 쪽에도 19세기에는 그런 점이 있습니다.

이철희 저는 옹방강이 양주학파와 거리를 두게 된 근본적 이유도 여기에 있다고 봅니다. 옹방강이 보기에 완원 문하인들은 결국은 먹고살기 위해, 경쟁에서 두각을 나타내기 위해 학문을 이용하는 사람이라 생각하지 않았을까요. 어떻게든 두각을 나타내기 위하여 고증학을 자기출세의 발판으로 삼고, 저작을 통해 명예를 얻는 데 과열되어 소위 맹목적 고증에 빠져들었다고 본 것이죠.

박철상 옹방강은 대부분의 고증학자들에 대해 그러한 생각을 지니고 있었습니다. 그래요, 너무 쓸데없는 것을 한다고 본 것입니다.

이철희 고증학의 단점이 거기에 있다고 생각합니다. 생계와 연계되니 대중적 인기를 위해 경쟁에 뛰어들게 되고, 학문에 대한 과장, 과잉적 접근이 청나라 문인사회의 사회 경제적 바탕이 되어버린 것이죠.

조병한 그런데 그런 풍조는 막을 수 없었던 것입니다. 워낙 벼슬 자리는 한정되어 있고 공부하는 독서인층은 광범하게 형성되어 있어서 책을 쓰는 유명세로 사회적 입신을 구하는 보상심리를 억제할 수 없는 것이었지요.

이철희 저술로 명예를 얻은 뒤 학정(學政)이었던 완원 밑에 들어가서 편찬원이 되어 학파를 이루었던 것이죠.

조병한 『황청경해』도 그렇게 해서 나온 산물입니다.

박철상 중국쪽 최근 동향에 대해서 이야기를 한번 들어 보았으면 좋겠습니다. 유정 선생님은 그쪽을 잘 알고 계실 것으로 생각됩니다. 실제로 추사에 대한 연구가 후지쓰카에서 시작, 지금은 한국 학자들이 하고 있고, 최근에는 중국학자 몇 명이 연구를 하는 것 같습니다. 최근 작년에 전시회도 있었고, 중국학계에서는 어떤 변화가 있는지 궁금합니다.

유 정 중국에서 추사에 대한 연구는 본격적으로 시작되지 않았습니다.

정혜린 논문은 몇 편 나온 것을 본 적이 있습니다.

유 정 예, 추사 관련 몇 편의 글이 있습니다. 대부분 추사에 대해 표면적으로 소개하거나 한국 학계의 연구 성과를 차용하고 귀납한 것입니다. 추사 관련 원전(原典)자료를 검토해서 연구한 것은 거의 보이지 않습니다. 이런 문장은 연구논문이라고 말할 수 없지요.

박철상 현재 추사의 저술이 많이 없는 상황이고, 후지쓰카도 북경에서 굉장히 많은 자료를 가져왔지만 추사가 중국으로 보낸 편지 같은 것은 하나도 나오지 않았습니다. 우리는 열심히 찾고 있는데, 중국에서도 연구 성과가 나와야 그런 자료들도 찾을 수 있을 것입니다.

유 정 네, 아쉽지만 중국에서 추사의 자료가 아직 발굴되지 않았습니다. 옹방강의 경우와 마찬가지인데, 중국내륙에서 옹방강을 늦게 연구를 시작했습니다. 옹방강의 석묵서루(石墨書樓)의 자료가 흩어진 것처럼 중국에 유입된 추사의 자료도 많이 유실되었던 것 같습니다. 옹방강의 자료는 대부분이 대만에 들어가 거기서 60년대부터 많이 연구해왔습니다. 그러나 거기서도 추사의 자료가 안 보였는지 추사에 대해 연구 성과도 잘 안 보입니다. 최근 2019년 8월에 북경의 중앙미술대학박물관에서 추사의 서화를 전시했습니다. 관련 보도를 보면 추사를 조선의 서예가로 소개하고, 추사의 경학과 고증학에 대해서는 제대로 홍보되지 않았습니다. 중국의 수장계(收藏界)에서도 추사의 진적(眞蹟)자료를 수장하고 소개한 것도 안 보입니다. 추사의 자료가 수집가 손에 못 들어갔든지, 아니면 추사의 가치를 모르고 소개하지 않았든지, 현재까지 단언할 수 없습니다. 그래서 향후 청나라에 유입된 추사의 자료 발굴도 중요한 과제입니다.

박철상 상황이 바뀌게 되었는데, 조선시대에 우리나라로 들어왔던 책들을 최근 10여 년 동안 중국인들이 다시 모두 사갔습니다. 그런데 우리나라에서는 이것이 중국책이지 우리나라 책이 아니라고 생각합니다. 그러니 중국인들이 구입해가도 바라만 보고 있는 것이죠. 중국의 경제 규모가 커지면서 해외에서 자신들의 자료를 찾고 있는 겁니다. 그런데 우리나라 입장에서는 중국책이니 국가 박물관에서도 구입을 안 하고 있는 것이죠.

유 정　지난 20년 사이 중국의 수집가들이 많은 자료를 수집하여 쌓아놓은 것은 사실입니다. 학계에서 해외 소장 중국자료를 조사하고 정리하기 시작했습니다. 중국 학계에서 조선의 시화(詩話)총서나 한문소설을 정리했고, 연행록 등 관련 자료도 해제하고 정리하고 있습니다. 그런데 중국 측의 연구 성과를 보면 대부분이 한국에서 이미 영인 정리된 자료를 바탕으로 한 것입니다. 개별적인 조선 문인의 시문집이나 학술자료의 정리와 연구는 쉽지 않습니다. 추사 관련 문헌자료는 여기서 먼저 정리되어야 해외학자가 활용하고 연구도 많이 전개할 수 있을 것입니다.

조병한　저의 논문 말미에서 논급할까하는데, 19세기 중엽까지는 동아시아 지역에서 중국문명이 보편문명이었던 것은 사실입니다. 중국은 물론 적어도 조선 사대부들에게는 그랬었지요. 국풍문화가 병존하는 일본은 좀 다르겠지만, 예로부터 유교적 소중화사상이 있었던 조선에서는 조선 후기에 와서는 명청 교체 이후 조선중화주의를 내세웠잖아요. 추사가 계승한 북학론에서는 중화문명을 조선이 중국과 공유하고 있다는 생각이 강했지요. 다만 걸림돌이 있다면 오랑캐 왕조라는 사실인데, 그것도 국가와 문화를 구분해서 황제를 비롯한 통치자만 오랑캐지, 중화문명은 그대로 변함이 없다는 것입니다. 박지원만 해도 연행사절을 수행해 가서 중국문물의 이용후생을 받아들여 조선의 후진성을 극복하고 중국을 따라잡아야 한다는 의욕에 차 있는 한편으로 국가적으로는 주자학자 송시열 등 북벌론 이후의 청나라를 경계하는 마음이 아주 없어지지는 않았던 것 같아요. 서유럽의 압력이 시작된 19세기 추사의 단계에 오면 이런 청에 대한 경계심이 거의 사라진 것으로 보입니다. 보기에 따라서는 사대주의 논란도 있을 수 있으나 그렇게만 볼 수는 없어요. 동아시아의 장기적 국제관계 안정과 문화교류의 고도화에 따라, 추사의 사상에는 조선중화의 내실을 향상시키기 위해 학문적으로 중국을 따라 잡는 노력을 하는 가운데 한·중·일 동아시아 지역에 걸친 유교적 보편문명권 형성이라는 개방적 이상이 자리 잡게 된 것으로 생각됩니다. 추사가 세상을 떠나자마자 유교적 보편문명 관념이 쇠퇴하고, 문명의 중심이 중국에서 서유럽으로 바뀌어버린 근대 이후 오늘날의 시각에서 볼 때는 그 당시 전통시대의 추사를 이해하기가 어렵겠지요.

정혜린 중국에 대한 추사의 입장은 조선에서 의미 있는 새로운 결과물이 나오려면 우선 중국에 축적된 학술자료를 제대로 습득한 후에 가능하다는 거죠. 그러자면 중국의 학술자료 중 질이 좋은 것들을 선별하는 과정도 필요하고요. 추사가 그 역할을 자임하고 실천했던 거라고 봅니다. 물론 조선에서 18세기 중반이후부터 홍대용이나 박지원 등에 의해 중국과 조선이 지리·언어·풍습 상에서 다르다는 인식이 뚜렷해지고 또 두 나라의 문화가 동등하다는 자각도 등장했습니다만 그렇다고 해서 이 분들이 중국 학술을 공부할 필요가 없다고 주장한 것은 아니거든요. 다만 이들의 입장에서 보기에 추사가 중국을 배우는 데만 치중했다는 것이고, 지금 남아있는 추사의 글들을 보면 근거 없는 불만은 아니라는 생각이 듭니다.

조병한 조선이 중국과 대등한 중화권으로 의식되어도 조선에 아직 남은 후진성의 문제도 추사나 북학론자들은 민감하게 인식하고 있었지요. 중국 고금의 학술·문예 전체를 조망하고 중화문명의 그 마지막 단계까지 추적해 들어간 것이 추사 필생의 노력이었던 것 같습니다.

박철상 거의 유일한 사람입니다.

조병한 그래서 19세기 후반부터 보편문명의 기준이 달라지는 한편으로 민족주의가 강력해지면서 중화문명 관념에도 변화와 분열이 시작되지요. 과거의 낡은 중화에 고집하는 세력이 있고, 그 반면 이를 극복하고 근대의 시대적 변화에 적응해 개방적 '문명개화'의 방향을 선택하는 과제는 새로운 차원의 난제가 아니겠습니까? 오늘날 만약에 추사의 조선중화 사상의 계승을 찾는다면, 이제 새로운 보편문명을 추구해 이를 따라잡는 데 추사만큼 열심히 노력하는 것이 진정한 계승이 되겠지요.

정혜린 제가 요즘 재미있게 공부하는 게 고유섭인데, 그분하면 떠오는 것이 '구수한 큰 맛'이란 것입니다. 그런 단어가 나오기까지 이분이 가지고 있는 고민, 사실 41세에 젊어서 죽었는데, 어마어마한 공부량을 가지고 있었습니다. 그런데 '구수한 큰 맛'에 담겨있는 공부의 배경을 보면 그때 유럽에서 유행하고 있었던 최신의 미술사학, 사회과학의 관점, 사회주의 등 우리나라 땅에서 구할 수 있는 최신의 지식들이어서, 추사가 떠오르는 거예요. 물론 고유섭의 이야기에는 문제점이 많지만, 최신의 무언가을, 서양학술을 받아들여서 새롭게 미술사학을 한국에 적용시켜 정립시켜보겠다는 지향이 있었죠. 추사 생각이 났습니다.

박철상 우리 역사를 보면 추사만큼 외래문화를 철저하게 받아들인 사람은 없을 겁니다. 그리고 이걸 받아들여서 다시 원산지에 수출한 사람도 없습니다. 거의 유일한 인물입니다. 그러한 점에서 추사라는 인물이 진짜 지금 필요한 사람이죠.

조병한 아까 말씀하신 것 중에 조선 금석학 연구를 했다든가, 서체도 중국하고 다른 독자적 추사체를 개발했다는 것은 아주 좋은 전략이었던 것 같습니다.

박철상 정확히 전략적으로도 맞아 떨어집니다.

정혜린 중국학자들도 조선인과 교유할 필요가 있으니까 한 거죠. 청대 들어와 고대 중국문명을 연구하는 와중에 아쉬운 게 고대 전적과 유물인데 의외로 조선에 중국에서는 이미 오래전에 사라진 문화의 조각들이 많이 있다는 걸 발견하고서는 아차 싶었겠죠. 그들도 나름 필요가 있어서 조선 학자들과 교유한 겁니다.

유 정 이 문제는 아주 복잡합니다. 시기별과 인물별로 구체적으로 논해야합니다. 그런데 추사가 학문과 예술 분야에 높은 성취를 얻은 것은 추사 자신의 열정과 경지에 달려있지요. 추사는 조선과 후세를 위해서 무엇인가 해야 한다는 사명감이 있었을 겁니다. 후지쓰카도 그렇고, 추사를 그렇게 높이 평가하면서, 추사의 인격과 학문을 숭상하여 그 자신도 실사구시의 학문을 실천한 것입니다.

이철희 추사의 일생이 실사구시라는 단순한 학술적 모토에 그치지 않는다고 봅니다. 경학에 대한 저술을 하지 않고, 금석문에서 〈진흥왕 순수비〉에 대한 것만 남긴 것도 실사구시의 한 실천이지 않았을까 생각합니다. 만약 경학이나 경세 분야에 달려들어 무언가 해보려 했다면 그것은 그 속에 빠져 들어가고 말았을 텐데, 정말 어찌 보면 자제했다고 할 수 있고, 가장 현실적인 판단을 했다고 할 수 있고.

박철상 『황청경해』 1천 4백 권을 보고 있으면 아무 생각이 없었을 겁니다.(일동 웃음) 그런데 그 책이 어디 있는지 모르겠습니다.

정혜린 일제 강점기에 일본에 가지 않았을까요.

박철상 후지쓰카도 못 보았습니다.

조병한 후지쓰카 책을 보면 1840년대 초까지 교류한 자료가 나오고는 끝나는데요.

박철상 추사가 힘이 빠지는 게 뭐냐 하면, 〈세한도〉가 북경에 갔을 때 청나라에서 답이 와야 하는데, 사실 제영(題詠)을 보면 알 수 있는 사람이 하나도 없다는 것입니다. 이미 다 끝나버린 것입니다.

유 정 완원은 1838년 8월 양주에 귀양 갔고, 1849년 11월 세상을 떠났습니다. 그런데 중국의 아편전쟁(阿片戰爭)이 1840년 6월에 일어나, 추사는 같은 해 9월에 제주로 유배당했으니, 추사와 청나라 학단(學壇)의 명수(命數)는 많이 유사하네요. 실로 아편전쟁으로 인해

'건가학술(乾嘉學術)'이라는 높은 수준의 학술이 쇠퇴하기 시작했습니다.

조병한 그러면 그 이후 15년 정도가 아무런 교유가 없었다는 이야기인데요.

유 정 추사가 제주도에 유배 이후 완원과 직접적인 교류 내용을 못 봤고, 완원의 아들인 완복(阮福) 등 후세 청대문인과 교류한 자료를 확인했습니다. 주로 추사의 제자 이상적과 오경석을 통해 서적과 예물을 전달했는데요, 1840년 후에 청나라 문인과의 교류 규모와 학예의 담론 수준은 앞 시대와 비교할 때 많이 떨어진 상태로 볼 수 있습니다.

박철상 딱 옹방강이 살았을 때, 완원이 북경에서 같이 열심히 하고, 추사가 갔을 때가 그나마 손성연이 살아있고 할 때가 학문적으로 무언가 활력이 있을 때였습니다. 이때는 이미 저쪽은 아편전쟁이 나고, 여기도 난리판이지 교유가 안 되었던 거죠.

정혜린 맞습니다. 청나라도 19세기 후반으로 넘어가면 큰 학자가 나올 수 없는 상황이었다는 것도 생각해 봐야할 것 같습니다. 그런 상황도 있고, 또 이상적의 사회적 신분도 고려해야하는데요. 〈세한도〉는 추사가 그려준 것이지만 〈세한도〉의 문화적 가치를 볼 때 추사만 주인공인 것은 아니라고 봅니다. 그 작품에 제영한 인물들은 이상적의 청나라 친구들인데 추사가 옹방강이나 완원 등 학정(學政)을 포함한 상층 신사들과 교유했다면, 이 이상적의 친구들은 막우를 포함한 하층 신사들입니다.

박철상 옹방강이 살아 있었다면 한 마디 했겠죠.

정혜린 자 이렇게 〈세한도〉를 통해 추사의 뒷시대까지 이야기가 나갔는데, 이제 여기서 오늘의 집담회를 마치도록 하겠습니다. 오랜 시간 동안 수고하셨습니다. 끝.

나

다

바

사

자

차

타

집필진(원고 게재 순)

조병한·서강대 사학과 명예교수
박철상·한국문헌문화연구소장
정혜린·서울대학교 미학과 강사
이철희·성균관대 대동문화연구원 수석연구원
유　정·남서울대학교 교양대학 조교수

실시학사 실학연구총서 16
추사 김정희 연구

1판 1쇄 발행 2020년 10월 15일

기　획 : 재단법인 실시학사
집필진 : 조병한·박철상·정혜린·이철희·유정
펴낸이 : 김병환
펴낸곳 : 학자원
주　소 : 서울시 강동구 천호대로 1121
전　화 : 02) 6403-1000
팩　스 : 02) 6338-1001
E-mail : hakjaone@daum.net
등　록 : 2011년 3월 24일 제2011-14호

ISBN 979-11-6247-187-6 94810
979-11-87806-76-9 (세트)

값 35,000원